U0857117

麗江文化旅游崛起解读

LIJIANG WENHUA LÜ YOU JUEQI JIEDU

杨国清◎著

云南出版集团公司 云南人民出版社

图书在版编目（CIP）数据

丽江文化旅游崛起解读 / 杨国清著. -- 昆明：云南人民出版社，2011.10

ISBN 978-7-222-08365-3

Ⅰ. ①丽… Ⅱ. ①杨… Ⅲ. ①旅游文化 - 研究 - 丽江市 Ⅳ. ①F592.774.3

中国版本图书馆CIP数据核字（2011）第218905号

责任编辑：和晓玲　陈艳芳　刘诚林
装帧设计：马　滨
责任校对：和晓玲
责任印制：段金华

书　名	**丽江文化旅游崛起解读**
作　者	杨国清　著
出　版	云南出版集团公司 云南人民出版社
发　行	云南人民出版社
社　址	昆明市环城西路609号
邮　编	650034
网　址	www.ynpph.com.cn
E-mail	rmszbs@public.km.yn.cn
开　本	850mm × 1168mm　1/16
印　张	29.25
版　次	2011年12月第1版第1次印刷
印　刷	昆明理工大学印务包装有限公司
书　号	ISBN 978-7-222-08365-3
定　价	86.00元

乌云其木格在丽江（2004年4月12日）

作者与丽江地区领导参加云南省滇西北旅游规划会议（1994年10月21日）

作者与和志强在下虎跳峡（1994年10月22日）

作者与徐荣凯在丽江束河古镇（2010年11月）

丽江“撤地设市”：市人大常委会揭牌（2003年6月）

原丽江地市部分领导合影（2011年春节）

作者与王君正在长江第一湾——石鼓（2008年10月）

和良辉与客商签订丽江旅游战略合作协议（2011年4月）

民族文化调研

民族文化调研

CCTV2006中国魅力城市展示中的丽江代表队

罗哲文、郑孝燮、谢辰生、谢凝高（右起）考察丽江（2001年1月）

作者向西南大学喻遂生教授敬送丽江文化研究会、纳西文化研究会聘书（2008年）

作者与中国文联领导胡振民、丹增在一起

作者与金人庆在一起

作者看望李群杰先生

作者接待四川藏学会会长杨岭多吉

作者与和自兴在丽江古城调研

作者和宣科先生在一起

作者向任继愈先生敬送聘书

作者拜访谢辰生先生

作者拜访杨振宁先生

作者与同事们在一起（2005年）

作者看望云南民族大学纳西语言文学及东巴文化本科班学生

作者向李绍明先生敬送聘书（2008年）

作者向谭继和先生敬送聘书（2008年）

作者向于锦绣先生敬送聘书

作者在丽江古城观看雕刻绘画展

作者陪同法国参议长克里斯蒂昂·蓬斯莱在丽江古城（1999年9月18日）

作者与加拿大新西敏市友好代表团亲切交谈（2003年9月25日）

作者接待英中友好协会小组负责人（1999年7月）

瑞士马特风情园在玉龙雪山建成举行剪彩（2005年6月）

省市领导考察南门建设（2004年）

作者在国际人类学与民族学联合会第十六届大会专题研讨会上发言

丽江文化研究会召开丽江籍外地学者春节联谊会

参加徐霞客国际研讨会（2009年）

作者在玉龙县宝山乡调研

赴台考察交流（2007年7月）

作者调研毕摩文化

作者在剑川双河纳西村调研

作者在永胜六德他留山调研

云南省和丽江市领导观看“丽水金沙”并与演员合影（2010年11月8日）

省市领导在永胜“云南边屯文化博物馆”建设工地调研（2011年11月1日）

在华坪县通达乡调研（2007年）

作者和老东巴在一起

作者在太安乡调研

开展“民族打跳”活动

序

丽江山水秀丽，文化绚丽迷人，是一个美丽动人的地方。那里有蓝天碧水、世外桃源，那里有风花雪月、柔软时光。我去过丽江30余次，到了丽江“没有喝酒的我心也醉了，不会唱歌的我也想唱了”①。

改革开放以来，特别是近10年以来，丽江经济社会全面发展，从一个名不见经传的西南边陲小镇，发展成为繁荣、文明、和谐的文化旅游名城，发展成为享誉全国、世界知名的文化旅游胜地，获得了世界文化、自然、记忆遗产之桂冠，获得了“欧洲人最喜爱的中国旅游城市”、“全球人居环境优秀城市”和“中国优秀旅游城市”等诸多殊荣，成为全国改革开放30年18个典型地区之一。

丽江之所以获得长足发展，特别是旅游产业的迅速崛起并保持欣欣向荣之势，主要在于立足本地实际，充分利用特色资源优势，将多姿多彩、魅力无限的民族文化融入旅游产业发展中，使丽江成为自然风光、民族文化的大观园，让世人流连忘返、魂牵梦萦。丽江人工作踏实，从一件一件事情做起。有一次我到丽江，和市委书记和自兴探讨古镇的保护与发展问题，我们都认为，古镇的灵魂在纳西文化及丽江多民族的文化共融，古镇的灵气在清澈见底的水。于是，在省里的支持下，丽江对古镇的水系统进行了改造。丽江又打造了“印象丽江”实景演出，和“纳西古乐”、“丽水金沙”等旅游文化品牌一起向人们展示了绚丽多彩的丽江文化，使旅游者享受了文化的饕餮大餐。

丽江创造了“文化旅游结合、互动共融推动经济社会持续发展”的模式。历史昭示未来，经验启迪后人。丽江的成功经验和独特发展之路值得认真研究和总结。杨国清同志作为丽江文化旅游发展进程中的参与者和见证者，从

①引自歌曲《醉了，丽江》。该歌曲荣获2009年全国第一届优秀流行歌曲创作大赛一等奖。由徐荣凯作词，土土作曲。

领导岗位上退下来后，担任丽江文化研究会、纳西文化研究会会长，凭着对丽江这方热土的深情挚爱，对丽江文化旅游的发展进行了深层次、多角度、宽领域的研究，结出了丰硕的成果。《丽江文化旅游崛起解读》正是近年来杨国清同志深入思考研究的成果和总结。该书回顾了丽江文化旅游发展的进程，分析了丽江文化旅游崛起的原因，总结了丽江文化旅游发展的经验做法。

30多年的辉煌成就举世瞩目，30多年的探索实践弥足珍贵。《丽江文化旅游崛起解读》的出版发行，对更加深入全面地了解丽江，认识丽江独特的民族文化，把握丽江成功的经验做法，具有重要意义。希望本书能得到朋友们的关注和喜爱。衷心祝愿丽江在新的发展时期谱写更加灿烂的篇章！

全国人大常委、全国人大教科文卫委员会副主任委员，原云南省省长

徐荣凯

2011年6月

注：

徐荣凯，清华大学经济学博士，历任国家轻工业部副部长、国务院研究室副主任、国务院副秘书长，云南省省委副书记、省长等职，现任全国人大常委、教科文卫委员会副主任委员；歌词作者，致力于民族音乐的传承与推广，其作品曾入选2008年北京奥运会、2010年上海世博会优秀歌曲，评选入2010年广州亚运会会歌候选歌曲，作品在国家级比赛中获奖，多次在国家大型晚会和影视作品中演唱。

代表作有《我的依恋，我的爱》、《长街宴》、《醉了，丽江》、《泸沽情思》、《茶马古道》、《柔软时光》、《大生活》、《微笑》、《我们住在同一个村庄》、《重逢》、《西双版纳的咖啡》等。

目　录

第二辑　丽江文化旅游特色论

第三辑　丽江文化旅游典型论

绪　言

一个地方的命运和一个国家的命运紧密相连，一个民族的命运也和中华民族的命运紧密相连。丽江文化旅游的崛起是中国崛起的一个组成部分，在中国发展巨变的波澜壮阔大势中，神州大地有无数个精彩的篇章。

今天的中国日新月异，正在步入世界大国、世界强国之林。世界用惊奇的目光看着中国的发展变化，感受着中国的崛起，其崛起的速度规模，继续发展的势头，给十多亿人民带来的实惠，给世界各国带来的机遇和影响都是前所未有的，甚至可以说事先所没有预料到的，这在人类发展史上是一个奇迹。中国的发展和崛起，人民的富裕和幸福，让国家走向富强，这是中国各族人民百多年来梦寐以求的事情，也是代代中华儿女前赴后继的不懈追求和梦想。国家改革开放30多年来的发展和巨变，发生在中国广袤的大地上，遍及神州东西南北每个角落，即使在西部边远的少数民族地区，以纵向和横向与地方历史发展状况相比较，各民族群众都感受到的确发生了天翻地覆的变化。而这种变化是具体的、实在的，是看得见摸得着的，与各民族群众利益息息相关，他们也共同享受了巨大变化的成果。丽江是改革开放以来中国西部边疆少数民族地区发展的一个典型。丽江这个典型的意义不仅在于经济的跨越发展，还体现在文化旅游异军突起，优秀民族文化的保护传承、弘扬创新，文明的兴起，各民族的团结和睦以及社会的和谐稳定，成为国内外游客向往的梦幻中的精神家园。

丽江是典型的边疆少数民族地区，除汉族外，千百年来居住着纳西族、彝族、傈僳族、白族、普米族、傣族、苗族、藏族、回族、壮族等十多个主要少数民族。丽江在1956年以前是云南幅员面积最大的一个地区。现辖一区四县，有21219平方千米美丽的土地。历史上曾“富冠诸土郡”，并创造了灿烂的民族文化，只是在近现代工业革命进程中落后了，成为一个美丽富饶而贫困的地方，其中还有三个是国家和省重点扶持的贫困县。改革开放30多年来，在党的领导和国家的关怀下，丽江和全国各地一样，发生了巨大的变化，从自身的实际出发走出了切合实际的特色发展之路，其显著特色是文化旅游的崛起，文化旅游既是龙头支柱产业，又是带动经济社会发展的引领者和先导，成为助推其他产业发展的助推器，同时为经济社会发展提供了精神和动力支持。丽江一方面美丽富饶、山河壮丽、历史文化博大精深；另一方面经济社会发展滞后，又是少数民族聚居的地方，成为西部典型的美丽富饶而贫困的地区。改革开放以来，丽江走出一条特色发展之路，在改革开放30年到来的时候，中央财政领导小组办公室和中央政策研究室调研组专门到丽江深入调查研究，走访核实相关情况，在此基础上，丽江被中央评定为中国改革开放30年的18个典型地区之一。丽江是西部省区三个典型之一，也是西南地区唯一被选的一个典型地区。认真回顾丽江30多年走过的历程，总结历史的经验，尤其是总结文化旅游互动发展的特色路子是一件很有意义的事情，不仅存史或许对各地都有一定的借鉴作用，于是笔者产生了解读丽江文化旅游崛起的一种冲动。

笔者与新中国一道成长，是丽江改革开放30多年的见证者，同时作为在丽江地市级领导岗位近20年的亲历者，参与了20世纪八九十年代和新世纪开头几年改革开放的实践，参与了一些重要的决策，对丽江改革开放的起步，人们思想观念艰难复杂的转变，文化旅游结合互动发展和不断崛起的过程有许多感触，甚至留下了刻骨铭心的记忆。丽江文化旅游发展和崛起的意义不仅在于它本身，还在于给了人们一种启示，即中华民族的复兴不仅要创造无与伦比的物质文明，而且还要创造举世无双的精神文明。在中华民族复兴进程中，随着经济的大发展，必然伴随着文化的大繁荣，随着国家硬实力的大提升，也将伴随着软实力的大提升。国家的综合实力不仅要体现在硬实力上，更要体现在软实力上。

我写作这本书的动因，除了对这片神奇美丽土地和各族人民有着无限的爱，对这片土地历史人文情有独钟外，更是想把丽江文化旅游崛起过程作个回顾和解读。通过对这一段历史真实的记录，以期抛砖引玉，让对丽江感兴趣的读者们由此领悟到其他更多的东西，或让更多的人参与到研究之中。

首先，丽江文化旅游崛起是中国崛起的一朵浪花，一个闪光点，西部一个集中的代表。丽江是中国西南一个少数民族地区，对全国而言是一个发展滞后，比较贫困的地方。改革开放以来，国家把工作重点转移到经济建设上来，发展成为第一要务，就丽江而言，更需要集中发展经济，但发展需要从实际出发，需要找到适合自己实际的产业和路子。丽江除了积极推动农村改革，加强农业、交通等基础外，在选择经济发展产业突破时，以旅游产业作为突破口，而且把旅游产业发展和民族文化结合起来，把保护民族文化、保护自然生态作为前提，同时努力保障当地各民族群众得到实惠，这样的发展路子可以说是很独特的一个模式。这个发展的路子体现了科学发展的精神，这个发展路子，既是经济发展的路子，又是文化和生态保护发展的路子。它既重视产业的发展和壮大，又重视对民族文化和生态环境保护，民族文化从而得到更好的保护传承和发展，生态环境也得到了有效保护，森林覆盖率达到新的高度。丽江的实践证明：经济的发展和文化的繁荣可以共生共存，经济发展可以推动文化的大发展大繁荣；文化不仅是软实力，是精神层面的东西，也可以成为富国富民的产业，可以致富一方的老百姓；文化旅游要做到可持续发展，就要坚持保护优先，保护优秀民族文化和文化遗产，这是保护文化的源头，只有保护好这个源头，文化活水才能长流不断，文化才能健康发展。同时还要深入保护自然生态等宝贵旅游资源，这是可持续发展的基础，也是旅游业长盛不衰的根基。

其次，文化旅游结合互为依托，互动发展是丽江文化旅游崛起的基本形式，具有突出的典型意义。人类总是不断地繁衍生息、生存发展，文化是一个民族生存发展的方式。文化也是一个民族文明程度以及渗透力、影响力所在。文化是无形的，是潜移默化的，但要有一定的载体，通过借助有形的载体，其宣传、传播及影响的作用就扩大了。文化旅游互为依托，互动发展，文化找到了旅游这个载体，旅游是经济社会日益发展进步的产物，今天旅游已逐步发展成为覆盖所有人群的一种活动，成为覆盖面最广、关联度最宽、产业链最长的一个产业。旅游是文化的一个大载体、大平台，为文化发展繁荣提供了资金、科技、项目、人才等等。文化通过旅游为载体，以其独特的风格和魅力，渗透于国民经济各种行业和人民生活的方方面面，使文化产业与许多相关产业相互融合。文化是旅游的灵魂，旅游的本质就是游文化。文化的感受、文化的体验、文化的意境、文化的享受才是旅游的最高境界，才是游客的最高追求。丽江在改革开放以来走出一条以保护为前提，旅游为载体，文化为灵魂，互为依托、互动发展、壮大支柱产业、带动经济社会发展的路子。其最大特色是互动发展、做大产业、繁荣事业，使文化旅游崛起，造福当地百姓，使生态环境和民族文化得到有效保护，文明程度不断提升，促进各民族更加团结，努力建设一个和谐美好的社会。

再次，丽江文化旅游崛起中最可贵的是在实践中所体现的求实精神、创新精神、科学发展的精神。解放思想、实事求是贯穿了文化旅游发展的全过程。丽江干部群众把中央的精神和本地实际有机结合起来，不唯书、不唯上，只唯实，立足于本地实际，立足于本地区情，立足于本地历史文化，从而找到适合本地实际的产业，找到适合本地实际的发展路子。丽江各族人民有一种大无畏的创新精神、开拓精神，敢闯敢试，勇于实践、勇于创造，他们不局限于一般的思维定势，不拘泥于外地现成的做法和经验，也不满足于书本上现成的结论，而是在实践中探索，在实践中总结提升，从而产生了许多新成果。丽江在实践中充分体现了一种睿智，它来自于千百年来积淀的历史文化，也来自于科学理论的指导，这种睿智体现在贯彻落实科学发展的精神上，即始终立足于丽江长远和持续发展，立足于惠民富民，立足于让当地各族群众尽快脱贫致富，同时注重增进各民族的团结和睦、维护国家的统一、增进人与自然的和谐统一，全力保护自然生态，全力保护民族文化，把丽江建设成为国内外游客向往的精神家园。

另外，丽江文化旅游崛起是作者多年思考研究的一个主题，这本书的写作出版是研究的一个成果。2007年年初退休后，我沉静下来，出于个人爱好，也出于责任感，平心静气地回顾总结丽江文化旅游发展这一历程，思考研究文化旅游崛起过程中一些经验和做法，把自己一些亲身经历和感受也记录下来。就丽江文化研究会、纳西文化研究会而言，研究改革开放以来民族文化的保护、传承、发展，研究民族文化与旅游业的结合，这些现实课题是一个侧重点。同时以丽江文化旅游为题召开了多次大型的研讨会和座谈会，丽江文化旅游30多年的发展也引起国内外的关注，许多国内外专家对丽江文化旅游的发展也有许多研究成果。但作为本土的一位作者，又亲历了文化旅游发展的全过程，对文化旅游发展的认识，一些重大决策的背景，发展思路的形成，一些政策措施的制定等，毕竟有第一手的材料，也有亲历者最初的一些感受体会等，于是开始认真着手做这件事情。

丽江作为西部一个欠发达地区，不靠海、不靠边，交通等基础条件受到很大的制约，又是一个少数民族地区，文化旅游迅速崛起，闻名于海内外，成为全国的一个典范，说来这是不可思议的事情，但也说明是值得深思和研究的事情。丽江文化旅游发展获得成功，使深藏于西南“古纳西王国”的悠久文明得到彰显，同时在改革开放的实践中又被赋予新的时代内容。丽江文化和旅游有机结合，互为依托、互动发展从深层次体现了以人为本、发展为要、文化旅游生态高度融合，把注重生态文明、搞好民族团结、建设社会和谐与文化旅游发展融为一体，前者既是文化旅游崛起的重要基础，又是崛起的核心内容。文化旅游的崛起除了改革开放的大背景及天时地利人和外，还有许多特色和创新。

1．丽江文化旅游崛起得益于彰显了人文和自然的独特魅力。自然的原始古朴、纯洁雅致，山河的雄奇壮丽、地理气候的优越独特、历史文化的源远流长、纳西等民族文化的博大精深、民族风情的绚丽多彩，使人们感受古老的文化和文明。在这里不仅可以体验到以三个世界遗产为代表的纳西等民族文化的魅力；同时丽江很多地方还保留着早已被历史淹没了的一些中原文化的古韵，可以体会到中原文人学士诗词中世外桃源的意境。

2．丽江文化旅游崛起开启了经济社会发展中的新产业、新路径。现代旅游产业和现代文化产业对我国来讲是一个新兴的产业。文化旅游过去没有作为一种产业来认识和运作，丽江在改革开放以来，把两个新兴产业培植为支柱产业，因此来推动经济社会全面发展，这是具有开创意义的新路子，既符合现代经济社会发展的一个新趋势，又起到了一个示范作用。

3．丽江文化旅游崛起中创造了两者高度融合、互动发展、壮大产业、繁荣事业的一种模式。这模式改变了以往旅游的单调做法，使旅游注入文化灵魂、彰显了生机活力；反之使文化获得宽阔的载体，拓展了无限的市场空间，也让产业发展获得了精神和动力支持。

4．让文化遗产、民族文化更好地为当地群众造福，服务于当地经济社会发展。民族文化遗产、民族优秀文化不仅是宝贵的精神财富，也是创造物质财富的优势资源，与当地广大群众息息相关，让当地群众在文化旅游的发展中获得实实在在的利益，为老百姓造福。文化旅游产业可以成为一个地方支柱产业，支撑起一个地方经济社会发展的天地。

5. 丽江文化旅游崛起把保护传承民族文化放在首位、作为前提，创造了保护优先、持续发展的模式。文化旅游产业的发展为民族文化保护传承创造了条件，通过开发利用更好地进行保护，以保护为前提，同时把社会效益放在第一位，保持文化旅游的社会公益性，使人民群众成为文化旅游活动和受益的主体。

6. 丽江文化旅游崛起坚持以自然生态为根基，着力保护生态、扎根自然。良好的自然生态是发展之本，也是文化旅游崛起的根基，失去了这个根基，一切都无从谈起。有了良好的自然生态环境，文化旅游才能根深叶茂。

丽江发展文化旅游产业的实践证明：文化旅游产业资源消耗低、带动系数大、渗透能力强、覆盖范围宽、就业岗位多、综合效益好。还有利于生态环境和民族文化的保护，有利于陶冶情操和精神文明建设，有利于广大群众参与和致富。

文化旅游产业成为丽江名副其实的龙头支柱产业。改革开放之前，丽江基本上是一个农业社会，农村人口占90%以上，农业经济占经济总量的50%以上，是典型的农业为主体的产业格局。从三次产业比例看，1978年为53.0∶19.9∶27.1。通过改革开放以来着力打造和建设文化旅游特色产业，三次产业发生显著变化，以文化旅游为主体的第三产业跃居经济主导地位，成为支撑和推动经济的主导力量。以2007年为例，三次产业比例是：21.8∶33.0∶45.2，这几年第二产业的比重虽然有所上升，但第三产业还保持了45%左右的比例。文化旅游产业仍然保持着龙头支柱产业的地位，可见文化旅游产业的分量。

形式和内容要统一，但重要的是形式要为内容服务。本书在写作中未按传统模式按章节进行阐述，而是采用更加灵活、更加随意的方式，即围绕主题从不同层面、不同角度有感而发。另外从开始写作到成书，其主题是明确的，大的结构框架也是明确的，不同的篇章组成一个有机联系的整体。全书分为三辑：第一辑为丽江文化旅游崛起论。从五个方面论述丽江文化旅游崛起的来龙去脉和相关问题。第二辑为特色论。丽江文化旅游崛起其实是建立在特色这个基点上的，越是民族的就越是世界的，同样越是特色的也就越是世界的，没有丽江独树一帜的特色，也就没有文化旅游的崛起。第三辑是典型事件论。本书撷取改革开放以来的35个典型事件进行评析，这些都是丽江文化旅游崛起中最典型、最生动的一些事件。让读者通过这些具体形象的事件来感受崛起是实实在在的，从而更加深切地了解文化旅游崛起的真实性、生动性。

丽江文化旅游崛起也是一个不断求实的过程。所以这本书必须是一本客观真实的书，保持历史的真实、事物的真实、人物的真实，对反映这段历史的史实资料也要有高度负责的精神。从这一原则出发，作者力求掌握第一手资料，深入到档案馆、地方志、旅游、文化、统计等部门，查阅地方史志、地方报刊等资料，还查阅了个人各个时期的工作笔记，经反复查证、反复核实，从史料的运用到所列各种数字的采集都是真实可信的。对一些重大典型事件，除查阅相关资料外，又找到当事人，深入采访、共同回忆，核实当时的一些情况，从而使本书还兼有地方文献史料的价值。

中华文明是各民族共同创造的，中华文化也是一个多元的复合体。中华文明与其他已失落的文明不同，五千年来薪火相传、延绵不断，从未中断，表现出无与伦比的生命力和延续力。中华民族的伟大复兴必然伴随着中华文化的繁荣兴盛，中国的崛起最终也要体现在中华文化的崛起上。今天，中华文化的繁荣兴盛迎来了前所未有的机遇，中华各民族文化不仅要很好地抢救保护传承，作为立足之本；同时还要不断创新和发展，吸收世界上一切优秀文化的精华，这样中华文化才能与时俱进，真正走向世界。从这个意义上讲，认真回顾总结全国各地改革开放以来优秀民族文化抢救保护传承发展方面的一些好做法和典型经验无疑是有意义的事情，写作这本书就是想做一件具体的实事。

作者与四川著名民族文化专家合影（2008年）

研究会会长副会长合影

第一辑

丽江文化旅游崛起论

丽江曾被西方学者认为是一个“被遗忘的古纳西王国”。党的十一届三中全会以来，丽江沐浴着改革开放的春风，从青藏高原和云贵高原结合部的崇山峻岭、深山峡谷中走向全国、走向世界，充分彰显了这个“古纳西王国”的灿烂文化和古老文明。丽江结合实际，走出一条特色之路，从旅游先导到文化立市、旅游强市，文化与旅游有机结合、相互融合、互动发展，带动经济社会的跨越和腾飞。短短三十多年，文化旅游异军突起，一颗文化旅游之星在西南边陲冉冉升起。丽江成为文化旅游发展的一个典范，成为享誉海内外的文化旅游品牌。

丽江是什么？不同的人有着不同的感受、不同的认识，仁者见仁、智者见智。但在身临其境的感悟之中，中外游客有许多共识：

丽江是美丽的精灵，

丽江是心灵的居所，

丽江是天堂的诗画，

丽江是纳西精神的家园，

丽江是多元和谐的乐土。

论丽江文化旅游崛起

党的十一届三中全会以来，沐浴着改革开放的春风，丽江从祖国西部的崇山峻岭中走出来，走向全国，走向世界，从一座名不见经传的西南边陲小镇发展成为富裕繁荣文明和谐的世界级文化旅游名城，响当当的国家名片，国内外游客向往的旅游天堂，一片包容和谐的乐土，纯净自然、栖息心灵的精神家园。丽江文化旅游的崛起是一个不争的事实。回顾这一段不平凡的历程，丽江得益于天时地利人和，集八面来风，汇四方睿智，承上下关爱，同时更是丽江各族人民在党的领导下解放思想、勇于开拓、不懈奋斗、努力开创出来的光辉业绩。她已经成为中国改革开放以来文化旅游发展的引领者，西部民族地区和谐发展的一个典范。丽江也是我们党和国家关心扶持保护发展民族文化的最好见证和诠释。

一　丽江文化旅游崛起的主要标志

丽江文化旅游崛起是实实在在的，是以事实为依据的，是具有说服力的，30多年来众多典型事件和累累硕果就是最好的证明。这一段辉煌的历史和业绩将永远载入史册。

1．丽江文化旅游融合互动发展模式和特色之路成为全国的典型。

丽江文化旅游的崛起，文化旅游带动经济社会全面发展进步的路子得到国家层面的肯定，丽江被中央评定为中国改革开放30年经济社会发展的18个典型地区之一。这些典型地区被认为是科学发展的实践者、先行者，对全国具有重要的示范作用。

丽江成为中国改革开放30年的典型，其基本经验集中到一点就是根据丽江自身的实际情况，走出了一条独具特色和谐发展、科学发展的路子。丽江不靠边、不靠海，没有什么工业基础，但丽江有良好的自然生态、底蕴深厚的民族文化。民族历史文化资源、旅游资源、生物资源、水能资源、地理资源等独特而富集。所以丽江立足于自己的资源优势，竭尽全力保护资源优势，即保护为先，始终把保护放在第一位，倾力保护民族文化遗产、保护丽江古城、保护玉龙雪山、保护三江并流、保护良好生态环境，在保护的前提下，搞好开发利用，让博大精深的民族历史文化、良好的自然生态为当地老百姓造福，促进当地经济社会发展，以此作为根本立足点和出发点，这就是丽江文化旅游龙头产业发展的由来，也是文化旅游崛起的由来。与此同时在实践中解放思想，大胆开拓创新，真抓实干，逐步形成了保护为先、发展为基、生态为根、文化为魂、旅游先导、文化旅游一体、互动发展，做大做强文化旅游产业，全面推动丽江经济社会可持续发展的路子。这个路子充分体现了和谐发展、科学发展的理念。

2007年12月中旬到2008年3月中旬，中央政策研究室、中央财经领导小组办公室组成的调研组，就改革开放以来在中国特色社会主义旗帜指导下开拓成功发展之路问题，到全国有关地区进行调研。经过在全国认真综合比较，调研组最后选择肯定了18个地方。东部地区10个：上海市浦东新区、江苏省昆山市、江苏省江阴市、浙江省义乌市、浙江省温州市、福建省泉州市、山东省威海市、山东省寿光市、广东省深圳市、广东省东莞市；中部地区3个：安徽省芜湖市、江西省吉安市、湖南省长沙县；西部地区3个：内蒙古自治区鄂尔多斯市、云南省丽江市、甘肃省定西市；东北地区2个：辽宁省沈阳市铁西区、黑龙江省绥芬河市。[①]这18个地区被中央肯定为是在中国特色社会主义旗帜指引下开拓成功发展之路的典型地区。这些地区不仅取得骄人的发展成就，而且走出了各具特色的发展之路。它们“各具特色的发展之路，是中国特色社会主义道路的生动反映，也是对中国特色社会主义的生动诠释”。[②]

①《在中国特色社会主义旗帜下开拓成功之路——对全国18个典型地区的调研综合报告》，《人民日报》，2008年10月8日。

②人民日报评论员文章：《迈出科学发展新步伐——写在18个改革开放典型地区调研报告刊发之际》，《人民日报》，2008年10月8日。

5

2008年12月1日，在改革开放30周年到来之际，《人民日报》以《高原明珠再放异彩》为题，全文刊载了中央专题调研组关于丽江市的调查报告，这也是《人民日报》“高举旗帜、科学发展”调查报告之十五。在这篇调查报告的提要中特别指出：“什么原因使丽江由一个名不见经传的西南边陲小镇变成了经济发展、文化繁荣、社会和谐、民族团结、享誉中外的世界级旅游文化名城；选准符合本地实际的优秀特色经济，千方百计把旅游产业做大做强；彰显文化，扩大开放，以民族团结促进社会和谐，这就是其成功之道”。[①]丽江结合实际，坚持以人为本，保护为先，把文化与旅游结合起来，用文化铸就旅游业的灵魂，用旅游业搭建文化发展的平台，文化与旅游互动发展，壮大旅游文化产业，用文化旅游带动经济社会的全面发展，走出自己特色发展之路。丽江的发展模式改变了中国旅游“白天看庙、晚上睡觉”的单调模式，通过发展旅游文化产业，实现了旅游业的可持续发展。正如调研报告中指出的：丽江文化产业与旅游业是“孪生兄弟”，赏丽江山水——游丽江古城——品丽江文化是丽江旅游的“三连环”，缺一不可。丽江旅游业的发展，为文化产业提供了平台；文化产业的繁荣，为旅游业注入了持续发展的动力，可谓珠联璧合，相得益彰。

丽江实现文化旅游的崛起，关键是改变了文化旅游的传统观念，把文化旅游与经济社会全面发展结合起来，把文化旅游与提升地方综合实力和改善人民群众的生活结合起来，树立“文化就是财富”的新理念，以辩证法认识文化不仅是精神层面的抽象财富，而且可以转化为物质层面的现实财富，改变了把文化装进“象牙塔”里存放起来、把文化与经济割裂开来的陈旧观念，以敢为天下先的气魄，为维护产业发展营造良好环境，把文化旅游产业放在支柱产业、龙头产业的重要位置，一抓到底、抓出了成效。“丽江在前进道路上进行了大胆有益的尝试，展示了一幅色彩绚丽的发展美景，也让我们再次感受到科学发展的强大力量。”[②]

2008年12月27日，丽江市委、市人民政府在北京举行“科学发展在丽江”的大型研讨会，在京著名专家学者和相关领导参加论坛，对丽江改革开放以来成为全国18个典型的经验进一步作了总结，展现未来的发展。众多与会的专家学者和领导对改革开放30年丽江的发展变化和经验作充分肯定。他们认为丽江开创了一

①②《高原明珠再放异彩》，《人民日报》，2008年12月1日。

个时代，而“丽江模式”开创了3个方面的先河。其一，丽江开创了中国休闲旅游的新时代。其二，丽江开创了中国文化产业发展新时代。其三，丽江开创了一个西部有别于东部传统发展模式，开辟了符合中国西部的一种全新发展模式，找到了一条可持续的科学发展之路。

在这次论坛上，中共丽江市委书记和自兴总结说：丽江以少数民族地区的科学发展与创新实践成为中国改革开放30年的18个典型地区之一，这是我们伟大祖国发展壮大的一个缩影。这是中央对西部地区关爱支持的丰硕成果，这也是民族地区和谐发展的具体体现。

2. 丽江旅游资源得天独厚，旅游业快速发展，成为国内外游客向往的胜地。

丽江旅游资源得天独厚，其资源的唯一性、特色性十分突出。“两山、一城、两湖、一江、一文化、一风情、一环境”是丽江旅游的主要代表。“两山”即玉龙雪山和老君山。玉龙雪山是北半球最南端一座终年积雪的雪山，是国家风景名胜区，国家首批5A级旅游景区，省级自然保护区和省级旅游开发区，被誉为纬度最低的冰川博物馆和动植物宝库；老君山位于世界自然遗产“三江并流”的核心区域，有我国最大的独特的丹霞地貌和茂密的原始森林、珍稀的动物、种类丰富的动植物群落，是中国乃至世界生物多样性的宝库。“一城”即丽江古城，有八百多年的历史，是世界文化遗产和国家历史文化名城，是我国保存最完整、最具文化特色、最具民族风格的遗产城市，也是一座活着的古城。“两湖”即泸沽湖和程海，是云南省水质最好的九大高原湖泊之一；泸沽湖被誉为高原明珠，水质最为清澈，是云南省的自然保护区、省级旅游度假区；程海是全世界生产天然螺旋藻的三大湖泊之一，湖边的毛家湾是毛泽东祖先毛太华居住并成家立业的地方，毛太华是韶山毛氏和永胜毛氏共同的始祖，程海周围村庄也是永胜边屯文化的见证地。“一江”即金沙江，流经丽江615千米，沿江有许多自然景观和人文景观，具有代表性的有万里长江第一湾、虎跳峡、宝山石头城、金沙江岩画、塔城唐代金沙江铁桥遗址等。“一文化”即纳西东巴文化，是融纳西族原始宗教、东巴经卷、纳西古乐、东巴象形文字、东巴绘画、建筑艺术等为一体的纳西族文化体系，东巴古籍文献已列入世界记忆遗产名录。“一风情”即摩梭风情，泸沽湖畔的摩梭人至今保留着母系氏族社会男不娶、女不嫁的婚姻习俗，被称为“人类母系文化最后一片净土”。“一环境”即丽江优越的生态气候环境，良好的生态、洁净的空气、宜人的气候使丽江成为居住和休闲的胜地。

改革开放以来旅游业的快速发展，丽江成为在海内外有很高知名度的旅游地区和令人向往的旅游目的地之一。围绕着旅游业的六大要素，其基础条件和文化旅游设施得到了很大改善。丽江机场经几次改造扩建，旅客的年吞吐量可达450万人，口岸和国际航空港正在审批中。昆明到丽江的铁路已开通，大丽高速公路已开工建设，丽江至攀枝花高速公路已开工，区内交通条件不断改善，航空、铁路、高速公路等立体交通网络正在形成。

丽江景点景区设施完善、服务规范，能满足不同层次游客需要。

据不完全统计，截至2010年底，丽江有1500户旅游基本单位，占全省总量的13%；有27家旅行社，其中有9家国际旅行社；有星级酒店182家，其中国际品牌酒店落户6家（已开业3家），五星级2家，四星级14家；有7家旅游汽车公司，600多辆旅游车；有35家旅游购物会员商店；有17个优良的旅游景区（点），其中国家5A级2个，4A级6个；有注册导游5679人，其中语种导游188人，实际从事导游工作的3000多人。全市直接从事旅游业的员工约4万人，间接从事旅游业的达10多万人。

面对全球金融危机的影响，丽江旅游业仍然保持了强劲的发展势头，2006年至2010年来，每年以近20%的速度增长。2010年接待海内外游客909.97万人次，同比增长20.03%，其中海外游客61.14万人次，同比增长16.26%，而同期全省增长15.7%，全国增长5.8%，国内游客848.83万人次，同比增长20.31%，而同期全省增长15.09%，全国增长10.6%。旅游业总收入112.46亿元，同比增长27.49%，其中旅游外汇收入20222.47万美元，同比增长18.37%，同期全省增长12.92%，全国增长15.5%，国内旅游收入98.71亿元人民币，同比增长28.2%，同期全省增长25.48%，全国增长23.5%。丽江旅游发展经济综合指标远高于全省、全国平均水平。2011年旅游业实现开门红，继续保持快速增长的良好势头。

3．丽江成功申报三项世界遗产，成为全国唯一拥有三项世界遗产的地级市，同时发挥特色优势，提升城市文化品位。

世界遗产是世界级的荣誉，世界级的品位，世界级的历史文化自然记忆等遗产，具有突出价值。世界遗产体现了一个地方的文化层次和文化底蕴以及文化影响力。

改革开放以来，丽江成功申报世界文化遗产“丽江古城”，世界自然遗产“三江并流”的老君山片区，世界记忆遗产“东巴古籍文献”，从而奠定了丽江在国内外文化中的地位，为打造丽江独特的文化旅游品牌奠定了坚实的基础。

1994年10月，云南省人民政府在丽江召开的滇西北旅游规划会议上，和志强省长正式提出，要把丽江古城申报为世界文化遗产。1997年12月4日，在意大利那不勒斯召开的联合国教科文组织世界遗产委员会第21次全体会议上，丽江古城被正式批准列入世界文化遗产名录。列入世界文化遗产名录的丽江古城包括大研古城、束河古镇和白沙古镇的古建筑群。

“三江并流”是指云南省滇西北地区怒江州、迪庆州、丽江市境内的金沙江、澜沧江、怒江流域的地区，总面积上万平方千米。属于丽江市的部分是玉龙纳西族自治县内的老君山片区，包括九十九龙潭景区和黎明黎光景区，其面积1000多平方千米，是“三江并流”的核心景区。2001年12月，国务院正式批准三江并流申报世界自然遗产。2003年7月2日，联合国教科文组织世界遗产委员会正式批准将三江并流地区列入世界自然遗产。“三江并流”拥有世界级的自然资源宝库、世界珍稀动植物宝库、罕见的地质地貌奇观、世界独有的自然景观等条件，符合世界自然遗产所有四项条件之外，还有独特的多个少数民族的文化，这也是个亮点。“三江并流”区域居住着纳西、傈僳、白、藏、怒、独龙、彝等14个民族，占云南省25个少数民族的60%，这些多个云南独有的少数民族语言、民居、服饰、节庆、风情、民俗等灿烂民族文化为自然遗产增添了很高的文化内涵及绚丽的色彩。

2001年初，东巴文化研究所提出东巴文化申报世界记忆遗产的建议，经当时丽江地委行署研究正式启动申报工作。2003年8月30日，东巴古籍文献由联合国教科文组织记忆工程咨询委员会评审会议正式批准列入《世界记忆遗产名录》。

随着三项世界遗产的申报成功，丽江文化旅游的知名度和影响力在国内外得到大大的提升。同时充分利用世界遗产的特色优势提升丽江文化旅游名市的档次和品位。在丽江城市总体概念规划上，聘请国际国内高层次专家进行充分论证和规划。同时根据丽江城市发展的需要，不断修改充实完善城市，现在正式形成的中心城市“一核四环五区”规划就是与时俱进的产物。吸纳和发挥丽江古城文化内涵和建筑特色，为使新城区和玉龙新县城保持这一统一风格，认真实施了新城的穿衣戴帽工程。注重保护古城周边田园风光和纳西民居村落，保持丽江人与自然和谐统一的特色。结合地震恢复重建，恢复土司府木府等历史古建筑，扩建黑龙潭、实施白马龙潭文化休闲公园项目，对城市周边体现多元文化的寺庙道观等文物古迹进行修复，包括文峰寺、福国寺、指云寺、清真寺等寺庙。建设文化景观，建成双石桥大型石雕，这是反映古城纳西民俗的石雕画卷。还修复建设多处人文景观和历史人物雕塑群落。积极建设云南省的高校园区，提升丽江城市教育文化内涵。通过以上多方面的文化建设项目，使丽江精品旅游城市民族文化内涵得以传承和弘扬。

4．代表丽江民族文化特色的纳西文化学成为一门国际性的研究学科，在民族文化发展繁荣中出现的丽江学者群、丽江作家群、小凉山诗歌群现象引人瞩目。

以东巴文化为主干的纳西文化学经过国内外学者一百多年的研究，逐步形成一门国际性的学科。对什么是纳西学，著名学者白庚胜作了高屋建瓴的概括：“纳西学，就是以纳西族为研究对象的学科。在实践上，它贯穿古今；在空间上，横跨东西。它既包括对纳西族的主体性研究，也包含这种研究本身。就前者而言，有关纳西族的生存环境、存在历史、生活方式、精神信仰、组织制度、艺术创造、技术成就等，都无不纳入其视野之中；就后者而言，有关纳西族研究的理论与方法、学者与成果、历史与活动、机构与组织都囊括于内。”纳西学形成的主要标志，笔者认为有以下几个方面：一是百多年来引起国内外学术界研究机构和专家学者的关注，出现了一大批研究成果；二是代表纳西族文化经典和品位的“丽江古城”、“三江并流区”、“东巴古籍文献”分别进入世界文化遗产、自然遗产和记忆遗产。中国社会科学院将东巴文化研究学科列入特殊学科绝学建设项目；三是对东巴古籍文献为代表的纳西族历史文化典籍抢救、翻译、整理、出版取得突破性进展；四是有一大批国内外和本民族的专家学者，形成世界性的研究队伍；五是据不完全统计，几百年来已有300多位学者500多种著作，其中不乏一批学科的代表作；六是已形成学科较完善的体系。

研究纳西学在国外造就了巴克、洛克、顾彼得、雅纳特、杰克逊等有影响的大家，在国内产生了李霖灿、方国瑜、和志武、郭大烈等名家。改革开放以来所涌现的纳西族中青年学者异军突起，成绩斐然。如白庚胜、杨福泉、木丽春、和绍英等是其中突出代表。除此之外，内地民族中也涌现出李绍明、王承权、詹天承清、喻遂生、赵心愚、李国文、谷雪儿等一批研究纳西文化的后继学者。改革开放以来，本土纳西文化研究学者屡屡获奖。2005年5月，郭大烈获日本经济新闻社亚洲文化奖，成为日经亚洲奖第五位中国大奖获得者，在文化类第一位。杨福泉获得“云南省突出贡献的哲学社会科学专家”的称号，入选国家级的“中国百千万人才工程”第一层次人才，他的研究论文获得日本世川良国际研究基金优秀科研成果奖。白庚胜获得中国社科院奖项，并组织和支持开展中国民间传统文化保护工程项目和学术活动。白庚胜、和自兴主编的《纳西学丛书》，不分中外、不分本族和外族，是一套构筑纳西学框架的系列丛书。改革开放以来还有一大批从不同角度研究纳西文化的专著和书刊问世。

2009年7月27日至31日，国际人类学、民族学联合会第16届大会在昆明举行。大会的主题是：“人类·发展与文化多样性”。“纳西学研究新视野”成为大会的一个专题，举办了分论坛。国内和世界12个国家的164位专家学者为这个专题提供了论文，有170多位专家学者出席了这个分论坛。参加这次世界大会的丽江本土学者共计40多人，这批本土的专家学者有丽江各研究机构的专家学者，有来自农村乡镇、城市社区及学校等基层的研究者。这个分专题涉及纳西学研究的方方面面。与此同时，在云南省博物馆举办了“纳西学研究探索新视野——多彩丽江”的大型展览。这个展览充分展示了一百多年来纳西学研究的历程和取得的丰硕成果，尤其展示了改革开放以来纳西学研究取得的突破性进展。

经过一百多年国内外学者的艰辛努力和开创性的研究工作，以东巴文化为主干的、涉及纳西族民俗民间文化、仿汉文化、现代文化以及各种艺术门类等构成的纳西文化学科逐步形成，尤其是改革开放30年来所取得的抢救、保护、传承、研究等方面的巨大成果，为纳西学科体系的形成和完善进一步构筑了坚实的基础。

改革开放以来，纳西东巴文化的研究在丽江逐步形成了基地。相继建立起了东巴文化研究院、东巴文化博物院，各种形式的东巴文化传习院及培训机构以及东巴文化保护区；在大学建立了纳西语言和东巴文化专业，培养了一批本科、硕士和博士研究生；翻译出版了《纳西东巴古籍译注全集》，推出了一批研究纳西文化的专著和著述；举办了多次国际东巴文化艺术节和东巴文化学术讨论会；充分发挥民间社会民族文化研究力量和研究机构的作用，成立了几十个研究纳西文化的民间社会学术机构，包括国际纳西学会、云南省纳西族学会、丽江文化研究会、纳西文化研究会、东方摩梭文化研究中心等等。

围绕着纳西学和丽江各民族文化的研究，改革开放以来，丽江兴起了民族文化研究热，涌现出一大批研究者和爱好者，形成了丽江民族文化研究的学者群。尤其是一批扎根于丽江民族文化沃土的、扎根于基层和民间社会人民群众之中的本土纳西族和各民族专家成长起来，加上研究丽江文化、纳西文化的具有较高知识层次和学术水平的分布在全国各地的丽江籍学者，还有国内外众多的高层次的纳西文化研究学者，上述各个方面各个层次的研究学者构成了数十人乃至数百人的一支队伍。这是丽江文化研究、纳西文化研究的优势所在，也是纳西学形成的重要基础。

改革开放以来，丽江文学创作日趋活跃，进入一个空前发展的时期，涌现出一批具有很大影响力的作品，包括长篇小说、中短篇小说、诗歌、散文、电影文学剧本等。与此同时涌现出一大批老、中、青各个梯次整齐，多个民族作家共同并进的文学创作队伍，形成了具有鲜明特色的丽江作家群。其中王丕震先生是个杰出的典型代表，他错处平反回到家乡丽江，在去世前的18年间一共创作142部历史长篇小说。王丕震先生创造了文学创作史上的世界纪录，也是世界文学史上的一个奇迹。应该说王丕震先生是丽江作家群的领军人物。除著名老作家赵银棠等外，木丽春、牛相奎的《玉龙第三国》在上世纪五六十年代就成为有影响的代表作。改革开放以来，杨世光的散文和学术作品屡屡获奖，产生了广泛影响，成为独具特色的散文家和诗人。此外，戈阿干的小说以及沙蠡、拉木・嘎吐萨、李群育、蔡晓龄、和晓梅、马霁鸿、李理等中青年作家的作品受到好评或在全国获奖。云南省作家协会副主席段斌评论说："丽江作家群被忽略了，这个作家群人员之整齐，队伍之完整，作品之丰富，不逊于云南任何一个作家群，只是缺乏必要的宣传和推介。"[①]丽江作家群的不少人又是研究民族文化的学者专家，学者和

①段斌，《发扬王丕震的勤奋精神，把丽江作家群打造成云南文学的又一品牌》，《丽江日报・旅游》，2009年8月31日。

作家兼于一身是一大特色。丽江作家群在改革开放以来，在全国性、全省性的文学评奖中屡屡得奖。

小凉山在新中国成立以后才实现了历史性的跨越，由较低层次的社会形态直接过渡到社会主义，教育文化事业才逐步发展起来。改革开放30年小凉山教育文化事业发生了天翻地覆的变化。更为可喜的是出现了小凉山诗歌群的现象，涌现出一批摩梭、普米、彝、傈僳等各民族的诗人和作品，不少诗歌和诗人还荣获全国性大奖。其中普米族青年诗人鲁若迪基是一个代表，出版多部诗集。曾荣获第三届华语文学传媒大奖年度诗人提名奖和全国少数民族文学创作骏马奖等。

5. 丽江勇于探索实践，是全国文化体制改革的试点地区，也是全国文化体制改革的先进地区之一。

2011年4月，中宣部等四部门表彰全国文化体制改革先进地区。丽江继2009年荣膺“全国文化体制改革先进地区”之后再度获此殊荣，丽江文化成为一张名片。

2009年8月14日，全国文化体制改革经验交流会在江苏南京召开。在这次会议上为了表彰先进，充分发挥典型的示范作用，推动文化体制改革深入发展，中宣部、文化部、国家广电总局、国家新闻出版局总署决定对全国12个文化体制改革的先进地区予以表彰，丽江是受到表彰的12个先进地区之一。

丽江文化旅游的发展和崛起与丽江在全国、全省率先进行文化体制的改革是分不开的，从这个意义上来讲，是丽江文化体制的改革成就了文化旅游的崛起，推动了文化旅游产业的跨越发展。

20世纪90年代以来，随着丽江旅游业的兴起和旅游市场的需求，丽江地县党委政府解放思想、实事求是、勇于探索和实践，认真保护和开发民族文化，积极扶持民营文化产业的发展。在这个时期文化与旅游的结合得到加强，民营文化单位应运而生，大研纳西古乐队、东巴宫等一批民营文化企业如雨后春笋般蓬勃发展起来，文化事业单位进行了改革的探索，取得了一定成效。

2003年 4 月11日至12日，中共中央政治局常委李长春同志到丽江视察，他深入到丽江古城、木府、黄山白华村进行调研，还观看了“丽水金沙”，听取了丽江地委的工作汇报，尤其是文化体制改革情况的汇报。李长春同志充分肯定了丽江在文化体制改革方面的做法和经验，并提议把丽江作为全国文化体制改革的试点地区。2003年6月，中央正式确定9个综合文化体制改革试点城市，丽江是其中唯一的一个地级城市。2003年 5 月开始，丽江市确定市民族歌舞团、电影公司、有线电视网络公司、木府博物院、丽江日报、丽江电视台和东巴博物院等不同类型的国有文化单位作为改革试点。2004年12月，试点工作通过了云南省文化体制改革领导小组的验收。2005年初，丽江市文化体制改革全面展开，到年底全市文化体制改革基本完成。2006年开始进入完善改革、巩固改革成果、放手发展文化产业、推动文化事业发展繁荣的阶段。

丽江在文化体制改革过程中，始终从实际出发，坚持正确的方针和政策，始终把解放和发展文化生产力、推动丽江文化大发展大繁荣作为根本目标。在文化体制改革中始终坚持确保党对文化工作的领导，确保社会主义文化前进的方向。始终抓好创新体制机制这个关键。坚持公益性文化事业和经营性文化产业两手抓、两加强，促进由政府主导的公益性文化事业的繁荣，推动由市场主导的经营性文化产业跨越发展。

文化体制改革极大地推动了文化的大发展大繁荣，丽江文化百花园繁荣似锦；改革的春风催开文化奇葩，结出累累硕果。据统计。2001年全市文化增加值为2.35亿元，到2010年文化增加值为16.9亿元，占全市GDP的11.8%，实现税利从2001年的2900万元增加到2010年的3.32亿元；全市文化产业经营户从2001年的840多家增加到2010年的3900多家；文化从业人员从2001年的几千人扩大到2010年的1.9万人。在全球金融危机的情况下，丽江文化旅游产业继续蓬勃发展，逆势而上，成为新的经济增长点。公益文化事业和群众性的民族文化活动覆盖城乡，极大丰富了人民群众的精神文化生活。

6. 丽江成功打造和推出一批文化旅游的品牌和有特色的景点景区，通过这些品牌和景点景区提升了旅游品位，使广大游客真正体验到丽江独特的民族文化和自然景观。

随着丽江古城、三江并流、东巴古籍文献申报世界遗产获得成功，这些文化、自然和世界记忆遗产成为丽江文化旅游的著名品牌，并在海内外享有盛誉。同时丽江还注意打造和推出一些具体的有影响力的文化旅游品牌，比如演艺、生态、休闲等方面的一些精品，对提升丽江文化旅游的形象和影响力起到了重要作

用。比如茶马古道、纳西古乐、东巴宫、丽水金沙、印象丽江、束河古镇等方面的形象品牌。

茶马古道文化旅游品牌的打造和推出。丽江古城在茶马古道上是一座活着的古城，是茶马古道历史的见证者，具有十分重要的地位。1999年丽江本土专家和外地的专家学者在丽江成立了茶马古道研究会。紧接着大研镇党委政府组建了“茶马古道课题组”，以丽江古城为重点，对茶马古道历史文化进行了系统的调查和研究。2002年5月1日推出“茶马古道之旅”丽江古城民俗文化系列活动，恢复当年茶马古道风貌。2002年5月9日，丽江地区人大工委和丽江县人大常委会组织工委委员和部分人大代表，对上述活动进行调研和视察，丽江地区人大工委在此基础上向丽江地区行署提出了打造和推出茶马古道旅游品牌的11条建议，行署按照建议认真落实和推进了这项工作。

2002年8月22日，丽江当地政府在北京民族文化宫召开了“茶马古道与丽江古城历史文化研讨会”，我国著名学界泰斗费孝通、任继愈等老先生应邀与会，93岁高龄的费孝通先生专门题写了“茶马古道重镇丽江大研古城”的题词，充分肯定丽江古城在茶马古道上的历史地位。与此同时与会者一致认为，茶马古道是中国西部民族文化交流的走廊，是一条见证中华民族大团结的历史通道。它起始于秦汉、兴于唐宋、盛于明清，“二战”中后期造就了最大的辉煌。丽江古城在历史上是茶马古道上重要的枢纽和商品集散地，是多元文化包容、融合和共存共荣之地，也是民族团结进步的和谐之地，有着特殊的地位和作用。

纳西古乐和宣科先生成为丽江的又一文化品牌，为宣传丽江文化起到了不可替代的作用。所谓纳西古乐一般指本土的白沙细乐、东巴音乐和从中原传入的洞经音乐等。洞经音乐在中原内地早已失传，但几百年来在丽江这片纳西族文化沃土上，与丽江纳西族文化相融合，注入了许多纳西族文化的特色和风貌，已形成具有纳西文化特色的古乐，故称为纳西古乐。丽江大研纳西古乐会和宣科先生等老艺术家们通过发掘、整理、弘扬和研究，使这一古乐得以发扬光大并成为文化品牌。宣科先生还撰写了《纳西族多声民歌“热美蹉”的原始状态》等论文，提出了音乐起源于恐惧，白沙细乐是纳西本土音乐等观点，为民族音乐的研究做出了贡献，这一贡献将永载史册。

“丽水金沙”是丽江文化体制改革的一个丰硕成果，为民族音乐舞蹈进入市场开创了一个先河。2002年初，当时的地委书记欧阳坚率丽江党政代表团到广东深圳考察，促成了丽江民族歌舞团与深圳能量实业有限公司进行合作，达成了合作协议，组建了丽水金沙演艺公司，地区歌舞团35名演员加入到“丽水金沙”参加演出，同时在省内外选拔了一批演员。2002年5月1日正式推出“丽水金沙”，这是一台为丽江文化旅游业发展服务的、面向旅游市场的大型民族舞蹈诗画，开启了一扇观赏丽江民族和谐文化的窗口。

2002年5月“丽水金沙”首演以来，长盛不衰，连续演出数千场，深得国内外观众的喜爱。2004年10月8日，丽水金沙演出公司被文化部授予“中国文化产业十佳成功企业”称号。2004年，丽水金沙演艺公司被文化部命名为全国“文化产业示范基地”。2005年11月10日，“丽水金沙”被中国舞蹈家协会和中国舞蹈“荷花奖”组委会授予“表演金奖”和“创作铜奖”。2007年2月，丽水金沙演艺公司荣获云南省第五届文学创作“荣誉奖”。

“印象丽江”是著名导演张艺谋和丽江强强联手的成果，现已成为丽江又一著名文化品牌。吸引折服了国内外众多专家、游客和观众。2005年8月16日，云南省印象丽江旅游文化产业公司正式成立，由张艺谋、王潮歌、樊跃三位导演执导的实景山水民族文化演出项目“印象丽江”正式启动。这个实景演出气势恢弘、极其壮观，演出将人与自然有机融为一体，巍巍玉龙雪山、千年的丽江古城、悠扬的纳西古乐、悠久的茶马古道、神秘的东巴文化，同时把各民族文化相互融合，充满了民族风情和民族风格，使其成为融文化旅游为一体的国际化艺术品牌，充满艺术想象力。

束河古镇是休闲旅游胜地，这个地方比丽江古城更为宁静，更有古镇和乡村的诗情画意，成为中国十大魅力古镇之一，也是环境最优美的古镇。这里的自然生态环境保护得更原始古朴，建设中的哈里谷等国际休闲酒吧区的项目又上了一个档次，束河已成为丽江休闲旅游的胜地。

同时积极打造和推出泸沽湖、拉市海、老君山国家公园、永胜程海毛氏文化等文化旅游品牌。丽江多层次具有民族文化特色和奇异自然景观的众多品牌和景点景区能满足不同层次、不同年龄爱好的国内外游客的向往和需求。

7．丽江获得国际国内外众多殊荣，成为国家的名片，世界文化旅游名城和国内外游客向往的旅游胜地。

改革开放以来，尤其是近十多年来，随着文化旅游的发展，丽江获得国内外一个又一个殊荣，获得一个又一个文化旅游桂冠。丽江文化旅游的魅力得到国内外的公认。丽江成为国家文化旅游的名片，成为世界文化旅游名城和国内外游客向往的世界级旅游胜地。

丽江获得的殊荣，不仅仅是个别组织、个别专家学者的认定评选，更主要是通过十几年文化旅游业的发展，得到国内外广大游客、广大群众的公认。一是丽江文化旅游的品位和内涵是世界级的，品位很高、内涵深厚。二是丽江民族文化的独特性和唯一性，许多民族文化的奇葩是丽江独有的。三是众多的奇异自然风光、良好生态、生物的多样性、动植物的珍稀性，让人向往。四是独特的自然地理、宜人的气候、山川地形、大江大河，构成休闲度假的天堂和体验探险旅游的胜地。

2011年2月，人民日报社人民网主办、中国城市发展促进会、中国品牌建设与管理协会、沙河酒业共同协办的“辉煌十一五·中国品牌（特色）市/县/镇开发区颁奖盛典”在北京举办。丽江荣获“辉煌十一五最负盛名旅游城市”，市委书记王君正荣获“责任中国2010年城市建设创新人物”称号。

2011年8月初，由中国城市竞争力研究会主办的“2011中国城市分类优势排行榜”上，丽江入选全国“中国十佳宜游城市”和“最具幸福感城市”。

2011年2月4日，玉龙雪山国际高尔夫俱乐部申报世界上最长的高尔夫球道（8548码）吉尼斯世界纪录获得成功。

2010年11月2日，由中国旅游协会休闲度假分会、全国休闲标准化技术委员会、人民网、休闲杂志社联合开展的2010“中国城市休闲发展综合评价”出炉，丽江被评为“2010中国最佳休闲城市”，在中国休闲城市中排名第四。还被人民网公众网络评选为“适宜夜生活休闲城市”。

12月28日，“2010中国城市榜颁奖典礼和暨中国国际广播电台多语种旅游推介平台启动仪式”在北京举行，丽江成为“全球网民推荐的中国旅游城市”的前十名，荣获“最佳中国旅游城市”称号，“2010中国城市榜——全球网民推荐的旅游城市”网络推荐活动由国务院新闻办公室和国家旅游局指导，中国国际广播电台国际在线网站主办。

2010年11月6日，由文化部、国家旅游局、湖南省政府主办，湖南省文化厅、省旅游局、张家界市政府承办，旺旺集团合作协办，在湖南张家界举行的“首届中国国际文化旅游节”上，丽江古城和“印象丽江”分别荣获“文化旅游发展贡献奖”。

2010年8月8日至9日，在第三届世界文化旅游论坛上丽江市被评为“国际精品文化旅游城市”，市委书记王君正同时荣获“推动文化旅游发展影响力人物”荣誉称号。

2010年1月31日，由新浪网、旅游卫视联合举办的“2009—2010年度公司人旅游新榜样”评奖活动揭晓，丽江荣获该年度“公司人心目中最美丽的国内古城小镇奖”。

2009年10月23日在新中国成立60年之际，由《香港文汇报》、香港中华总商会、香港中华工商联合会、香港中国企业协会、香港专业联盟等香港新闻界与工商界联合举办的影响中国大型系列评选活动中，丽江古城以独特的个性和保护遗产的创新举措荣获“影响中国·特色魅力城市”奖，是内地唯一获此殊荣的历史文化名城和遗产地。

2009年8月10日，世界文化旅游论坛在西安举行。论坛由国际旅游营销协会（ITMA）主办，国际旅游促进会、国际旅行商协会主办，得到联合国教科文组织的支持和中国旅游50人专家委员会的指导。经组委会审核评定，丽江被授予“世界著名文化旅游城市”的荣誉称号。

2009年11月15日，在北京召开的中国大学生最喜欢的旅游目的地暨新中国60年风云人物榜颁奖典礼上，丽江获得“中国大学生最喜欢的旅游目的地钻石奖”，王君正市长荣获“新中国旅游60年风云人物功勋奖”。

2009年11月20日至21日，中国旅游电子商务大会暨旅游目的地网络营销论坛发布旅游目的地和景区人气排行榜，丽江被评为最受网民关注的旅游目的地。

2009年7月26日，在北京举行的2009年中国国际旅游文化品牌推广大会上，世界遗产丽江古城荣获“中国国际旅游文化目的地”称号。

2009年第6届“中国避暑城市”排行榜和综合避暑旅游名城口碑金榜于2009年

7月公布。此次活动由中国城市竞争力研究会GN、国际合作委员会、亚太环境保护协会等机构联合主持评比。丽江荣获“中国十佳避暑旅游城市”、“全球100个避暑旅游名城”称号。

2009年1月11日，“改革30年，旅游新篇章”高峰论坛在北京举行。会议由亚洲联盟、中国保护消费者基金会、中国品牌展播（CCTV）活动办公室等共同主办，经过专家评审团评审，丽江古城荣获“改革30年中国最佳旅游目的地”称号。

2009年1月，经中国旅游总评榜组委会、行游天下杂志社评选泸沽湖荣获“中国最美的十大名湖”称号。

2008年由中国城市竞争力研究会、中国城市研究院（香港）口碑中心、亚太环境保护协会中国委员会等机构主办的中国避暑旅游城市排行榜、中国避暑名山榜发布，丽江得以入选中国十大避暑旅游名城；玉龙雪山以“白龙弄玉”的美誉入选本届中国十大避暑名山。

2008年11月15日，在联合国环境规划署、联合国粮农组织的支持下，由中国生态学会、中国生态道德教育促进会、中国治理荒漠化基金会等单位主办的“首届中国绿色发展高层论坛”在北京举行，丽江荣获“中国十佳绿色城市”桂冠，王君正市长被评为“中国十佳绿色新闻人物”。

2008年11月，经亚太ABT联合国中国生态学协会评选，泸沽湖荣获“中国最佳文化生态旅游目的地”称号。

2008年12月20日，经博鳌国际旅游论坛组委会评选，丽江古城被授予“国际旅游名城”荣誉称号。泸沽湖荣获“国际知名旅游景区”称号。

2007年12月15日，在深圳举行的第二届中国城市建设开发博览会上，经再次评定获得“中国城市品牌荣誉奖”。

2007年6月，丽江玉龙雪山景区被国际旅游联合会评定为“欧洲人最喜爱的中国旅游景区”。

2007年4月丽江古城分别荣获“2006年度全国民族文化旅游十强品牌”、“首批国家旅游名片”、“感动世界品牌城市”称号。

2006年1月19日，在北京召开的全国创建文明风景旅游区表彰大会上，丽江古城被中央文明办、国家建设部、国家旅游局授予“全国文明风景旅游区”称号。

丽江古城同时是全国文明风景旅游区的示范点。

2006年12月21日，由中国青年报举办的“中国青年喜爱的旅游目的地”评选活动中，经过全国青年两轮投票，丽江从全国463个城市和1187个提名景区中脱颖而出，最终获得“2006中国青年喜爱旅游目的地”的殊荣。2007年、2008年度再次获此殊荣。

2006年，“天雨流芳·梦幻丽江”城市营销和建设策划荣获2006年中国最佳品牌案例。

2005年8月22日，在欧洲瑞士举行第二届2005欧洲论坛，此论坛由法国国际交流中心、瑞中经济文化交流协会、日内瓦旅游局主办，丽江被评为“欧洲人最喜爱的旅游城市”。

2006年9月20日，中央电视台“2006年度中国魅力城市展示”活动组委会在北京组织投票，丽江获得中国十大“CCTV2006年度魅力城市”殊荣。

2005年9月25日，全球人居环境论坛在深圳举行，联合国秘书长安南特别顾问、联合国地球理事主席、联合国人居署人居环境首席高级官员、著名人居环境专家克里斯、联合国环境规划署委员会主席（原国家建设部副部长、中国地产协会会长）杨慎等出席会议。在这次会议上，丽江荣获“全球人居环境优秀城市”殊荣，由默瑞·克里斯·莫特朗先生颁发了奖牌。

2005年，位于丽江永胜红石崖的大地震“天坑”遗址入选国家级典型地震遗址名录。

2004年丽江被评为“世界上最令人向往的旅游目的地”。

1998年《新周刊》评点华夏666座城市，特别推出魅力城市排行榜，丽江获得“中国最值得去的十座小城市”之首。同时丽江还荣获“中国人最令人向往的十个城市之首”、“地球上最值得光顾的100个小城市之一”等称号。

丽江众多景区景点被中国地理杂志评定为“中国最美丽的地方”等等。

8. 丽江涌现出了一大批有影响的作品和图书，大大加强了民族文化的积累。

围绕研究丽江历史文化及文化旅游产业发展的以《纳西东巴古籍译注全集》、《纳西象形文字谱》、《王丕震全集》、《大道之行》等著作为代表的作品和图书，大大丰富和加强了民族文化的积累。

改革开放以来，尤其是近十多年来，以丽江为题材或研究丽江民族文化以及旅游产业发展的著作图书大量涌现，从而推动了丽江文化的发展和繁荣，增强了丽江文化的影响力。这些著作和图书涉及丽江民族文化的方方面面，有国内外多个国家出版的丽江题材的图书和画册，有当地专家学者和文化人的著作，有外地专家学者研究丽江民族文化的著作和图书，也有出生本地在外工作的丽江籍专家学者的著作。其内容包括丽江历史、文化、旅游、教育、文学、生态、学术、艺术、绘画等领域。据丽江新华书店不完全统计，改革开放以来，由丽江新华书店经营出售的就有470多种著作和图书，这在全国地州市一级都是罕见的现象。

有一批研究丽江民族文化的著作和图书，在国内外产生了很大的影响，并具有很高的价值。比如《纳西东巴古籍译注全集》100卷，是前后上百人经过20年艰辛努力奋斗的成果，是里程碑式的巨著，荣获了国家图书荣誉奖。方国瑜先生编撰、和志武修订的《纳西象形文字谱》，历经40多年后于1979年由云南人民出版社出版发行，是一部研究东巴文化的权威工具书。此书获得国家图书奖的提名奖。

《三丕震全集》2009年8月于中国文史出版社出版发行。此全集的出版震撼了文坛。纳西族作家王丕震先生被评论家称为天地间的奇才，为丽江乃至全国打造了一个文化的丰碑，文学创作的奇迹。王丕震先生从1984年在他62岁时开始创作中国历史小说，到2002年，在他去世前18年间一共创作142部中国历史小说，总共3560万字。现在出版的全集80卷收录王丕震先生的历史小说127部，谱写了中华上下五千年的历史风流人物，是中国最宏大的历史小说出版工程。

和万宝的《守护精神家园——纳西文化随笔》集中反映了深邃的纳西文化思想。改革开放初期，他刚得到平反，重新走上领导岗位，就不遗余力地着手东巴文化的抢救保护工作，并提出建立东巴文化研究室，在省委和地委的支持下，开始建立机构，抢救和翻译东巴经典。他还以一个纳西文化宣传家的角色，在党政机关和民间宣传弘扬优秀民族传统文化的重大意义，讲解东巴文化的科学价值。他关于“从东巴文化作为文化生态入手，解读生态平衡机制，确立生态文明观”，“恢复优秀文化传统，用论语+东巴文化+电脑+共产党宣言模式，建立生态文明村”，“要守住丽江哲学、智慧的人类精神家园，要守住文化遗产，守住纳西家园”等理念，体现了他睿智和可贵的探索精神，对搞好丽江文化旅游发展作出了重要贡献。

1994年周善甫先生的国学理论著作《大道之行》出版发行，2010年2月又由中华书局隆重推出。周善甫先生是我国现代文化史上卓有成就的一代著名学者、国学家、书法家和教育家。《大道之行》是周善甫先生的代表力作，它代表了周先生对中华传统文化研究的最高成就。这部力作在学术上达到的高度和贡献足以载入20世纪中国文化史册而永久传世。著名历史学泰斗马曜教授评价周善甫先生说："言必行、行必果，是为真儒；著书立说、为倡正学，是为大儒；但求有利于民，不为个人荣辱，是为醇儒。善甫先生足以当之"。[①]周善甫先生的《大道之行》等国学力作在国内和国外华人世界产生了很大的影响。周善甫先生作为一代名家，其《大道之行》力作等充分体现了纳西族不仅注重保持本民族优秀文化传统，同时善于学习汉文化等各民族先进文化，而且有很高的造诣、达到了很高的境界。

大量出版研究丽江各民族文化的著作和图书是一大亮点，不断涌现比如《中国西南古纳西王国》、《被遗忘的王国》、《纳西族史》、《纳西族简史》、《纳西族文学史》、《东巴神话研究》、《纳西东巴文化研究丛稿》、《纳西族语言研究》、《东巴文化揭秘》、《东巴文化论文集》、《东巴文化辞典》、《丽江古城》画册、《丽江风物志》、《摩梭达巴文化》、《火塘文化录》、《丽江十年一瞬间》、《灶神研究》、《祭天古歌》、《云南历史文化名城研究》、《东巴文化与纳西哲学》、《策划丽江：旅游文化篇》、《当代中国美术家档案——张春和卷》、《纳西学丛书》、《四川纳西族与纳西文化研究》、《纳西族与藏族关系史》、《纳西族文化大观》、《沿着茶马古道重镇——丽江大研古城》、《为丽江腾飞——探索与实践》、《区域旅游创新》、《徐霞客与丽江》、《溪村社会》、《玉龙大雪山》摄影集、《丽江市纪念改革开放三十周年丛书》、《丽江文化系列丛书》等。

围绕丽江旅游业的蓬勃兴起，旅游文化方面的书籍大量涌现。种类繁多。一大批有关丽江旅游文化美景、丽江风物、丽江民族风情、丽江历史文化的读物，以及有关描写丽江柔软时光、感悟丽江或在丽江的趣闻逸事等旅游文学作品

---

①云南美术出版社，《风雅儒者——文化名人周善甫诞辰90周年纪念文集》，马曜题词。

深受广大青年读者和各方游客的欢迎和喜爱。如《神奇的玉龙山》、《丽江的柔软时光》、《丽江古城史话》、《东巴纸书》、《情死部落》、《纳西人的最后殉情》、《大地震》、《天雨流芳——印象纳西》、《马蹄踏出的辉煌》、《宣科与纳西古乐》、《中国奇人和志刚》、《徐霞客与丽江》、《抢婚逃婚跑婚殉情》、《天边女儿国》、《走出女儿国》、《从永胜到韶山——毛泽东祖先事》、《丽江导游词》、《丽江马帮》等。

以丽江为题材，或以研究丽江民族文化为题材的著作和图书，除了在丽江本土和国内各地出版外，在全世界许多国家和地区出版的也不少，这是很有说服力的现象。在欧洲、美国和日本以及中国台湾等国家和地区，都有许多不同类型的著作和图书，尤其是已经出版发行的研究纳西文化方面的专著产生了很大的影响。

9. 丽江从改革开放的末端变成前沿，成为国际化的旅游城市。

丽江历史上曾是茶马古道的重镇，是滇川藏交汇区域交通的枢纽，抗战时期是我国对外联系的重要通道。但这以后丽江曾一度沉寂下来，成为云南边远偏僻的地区之一。改革开放后，丽江迎来一次历史性机遇，打开大门、打破封闭、全面实现对外开放成为丽江重要的战略目标。在国家改革开放方针的指引下，丽江认真总结历史文化传统，把对外开放、善于学习、广纳包容、海纳百川的传统应用于实践之中。随着丽江文化旅游的大发展，丽江从改革开放的末端走向前沿，丽江成为国际化的旅游城市。

1985年，国家把丽江列为对外开放乙类地区。旅游大潮逐步兴起，丽江魅力远播国内外，成为国内外游客向往的旅游目的地，游客纷至沓来，2010年丽江接待海内外游客909.97万人次，其中海外游客达61.14万人次。2005年以来，海外游客大幅攀升，年递增10%以上。外地人在丽江除旅游观光、休闲度假外，把丽江作为生活的目的地，作为干事就业的理想之地。外国人常住人口199人，其中在丽江购房的50人，就业的29人。来自中国台湾的常住人口达93人。丽江成为我国风光秀丽、民族团结、社会和谐、发展迅速的地区，成为国家外事接待的重要窗口。改革开放以来先后接待30多个外国元首、政府首脑、议会议长和政党领袖等高层人士，他们都对丽江留下了美好而深刻的印象。丽江与国外多个城市建立友好关系，玉龙雪山与瑞士马特宏峰建立友好关系，瑞士马特宏峰是其国家的象征。还与加拿大新西敏市、瑞士瓦莱州尔马特市、日本高山市、澳大利亚谢普敦市、意大利庞贝市、美国加州马里布市等结为友好城市。

丽江对外开放条件逐年改善，丽江机场改扩建工程顺利完成，即将升格为国际口岸机场，开通多条国际航线，成为云南对外开放的重要窗口。当前把云南建设成为我国面向西南开放的重要“桥头堡”已上升为国家战略，这为丽江对外开放提供了更好的机遇。丽江正发挥国际口岸机场等资源优势，着力建设中国面向西南开放“桥头堡”的重要窗口。同时丽江全面对外开放的瓶颈制约正在打破。大丽铁路的开通运营、泸沽湖机场、大丽高速公路等重大基础项目开工建设，丽香铁路、丽攀铁路、丽攀高速公路等重大项目纳入国家规划，丽江资源优势和发展优势进一步显现，引进资金、技术、人才步伐加快，吸引大企业、大集团、大投资商来丽江投资建设的新时机正在到来。

10. 加强地方民族立法，为文化旅游崛起提供法制保障。

加强地方民族立法，是丽江的一大特色。改革开放以来，丽江地区结合实际制定地方性法规和民族自治条例及单行条例，逐步形成保护历史文化遗产、民族民间文化和生态环境法规体系，为文化旅游崛起提供法制保障。

实践证明，用法制手段保护民族文化和生态环境是最有效、最有力的保护手段。丽江有两个民族自治县，从20世纪90年代初期开始就先后制定了9个自治和单行条例，因此作为文化旅游发展和保护生态环境的基础性工程。在原条例的基础上，2003年丽江实现撤地设市后，其中丽江古城保护条例和纳西族东巴文化保护条例上升为云南省的两个条例，成为省级的两个地方性法规。还有永胜程海作为云南省九大高原湖泊之一，在省人大常委会的指导下，在丽江地县的共同努力下，1995年5月31日云南省第八届人大常委会十二次会议审议通过了《云南省程海管理条例》。2006年经修改充实形成了新的《云南省程海保护条例》。

丽江地方民族立法和法制建设的一个显著特点是以保护地方优秀民族文化、文化遗产和生态环境为重点。丽江纳西族自治县条例和宁蒗彝族自治县条例是根据宪法和民族自治法，结合自治县的政治、经济、文化等特点而制定的。这两个自治条例是保障宪法、民族自治法在自治县区域全面贯彻落实，自主管理自治县内部事务的综合性地方法规。1990年7月2日，云南省第七届人大常委会第十二次会议批准《云南省丽江纳西族自治县自治条例》，自1990年10月1日起施行。1990年4月27日，云南省第七届人大常委会第十一次会议批准《云南省宁蒗县彝族自治县自治条例》。2006年条例修订后，经同年7月28日云南省第十届人大常委会二十三次会议批准施行。丽江撤地设市后，原丽江纳西族自治县一分为二，新设立古城区和玉龙纳西族自治县，玉龙纳西族自治县是原丽江纳西族自治县的继承者。根据这一情况，在原自治条例的基础上，新的玉龙纳西族自治县条例，于2005年3月21日玉龙县第十三届人民代表大会第三次会议通过，2005年5月27日云南省第十届人大常委会第十六次会议批准后施行。

为了保护珍贵文化遗产，原丽江纳西族自治县制定了《丽江历史文化名城保护管理条例》和《纳西族东巴文化保护条例》。同时为了保护生态环境，丽江县制定了《玉龙雪山管理条例》，宁蒗县制定了《泸沽湖风景区管理条例》，玉龙纳西族自治县制定了《拉市海高原湿地保护条例》，丽江县还结合旅游业的发展制定了《环境卫生管理条例》等等。

丽江古城保护条例和纳西族东巴文化保护条例是丽江两个重要的保护民族文化的基础性法规。1994年3月26日丽江纳西族自治县第十一届人民代表大会第二次会议通过了《云南省丽江历史文化名城保护管理条例》，1994年6月2日云南省第八届常委会第七次会议批准施行。2001年3月10日，丽江纳西族自治县第十二届人民代表大会第四次会议通过了《云南省丽江纳西族自治县东巴文化保护条例》，2001年6月1日云南省九届人大常委会第二十二次会议批准施行。2003年丽江撤地设市后，以上述两个条例为基础，经过充实修改完善，2005年经过省人大十届常委会第十九次会议审议通过《云南省丽江古城保护条例》和《云南省纳西族东巴文化保护条例》，分别于2006年1月1日和3月1日开始实施。

11．丽江成为著名的影视基地，以丽江民族文化为题材的影视作品产生了广泛影响，具有民族特色的原生态声乐作品及歌手在全国崭露头角。

丽江是民族文化底蕴深厚的沃土，是文化艺术创作取之不竭的宝库和源泉。2004年3月丽江被确定为天然影视基地，丽江成为全国最美丽的影视拍摄基地和天然的最大摄影棚之一。

1990年至1993年，英国独立制片人，世界著名纪录片导演菲尔·艾格兰在丽江拍摄的《云之南》，在全世界80多个国家和地区播出后，在西方国家引起了极大的轰动，在世界范围内获得巨大的成功，获得了多项世界性大奖。该片主要反映丽江纳西族为代表的各民族的生产生活、民族文化、自然生态、探索人与人、人与自然关系，真实记录了普通人的感人故事，反映了一个真实的丽江和一个真实的中国，对我国各少数民族的真实状况和改革开放带来的巨大变化是一次重大的宣传。

由我国著名导演张艺谋执导，世界著名影星高仓健主演的电影《千里走单骑》，于2004年11月在丽江开机，有70%的镜头在丽江拍摄，有多名本土演员参加本片的演出。这部影片2005年12月16日在丽江举行了隆重的首映式，产生了良好的宣传效果和社会影响。

丽江是茶马古道上的重镇。电视连续剧《茶马古道》通过纳西族、藏族、白族几个重要人物的故事，真实反映了茶马古道的历史风貌，各民族文化商贸的交流和民族团结及爱国主义传统，对丽江多元文化和民族团结是一次重要的宣传。

以丽江为题材的电视连续剧《一米阳光》在全国各电视台相继热播，成为青年人的偶像剧，受到广大观众喜爱。长春电影集团公司拍摄的《大东巴的女儿》在多个国际电影节上获奖。2009年拍摄的反映丽江傈僳族人民群众文化生活的故事片《背着歌声去远方》，成为庆祝新中国成立60周年“北京放映”的重要展播影片。

丽江民族民间音乐舞蹈是一个富矿。丽江通过挖掘传统音乐舞蹈文化的资源，深入进行音乐舞蹈等各种艺术形式的创作，使一批作品和艺术人才脱颖而出。2007年年初参加全国青歌赛的纳西族歌手和金花、和秋香获得银奖。2009年举行的全国流行音乐歌曲大赛中，由徐荣凯作词、丽江本土歌手土土作曲并演唱的《醉了丽江》获得一等奖，由纳西族歌手和劲松作词作曲并演唱的《月亮花》获得三等奖和“五个一工程”奖。《丽江美》、《梦在丽江》、《纳西人》、《茶马古道》、《梦中的香格里拉》、《蓝月亮》、《纳西三部曲》、《纳西净地》等一批原创民族歌曲深受广大游客和群众的喜爱，和文光“纳西民歌世家”把纳西歌曲的创作演唱推向全国。

丽江经常举办的大型文化展演和民族文化活动取得良好效果。比如成功举办的东巴国际艺术节、雪山音乐节、婚俗文化节在国内外产生了影响，提升了丽江知名度。

12．丽江充分发挥各族群众和社会各界在文化旅游发展中的主体作用，充分发挥民间和社会的力量，让各族广大群众和民间社会力量广泛参与文化旅游活动，保障了广大各族群众享有的文化权益。

文化立市、旅游强市是丽江发展战略的重要组成部分。文化旅游产业是丽江的主导产业，也是带动性的产业。丽江各级党委政府倾力打造文化旅游品牌，推动产业的发展，尤其重视文化旅游基础设施的建设。丽江建成了全国最有特色的旅游景区、宾馆酒店，以及底蕴深厚的文化品牌。

丽江文化旅游产业是主导的产业、是富民的产业，文化旅游产业覆盖城乡，有力地带动了其他各行各业，因此参与文化活动和从事文化产业的各族群众十分广泛。加上丽江把民族文化、发展旅游产业与经济社会发展融为一体，与基层党的建设、精神文明建设和生态环境保护有机结合，大力加强城市社区和农村乡村文化体育设施建设，大力加强生态环境绿化，大力支持各种文化事业、文化产业、旅游产业的发展，充分发挥民间社会和广大群众参与文化旅游的积极性，因而文化旅游以及环境保护的各类民间组织，各类型事业单位、企业和个体经营户蓬勃发展，人民群众成为文化旅游发展的主体。

在文化旅游发展的过程中，丽江市勇于开拓进取，锐意改革。全力支持和发挥民间社会组织的作用，使之成为党委政府和人民群众联系的桥梁，成为党委政府发展文化旅游的助手和生力军，这是一条成功的经验。丽江民间社会组织遍布城乡，先后成立了上百个文化旅游协会、民族文化研究会、民族文化传习院、文化活动场所、保护生态的机构等。为了整合民间社会的力量，团结国内国外研究丽江民族文化的力量，在市委的直接指导下成立了丽江文化研究会、纳西文化研究会、市兰花协会、市西部发展促进会、彝学会、丽江东巴协会等全市性民间组织。同时通过出台一系列政策措施，鼓励和支持本地各族群众广泛参与文化旅游的各项活动，保护传承各民族优秀文化，支持社会各界和各族群众从事文化旅游公益事业的建设和产业的发展。

基层文化旅游体育活动广泛开展是丽江文化繁荣的一个重要标志。丽江凭借文化旅游资源的特色和优势，凭借民族文化的深厚底蕴，凭借各民族群众能歌善舞等文化传统，在城市和农村基层，广泛开展民族打跳、民族歌舞、民族体育、民族古乐、休闲化赕、健身旅游等经常性的活动，满足人民群众精神文化方面的需求，保障各族群众的文化权益，这是丽江文化旅游崛起的一个亮点之一。

二　丽江文化旅游崛起的特殊自然生态环境和历史文化背景

丽江文化旅游崛起有着深厚的基础，有着得天独厚的优势和条件，具有历史发展的必然性，它在多个方面的唯一性和独特性是其他任何地方所不可能再造和复制的。以丽江独特的纳西文化为代表的民族文化的研究，经国内外学者百多年的艰辛开拓，有了深厚的积累，又适逢改革开放的历史性变革年代，它的潜力便势不可挡的得以迸发。

1. 关于丽江文化、丽江旅游及丽江文化旅游的定义。

什么是丽江文化？丽江文化是具有悠久历史，源远流长，保留有许多人类珍贵文化遗存，极具地域和民族个性特色，从而独树一帜的文化；是以纳西文化为主体本源，但又广纳包容了汉、藏、白、彝、傈僳、普米、傣等民族优秀精华的多元文化；是一个始终坚持和谐思维、和谐态度、和谐行为、和谐方式，充分体现人与自然、人与社会、多个民族、多种宗教相互包容、共存共荣的和谐文化；也是始终倡导"真善美良"，追求美好理想境界的优秀文化；也是自强不息、开拓奋进、广纳开放、好学上进，具有强烈爱国主义精神，维护国家统一，不断增强民族团结鲜明特色的文化。这些都充分彰显了海纳百川、协调各方、包容万事万物的和谐文化精神，同时追求哲学上文化上的理想境界和人类美好的精神家园。

什么是丽江旅游？丽江旅游是自然、人文资源富集独特、品位极高、类型众多、差异性突出、组合度好，又具有许多唯一性、极具吸引力的旅游；是以灿烂的民族文化为魂魄，又可享受自然生态美景奇观，能满足各个层次旅游需求的融观光、休闲体验和科考为一体的综合性旅游。丽江是一片圣洁的净土，梦中的精神家园，是国内外广大游客向往的旅游目的地。

什么是文化旅游？这是丽江在文化旅游崛起实践过程中形成的一种理念和模式。这不是从概念出发的结果，而是生动实践的结果。实践出真知，实践出理论。文化和旅游虽有关联，但两者是不同的概念、不同的性质、不同的产业，是各自独立存在的东西。丽江在文化旅游产业发展的实践中，把两者相互结合、水乳交融，形成一个融合的整体。文化是旅游业的灵魂，是贯穿始终的一条主线，是主心骨和精神支撑，是旅游业核心竞争力的决定性因素，也是旅游业魅力和可持续发展的根基。而旅游业则是文化产业发展的载体、平台、广阔的空间、拓展的天地，为文化的发展繁荣提供了宽广无限的前景，为文化产业发展提供了市场、商机，增强了生机与活力。文化旅游的关系是“魂”与“体”的关系，是“核”与“形”的关系，也是孪生兄弟的关系。文化旅游互动发展成为带动丽江跨越发展的强大动力。同时文化旅游产业经过30多年的发展，已成为支撑丽江经济社会的龙头支柱产业。

2．关于丽江文化旅游的魅力。

旅游的魅力是什么？是对旅游者的吸引力和满足旅游者的精神文化需求。而能产生吸引力和满足心灵需求的关键是文化的差异和自然生态的差异。丽江文化旅游好像是一夜崛起、一夜成名，有的说丽江名声是地震震出来的，是善于宣传而出名的，这些都有一定的道理，我们不应该排除这些重要的因素，但是这些东西不是决定性的因素。改革开放初期，丽江确实鲜为人知，丽江往往被误认为是广西的漓江。而云南在20世纪50—60年代最具知名度的是大理这个五朵金花的故乡，西双版纳的原始密林，因阿诗玛而成名的路南石林。而改革开放以来，尤其在20世纪90年代以来，丽江才名扬海内外，其知名度和美誉度也大大超过了云南上述景区，甚至超过了国内外许多自古出名的地方，成为名副其实的世界级文化旅游胜地。

丽江自然生态环境和历史文化概括起来就是：“人无我有，人有我优，人优我特”，它的多层次、多样性、复合性、高品位、组合度好，具有垄断性、唯一性等特点。一是自然景观的壮丽雄奇以及多样性、独特性；二是历史文化的古老神秘、博大精深以及多元性；三是民族文化、民族风俗的神秘性和奇异性；四是有着很高的观赏、体验、研究、开发利用的价值。

欧阳坚认为：“丽江之所以有很大魅力和特色，最重要的是文化。只有文化才会让人不断地去感受，不断地去体验它。作为好的风光，看一遍基本也就够了，而文化可以让人们反复地去领略它、体验它。”“丽江文化可谓海纳百川，本地文化的独特性、包容性，外来文化的开放性、广博性，这样就可以把丽江建成‘令居之者忘老，寓之者忘归，游之者忘倦的人间圣地’。”①

3．得天独厚的自然生态和民族文化。

丽江文化旅游的崛起，其实有很深的自然生态和历史文化背景。这些东西与国内外许多地方比较起来，其差异性是巨大的，因而形成众多的自然及文化的唯一性和独特性。独具特色的地理气候、自然生态、地域文化、民族文化、历史遗迹是不可复制的。从这个意义上讲，丽江文化旅游的崛起是必然的，它的吸引力与生俱来，这就是上天赋予的特殊自然生态环境和底蕴深厚的历史文化及奇异的少数民族风情。云天之外的丽江和周边的区域被人们称为香格里拉，这个区域时逢国家改革开放和大变革的时代，逐渐露出了真容，揭开了其神秘的面纱，走出深山峡谷，走向世界。

丽江在地理上位于青藏高原和云贵高原的结合部，横断山脉地区，又属于金沙江、怒江、澜沧江三江并流区域，形成了特殊的地理气候以及多姿多彩的自然生态环境。这里到处是高山峡谷的自然景观，既有峡谷平坝，又有海拔数千米的雪山，形成众多的自然奇观，形成立体气候、立体植被，成为世界生物多样性最突出的地区之一。这里被称为“植物王国”、“动物王国”、“地质地貌的博物馆”、“奇花异草的世界”，成为一片神秘的净土。由于历史上地处边陲、交通闭塞、人烟稀少，被西方学者称为被人遗忘的古纳西王国，这片原始生态的净土才得以保留。

丽江天蓝、水碧、山青。丽江是云南乃至全国重点的林区之一，拥有林地面积151万公顷，活立木的蓄积量是10640万立方米，是全省平均水平的3倍多。丽江森林植被茂密，森林覆盖率达66.15%，1994年开始停伐天然林，生态环境进一步得到改善。这里被誉为长江上源最好的一块绿色屏障，这里成为祖国西部一片秀美的山川奇境。

丽江分布有13000多种高等植物，占中国植物种类的1/3以上，占云南省的70%，其中仅种子植物就有187科3650种，有珙桐、云南红豆杉、三尖杉、水青

①《聚焦丽江》，第85页、232页。

树、榧木、苏铁等众多国家重点保护植物。野生动物资源也十分丰富，仅哺乳动物就有8目21科42属57种，其中有滇金丝猴、云豹、猕猴、豺、黑熊、金猫、斑羚等众多国家一、二级野生保护动物；鸟类有17目42科290多种，约占中国鸟类总数的1/4．云南的1/3，其中有黑鹳、中华秋沙鸭、黑颈鹤、白头鹤、灰鹤、大天鹅、黑翅鸢、草鹗、雕鸮、勺鸡、白腹锦鸡等众多国家一、二级保护野生动物。另外还有众多的爬行类动物和两栖类动物。

丽江虽然地处边僻，但历史文化悠久。考古发现的“木家桥丽江人”，10万年前已在这片土地上繁衍生息。在这片土地上还留下许多珍贵的人类发展的“活化石”，包括“母系社会的活化石”、古文字的“活化石”、古代社会形态的“活化石”、金沙江两岸的古崖画、茶马古道、边屯文化的历史遗迹等等。加上这个区域有20多个少数民族，各民族都有其灿烂的民族文化，这就构成了取之不尽、用之不竭的民族文化宝库，有很高的开发利用价值，形成文化旅游的宝贵资源。

4．百年来国内外学者的开拓和研究。

丽江和纳西族聚居的滇川藏交汇区域是自然和历史文化的一片沃土。这个区域的历史文化，尤其是纳西族文化很早就引起了国内外专家学者的关注。从19世纪中叶开始，西方的传教士、植物学、人类学民族学的研究者们，已到这里进行探险考察。他们被这里的生物多样性和独特的民族文化所震撼，到20世纪初已有了不少的研究成果。尤其通过美籍奥地利学者约瑟夫·洛克和俄国人顾彼德等西方学者的研究，纳西文化和这个区域的民族文化吸引了不少国内外的专家学者，东巴经书这种用象形文字书写的古籍被西方人带到世界各地，被西方众多的知名大学和研究机构收藏。美籍奥地利著名学者约瑟夫·洛克的《中国西南古纳西王国》、美籍英国作家詹姆斯·希尔顿的《消失的地平线》、俄国学者顾彼德的《被遗忘的王国》、台湾著名学者李霖灿的纳西学论文和《玉龙大雪山》等著作在国际上极大地宣传了丽江。从20世纪30年代开始，我国著名的一些学者，包括章太炎、郭沫若、刘半农等对这种文化高度重视，在他们的支持下，出现了李霖灿、方国瑜、傅懋勣、和志武等一批杰出的研究者，出现了很多的研究成果，从而进一步奠定了这一文化在中华民族文化史上的重要地位。

我国著名建筑学家和文物专家对丽江古城的关注和研究由来已久。我国著名建筑学大家刘敦桢于1938年12月对丽江古城进行了为期9天的考察研究，并作出了很高的评价。著名学者竺可桢在1961年考察丽江时就充分肯定“保护古城、发展新城”的思路和做法。上海同济大学教授葛加亮，重庆建工学院教授黄光宇、著名建筑学系汪之力，清华大学、北京大学教授、建筑学家吴良镛、朱畅中、谢凝高，风景园林专家周维权，云南工学院建工系主任朱良文教授、蒋高宸教授也在20世纪80年代考察丽江古城，对古城的科学文化价值和开展保护工作提出了很有针对性的意见。我国著名古建筑和文物专家罗哲文、郑孝燮、周干峙、谢辰生、付熹年、阮仪三、徐苹芳、王志刚、王瑞珠、鲍世行、侯仁之对丽江古城申报世界文化遗产进行论证，并对保护古城和古文物等提出许多中肯意见建议，倾注了他们很大的心血和智慧，有的还被聘请为丽江经济社会文化发展的顾问。费孝通、季羡林、任继愈、戴爱莲、于锦绣、吕大吉等著名学者积极推动东巴文化的研究保护及申报世界记忆遗产。著名音乐家吕骥、孙慎、吴昌林、赵枫、秦鹏章等对纳西古乐的研究及传播给予了大力支持和热情帮助。著名国画大师吴冠中、吴作人等一批书画家情倾丽江，以书画艺术形式提升丽江文化品位，热情支持丽江民族书画艺术。

5. 改革开放以来的丰硕的研究成果和独特的自然文化学术研究胜地。

改革开放以来，随着对纳西文化学研究的深化和成果迭出，随着历史文化遗产抢救保护和三个世界遗产申报成功，丽江民族文化的影响力不断增强。我国一批著名学者指出，丽江民族文化丰富独特，是研究人类学、民族学、宗教学的一方学术胜地，保护弘扬这些珍贵文化遗产，是丽江各族人民为国争光、为民族争辉的一件大事。还有专家学者指出，在丽江不仅可以体验到独特民族文化的魅力，还可以体会到中原传统文化的一些意境和遗风。丽江还保存了中原文化的许多优秀传统，有中原传入的唐代洞经音乐，中原传入的与当地民族文化融合的明清建筑群、白沙壁画，有中原文明与当地民族文化相结合的乡村古镇风情、田园风光、古朴的民风，人与人、人与自然之间的和谐关系等等。

三　丽江文化旅游崛起的启示

丽江文化旅游崛起与改革开放的历程相伴相随。党的改革开放政策是丽江文化旅游崛起的根本保障和政治前提。同时丽江根据实际情况创造性的贯彻执行党的路线方针政策，有自己的智慧、有自己的创造、有自己的思路、有自己的做法。许多创新的做法和经验是决定丽江文化旅游崛起的直接因素。这些宝贵的精神财富所提供的借鉴和启示仍具有重要的现实意义。

丽江旅游文化崛起的启示可以概括为一个始终坚持、一个战略目标、四个特色之路和五个方面产物的结晶。

一个始终坚持。

始终坚持以促进丽江这个边疆民族地区经济社会跨越发展，提升综合实力和推动当地各族群众得到实惠，实现脱贫致富作为文化旅游发展的立足点和出发点。以群众满意不满意、游客满意不满意来检验工作的成效。文化旅游是丽江经济发展的龙头产业，也是惠及各族群众的事业，所以丽江把文化旅游作为富民的事业、富民的产业。文化旅游对地方财政的贡献和富民而言，更多的体现在百姓得到了更多实惠。比如保护和开发世界遗产丽江古城，首先保证遗产地老百姓得到实在的利益，玉龙雪山的保护开发则使当地老百姓脱贫致富。于是形成了三个满意的局面，即当地老百姓满意，当地政府满意，广大游客满意。这是丽江文化旅游发展最基本的启示。

一个战略目标。

建设世界级文化旅游胜地始终是丽江的目标。这主要来自于丽江对自我的认识、把握、自信和超越，是客观理性的反映。1994年省政府滇西旅游规划会议就明确提出，要把丽江和滇西北作为世界级拳头产品打到国际上去；1995年朱镕基考察丽江时提出，丽江很可能成为世界级旅游景区；2001年白恩培通过调研后提出要把丽江建成滇川藏大香格里拉旅游区的中心城市，建成国际精品旅游胜地；同时还提出要把丽江建成国际文化旅游名市等，尽管表述上略有不同，但把丽江建设成为世界级文化旅游胜地和著名国际文化旅游城市是始终不渝的奋斗目标。

四个特色之路。

一是走绿色旅游之路。在丽江旅游发展的整个历程中，始终把生态的保护、生态的建设放在首位，以此作为前提和基础。从旅游项目的选择到最后的建设都坚持了这原则。没有绿色就没有丽江旅游，这是丽江上下形成的共识，尤其丽江古城保护建设、玉龙雪山的保护开发、泸沽湖整治工程方面都体现了坚持走这一路子的理念。

二是走文化旅游结合之路。旅游是文化的载体，文化是旅游的灵魂。丽江旅游的最大特色就是美丽的自然风光和独特的民族文化水乳交融，互动发展，这是丽江旅游发展的魅力所在。

三是走旅游带动之路。深度实施旅游带动战略，用文化旅游带动其他产业的发展，乃至带动整个经济社会的发展。在走旅游带动路子的过程中，根据丽江实际，积极统筹城乡发展，探索一条旅游业反哺农业、带动农村脱贫致富，推动社会主义新农村建设，实现城乡协调发展的路子。束河古镇、玉龙雪山、拉市海的发展就是最好的证明。

四是走和谐旅游之路。丽江始终坚持用和谐的优秀民族文化传统教育干部群众、引领社会，推进民族团结和社会和谐，坚持用和谐的优秀民族文化传统推动旅游精神文明建设，为游客营造一个和谐的旅游环境和氛围，让游客在丽江感受和谐、享受和谐之美。

1．丽江文化旅游崛起是从实际出发走特色发展之路的产物。

党的十一届三中全会之后，全国实现工作重点的转移，以经济建设为中心，实行改革开放的政策。在改革开放初期，由于丽江地处边疆，又是长期受“左”影响较深的地方，因而思想跟不上形势，见事迟、行动慢、左顾右盼的情况十分突出。在农村承包制改革的过程中，迈不开步伐，直到1984年底才完成了家庭联产承包责任制的改革，是全省最迟的地州之一。之后在云南省许多地州抓住农村种植业结构调整，发展“烟、糖、茶”等多种经营的机遇，许多地方发展迅速，尤其是有几个地州在“两烟”上取得突破。丽江虽然也有发展的条件，但由于多个方面的原因，尤其是思想不解放、行动迟缓，因而失去当时发展的机遇。现在丽江金沙江流域成为特色优质烟的基地就证明了发展的良好条件。改革开放前10年，丽江与周边各地州比较，确实落后了，差距拉大了。除了没有抓住发展“烟、糖、茶”的机遇外，当时争取到的国家投资和建设项目太少，投资拉动不到全省1%的比例。

丽江旅游起始于20世纪80年代中后期，1985年丽江被国家批准为对外国开放的乙类地区。1988年7月，中共丽江县第七届党代会上，第一次明确提出开发丽江人无我有的丰富旅游资源优势、发展旅游业等四大经济支柱，开发旅游产品等六大产品系列的思路。1989年底，云南省旅游局把丽江规划为国家一级旅游热线，并作出了丽江旅游开发“四区一线”（玉龙雪山、丽江古城、老君山、泸沽湖、金沙江沿线）规划。同时省规划院与丽江地区建委联合进行玉龙雪山风景区总体规划工作，到1990年11月2日，玉龙雪山风景区总体规划通过专家评审。

20世纪90年代初期是丽江大发展的开端，这个时期的基本经验是“解放思想、实事求是、反‘左’破旧、认识区情、理清思路、抢抓机遇、推动发展”。文化旅游发展的战略也是这个时候达成共识并开始实施的。1991至1992年丽江地区三级干部会议上地委书记马惠全和行署专员木荣相等领导的报告充分反映了这一进程的情况。

第一，通过总结前10年的工作，开展解放思想的大讨论。解决“反‘左’破旧、抢抓机遇”的问题。邓小平同志的南方谈话极大震撼和鼓舞了丽江各族干部群众的思想。结合总结改革开放前10年的发展，看看周边各地州的变化和丽江地区的状况，在1992年4月全区的三级干部会议上，大家坐不住了，有了很大的危机感，也激发了加快发展的极大热情。改革开放迈不出大的步子，大家认为主要是“左”的思想影响和陈旧习惯势力带来的阻力。遇事当头，总是左顾右盼，总是受到姓“资”姓“社”的困扰，怕字当头、坐失良机。通过学习和大讨论，破除了干部群众的精神束缚，改变了无所作为的精神状况，增强了抢抓机遇、跨越发展的思想认识。

第二，理清发展的思路，确定发展的主导产业。解放思想、实事求是，从实际出发制定发展的思路，确定主导的产业，这是解放思想大讨论的又一重要成果。这个时期丽江党委政府明确提出要从实际出发，创造性的贯彻执行党的路线、方针、政策，不照抄照搬外地经验，结合实际，走特色发展之路。围绕怎样认识丽江的区情，优势是什么，如何突破等问题上取得共识。丽江三大资源优势十分突出，即旅游和文化的资源、生物资源、水能资源。结合资源优势，如何加快发展，通过实事求是的分析和比较，做出了正确的决策。发展工业，由于基础薄弱、交通制约、远离市场、技术落后、缺乏人才等原因，虽可适当发展乡镇企业和县域工业，但不可能成为主导产业；发展农业，虽然这是丽江重要的基础性产业，有很大发展潜力，但失去第一次发展的机遇，难以成为主导产业；水能资源丰富，但金沙江的水电开发时机还不成熟，国家当时还没有列入开发的议事议程。所以根据当时丽江的实际情况，提出开发四大产业，包括旅游产业、林果产业、生物资源开发创新产业、乡镇企业及县域工业，在四大产业中把旅游产业作为最重要的主导产业。为什么把旅游产业（包括文化）作为主导产业，怎样考虑和定位旅游产业呢？这是当时根据实际所做出的最明智、最有远见的选择和战略决策。当时的提法是把旅游作为先导产业，有两层含意，一层含义是发挥旅游的带动作用，通过旅游带来的信息、资金、技术、人才等等，不仅可以促进思想的转变、观念的更新，同时通过旅游的带动作用，推进其他产业乃至整个经济社会的发展。另一层含义是把旅游业作为龙头主导的产业加快培育和打造，结合民族文化做大做强这个产业。

第三，审时度势，抢抓机遇。当时对培育打造文化旅游产业的形势、主观客观条件作了深刻分析和全面把握，认为是天时地利人和样样俱全，是一个千载难逢的历史性机遇。一是丽江有“人无我有、人有我特”的丰富资源。概括为两山、一城、一江、一风情、一文化，或概括为文化旅游十绝，还以“丽江天下奇”的30个内容在全国范围进行宣传。二是发展旅游产业代表了世界产业发展的新潮流，有广阔的前景。三是随着改革开放的深入，经济的快速发展、人民生活的不断提高，旅游业有巨大的市场和潜力。四是符合国家的产业政策和云南省经济发展的重点，丽江旅游的发展被云南省看好，并纳入重点发展的区域规划，是个极好的发展机遇。

2. 丽江文化旅游崛起是理念创新的产物。

思想指导行动，思路决定出路，有创新的理念才会有创新的举措。丽江解放思想，实事求是的又一重大成果，就是在发展文化旅游产业实践中形成的创新思维、创新理念。这是丽江文化旅游成功的重要因素。

第一，文化自觉的理念。文化自觉是丽江文化旅游崛起的思想认识基础。丽江历史文化渊源深厚，纳西民族自古就有尊师重教、重视文化的传统。对文化的认识和把握上，既注重本民族文化的传承，对本民族文化充满了自信心和自

豪感，使得本民族优秀传统文化得以保留和延续。同时又善于学习和吸收其他民族、其他地域先进的文化，做到广纳、包容、积极吸收，为我所用。这一传统的文化自觉意识集中体现在“天雨流芳”的传统意识上。这一认识成为全民族、全社会共同的文化传统理念。

对优秀民族文化价值的认识和理解根深蒂固。东巴文化、丽江古城、纳西族古代音乐、舞蹈、绘画等艺术是民族文化中的瑰宝和精品。长期以来，这些优秀民族文化不断得到保护、传承和发展，即使在十年浩劫期间受到极大的冲击和破坏，但是民间社会许多有识之士对种种错误做法进行了抵制。对优秀民族文化从不同角度加以保护。在改革开放初期的1979年，丽江就明确提出了保护东巴文化和丽江古城的一些措施，提出了建立保护机构的意见。

改革开放以来，丽江在发展旅游业的实践中，更加深切地体会到铸就文化灵魂的重大意义，比较自觉地把文化旅游结合起来。由于丽江是一个民族地区，这种意识不仅成为广大民族干部的共识，而且成为各级领导层的共识，乃至发展成为党和政府的决策思想。因而丽江地县党委政府从1979年开始就陆续提出了保护东巴文化和丽江古城等优秀民族传统文化的意见措施。20世纪90年代末期提出建设民族文化大区的意见，在20世纪90年代提出建设文化旅游名市，到21世纪初把“文化立市”、“旅游强市”作为发展战略，这种认识和做法在全国也是罕见的。

第二，保护优先的理念。丽江文化旅游最大的优势是什么？一句话就是有独特且丰富多彩的资源，这是丽江文化旅游发展的根基。丽江自古以来就崇文重教，重视保护自然生态，呵护绿色家园，这也是丽江传统民族文化的精髓。这一文化精神深深扎根于丽江的社会与民间。正因为如此，在改革开放之初的1979年、1980年，丽江就旗帜鲜明地提出了保护本地民族文化、保护丽江古城的一些意见和措施。这些保护措施不断充实完善，包括行政的、法制的、宣传教育的措施等。丽江是全国率先对文化遗产进行了立法保护的地区。对自然生态环境的保护，主要体现在对森林的保护、水源地的保护、水源河道的保护等。在全国“天保”工程实施之前，即20世纪90年代初，丽江就对老君山、玉龙雪山等林区进行了封山育林。国家实施金沙江上游天然林保护工程后，全面实施森工企业转产，多数转向旅游产业。以减少大量地方财政收益为代价，逐步实现了砍树人变为种树人、护树人，森林覆盖率从46%上升至66.15%。丽江水源地和河道得到了保护，泸沽湖、程海、拉市海等湖泊湿地生态环境保持良好。保护优先，在保护中发展，在发展中保护是丽江文化旅游崛起中始终坚持的理念。

第三，文化旅游共融互动的理念。文化旅游共融互动是把文化旅游作为一个整体，相互结合、互动发展。丽江既有底蕴深厚的人文景观和民族风情，又有奇异的自然景观。丽江一开始就把文化和旅游融为一体，综合加以认识和把握，从未把两者截然分开。首先在认识把握丽江独特旅游资源时，把文化，包括历史文化遗产、民族文化、民族风情作为最重要的旅游资源。在旅游景区的开发中，把民族文化资源的开发放在重要的位置。丽江的景区景点往往是两者重合，既是文化项目，又是旅游景区；既是自然景观，又是人文景观。丽江古城文化遗产就是一个突出的例子。丽江在实践中把文化作为旅游业的灵魂，把旅游业作为展示文化的平台，一个是灵魂，一个是躯体。丽江文化产业和旅游产业是两个相互关联又各自独立的产业，但又是孪生兄弟。丽江旅游业的发展为文化产业的发展提供广阔的空间，拓展了广阔的市场，创造了发展的机遇和平台。文化产业的发展和繁荣，为旅游业铸就了活的灵魂，提升了品位和档次，同时注入了持续发展的动力。在丽江旅游，观赏丽江美景、畅游丽江古城、品味丽江独特文化，是旅游中缺一不可的三连环。

第四，文化是财富的理念。文化就是财富，文化就是现实生产力。丽江在实践中超越了对文化的传统认识、传统理念。在20世纪90年代中后期就提出了许多新观点，而且成为全国较早提出并实施文化产业发展的地区。丽江领导层较早就认识到，文化不仅仅是精神层面的财富，而且在市场经济的条件下，可以体现为实实在在的生产力，体现为经济和物质财富。所以丽江把推动文化产业发展作为经济社会发展的重要组成部分。在实践中，全力支持民营文化经营户、民营文化企业和文化产业的发展。如果按照传统观念，把文化装进“象牙塔里供奉起来，远离人民群众和社会生活，或把文化和经济割裂开来，那么这样一种文化顶多是少数文化人的鉴赏品”。与地方发展和人民群众的利益及老百姓物质精神文化生活没有关联的文化是没有生命力的，面临的只会是死亡。任何一种文化都要与时俱进，要与时代相结合，与社会相适应，进入人民群众的生产生活，与老百姓的物质利益和精神生活息息相关，这样的文化才会有生机和活力。

第五，文化旅游先导的理念。文化旅游先导的理念着眼于文化旅游的先导作用，文化旅游的先导作用是丽江在文化旅游崛起中的一个重要理念。丽江着力把文化旅游作为重要产业培植和打造，着力做大做强文化旅游支柱产业。但丽江人知道，仅有文化旅游支柱产业是不够的，甚至有着很大风险，单一的支柱产业难以撑起丽江这片天，单一的支柱产业有着很大的局限性。文化旅游发展到今天，丽江最大的问题仍是综合经济实力不强，仍然是贫困地区的现实没有得到根本改变。正因为考虑到这些情况，丽江一开始就把旅游作为先导产业，作为能带动其他产业发展的一个龙头。这是丽江发展文化旅游产业的一个重要指导思想。所以党委政府一直重视它的先导和带动的作用，每年有几百万的游客进入丽江，给丽江带来许多新观点、新理念、新鲜的经验和做法，对开阔丽江干部群众眼界、增加知识、提高认识、更新观念大有好处；随着丽江文化旅游产业的发展、知名度的提高，资金、项目、技术、人才进入丽江，给丽江带来许多新的发展机遇。通过文化旅游的带动作用，关键是进一步推动工业化、城市化和现代化的进程，大大增强丽江综合经济实力。比如推动金沙江水能资源的开发，建设生态清洁能源基地；推动新型工业化，选择没有污染、高科技、附加值高的工业项目和高新科技项目。先导的另一个重点是，即要把文化旅游产业做强、做优、做大，给地方经济社会发展作出更大贡献。现在看来，丽江文化旅游这篇大文章还可以大有作为，潜力巨大、前程似锦。

第六，打造精神文化家园的理念。丽江在发展文化旅游的过程中，把自然生态和民族文化结合起来，倾力打造休闲胜地，精神家园。通过新中国成立60年的建设，尤其是改革开放30年的发展，我国各族人民物质生活得到极大的改善，尤其是东部沿海地区和大中城市，不少的人民群众富裕起来，物质生活得到很大的满足，许多人不仅仅追求单纯的物质享受，而且要重新回归心灵的家园，更多地追求精神文化的享受。基于这样的认识，丽江决心打造和推出民族文化休闲旅游的品牌，引领中国旅游业走向真正的文化生态休闲旅游。丽江凭借一片净土和天生丽质，成为国内外游客向往的心灵家园。

3．丽江文化旅游崛起是坚持民族文化精神和与时俱进时代精神相结合的产物。

把丽江优秀民族文化精神与求真务实、实干奋斗相结合，这是丽江成功的又一秘诀。以纳西族为代表的丽江各民族千百年来所形成的优秀文化精神是激励人们奋勇前进的基本因素。而这种文化精神中，奋发进取、自强不息、积极向上；敢于创新、敢为天下先，以小民族创造大文化；开放广纳、善于学习吸收先进文化等思想是最具特色的部分。始终注重弘扬优秀民族文化精神，并把这一文化精神与时代特色有机结合起来，与时俱进、赋予新意，从而创造出世人公认的“丽江速度 ”和文化旅游的辉煌业绩。丽江在改革开放30多年的发展进程中，1996年2月3日曾经历了7级大地震。面对大灾难，丽江人豪迈地开展了“弘扬丽江精神、创造丽江速度”的讨论。大地震13天后联合国教科文组织遗产委员会官员来到丽江古城考察，丽江人的精神状态使他们震惊，感慨万千。在大灾难面前，在一片废址上，丽江人乐观向上，仍然充满自信。他们在废墟上仍然演奏纳西古乐，仍然开展化琮等活动，对恢复重建充满自信，决心建设一个更加美好的家园。正因为被这种精神所感染，联合国官员得出了“古城申报世界遗产按原计划进行”的结论，同时表示愿意帮助丽江搞好申报世界遗产的工作。

1998年，作者曾写过一篇“弘扬丽江精神，创造丽江速度”的文章，对丽江精神作了六个方面的概括。其中有这样一段文字：“大灾难突然降临，三百多人罹难，一万多人受伤，数十万人无家可归……在这危难之际、关键时刻，丽江各族人民有一个坚定信仰，有一个大无畏的精神，即玉龙山不倒，金沙水长流，丽江各族人民震不倒、压不垮，只要人在就有希望。自强不息、战胜灾难、开拓进取、勇往直前，这是丽江人民的誓言。要在废墟上描绘更美更好的新图画，创造更美更好的新生活”。[①]正因有这样的精神和气概，在抢险救灾和恢复重建中激发出了空前的积极性和创造性，从而创造了世人公认的“丽江速度”。

“思想是行动的指南，敢于提出创造‘丽江速度’，本身就是解放思想的产物，是我区各级领导干部破除‘树大招风’、‘出头椽子先烂’、‘枪打出头鸟’等传统观念，树立敢闯、敢冒、敢试，敢为天下先的新思想、新观念的一个突出表现。提出‘创造丽江速度’，就等于向世人宣告：丽江要当‘出头鸟’、

①杨国清，《探索的足迹》，《弘扬丽江精神　创造丽江速度》，第87页。

‘出头椽子’，不怕成为‘众矢之的’，决心自加压力、拼搏争先、变压力为动力，一心一意追赶或进入先进发达地区的行列。这就是敢为天下先。”[①]“丽江文化精神始终是激励各族人民前进的基本因素，贯穿了改革开放的全过程，也贯穿了文化旅游崛起的全过程”。

在弘扬丽江民族文化精神的基础上，丽江人崇尚大胆开拓、真抓实干、注重落实、注重细节。文化旅游产业发展过程中一系列重大的决策和举措就是最好的例证。

第一，20世纪90年初就提出了有远见的文化旅游发展的目标。瞄准国际国内先进水平，即要把丽江建设成为国际旅游景区、文化旅游名市和大香格里拉生态旅游区中心，应该说有很大的气魄和超前意识。

第二，高度重视文化对旅游产业发展的影响和作用。从20世纪90年代初开始着手申报三项世界遗产，并获得成功。

第三，全力抓好基础设施建设。围绕文化旅游发展抓配套基础设施的建设，在20世纪90年代初根据实际情况着力抓交通、通讯、飞机场、旅游景区和宾馆酒店等基础设施建设。尤其瞄准国内外先进水准建设全国一流景区、宾馆、酒店。具有较好的前瞻性和超前意识，比如20世纪80年代末就开始筹划建设飞机场，率先建成云南省首个5A级酒店和国家5A级景区。

第四，实施品牌战略，打造和推出一批文化旅游的品牌。

第五，多渠道大规模培养文化旅游人才。

第六，探索和创造丽江旅游行业管理的新做法、新模式。

4. 丽江文化旅游崛起是坚持可持续发展的产物。

丽江发展的路子体现以人为本，全力保障各族群众在文化旅游发展中得到实惠，享受文化旅游产业发展的成果；高度重视文化遗产、民族文化的保护，把保护和开发利用有机结合起来，实现双赢；忍痛牺牲眼前的一些利益，着力保护生态环境，保证可持续发展。

丽江文化旅游产业发展的最大受益者是各族群众。文化旅游产业是覆盖千家

---

① 段曾庆、和段琪，《探索的足迹》，《深入解放思想 创造丽江速度》，第10页。

万户的产业，是覆盖和带动全社会的产业。丽江在文化旅游行业中就业的就有10多万人，同时开辟了农副产品、工艺品、各种旅游商品的广大市场，带动了各行各业的蓬勃发展。

丽江文化旅游产业的发展，促进了优秀文化遗产和民族民间文化保护。保护是文化旅游发展的前提和基础，保护和发展成为命运共同体。以丽江古城为例，它的保护和发展双赢的模式体现了科学发展的精神。使遗产地人民群众从保护发展中得到实实在在的利益。使文化遗产造福当地老百姓，这是这一模式的生命力所在，体现了以人为本的精神。保护发展与老百姓利益融为一体，保护古城就是保护老百姓自身的利益。使保护成为了老百姓的自觉行为，通过保护使古城永续利用。反过来通过古城文化旅游产业的繁荣发展，提供保护资金、增强保护实力、实施保护项目、提升保护实效。

丽江束河古镇保护发展项目是一个成功的典范，被称为中国经验，体现了科学发展的理念。束河古镇是世界文化遗产的组成部分。在科学发展观的指导下，实施保护和开发项目，把它打造成自然生态和民族文化相互交融的休闲旅游胜地。首先是完整的保护原古镇的所有建筑和区域的一草一木。连古镇内河道、菜地、空闲地都通过全部征用进行原生态地保存保护；其次是加强周边和区域内生态环境建设，加强绿化、搞好排污、改善环境卫生和基础设施；再次是另辟一片新区域，按照古镇风貌进行建设，作为古镇文化旅游基地，作为游客吃、住、行、玩和休闲的场所；另外保证村民在企业就业和有固定收入，同时让古镇的老百姓进入旅游市场，帮助他们开展经营活动；发挥民族文化的优势，保持民族文化特色，让游客参与和体验民俗、民风、民情等旅游文化娱乐活动。

玉龙雪山省级旅游区的保护开发又是一个活生生的例证。这个景区是国家首批5A级景区。这个景区显示了良好的生态效益、经济效益和社会效益。丽江玉龙雪山的旅游开发促进了生态保护，历史上玉龙雪山的老百姓是靠山吃山，以砍树为生，现在的旅游企业就业，不用再砍树了，生态得到很好的保护。丽江玉龙雪山景区对丽江经济发展和财政收入作出了很大的贡献，玉龙雪山旅游开发公司是丽江最大的纳税大户，同时对社会各个方面给予了大的支持和帮助，对社会公益事业作出重大贡献。玉龙雪山景区的老百姓是最大的受益者，各族群众的家庭都富起来了，群众生活发生了天翻地覆的变化。

总之，丽江对科学发展进行积极的探索和实践，是科学发展的先行者。这也是中央充分肯定丽江发展路子的根本原因所在。丽江始终把保护民族文化、保护生态环境，使老百姓得到实惠作为发展的前提和基础。始终坚持保护第一的方针，同时在实践中强调积极有效的保护，在保护中促进发展，在保护中促进开发利用，决不是消极的为保护而保护。同时决不因小利益而牺牲大利益，决不因局部利益而牺牲全局利益，为眼前利益而牺牲长远利益。从20世纪80年代开始，丽江就响亮提出保护古城、保护东巴文化、保护优秀民族文化的发展思路，同时认真付诸行动。丽江从1994年开始就禁伐森林，是全国最早提出禁伐天然林、实施生态保护的地方。之后丽江认真贯彻国家“天然林保护”、“退耕还林还草”的政策措施，以减少全地区大量财政收入为代价，以众多林工企业转厂和员工下岗为代价，积极发展文化旅游产业作为替代，使丽江这个长江中上游的金沙江林区森林覆盖率提升近20%，为国家生态环境保护作出了重大贡献。

5．丽江文化旅游崛起是率先进行文化体制改革、勇于创新机制体制的产物。

勇于改革创新是贯穿丽江文化旅游崛起全过程的一条主线。其中文化体制的改革和文化产业的发展成为全国的先进单位。而且成为中央政治局常委李长春同志调查研究后亲自提议作为试点的一个唯一地级市。丽江是全国最早明确提出发展文化产业，党委政府社会全力扶持文化走向市场的地区之一，这主要得益于旅游业提供的机遇和平台，得益于文化旅游发展的实践。

旅游业发展初期，全国旅游的普遍模式是白天看庙、晚上睡觉。没有更多的旅游商品，没有高品位的文化旅游的纪念品，没有丰富多彩的文化活动和夜生活。在这种背景下，民族文化演艺业、民族文化工艺品、民族文化旅游纪念品加工业应运而生，为文化经营户、个体户、文化企业发展提供了机遇和市场。

20世纪80年代初期，丽江纳西族古乐演奏得以恢复，其中宣科先生的大研古乐队对游客有很大的吸引力，开始是免费演出，然后游客自愿资助，到20世纪80年代中后期开始发展到商业性演出，进入市场卖票，结果场场爆满、供不应求，从而使宣科先生的纳西族古乐队演奏业得到迅速发展。在这个发展的进程中地县党委政府给予全力支持和鼓励，并迅速发展成为国内外知名的文化品牌。宣科和纳西族古乐队为丽江乃至全省全国开创了两个方面的先河，一个是民族优秀文化的保护和弘扬，在改革开放初期就旗帜鲜明的保护挖掘古乐、弘扬这一文化传统；另一个则是把传统文化的保护弘扬与市场结合起来，使古乐演奏走向市场，最后发展成为一个实体的企业。

丽江总结大研古乐队的成功做法和经验，大力支持和推动文化产业的发展。全力支持个体经营户、集体、国有单位进入文化市场，多元投资、多轮驱动、多种形式共同发展。比如大力支持发展地方民族工艺品和旅游产品，满足市场需要，大力开发丽江传统工艺品，包括银器、铜器、木制品、皮革、东巴纸、东巴纺织工艺品、民族服饰、木雕、绘画等文化旅游产品。丽江旅游市场的各种纪念品和工艺品多姿多彩、琳琅满目。大力支持休闲旅游娱乐相关产业的发展，夯实休闲旅游的基础。丽江古城和束河古镇具有民族文化特色的酒吧、茶吧、歌舞厅、时尚娱乐场所的兴起是丽江文化旅游发展繁荣的又一个重要标志。这些特色文化产业使丽江古城成为民族文化之城，束河古镇成为休闲娱乐的精神家园。在丽江休闲娱乐产业发展过程中，引进国内外有经济实力、有文化品位的客商和人才进入丽江，这是一个关键所在。现在形成的一米阳光、千里走单骑、小巴黎等已成为酒吧娱乐文化的品牌。来自国内外的商业文化人才，全国各地的打工者，来自边远山村的农民工在这里就业，或找到了发展的机遇。

实现强强联合，打造和推出文化精品是丽江又一成功做法。丽江本土的纳西古乐、东巴宫、玉水寨、和志刚书屋、木府聚集了一批人才，是以本地精英人才为主，是本地人才打造的成功精品。与此同时，丽江与外地企业和文化名人强强联合推出的“丽水金沙”、“印象丽江”等精品，给丽江文化旅游产业发展指引了一个方向。

党委领导、政府主导、大胆开拓、强力推动，抓住有利时机趁势而上是丽江文化体制改革中的一条基本经验。在这个前提下，丽江文化体制改革的基本思路是，以解放和发展文化生产力，促进文化大发展大繁荣为目标；大力搞好公益性文化事业的建设，把经营性的领域推向市场，大力发展文化产业作为一个关键；创新文化管理和文化发展的机制体制，满足各族人民群众精神文化的需求，保障他们的文化权益。丽江在文化体制的改革中，始终坚持正确的方向，同时根据实际情况正确处理四个关系："即社会效益与经济效益的关系，文化事业与文化产业的关系，各民族文化继承与创新的关系，发展文化与提升旅游业的关系。"①通过文化体制的改革，激发了文化单位和文化工作者的积极性、创造性；精简了行政机构，提高了工作效率；形成了具有生机活力的机制体制；大大推动了文化旅游产业的发展。

四　丽江文化旅游崛起的发展模式、价值意义、深远影响及基本因素

改革开放以来，随着丽江文化旅游崛起，声名远播海内外。丽江成为祖国西部一颗璀璨的明珠，成为经济社会协调发展的典型地区，成为多民族聚居地区团结和谐的一个典范。它的崛起其意义和价值以及影响力大大超出一个区域，体现了发展进步的中国意义和价值，也产生了广泛的国际国内影响。这是2008年12月27日在北京举行的"科学发展在丽江的探索与实践"论坛上与会者的一致看法。全国人大常委、全国人大教科文卫委员会副主任委员、云南省原省长徐荣凯说："改革开放30年来，变化有多大，大的看中国，小的看丽江。丽江在短短十多年里取得如此巨大成就，是坚定不移走科学发展之路的结果。"中国科学院院士、中国工程院院士周干峙认为："丽江价值不仅是历史文化遗产。经过30年的发展，走出了一条成功之路，且越走越好。丽江不仅在古建筑和文化遗产保护方面做得好，而且还有创新，解决了创新与保护的矛盾问题，在这方面丽江做出了榜样。"②丽江所发生的这种变化实质就是中华民族优秀文化的魅力的彰显。

1．丽江文化旅游结合互动发展模式有着深刻内涵和意义。

什么是丽江文化旅游结合互动发展模式？其基本含义和内容是什么？这不仅是理念问题，而是一个实践和实际运作的问题。

丽江文化旅游结合互动发展模式可以概括为：结合实际、发挥优势，坚持以人为本、自然为根、文化为魂、保护优先，文化旅游有机结合、互动发展、壮大

①欧阳坚，《为丽江腾飞——探索与实践（续集）》，第57页。

②《愿丽江之路越走越好》，2009年1月12日《云南日报》第五版。

支柱产业，用文化旅游带动经济社会全面发展，走自己特色发展之路。其内涵及意义有以下几点：

（1）认识区情、把握特色是结合的前提。

牢牢把握本地区的实际情况，充分认识资源的优势和特点，选择符合本地情况的支柱产业和发展路子。丽江选择旅游业作为优先培植的龙头支柱产业是当时的最佳选择，也是丽江当时的特殊选择。是从实际出发，反复研究、审时度势、深刻把握区情突出优势和特色的结果。

（2）造福百姓、惠及一方是结合的出发点和立足点。

坚持以人为本，把造福当地百姓、惠及一方、促进脱贫致富、提升地方综合实力作为结合的出发点和立足点。实践证明文化旅游更多的是一个富民的产业，是一个关联度宽、参与群众多的产业。丽江在发展文化旅游产业、保护文化遗产、开发景点景区过程中始终坚持这一基本点。世界遗产丽江古城的保护开发、束河古镇的保护开发、玉龙雪山的保护开发过程中都强调让老百姓得到实惠，让广大群众受益。先富民，正因为当地的老百姓得到实实在在的利益，从而增强了广大群众参与文化旅游的积极性和主动性，也增强了保护遗产、保护自然生态的责任感，成为保护和受益的共同体。

（3）互为依托、互动发展、壮大产业是结合的着力点。

把文化旅游融为一体，你中有我、我中有你，不分彼此、互为依托、共同发展。充分认识和发挥民族文化的特殊作用，把文化作为旅游业的灵魂，彰显文化特色，不断提升旅游的核心竞争力；反过来把旅游作为文化保护发展的载体，作为民族文化传承的平台，作为壮大文化产业的机遇，通过旅游业的发展为文化事业繁荣和产业发展提供市场、资金、技术、人才等支撑。而文化事业繁荣、文化产业发展为旅游业提升品位和持续发展注入动力，珠联璧合，相得益彰，做大做强了文化旅游产业。同时注重文化的事业属性，结合文化旅游公益事业发展，让人民群众从中得到精神文化的享受。

（4）做到保护优先是结合的基础。

把保护民族文化和自然生态环境始终作为文化旅游可持续发展的重要基础性工作，把保护放在第一位，始终贯穿于互动发展的全过程。丽江从1979年改革开放初期就鲜明地提出保护东巴文化、保护丽江古城的使命，并将其列入党委政府重要议事日程，也作为广大群众的义务和责任，成为广大群众的保护行动。从20世纪80年代开始着手保护老君山、玉龙雪山等景区生态环境，封山育林、禁伐天然林，实行森工企业转产等工作，把砍树人变成种树人护树人。自然生态环境和文化遗产保护成效卓著。

（5）文化为魂是结合的核心。

文化与旅游结合，文化是灵魂。旅游活动的过程更多地体现为精神文化的感受和享受。旅游的核心是文化，文化是旅游的灵魂。没有文化的旅游，犹如一杯白开水品不出什么味来，也就失去对游客的感染力和吸引力。旅游的本质是触摸文化、体验文化、享受文化。游客游名山大川，领略自然风光、文化景观，体验风土人情，最终是让人感知文化神韵，满足人们的求知欲望、生活情趣和精神愉悦，最令人回味无穷的也是博大精深的文化底蕴。丽江最大的魅力在于独特的民族文化。

（6）发挥旅游先导和引领作用是结合的重要目标。

发展壮大旅游支柱产业固然是丽江一个重要目标，但根本目的在于把旅游作为一个突破口，发挥它的带动和引领作用，促进经济社会全面发展。旅游业的一个显著特点是关联度宽、产业链长、带动性强，要通过旅游业给地方带来人气，带来新思想、新观念，还要带来项目、资金、技术、人才等，实践证明旅游的大发展给丽江带来了长远的后续效益。

（7）打造品牌、建设精品是搞好结合的战略选择。

丽江有高品质的文化旅游资源，突出资源特色就必须实施品牌战略，打造和建设世界级的精品、绝品、真品。实践证明，文化旅游产业的发展要有响亮的品牌，打造品牌是提升核心竞争力的战略措施，也是做大做强产业的必由之路。丽江文化旅游发展过程中，品牌发挥了重要作用，通过打造一系列精品和品牌，提升了丽江文化旅游的知名度和影响力，大大提升了经济社会的效益。

（8）广大各族群众广泛参与、群众文化活动普及是结合的有力支撑。

丽江是纳西族等各民族聚居的地方，与民族文化有着天然的联系，各族群众成为文化旅游主导者和生力军，也是文化旅游的受益者。通过各族群众广泛参与文化旅游活动，保障了人民群众享受文化旅游的权益。丽江民族文化底蕴深厚，民族风情浓郁，民族文化活动是各族群众的特长，这里的各族群众被誉为“会走路就会跳舞，会说话就会唱歌”，民族歌曲、民族打跳、民族艺术成为普遍的现象，造就了浓郁的文化氛围，丽江成为民族文化的乐土，民族歌舞的海洋，使广大游客在丽江得到了充分的文化体验和享受。

2. 丽江文化旅游崛起得到党和国家高层关注，丽江经验被各地借鉴。

丽江的和谐发展、恢复重建、文化旅游崛起声名远播，引起了众多党和国家领导人的重视，他们亲临丽江考察调研、指导工作、热情鼓励、支持创新，充分肯定丽江的经验和做法。他们对丽江美丽的自然风光、厚重文化的赞赏，对发展进步的关注，对更加美好的未来的期待极大鼓舞了丽江各族人民开拓奋进，同时对丽江和谐发展，尤其对文化旅游崛起凝结了他们的智慧和心血。这对丽江文化旅游发展的进程产生了深远的影响。

改革开放以来，中央和国家领导以及知名专家学者不断来到丽江、关心丽江、支持帮助丽江，先后有胡耀邦、江泽民、李鹏、乔石、朱镕基、吴邦国、李瑞环、李岚清、温家宝、刘华清、曾庆红、贾庆林、李长春、黄菊、罗干、贺国强、尉健行、田纪云、姜春云、李铁映、刘云山、丁关根、钱其琛、迟浩田、回良玉、李源潮、徐才厚、张德江、吴仪等先后来到丽江。1995年10月13日，时任中共中央政治局常委、国务院副总理的朱镕基视察丽江，他在视察和听取工作汇报后的讲话中指出：“丽江的发展要高度重视旅游业，丽江这个地方，既有自然景观，又有历史文物，还有少数民族文明，这很难得，发展前景很好，很可能发展成国际旅游景点。丽江的致富，除了农业为基础，就要发展旅游业。要高度重视发展旅游业，这是民族地区致富的一条重要路子。来丽江投资回报率将是很高的。”他还热情地鼓励年轻民族干部大胆抓旅游业的发展，说你们年轻的副专员抓旅游抓得好。1999年8月13日至14日，中共中央政治局常委、国务院总理朱镕基第二次来到丽江，对丽江天然林保护情况进行实地考察，并在丽江召开了云南省实施“天保”工程座谈会，对保护生态环境、保护青山绿水、实施“天保”工程作了重要讲话，提出了一系列重要指示。1999年5月2日至3日，江泽民主席来丽江视察，并在丽江古城流连忘返，2日晚上没有按原计划返回昆明，而是改变行程留在丽江。他在丽江兴致勃勃，视察古城和古乐宫时，与大研古乐会的老艺人们一起吹拉弹唱，回到住地还高兴地弹起了钢琴，并很高兴地连连给丽江题词："艰苦奋斗、开拓进取把丽江建设得更加美好"，"世界文化遗产丽江古城"，"万里长江第一湾"等等。在木府对当年木氏土司木泰的诗词对联"凤诏每来红日近，鹤书不到白云闲"给予高度的评价，并亲自记录在笔记本上。江泽民主席视察丽江的情况由香港凤凰卫视制作成《江泽民在丽江》的电视专题片向全世界播放，引起了很大的轰动。1996年5月13日，时任中共中央政治局常委、国务院总理李鹏视察丽江地震灾区，对历史文化名城丽江及农村、学校恢复重建作了重要指示。1998年5月22日至23日，中共中央政治局常委、国务院副总理李岚清到丽江考察调研，他在汇报材料上批示，在考察中进行指导。他说："丽江是云南的一块宝地，也是我们国家的一块宝地，希望把她保护好。""要把玉龙大雪山建设成旅游的精品"等。1999年3月22日至23日，中共中央政治局常委、全国政协主席李瑞环同志到丽江考察调研。他对丽江古城、木府、纳西古乐等民族文化十分珍视。详细了解民族文化和旅游产业发展的情况，并语重心长地指出："丽江古城是一份珍贵的民族文化遗产，要十分珍惜，切实保护！"

1996年2月4日下午，丽江发生7级大地震后的第二天，时任中共中央政治局委员、书记处书记、国务院副总理吴邦国率党中央、国务院慰问团到丽江地震灾区视察并慰问灾民。2000年6月30日至7月1日，吴邦国副总理再次来到丽江，对丽江恢复重建，对文化、旅游的发展和民族文化的保护给予了充分肯定。他说："丽江的恢复重建搞得这么好，生产发展这么快，都让我差点认不出来了！"1996年3月25日，时任中共政治局中央候补委员、中央书记处书记的温家宝同志到丽江地震灾区视察。温家宝同志强调："丽江有丰富的资源，有勤劳智慧的各族群众，只要加强领导、科学规划，完全可以建设一个更加繁荣、更加美丽的新丽江！"2001年4月11日至12日，中共中央政治局委员、全国人大常委会副委员长田纪云到丽江视察调研，对丽江旅游发展、文化开发、民俗旅游村建设高度重视。他说："丽江有独特的气候条件和丰富的民族文化和生物资源，丽江提出建设独具特色的旅游和生物资源开发创新基地是十分切合实际的。"他在参观黄山民族村时，挥毫写下"纳西农家乐"的题词。2001年11月6日至7日，中共中央政治局委员、全国人大常委会副委员长姜春云到丽江视察调研，在听取丽江地县领导的汇报后，对丽江古城和玉龙雪山的生态保护、旅游产业的开发给予了充分的肯定。姜春云同志说："丽江自然风光优美，生态保护良好，特别是丽江古城小桥流水的风景和独特民居建筑非常和谐，丽江真正达到了人与自然的和谐统一，今后一定要特别注意保护好生态环境和古城的历史风貌。”改革开放以来的各个时期，党和国家领导人基本上都来过丽江视察，对丽江给予很大的鼓励和支持，尤其对丽江文化旅游的发展给予高度评价。

云南省原省长和志强在任省长12年、副省长3年期间，先后十余次来丽江调研指导工作，对文化旅游发展的重大问题作出了历史性决策，包括保护丽江古城的原真性、保护丽江生态禁伐天然林、丽江古城申报世界遗产、出版东巴古籍译注一百卷等等。原云南省委书记令狐安钟情于丽江壮丽山水和文化，写下《玉龙雪山》、《石鼓怀古》古体诗篇。他深情地说：“我每次来丽江调研，这里山奇水丽，文化深厚，人民勤劳，给我以深刻的印象。”1996年“2·3”大地震，丽江把大灾难变为大机遇，促进发展，雄奇的丽江如同凤凰涅槃、浴火重生。令狐安于1998年8月、1999年2月春节、1999年3月、1999年5月4次以普通观众的身份探访东巴宫，看演出、看展览，与东巴宫演职人员交流座谈，鼓励对东巴文化的保护开发，照顾和拯救好老东巴，令狐安探访东巴宫传为一段佳话。2002年6月，中国云南省省委书记白恩培到丽江调研时明确提出，要把丽江建设成为国际精品旅游胜地，中国大香格里拉生态旅游区的中心和示范区。云南省原省长徐荣凯对丽江情有独钟，39次来到丽江，对丽江旅游文化的发展精心培育指导，这几年通过声乐创作，推动丽江民族文化登上中国最高文艺殿堂。他在一首他创作的歌词中写道：“这里是寻梦的天堂，这里是圆梦的地方，任何愿望都可以在丽江实现。”这几年，秦光荣省长先后在丽江召开云南旅游二次创业现场会，召开滇西北生态保护行动会议，主持发表了保护滇西北生物多样性的丽江宣言。2010年8月21日，秦光荣通过到永胜调查研究，提出把丽江永胜建设成为云南边屯文化的示范基地，在永胜程海建设云南边屯文化博物馆，将程海湖生态环境保护与边屯文化建设相结合进行总体开发的要求。2011年7月，省委副书记李纪恒在调研中提出，丽江要在国家园林城市创建成功后，要进一步争创全国文明城市，争获联合国人居环境奖。中国文联、中国作协副主席、原云南省省委副书记丹增多次到丽江考察，指导丽江文化体制改革工作。他说：“丽江是中国乃至世界的文化品牌，几年来，丽江站在坚持先进文化发展的高度，积极稳妥地推进文化体制改革，大力发展民族文化产业，传统民族文化资源的保护与开发异军突起，形成了‘纳西古乐’、‘丽水金沙’等民族文化品牌，成果引人注目。云南要抓好丽江这个试点，用丽江经验推动全省和全国文化体制改革和文化产业发展。”尹俊、李树基、张宝三、吴光范、牛绍尧等领导对丽江古城、东巴文化等民族文化的立法保护，对弘扬民族民间文化、实现撤地设市等给予了很大支持和帮助。

多年来，全国各地各个方面的参观者和游客纷至沓来，不仅来领略丽江奇异的自然风光和深厚独特的民族文化，而且考察学习丽江文化旅游发展方面的经验和做法。其中不少是由各省市领导同志亲自带队，精心安排行程，深入考察了解，对丽江文化旅游发展的许多做法和经验，普遍给予很高的评价和赞扬。丽江文化和旅游发展的许多理念、做法和经验得到各地的充分肯定和借鉴，在全国各地得到广泛的传播和推广，产生了很大的影响。

3．丽江发展引发国际关注。

丽江在文化旅游崛起过程中进行大胆的探索和实践，所创造的经验和做法，所产生的新的理念，尤其是所推出的“丽江精神”、“丽江模式”、“丽江经验”、“丽江现象”、“丽江品牌”等，对西部乃至全国都有借鉴和典范意义，所产生的广泛影响也是必然的。文化旅游的崛起使丽江成为国家的名片，成为国家实行改革开放和实施民族政策成功的窗口。改革开放以来，数十位外国国家元首、政府首脑、议会议长以及众多的高级代表团访问丽江。丽江的巨大变化和各民族团结和睦的良好形象，国家对少数民族文化的尊重和保护，对少数民族干部的培养信任使用等等都使他们深深折服。这一点作者有着亲身经历和感受。在作者担任云南省丽江地区人大工委主任和丽江市人大常委会主任的10年时间里，接待了一批又一批外国议会代表团和民间社会的友好代表团，这些国家的议会议长和重要代表团对丽江都留下深刻的印象。1999年9月17日至18日，法国参议院院长克里斯蒂昂·蓬斯莱率团访问丽江。到丽江古城、玉龙雪山、东巴博物馆、木府等地参观游览，所到之处都详细询问和了解情况，我们重点介绍了民族政策、民族文化保护、传承及旅游业发展等情况，这次访问给蓬斯莱议长留下了极为深刻的美好印象，还在云杉坪还穿上民族服装照了相。他在接受丽江电视台等新闻媒体采访时说：“丽江的文化是一种独特而传奇的少数民族文化，我们找到了云南的根，触摸到了传统文化的根。这种文化的灿烂和辉煌使我和代表团所有成员为之震动，希望东巴文化连同丽江古城一起永久的保留下去”。①

2005年8月2日至4日，由美国伊利诺伊州共和党众议员、众议院小企业委员会主席、美中议会小组主席唐纳德·曼祖洛先生率领的美国众议院代表团一行访问丽江。这是中美建交以来访问中国的最大的一个议会代表团，共有12位众议院议员。之前美方作了充分的准备，几年间先后有5个美国议会高级助手代表团访问丽江，为美国议会代表团访问做准备。丽江给美国众议院代表团以及高级助手代表团留下了美好而深刻的印象，为国家树立了良好的现象，其中有几个方面尤为突出。一是丽江在保护少数民族文化，尤其在保护少数民族语言、民俗、服饰，保护少数民族文化遗产等方面印象深刻。丽江所体现出的我们党和政府高度重视少数民族文化活生生的事实和成果，对客人很有说服力。二是在充分信任和使用少数民族干部方面留下深刻的印象。我们参加接待的领导和工作人员大多数是少数民族，而且在接待过程中，对方已了解到丽江市四套班子的一把手中，有3位是少数民族干部，包括市委书记、人大常委会主任、市政协主席是纳西族、彝族的干部。丽江60%以上的干部都是少数民族的干部。三是在民族团结和睦、宗教信仰自由，多个宗教和谐相处等方面，经过实地考察了解，也给代表团留下了深刻的印象。总之他们在丽江的所见所闻，丽江的发展变化和议员们所关心的问题，他们认为是很真实的，给他们开了眼界，与他们原来想象的根本不一样。有一位议员说：“在美国，人们很匆忙。来到丽江，感到非常宁静、祥和、景色优美、居民朴实善良、热情好客，真正让人感受到人与人、人与自然的和谐相处。我想，这也是洛克能长时间待在这里的原因。丽江让我们感觉到是洛克笔下的香格里拉。非常感谢洛克把丽江介绍给了美国，将来我还会带上家人来丽江旅游观光”。②一位议员还对记者说：“丽江是一个很漂亮、很美丽的地方，我们的代表团出来之前，就已经做了精细的行程安排，一些具有自然美和文化美的地方是我们的首选之地。丽江具备这样的条件，这样的地方值得再来”。③1999年9月13日，“云南民族文化、生态环境及经济协调发展高级国际研讨会”在昆明举行，9月15日至17日继续在丽江进行，来自美国、

① 云南科技出版社，《丽江年鉴》，2000年版，第140页。

②③ 云南民族出版社，《丽江年鉴》，2006年版，第71页。

英国、新西兰、澳大利亚、韩国、菲律宾、印尼、泰国、越南等十多个国家和中国香港以及国内知名专家学者对丽江民族文化、生态资源的保护表示出极大兴趣。9月15日上午，出席会议的美国副国务卿芭尼·柯恩走访了丽江古城，访问了众多古城居民，对丽江古城的保护开发及淳朴的民风文化赞叹不已。在接受记者采访时他说：“今天，我非常高兴能来到丽江古城游访。丽江古城是非常美好的一个地方，而且，你们是非常幸运的，有这样好的一个地方。使我感受很深的是，这里是一个活生生的古城，众多的居民生活在里面，我今天跟云南社科院的杨福泉教授共同游访此地时，杨教授给我介绍了这里各种文化融合、人与自然和谐、不同民族和睦相处的情况，我听到和看到的一切，使我非常高兴，这也是我觉得世界各地可以向丽江古域学习的地方，但是，也是有危险的，丽江古城在世界上名声越来越大，这样一来，将吸引更多的游客来丽江古城，因此，在保护上也要有所行动。”

诺贝尔奖获得者，著名美籍华裔物理学家杨振宁教授先后三次访问丽江。2008年11月他带着家人和亲戚来丽江度假。杨振宁教授高度赞誉丽江是个非常美好的地方，有独特的民族文化和美丽的自然风光。他特意为《丽江文化》题词：“丽江是世界级的旅游胜地。”

4. 对全国文化旅游的九个引领。

丽江作为中国西部多民族聚居的一个区域，其发展的特色之路和文化旅游的崛起具有全国性的意义和价值，在文化旅游发展过程许多方面都具有开创性的意义和发挥了引领者的作用。突出的可以概括为以下九个方面的引领和带动。

（1）开创西部特色发展新路子。

丽江成功创造总结了以保护为先、发展为基、生态为根、文化为魂、旅游先导、文化旅游一体、互动发展、做大做强做优文化旅游产业，全面推动经济社会跨越发展的“丽江模式”。

（2）开创古城遗产保护与旅游发展结合新模式。

积极创建世界遗产保护与旅游发展互动双赢的遗产保护模式。以人为本，保护为前提，在发展中进行积极有效的保护，形成保护的长效机制。大研古城、束河古镇的保护发展就是极好的例证。

（3）开创“大灾难、大机遇、大发展”，弘扬丽江精神，自力更生，奋发图强，创造丽江速度的新经验。

丽江结合实际，注重弘扬优秀民族文化精神。面对突如其来的地震大灾难，震不倒、压不垮，彰显了不屈不挠、气壮山河、顽强拼搏、乐观进取的精神风貌，把大灾难变为大机遇，促进大发展，创造了恢复重建的“丽江速度”。

（4）开创文化体制改革和文化产业发展新时代。

丽江在文化产业发展和文化体制改革上敢为人先、勇于探索实践，率先在全国走出第一步，成为全国文化体制改革试点的唯一地级市和先进地区。

（5）开创文化休闲旅游新境界。

在实践中充分认识和发挥和谐文化的作用，大力增强民族团结与社会和谐，努力营造一个和谐的精神文化家园，引领真正意义上的休闲文化旅游的发展。

（6）引领申报世界遗产、保护世界遗产、弘扬世界遗产，促进经济社会发展，造福当地人民群众。

改革开放以来，丽江人坚持解放思想、实事求是、与时俱进、敢为人先、勇于探索和实践，敢于创造新鲜经验。比如以超前的认识和很大的气魄率先申报文化、自然、记忆三大世界遗产，创建了闻名海内外的丽江文化旅游品牌。

（7）引领打造和建设文化旅游精品和品牌。

勇于创新，打造和推出一系列文化旅游的精品，实施品牌带动战略。除打造和推出丽江古城、玉龙雪山、泸沽湖、束河古镇等著名旅游精品外，打造和推出“纳西古乐”、“丽水金沙”、“印象丽江”等民族文化演艺品牌，对民族传统文化走向旅游文化市场开创了先河，在全国全省起到了引领的作用。

（8）引领建设文明和谐的良好旅游环境。

切实加强旅游环境和旅游精神文明建设，不断提高整体文明素质。结合优秀民族文化传统，用朴实生动的形式，开展多种形式的教育和宣传，提升旅游服务的整体水平，营造一个文明、健康、诚信、舒适的旅游环境。

（9）引领建设旅游发展和行业管理新体制新机制。

丽江在旅游行业管理中不断探索推出新做法，总结新经验，形成新体制和机制。通过建立旅游行业协会、实行旅游行业自律，通过设立旅游监理公司加强监管，建立由旅游部门牵头，由公安、工商、城建、古城管理等部门组成的旅游综合执法机制；为加强旅游营销，提高管理效能，防止三角债，实行旅游结算一卡通；加强导游队伍建设，提高导游素质，建立导游年检制度等，实践中收到良好效果。

5. 丽江文化旅游崛起的基本因素。

首先，丽江有着得天独厚、天设地造的自然景观、人文景观、少数民族风情，是一片天生丽质的神奇土地。这里崇尚自然、崇尚文化、崇尚团结、崇尚和谐的民族文化传统，宁静闲适的氛围，造就了人们向往的精神家园，这些都是不可复制的天然优势。

二是各族干部和群众坚持解放思想、实事求是、更新观念、勇于实践，创造性地贯彻党的路线、方针、政策。不唯书、不唯上，敢于从实际出发，立足优势，走特色发展之路。

三是改革开放以来历届党委政府对保护民族文化、保护生态、发展民族文化旅游的高度认识、强烈愿望、正确抉择和实际行动，并有很好的连续性。

四是党和国家领导人的亲切关怀和高瞻远瞩的指导，省委政府和全国各个方面对丽江的关爱和具体帮助。

五是丽江各民族干部群众对文化旅游发展的执著追求和不懈开拓奋斗，他们始终是丽江文化旅游崛起的实践者、创造者和主导力量。

六是有高度责任感的一大批研究纳西文化的专家学者和知识阶层对丽江文化旅游发展的真知灼见和积极奉献，他们对丽江文化旅游崛起作出了特殊贡献。

五 丽江文化旅游不进则退，要继续开创新天地，谱写新篇章

今天，丽江处在一个新的历史发展时期，国内外许多人都在关注丽江的未来，充满了期待，丽江怎么办？这是丽江人必须回答的一个现实问题。在成就面前增强忧患意识，增强危机感；面向未来要有更高的目标和追求，增强信心、与时俱进开创新天地，实现新跨越，这将是正确的选择。

1. 丽江文化旅游发展面临新的挑战和压力。

面对取得的成就，面向未来的发展前景，丽江必须审时度势，保持清醒的

头脑，作出正确的决策。要把丽江放在全国乃至世界发展的大局中加以考察和把握，尤其要正视存在的问题和差距，看到面临的挑战和机遇。

2009年1月15日，在中共丽江市委二届六次全会上，市委书记和自兴代表市委总结丽江改革开放30年的成就和经验后指出：通过30年的发展，丽江发生了天翻地覆的变化，但是丽江仍然是西部欠发达地区的基本市情没有根本转变，经济实力处在全国、全省下游水平的基本格局没有改变，各族人民群众对改善基础设施条件和公共事业环境的期盼与投入不足的矛盾没有根本改变。[①]这是实事求是、头脑清醒、敢于正视矛盾和问题的分析和判断。就从文化旅游发展的角度来讲，丽江发展不足、实力不强、财力弱小是最突出最基本的问题。丽江文化旅游二次创业也面临着许多挑战。

第一，全国各地对文化旅游的认识产生了飞跃，其发展势头迅猛，这个情况与十多年前相比有了很大变化。全国各地把文化旅游放在更加突出的位置，有20多个省市自治区把旅游业作为支柱产业。在国际金融危机的情况下，文化产业逆势而上，发展迅速，在国民生产总值中的比重不断提升。全国的发展势头对丽江是个很大的挑战和压力。

第二，内地和发达地区在迅速实现工业化、现代化的条件下加大文化旅游基础建设的投入，其基础条件大大改善，包括交通、城市、文化、娱乐、旅游环境得到极大改善。而丽江的道路、交通、城市基础设施等条件仍制约着文化旅游产业的跨越发展。

第三，内地发达地区凭借经济实力大规模开展文化旅游设施和文化场馆建设，文化体育场馆建设标准高、设施完善，许多标志性文化设施拔地而起。而丽江公益文化场馆建设滞后，至今还没有好的图书馆、群众艺术馆、青少年活动中心等场馆，这与丽江文化旅游的品牌不相匹配。

第四，全国各地在文化体制改革的带动下，文化产业迅猛发展，后来者居上，加上有很好的基础设施条件，产业规模和市场容量巨大，对丽江产业发展形成巨大的压力和挑战。丽江文化产业规模小、容量小、市场份额小，没有形成大

---

① 和自兴，《在中共市委二届六次全会上的报告》，《丽江日报》，2009年1月20日。

气候，许多企业和产品还未能进入全省全国的大市场。

2．丽江文化旅游要抓住机遇创造新辉煌。

面对压力和挑战，丽江怎么办？丽江只能前进，不进则退。丽江仍处在黄金机遇期。处在蓬勃生机的时期，犹如初升的一颗星星，在文化旅游的发展上将创造新的辉煌和亮点。首先丽江面临着“桥头堡”建设、新一轮西部大开发、长江上游生态安全屏障建设等机遇。文化旅游发展处于新的起点上，有更大的发展空间，将有许多大手笔，根据国家实施的“十二五”规划，丽江提出加快建设生态产业基地、清洁能源基地、国际精品旅游胜地，中国面向西南开放“桥头堡”的重要窗口和国家生态安全重要屏障的目标。面向西南开放的重要“桥头堡”建设已提升为国家战略，丽江虽然不靠边，但处在重要的战略地位，自古以来就是茶马古道上的重镇和枢纽。今天随着基础条件的不断改善，已成为大香格里拉区域航空、铁路、高速公路等一体的综合交通枢纽。正在积极实施“一港、两地、两园、一城”发展规划，即建设国际航空港、国际文化会展基地、民族文化产业基地、高新科技创意园和生物创新产业园，以及丽江大学城。交通基础设施大为改善，正形成东进四川进内地、南下大理连通道、西出怒江到南亚、北上藏区通印度的交通网络格局，为丽江文化旅游大发展提供了坚实基础和广阔天地。建设丽江大学城是极好的理念，是丽江文化旅游发展的重要组成部分，也是丽江文化旅游发展的人才支撑，更是丽江民族文化发展进步的又一基石。

同时也要看到丽江面临着许多前所未有的机遇。一是面临着国家支持西部大开发、扩大内需，重点支援西部建设的机遇。这是个千载难逢的最大机遇。丽江多年来想做而做不到，想上而上不了的许多基础设施建设项目已提到议事日程，进入国家盘子，几年后将极大改善整个基础设施条件。丽江客观上将成为大香格里拉区域的交通枢纽和中心。二是现已形成知名丽江文化旅游品牌，为丽江文化旅游继续发展奠定了良好的条件。品牌是发展的动力，是腾飞的助推器，是个无形资产，是个无价之宝。三是丽江文化旅游资源的唯一性和不可替代性，这个独特的优势依然存在、依然强大。面对这个优势，其他地方再大的经济实力，再有金山银山，也没有办法复制和再造。四是丽江文化旅游发展进一步被国内外看好，丽江继续与国内外强强联合，加快发展的良好势头不可阻挡，充满了生机活力和希望。丽江文化旅游二次创业，实现新的跨越是大有希望的。

3．丽江文化旅游实现新跨越要有新思路新举措。

第一，实现品牌丽江向实力丽江的跨越。在2009年的人代会上，王君正代表市人民政府提出打造“实力丽江”，实现品牌丽江向实力丽江跨越的要求。[①]发展是硬道理，是科学发展的第一要义。丽江仍然是个西部欠发达的贫困地区，这就是问题的症结所在，这也是丽江最大的实际，也是最大的政治。所以紧紧抓住发展第一要务不动摇、不懈怠、不折腾是丽江民心所向，是各族人民根本利益所在。丽江已成为国内外知名的文化旅游品牌，但实际的含金量不高，与各族人民群众的愿望和期盼还有很大的差距，而且与国内外游客对丽江的期盼也有很大距离。丽江是中国的丽江，世界的丽江，这个品牌不仅代表了一个地方的形象，也代表了国家的形象，也代表了实践科学发展观的形象，所以丽江不仅仅是文化旅游的形象，而且应成为全面发展、综合实力强盛的地方。实现这个跨越对丽江不仅有重要的现实意义，而且具有重要的政治意义。品牌丽江向实力丽江的跨越，是丽江争当科学发展排头兵的必然要求。

怎样实现品牌丽江向实力丽江的跨越，关键在于实现思想观念和旅游科学发展的转变。在2008年的全市旅游工作座谈会上，王君正提出旅游发展“六个转变”的理念，在2010年的丽江茶马古道文化研讨会上又系统提出“四条原则、六个转变”的思路，为建设“国际精品旅游胜地”提供了理论支持。[②]即坚持以自然为本、特色为根、文化为魂、市场需求为导向的原则。“六个转变”即在发展模式上，实现政府主导为主逐步向政府引导调控、市场主导为主转变；在发展质量上，实现由数量规模型逐步向质量效益型转变；在发展方式上，实现由粗放型逐步向集约型转变；在旅游产品机构上，实现观光旅游向休闲度假康体等综合旅游转变；在旅游功能上，实现旅游目的地逐步向目的地和集散地转变；在旅游管理上，实现由行政手段管理为主逐步向依法治旅为主转变。和良辉在2010年人代会上提出：“以

① 王君正，《在丽江市二届二次人代会工作报告》，《丽江日报》，2009年3月26日。

② 王君正，《弘扬特色民族文化　服务经济社会发展》，《丽江文化》2010年第4期第4页。

打造国际精品旅游胜地为重点，积极发展现代服务业。积极开拓休闲度假、商务会展、高原体训、文化体验、生态科考等中高端旅游消费市场，打造滇川藏大香格里拉旅游集散地，带动区域旅游资源的整合和旅游产业的整体发展，提升文化旅游国际化水平。”“积极实施一港、两地、两园发展规划，努力建设国际航空港、国际精品旅游胜地和国际文化会展基地，高新科技创意园和生物创新产业园。”[①]旅游的整体发展还要和丽江三大基地、重要窗口、生态屏障建设相结合，全力推动国际精品旅游胜地、生态产业基地、清洁能源基地建设进程。

第二，挖掘文化内涵，继续打造金沙江岩画、边屯文化等新品牌。20世纪80年代以来，在丽江迪庆金沙江流域两岸，陆续发现了一批古岩画，现已调查核实的有52处岩画点，并且还有多处岩画点的线索，金沙江岩画点还在继续发现之中。金沙江岩画其内容主要反映野生动物和狩猎场景。20多年来，金沙江岩画的不断发现引起国内外岩画界的高度关注，并到丽江、迪庆进行实地考察，经专家们研究普遍认为，金沙江岩画内容丰富，艺术手法独特，岩画表现的内容几乎都是野生动物，很少有人类形象，具有旧石器时代岩画动物造型的一些特征，可能是中国境内发现的年代较早的岩画之一。金沙江流经丽江615千米，金沙江沿岸岩画在不断发现中，这是一笔非常珍贵的文化遗产。搞好对金沙江岩画的保护，系统进行调研整理和研究，建设金沙江岩画博物馆向世人展示，这是一件大事，这将成为重要的一个文化品牌。同时，金沙江岩画也完全有申报世界遗产的条件，做好这件事情也是对丽江文化内涵的挖掘和提升。

2010年8月，秦光荣省长、和段琪副省长对永胜边屯文化进行调研，提出要把永胜建设成为边屯文化的示范基地，在程海建设云南省边屯文化博物馆，接着在云南省民族文化大省建设的大会上，又提出把边屯文化打造成为云南具有代表性的传统文化品牌。这对丽江文化旅游的特质发展是一项历史性机遇，永胜边屯文化有着独特的优势和亮点，除毛氏文化、他留文化等精品外，边屯古村落、古遗址、古文物等众多。2010年12月26日，边屯文化博物馆开工建设，这些都为打造丽江永胜边屯文化品牌奠定了坚实基础。一定要抓住机遇、深入研究、突出特色、狠抓落实、推进项目，把永胜建设成为云南边屯文化的示范基地，打造成为

①和良辉，《政府工作报告》，2011年3月9日《丽江日报》第一版。

云南新的又一文化品牌。

第三，推进大香格里拉（或称大丽江）品牌的发展。丽江文化旅游品牌的拓展是丽江文化旅游产业发展的必然，也是提升丽江品牌容量和影响力的重要因素。丽江文化旅游品牌已具有相当的影响力，它代表了滇川藏交汇的大香格里拉区域自然和文化的特质。通过大香格里拉（或大丽江）品牌的拓展，努力把丽江和这个区域建设成为国内外游客向往的永久的旅游目的地和世界精品旅游胜地。这个区域在历史上与茶马古道相重合，曾铸就了茶马古道历史文化与辉煌。在这个区域里，纳、藏、白、彝、汉等各民族文化相互融合，同时这个区域也曾是纳西族迁徙过程中活动的重要区域，也是当年木氏土司强盛时期统治和势力范围所涉及的地方，自然地理和历史文化渊源把这个区域连结在一起。鉴于历史文化和现在丽江文化旅游品牌的影响力，许多专家学者提出可用大丽江或用大香格里拉的品牌覆盖带动这个区域文化旅游产业的发展。大香格里拉则具有更大的不确定性和神秘性，大丽江则更具有现实的实在性和可操作性。但有一点是共同的，就是通过努力奋斗，丽江应成为这个区域的中心和游客聚集疏散的枢纽，这一目标的确定和建设，应该成为丽江文化旅游继续发展的一大亮点。如果我们从地理、气候、海拔、文化以及基础设施等条件加以分析对比，丽江要勇于承担起这个责任，也应该成为奋斗的一个重要目标，丽江的这个美好愿景是可以实现的。

第四，以更加开放的态势，携手国内外知名客商和企业进入丽江，继续推进强强联合。随着丽江基础条件的改善，知名度的提升，成为国际化的品牌，丽江要做到目光远大、放眼世界、放眼未来，以更加开放的状态，寻求国际国内有实力的合作者和有影响力的商家企业，谋求更大的发展。当前，丽江文化旅游的发展要更加国际化，要与国际文化旅游组织、企业和集团加强联系，加强合作，要争取更多的国际文化旅游品牌、酒店、旅行商社进入丽江，使丽江成为名副其实的国际性旅游城市。同时丽江还要和国内外发达地区和文化名人，与文化创意企业、与高等院校和科研机构进行合作，引进资金项目、技术人才，在对外开放方面迈出更大的步伐。

第五，推进“一体多翼”[①]的提升和跨越。丽江旅游已形成“一体多翼”区

①张祖林，《理清思路　再创辉煌——九寨归来话丽江》，《岁月如歌》，第13页。

域发展的大格局。一体多翼的拓展、深化、提升乃至实现跨越，这是做强做大做优文化旅游产业的必由之路和现实选择。一体则以丽江古城为中心，包括玉龙雪山、束河古镇、白沙古镇、拉市海、七河观音峡等丽江市区、周边的文化旅游景点景区，构成丽江旅游发展的母体；多翼则是指西部的老君山景区和金沙江流域景区景点，东部的泸沽湖、永宁以及小凉山、永胜程海等景区景点。一体多翼区域旅游发展格局已覆盖全市广大区域。怎样实现一体多翼的跨越发展呢？其大的趋势是：从城市向农村发展，从坝区向山区发展，从小区域向大区域发展，从重要景区景点向广大的村庄社区发展，从而使文化旅游造福更多的人民群众。一体是基础，也就是说母体是文化旅游发展的大本营。这个母体还有广阔的空间和发展潜力，要继续向深度和广度要效益，不断提升它的档次和品位。西部的老君山和长江第一湾等金沙江流域景点景区，随着老君山国家公园项目的实施，长江第一湾旅游景区的打造和推出，虎跳峡景区的提升，将带动这一区域广大农村脱贫致富。东部泸沽湖景区的建设和发展，面临着极好机遇，泸沽湖机场建设的前期工作已开展，泸沽湖小镇建设已启动，一些配套的道路交通设施建设取得进展，加上泸沽湖小环线、大环线建设工程的实施，这一翼的建设发展将大大提速，将大大推动丽江文化旅游整个产业的发展。永胜程海和边屯文化的旅游将成为重要一翼。随着程海生态环境保护和治污工程的实施，云南边屯文化博物馆的开工建设、毛氏宗祠的建成，清水古村落申报国家级文物保护单位等项目工作的开展，永胜程海生态环境保护和综合开发边屯文化建设取得重大突破和进展，发展旅游的条件逐步成熟，前景可观。永胜程海和边屯文化为重点的旅游将成为重要一翼。一体多翼的提升和发展，将进一步确立丽江在大香格里拉生态旅游区的中心地位。

4. 强化先导作用，提升综合经济实力。

先导作用要体现在对综合经济实力所作出的贡献。文化旅游产业发展到今天，文化旅游的先导作用不仅没有降低，反而应该得到加强。文化旅游的发展和提升更要着眼于推动整个经济社会的发展，带动整个综合实力的提升，带动广大各族人民群众致富，这就是我们说的文化旅游的先导作用。文化旅游的先导作用的使命不仅没有完成，而且是一个可以大有作为，可以做出更大贡献的时期。丽江经济实力弱小不仅极大制约整体发展进步，而且也极大制约着文化旅游产业的持续发展，反之文化旅游发展的深刻意义在于它对整个经济社会发展全局的作用以及作用的大小。先导作用应该体现在对观念更新、资金、项目、技术、人才引进的促进，对国内外合作者和客商的联系争取等。通过发挥先导作用，要在以下几个方面有所作为。

第一，推动基础建设上水平、上档次。基础设施仍然滞后，档次低、水平低，这是制约丽江经济社会发展的主要障碍，也是制约文化旅游产业发展壮大的主要因素。所以通过发挥文化旅游的先导作用，提高丽江整体基础设施的档次和水平，仍然是一项重要的工作。推进丽江机场改造和泸沽湖机场、大丽高速、丽攀高速、丽江与香格里拉旅游环线、丽香铁路、老君山国家公园等一批重点项目的建设，将从根本上改变丽江基础设施建设的状况。丽江将形成航空、铁路、高速公路互为补充的快捷交通网络。

第二，推动水电资源开发取得实质性的突破。金沙江水能资源的开发是丽江建设的大手笔，也是壮大综合经济实力的关键性措施。金沙江水能资源的开发有利于保护金沙江中上游地区生态环境。这个区域水电资源的开发，将以最小的代价获得长远的保护效果。搞好这项工作，丽江虽然没有决定权，但有主动权，应该有所作为，也可以有很大的作为。

第三，带动工业及其他产业的发展。文化旅游和工业发展不应该是水火不容的关系，不应该形成根本的对立。而应统一于科学发展的大局之中。不能把发展工业和环境污染混为一谈，无污染的、科技含量高、附加值高的工业项目还是要大胆引进，大力发展。工业化仍然是不可逾越的阶段，无工不富从全局来讲也是正确的。当然丽江引进工业项目必须以保持良好的生态环境为前提，破坏环境，污染严重的项目绝不能上。

第四，要带动一片农村脱贫致富。随着文化旅游产业的扩张和辐射，随着旅游业从城市发展到广大农村和山区，用文化旅游产业带动一片农村脱贫致富是一项重要的目标和任务。

5．进一步做大做强文化产业，把丽江打造成特色文化产业的基地。

丽江文化产业的发展关键在于产业的扩张和提升。丽江率先在全国进行文化体制改革和文化产业发展，现在面临的最大问题是如何把产业做大做强，在产业发展上继续在全省全国保持领先地位，努力把丽江打造成为特色文化产业基地。

2010年，丽江市文化产业增加值已占到GDP的11.8%，这在全省全国都是位居前列的，当然这和丽江经济总量弱小有关。丽江在发展文化产业上积累了好的做法和经验，有较好的基础和条件。同时进一步做大做强文化产业有巨大潜力。总体思路是：保持丽江文化产业发展优势，面向国内外市场大力扩展和做大做强文化产业，努力把丽江打造成国家的一个特色文化产业基地。拓展提升原有产业、开拓发展新的创意产业，加强对外开放、大力引进资金、技术、人才和项目；全力加强舆论、组织、政策、人才等保障措施，通过狠抓落实，不断争取新的突破。

第一，继续提升和做大原有几个产业。这几年丽江民族文化旅游纪念品产业、民族文化工艺品产业、文化休闲娱乐产业、民族文化演艺等产业得到较快的发展。这些产业随着丽江旅游市场的扩大面临着进一步发展的机遇，随着丽江交通条件的改善，火车的开通和机场改造的完成，几条高速公路项目的实施，游客将大幅度增长，为这些产业的发展提供良好的机遇和广大的市场。现在关键是要大力提高产品的质量和档次，创造和提供更好的、更新的游客喜爱的新产品，提供更多的选择和优质的服务。

第二，不断开拓新的文化创意产业。大力发展具有民族文化特色的文化创意产业是一个大趋势，文化产业的核心是创意产业，而创意产业的竞争力生命力关键要和民族文化结合起来，使文化创意产业更具有民族文化特色。丽江独具特色的民族文化就是一大优势。丽江要开拓新的文化产业，当前要重点考虑动漫产业，体验旅游户外运动产业、会展产业等。发展这些创意产业丽江有很大的优势，现在处于发展的初始阶段，有很大的发展空间。文化创意产业其中动漫产业是新兴的产业，发展前景看好，有广阔的国内外市场，而丽江的东巴象形文字、东巴经典故事、民族文化中的各种神话史诗等，都是发展动漫产业的好素材、好题材。把丽江东巴文化等民族文化与动漫产业结合起来将产生意想不到的效果。

第三，加强对外开放，大力引进资金、技术、人才、项目，使其成为产业新亮点。随着丽江知名度的提升和基础条件的改善，丽江将成为投资的一方热土，成为各类人才向往的地方。重点引进一批有科技含量、高附加值的文化产业项目是当前发展的一个当务之急，也是一个工作重点。通过对外开放、强强联合，要努力打造文化产业发展的新亮点。

第四，用文化提升各类产品和营销的综合效益。经济文化一体化的发展是一个大趋势，同时在实际中将更加重视产品和营销的文化含量。一个没有什么文化品牌含意的产品没有多少价值，但具有文化含量的产品将成为品牌，它的价值将大大提升。所以我们要高度重视民族文化对农业、加工制造等产业各类产品以及在营销活动中的作用，增强产品和营销的文化意识，在这方面可以有所作为，而且还有很大的发展空间。比如雪桃、芒果、茶叶、火腿、纺织等产品，如果赋予民族文化的内涵，用文化加以包装、提升、宣传、营销，使其成为具有民族文化特色的产品，那么就可以大大提升它的价值。实践证明，丽江许多土特产品如果与民族文化相结合，那么其产品的含金量就大不一样了。

第五，加强文化产业发展的保障措施。

文化产业的发展要有强有力的保障措施，要真抓实干，务求落实。

（1）要加大舆论环境保障措施。要继续解放思想、更新观念，提高对文化产业发展的认识，形成关心文化产业发展，支持文化产业发展的舆论环境和氛围。

（2）要加大组织保障措施。党委政府领导要亲自抓文化产业的发展，形成良好的组织保障体系，要有人办事，要有人抓落实，要有人抓督促检查。

（3）要加大政策保障措施。中央和各级党委政府关于支持文化产业发展的政策措施要落实到位，要成为促进文化产业发展的强大动力和有效保障。

（4）要加大人才保障措施。文化产业的发展离不开人才的支撑，对各类人才要尊重、爱惜、信任，不能求全责备。还要大力引进外地人才，积极培养本土人才，努力提高本土人才的素质。要逐步形成与文化产业基地相配套的人才保障体系。

6. 创建国家园林城市，切实加强园林绿化和生态环境建设。

园林绿化和生态环境与文化旅游三者不可缺一，三者的和谐与共是文化旅游发展的基石。园林城市和生态环境建设是文化旅游可持续发展的基础，也是丽江观光旅游向休闲旅游转变的必然要求。文化旅游的发展离不开良好的生态环境。如果说文化是旅游业的灵魂，那么良好的生态环境则是文化灵魂得以安栖的一片净土和乐园。

第一，用创建国家园林城市为载体推进城市园林绿化和生态建设，创建国家园林城市是继续推进丽江文化旅游发展的客观要求。丽江是著名的文化旅游名市，现在正在打造成为国际精品旅游和休闲旅游的胜地，这样的目标对城市园林绿化建设、生态环境建设、文明卫生建设提出了更高的要求。丽江必须放眼世界，以世界的标准，国际的眼光认识自身，把握自身，这样才能真正发现我们的差距，改进我们的工作，弥补我们的不足。全国各地在园林和生态环境建设方面取得了巨大进步，这与10年前相比已发生了根本性的改变。今天全国各地城市建设把园林绿化和生态环境建设放在更加突出的位置，凭借经济实力，不惜投入巨资绿化美化环境。这一形式咄咄逼人，同时也催人奋进，我们必须增强紧迫感。如果在城市园林绿化和生态环境建设方面落后了，或者没有特色，那么将影响到丽江文化旅游品牌的形象，也将影响到旅游业的竞争力。

第二，通过创建国家园林城市提升丽江园林绿化和生态环境水平。从总体上讲，丽江有良好的生态环境，森林覆盖率高，林区面积大，这两年城市园林绿化建设也取得了突破性的进展。但是城市园林绿化和生态环境建设还有许多不尽人意的地方，与丽江这个世界级的文化旅游名城还不相匹配。通过创建国家园林城市，解决好绿树少、绿地少、水面少，绿化形不成规模，绿化特色不足，绿化树种没有本地特色，环境卫生基础设施建设薄弱等问题是个大手笔。加大城市园林绿化和生态环境建设刻不容缓，也是永久的课题。

第三，以创建国家园林城市作为建设的载体和创举。丽江城市有着特殊的功能和定位，加上创建国家园林城市只是手段，所以对此要有个更高的标准和目标。首先通过绿化城市、美化环境、净化空气、愉悦身心，提升广大群众的生活质量和幸福指数，体现以人为本。其次要极大提升旅游的生态环境质量，提升景区品位，提供人与自然统一和谐的环境氛围，增强对游客的吸引力。再次就是要用民族优秀生态文化铸就城市灵魂，塑造绿色生态城市的形象。创建国家园林城市是绿化生态建设的重要载体和一大创举。通过创园活动带动绿化生态建设的各项工作，落实创园活动的各项内容，使其成为推进生态绿化的重要力量和推手。

第四，丽江园林绿化和生态环境建设要突出自己的特色。丽江城市园林绿化要和市区周边生态环境建设相结合，要形成三大绿化圈。首先要保护和提升城区周围山体的森林覆盖，进一步恢复植被，对极少数盗砍树木、乱采乱挖、破坏植被和水土的行为要严格依法办事，全力保护好丽江城市周围的绿色屏障。搞好周围绿色屏障的建设，这是搞好城市绿化的根基。只有这样，城市的生态、水源、植被才能得到滋养，如果城市周围的山体、植被、自然生态遭到破坏，那么将从根本上动摇丽江城市生态环境建设的根基。其次，要加强城区周边社区和村庄田园生态绿化的建设。城市周边原生态的田园村庄，是丽江文化休闲旅游的重要载体。也是丽江绿色生态长廊和天然公园，要保护好这个原生态环境，同时继续种草种树，加强村庄社区绿化建设，搞好环境卫生，让丽江城区置于周围青山绿水和良好生态的环抱之中。再次是集中搞好城区街道、社区的园林绿化建设，这是当前的重中之重，大批量增加绿树、绿地、绿色小公园，增加水面，形成绿化的规模效应，使园林绿化建设有个大的改观。除此之外，一定要形成丽江本地树种为主的绿化风格和特色。本地特色树种，像红灯笼、楸木、五角枫、石楠等是全国稀有的优质树种，这些“人无我有”的特色树种，是丽江园林绿化的最大优势，我们必须拓展这个优势，继续加强这个优势，增强自己的特色，照搬照抄外地的绿化做法是短视而没有前途的。

7. 求真务实、加强保护、认真实施几项文化保护建设工程。

丽江文化旅游要更上一层楼，离不开文化的积累、文化资源的开发、文化项目的建设。丽江在文化旅游资源的开发利用上可以做的事情很多，应根据轻重缓急和条件的许可逐步加以实施。笔者以为当前要抓好以下几个大项目的实施。

第一，抓紧申报国家纳西文化生态保护区。根据国家“十一五文化发展纲要”的要求，全国将设立10个民族民间文化生态保护区。2009年4月在丽江召开的文化旅游研讨会上，西南民族大学校长赵心愚教授等一批省内外的专家学者提出申报设立纳西原生态文化保护区的建议，[①]得到与会者一致的赞同。文化生态保护区本身就是国家级文化品牌，国家将给予资金的扶持。文化生态保护区的设立，有助于动态保护纳西族东巴等文化生态，有助于维护旅游业的持续发展。文化生

①赵心愚，《论丽江旅游业发展与纳西文化生态保护》，《丽江文化》，2009年第3期，第21页。

态保护的重点是古城、古镇原生态纳西文化遗存，东巴文化的祭天、祭署、祭风等仪轨仪式，东巴音乐舞蹈、古老民间曲调，原生态古村落的东巴文化生态环境、永宁泸沽湖区域母系文化遗存等。保护区除可考虑丽江古城、束河古镇、白沙古镇范围外，还可考虑丽江纳西族东巴生态文化保存完好的一些古村落，以及永宁和泸沽湖地区的原生态母系文化，至少要把保护的三个主要内容的所在区域纳入保护区的范围。

第二，积极推进具有丽江民族特色的博物馆体系建设。国家文物局局长单霁翔、副局长宋新潮带队到丽江专题调研博物馆工作和市博物院二期工程时，明确提出了建设具有丽江民族特色的博物馆体系，以国家一级博物馆为目标，开创博物馆事业新局面的要求。这是推进丽江文化发展繁荣的又一重大事件，也是一个契机。丽江文化遗产保护和博物馆建设要有新理念，作出新开拓。实现从馆舍小天地走向社会和大千世界的跨越。按照国家文物局的要求，积极探索以丽江古城为中心，以丽江市博物院为重点，以民族古村落为依托的生态博物馆，以丽江古城街区为依托的社区博物馆，以及遗址博物馆、民俗博物馆、民居博物馆、专题博物馆、民间博物馆、数字博物馆为重要内容，并积极融入经济社会发展和老百姓生活，惠及广大各族群众。一定要开阔视野，搞好规划，把丽江的丰富文化遗产、古村落、生态文化的保护纳入其中；一定要搞好项目的论证、包装、上报、跟踪等工作，积极争取国家支持。

第三，搞好丽江市图书馆等几个标志性文化馆场的建设。丽江由于条件限制，公益性文化基础设施建设滞后，有些重要的基础性馆场在1996年的大地震后没有得到很好的恢复。搞好几个场馆的建设，包括图书馆、青少年文化活动中心、老年人活动中心等，已成为各族广大群众的迫切愿望。所以搞好与丽江文化旅游品牌相匹配的几个基础性文化体育场馆设施建设势在必行。市委市政府已下定决心解决好这些问题，要通过多方努力，尽快使其落到实处。

第四，城市文化雕塑、文化景观项目的建设。丽江有许多历史文化的典故和题材，通过建设城市雕塑、文化景观、主题场馆等形式，打造文化符号、提升文化内涵，其本身又是一个旅游景点。比如木增和徐霞客的友谊，丽江当年的开明绅士和老百姓到木家桥欢迎红军，洛克先生在丽江等等，都具有很高的文化价值和现实意义。实施这些项目投入少，见效快，比如当年建设的双石公园古城民俗石雕墙就是一个例子，今天成为有影响力的一个文化景点，这项工作可以与城市园林绿化建设相结合，使城市雕塑等文化项目寓于园林绿化生态建设之中。

第五，深入推进古城民族文化的保护和传承。保护和传承好丽江古城的民族文化传统是国内外始终关注的一个热点。现在古城街道和社区对民族文化的保护传承进行了大胆的探索和实践，取得了好的成效。根据丽江古城历史文化沿革的传统，街道和社区采用开办培训班等形式对古城外来客商和经营户进行纳西语言和民族文化知识的培训，要让他们成为民族文化的继承者和传承者，这是一个好的思路和做法。社会各方面要给予热情的支持和帮助，要不断总结经验，提高培训和传承实效，使这项工作有组织有计划的长期坚持下去。

第六，充分发挥民间社会文化组织作用，支持和鼓励民间社会兴办文化的积极性。这几年丽江民间社会文化组织如雨后春笋般发展起来，民间社会兴办文化的积极性高涨。党委政府一定要高度重视和珍惜人民群众和民间社会中蕴藏的积极性和创造性，积极引导、热情支持，充分发挥他们的作用。使民间社会文化组织成为党委政府的助手，成为推动文化发展繁荣的有生力量。

8、努力争当全国旅游标准化的排头兵。

2010年6月，丽江市被列为全国旅游标准化5个试点城市之一，玉龙雪山景区被列为全国旅游标准化试点企业之一。旅游标准化是提高旅游质量和管理水平的基础性工作，是从根本上提升丽江旅游品质、实现旅游业转型升级的一项系统工程。“实行标准化管理，实现人性化服务”，争当全国旅游标准化的排头兵，是丽江旅游业持续发展的重大举措和奋斗目标。

第一，要用标准化引领国际精品旅游胜地建设。搞好旅游标准化试点工作首先要有个很高的认识和目标。旅游标准化是一项跨地区、跨部门、跨行业的社会系统工程，决不仅仅是旅游部门自身建设的事情。这项工作涉及城市文明、城市功能、城市环境、城市卫生、城市服务品质以及社会综合管理等多个领域。所以要从全局高度认识和把握这件大事。通过以标准化建设为载体，全面提升丽江城市的品质和品位，极大提升旅游业管理水平和服务水平，推进国际精品旅游胜地建设跃上一个新台阶。

第二，积极探索和建设符合实际、面向世界的标准化体系和运行的机制。为使旅游标准化工作做到更加人性化、规范化、制度化、简便化，在省旅游局的指导下，丽江发挥全省旅游行业领导和专家的智慧，制定完善标准化发展规划、管理办法、实施方案等规范性文件，并通过评审，形成了思路清晰、特色鲜明、体系完善，具有科学性、创新性、可操作性较强的标准化体系和运作规程。这些规划方案和办法的制定和实施，将有力推进试点工作的顺利进行，并将形成良好的标准化运行机制。

第三，要坚持结合实际、勇于创新、突出特色、做出亮点，在实践中不断总结经验。丽江旅游标准化要立足于本地实际，牢牢把握旅游发展的大格局、大目标。同时在实践中搞好几个结合，要坚持与国际精品旅游胜地建设相结合，把旅游标准化作为精品旅游胜地建设的重要手段和载体；坚持与建设面向西南的“桥头堡”重要窗口相结合，为“桥头堡”建设开辟广阔空间，学习和借鉴旅游行业国际通行标准和经验；坚持与创建国家园林城市、文明城市相结合，进一步优化美化城市环境，提高市民素质，提升城市文明程度及城市品位形象；坚持与提高旅游服务质量和服务水平相结合，努力做到以人为本，实现人性化服务和管理；坚持与旅游产业转型升级相结合，大力推进丽江旅游产业的提升和发展。

第四，要全面落实、深入推进、努力创建全国旅游标准化示范城市。实现旅游标准化是旅游业走向成熟的重要标志，是促进旅游业转型升级的重大举措。由于丽江在文化旅游发展中的特殊地位和影响，在旅游标准化试点工作中，国家和省对丽江寄予厚望。丽江要提出更高的目标和要求。丽江一定要按照“统一领导、部门负责、条块结合、城乡联动、整体推进”的工作思路，大胆创新、勇于开拓、狠抓落实，努力把丽江打造和建设成为全国旅游标准化的示范城市。

改革开放30年，丽江人打造出一片新天地，给世人一个惊喜。今天，丽江站在更高的历史起点上，展望未来，丽江以更大的气魄和胆识，豪迈的提出要争当科学发展的排头兵。①我们相信在未来10年、20年、30年，丽江将继续提交令世人惊喜的一份答卷，创造出新的业绩和辉煌。

① 和自兴，《改革开放绘宏图 科学发展谱新篇》，《丽江文化》2009第3期，第4页。

附表一：

丽江市1990—2010年旅游经济发展情况一览表

年　度	总人次（万）	增长率	国内游客	增长率	海外游客	增长率	综合收入（亿元）	增长率	外汇收入（万美元）	增长率	海外游客在数量中的比例
1990年	9.6		9.0		0.58		0.1		17.0		6.0%
1991年	13.0	35.4%	10.0	11.1%	0.94	62.1%	0.1		29.0	70.6%	7.2%
1992年	16.0	23.1%	15.0	50.0%	0.96	2.1%	0.2		37.0	27.6%	6.0%
1993年	18.2	13.7%	17.0	13.3%	1.15	19.8%	0.2		52.0	40.5%	6.3%
1994年	21.7	19.2%	20.0	17.6%	1.69	47.0%	0.8		471.0	806.0%	7.8%
1995年	84.5	289.0%	81.0	305.0%	3.05	80.5%	3.3	313.0%	1071.0	127.0%	3.6%
1996年	110.6	30.9%	106.0	30.9%	4.59	50.5%	3.0	-9.1%	986.0	-7.9%	4.2%
1997年	172.8	56.2%	168.0	58.5%	4.84	5.4%	9.5	217.0%	1243.0	26.1%	2.8%
1998年	201.3	16.5%	195.8	16.5%	5.46	12.8%	10.4	9.5%	1648.0	32.6%	2.7%
1999年	280.4	39.3%	273.5	39.7%	6.90	26.4%	15.9	52.9%	2131.0	29.3%	2.5%
2000年	290.4	3.6%	281.2	2.8%	9.22	33.6%	18.7	17.6%	2756.0	29.3%	3.2%
2001年	322.1	10.9%	311.5	10.8%	10.52	14.1%	22.7	21.3%	3053.1	10.8%	3.3%
2002年	337.5	4.8%	322.7	3.6%	14.84	41.1%	23.4	3.0%	4186.0	37.1%	4.4%
2003年	301.5	-11.0%	293.2	-9.1%	8.24	-45.0%	24.0	2.9%	2266.6	-46.0%	2.7%
2004年	360.2	19.5%	351.0	19.7%	9.21	11.8%	31.8	32.1%	2662.5	17.5%	2.6%
2005年	404.4	12.2%	386.0	10.0%	18.28	98.5%	38.6	21.5%	4931.9	85.2%	4.5%
2006年	460.1	13.8%	429.2	11.2%	30.87	68.9%	46.3	15.3%	8821.2	78.9%	6.7%
2007年	530.9	15.4%	490.9	14.4%	40.07	29.8%	58.2	25.8%	11900.1	34.9%	7.5%
2008年	625.5	17.8%	587.9	17.9%	46.58	16.3%	69.5	19.4%	14830.6	24.6%	7.4%
2009年	758.1	21.2%	705.6	21.9%	52.59	12.9%	88.7	27.5%	17084.0	15.2%	6.9%
2010年	910.0	20.0%	848.8	20.3%	61.14	16.3%	112.5	26.9%	20222.5	18.7%	6.7%

注：2003年因受“非典”特殊情况影响而下降。

附表二：

丽江市人文旅游资源一览表

序号	景区（点）名称	内容简介	年　代	备　注
1	木家桥 丽江人遗址	1964年4月，丽江县金山公社进行漾弓江的改道工程，在挖沟渠时，挖出一批动物骨头的化石，这些骨头化石有象牙、鹿角和人头骨。经专家们科学鉴定，这是距今十万年的古人类头盖骨化石，是一具少女的头骨。考古学上命名为“丽江人”。距今5万至10万年。		5万至 10万年
2	金沙江岩画	金沙江岩画是分布在金沙江丽江段的山洞中的古人文化遗迹，分布在上下长达近两百千米的江段。它不仅为中国乃至世界岩画的研究提供了新的范本，而且为云南省原始艺术史和金沙江流域远古时期生态环境的研究提供了难得的实物资料，在这份形象化的图式文本中积淀着滇西北远古历史以及先民们丰富的文化信息，是一份十分珍贵的文化遗产。距今约1万年左右。	旧石器朝代 中晚期	
3	永胜古墓群	在永胜涛源发现的“堆子古墓群”离永胜县城约80千米，与金沙江相距1千米。古墓群考古中，出土了骨器、石锛、玉石斧、纺轮、渔钩等数十件珍贵的器物。经专家们推测，被发掘的“双耳罐”等，疑为金沙江流域早期羌人活动的重要遗迹之一。距今约有6000多年。	新石器 时代	
4	大具石棺墓群	丽江县大具乡上昂怒村，有石棺墓发现，文物部门曾清理一座。	新石器时代	
5	狮子山青铜器 出土点	丽江县城狮子山曾出土数件青铜器。	战国至西汉	
6	格子石棺墓群	丽江县石鼓镇格子行政村，石棺葬密集分布且有叠压现象。	西汉初期	
7	红岩石棺墓群	丽江县石鼓镇红岩行政村三仙姑自然村，清理出数座石棺墓。	西汉初期	
8	长水石棺墓	丽江县黄山乡中长水村，有石棺墓发布，并出土数件文物。	西汉中期	

序号	景区（点）名称	内容简介	年　代	备　注
9	石头石棺墓群	20世纪80年代末以来，在村民建设民居过程中石头村委会居民区及村后山坡不断发现葬有青铜器的石棺墓，所发现在石棺墓部分葬形奇特，殉葬品较为丰富，有青铜剑、青铜矛和部分玉器。石棺墓分布面积较广，整个墓葬区沿冲江河西岸成带状分布。	战国至东汉	
10	“蜀郡”铁锸出土点	丽江县奉科乡达增行政村，曾出土数件铁锸。	东汉	
11	塔城铁桥遗址	丽江塔城铁桥旅游景点是古代云南与西藏之间茶马古道上的要津，其遗址在今丽江县塔城乡塔札村，现立有“古铁桥遗址”纪念碑。塔城铁桥建于唐代，是世界上第一座横跨大江的铁索桥，史称“吐蕃铁桥”。	唐	
12	北岳庙	在丽江古城北的白沙乡玉龙村，始建于唐大历十四年（779年），南诏异牟寻封赏五岳四渎，玉龙雪山被封为北岳。唐德宗兴元元年（784年）始建北岳庙，历经宋、元、明、清屡次修葺，北岳庙分布在一条北南向的主轴线上，为三进院落，有山门、花厅、厢房、鼎亭、大殿、后殿，占地2329.8平方米，建筑面积738.86平方米，大殿平面呈方形，单檐九脊歇山顶抬梁式建筑。面阔进深皆为5间，通高10米，四周置游廊，殿内佛台塑纳西族保护神“三朵”神像，南诏异牟寻封五岳四渎，北岳即此；元世祖忽必烈敕封为“大圣北岳定国安邦景帝”，庙名由此得来，内植有唐柏一棵，内有碑数座，镌记修建原由及沿革。	唐	
13	黑龙潭古建筑群	黑龙潭又名玉泉公园，俗称龙王庙，位于丽江古城北端象山之麓，黑龙潭内随势错落的古建筑有龙神祠、得月楼、锁翠桥、玉皇阁和后来迁建于此的原明代芝山福国寺解脱林门楼、五凤楼，原知府衙署的明代光碧楼及清代听鹂榭、一文亭、文明坊等建筑。 始建乾隆二年（1737年）。	明、清	
14	束河古镇	束河，纳西语称“绍坞”，它是纳西先民在丽江坝子中最早的聚居地之一，是茶马古道上保存完好的重要集镇，也是纳西先民从农耕文明向商业文明过渡的活标本，是对外开放和马帮活动形成的集镇建设典范。约形成于唐代。	唐	

序号	景区（点）名称	内容简介	年 代	备 注
15	北胜州古城遗址	永胜城北两千米大树坪，唐宋时善巨即城，明正德六年（1511年）倾圮。	唐宋	
16	丽江古城	世界文化遗产丽江古城包括大研古城、白沙民居建筑群、束河民居建筑群。古城坐落在丽江坝子中部，面积约3．8平方千米，海拔2416米，始建于南宋末年，至今已有800多年的历史。古城近千年来一直是滇西北政治、经济、文化、军事重镇，是元代的路宣抚司、明代的丽江军民府、清代的丽江府的驻地。始建于宋末元初。	宋	
17	高禾将士阵亡纪念塔遗址	丽江县九河乡中和村，现存大量梵、汉文字砖。	宋末	
18	萨迦寺	者波萨迦寺位于格姆山麓，占地200亩，萨迦派约于宋末元初传入永宁，元至正十八年，在者波建立了萨迦寺，1875年重建。元明时期萨迦派在永宁摩梭人和普米族中占主要地位。萨迦派又称花教，因在该派寺院墙上涂有红、白、灰三种颜色。者波萨迦寺建立后，信徒敬香朝拜络绎不绝，罄声阵阵，香火不熄。	元	
19	宝山石头城	宝山石头城位于丽江城北110千米的金沙江峡谷中，因百余户人家聚居在一座独立的蘑菇状巨石之上而得名。丽江宝山石头城纳西语称为“拉伯鲁盘坞”，意为“宝山白石寨”，城内瓦屋鳞鳞，巷道纵横，丽江纳西族居民辟岩建屋，房屋柱石和房沿石均随势打成，古朴自然，奇绝无穷。丽江宝山石头城三面皆是悬崖绝壁，一面石坡直插金沙江，仅有南北两座石门可供出入，是一座真正的天险之城。	元	
20	革囊渡江遗址	丽江县奉科乡，元代（1253年）元军中路在奉科一带乘革囊渡过金沙江。	元	
21	九河火葬墓群	丽江县九河乡龙应中和村一带，有密集的火葬墓群分布。	元、明时期	
23	文庙，原澜沧卫指挥署	永胜县城内东北部，明洪武二十九年（1396年），原系澜沧卫军民指挥署，清初改做文庙，现作县医院。	明	
24	丽江壁画	丽江壁画最有代表性的壁画涵盖白沙的大宝积宫、芝山的福国寺、束河的大觉宫、玉峰寺等10处地方，共50多幅，总面积140多平方米。	明	

序号	景区（点）名称	内容简介	年　代	备　注
25	白沙 明清建筑群	位于玉龙县白沙村，该建筑群建于明清时期，包括琉璃殿、大宝积宫、大定阁、金刚殿、文昌宫。其中琉璃殿、大宝积宫、大定阁内均有明代壁画，其建筑堪称明代建筑标本。	明	
26	芝山摩岩	丽江县白沙村岩脚自然村，该建筑建于明代嘉靖十三年（1534年），有丽江明代土司木公、木高墨迹。	明	
27	石鼓碣	石鼓碣又称大功大胜克捷记碣，嘉靖二十七年（1548年）立，碣呈鼓状，有座，汉白玉质。通高2.5米、腹径1.7米、厚0.6米。正面楷书2行，每行22字，刻“记”和“醉太平”词一首。北面刻楷书8行，每行21字，系“弹剑歌”四首。丽江土知府木高撰，是为纪念木氏与吐蕃两次战争的胜利而建。碣上覆一方亭。1982年被公布为第一批县级文物保护单位。	明	
28	福国寺	位于白沙乡凤凰山腹地的福国寺始建于明万历二十九年（1601年），原为汉传佛教禅寺，最早为木氏土司的家庙，名为安乐寺。后木氏土司请来住寺修行的汉传大乘佛教僧人在此念经修行，寺名改称“解脱林”，明熹宗赐名福国寺。清康熙十八年改为藏传佛教噶举派（白教）寺院。清同治甲子正月（1864年）遭兵火，光绪壬午年（1912年）重修，至今已有400多年历史。	明	
29	扎美寺	位于永宁乡皮匠街西北的古尔山脚下，是云南摩梭人和普米族地区最大的藏传佛教（俗称喇嘛教）寺院。由明代西藏噶玛巴活佛始建，原属噶举派寺院。相传白教祖师噶玛巴巡视西康，途经永宁，得知寺之所在地摩梭语称为“扎美戈”，音译恰巧是藏语“和平”之意，便决定在此建寺。清雍正年间扩建，改宗格鲁派，现属格鲁派（黄教）寺院。	明	
30	他留人古墓群	位于永胜县六德乡玉水、营山、双河三个行政村的结合部，距永胜县城40千米。占地约100公顷的坟区，是他留人的公共墓地，其间苍松翠柏葱郁，华表碑石林立，加之外围共13000多座坟茔鳞次栉比，规模宏大。茔区清点在册古墓6340冢，系彝族支系他留人四大旺族葬地，南部是程、海、蓝三族葬地，中部是王氏家族葬地。自明朝万历元年（1573年），迄至民国初年。	明	

序号	景区（点）名称	内容简介	年　代	备　注
31	嵌雪楼	位于丽江古城狮子山北端山顶，双石桥畔，是净莲寺之北楼。始建于明末，《光绪丽江府志稿》载："楼下雨水潆洄，青町绣错。开窗远眺则雪山屏列，宛然玉笋斑立，盛夏登临，凉风逼人，清澈肺腑。"楼窗正对着玉龙雪山，故题匾"嵌雪楼"，是纳西诗人咏酬之处，内有"丽江诗人马子云之墓"碑。1988年公布为县级文物保护单位。	明	
32	万德宫	在大研古城南8千米的金山乡漾西村。始建于明嘉靖三十五年（1556年），是木氏土司迎送朝廷官员的处所之一。现存门楼、过厅、北厢房。明代徐霞客在游记中记述："其门南向甚敞，前有大石狮，四面墙垣之外，俱巨木参宵。""出其右转过一厅，左有巨楼，楼前茶树，盘荫数亩，高与楼齐。"1982年公布为县级文物保护单位。	明	
33	白沙火葬墓群	丽江县白沙村岩角村，有密集的火葬墓群分布。	明、清时期	
34	他留古城堡和大德寺遗址	在他留古墓群东南的缓坡上，近年还发现他留人明末清初修筑的城堡和大德寺遗址。城堡四面各长500米，北部尚存三处保存较好的建筑台基，周围散见大量瓦片及明清时的瓷、陶碎片，上面有各种花纹，城内有多处圆形或椭圆形水井。随处可见宽约1.5米的石级路道，皆由石块砌成。在城堡偏东处有一佛寺，为永胜高氏土司建于16世纪末的他留大德寺，现存两座面阔三间建筑。城墙一周还断断续续地隐现出一些一米见方的排水沟。	明末清初	
35	玉龙山摩崖题刻	丽江县玉龙山麓，清代雍正三年（1725年），现存清代丽江第一位知府杨馝等题刻。	清	
36	永宁土司府衙署	永宁土司府衙署原建在摩梭人称"开基瓦啊"的开基桥，那里是土司一、二世祖直到清光绪五年（1879年）任永宁土知府职事阿恒芳的土知府衙署所在地，建筑壮观，后在战争中烧毁。此后土知府衙署修建在忠实（地名），具有纳西建筑风格，分内外两院，土司府衙门十分壮观，两侧门卫室，外院有议事厅，有接待室、办公室、审讯室，还有常备队住房。内院是四面相连的跑马转阁楼，是土知府官员的休息室和卧室。土知府大门外左右有两棵百年古槐树。	清	

序号	景区（点）名称	内容简介	年　代	备　注
37	兴化寺	巨甸坝西北山脚下，有一寺庙叫兴化寺，是藏传佛教噶举派滇西北十三大寺之一。建于清康熙年间，有大殿3院，僧房39院，民国末年有喇嘛教徒160多人。于1978年被毁。	清	清朝康熙年间
38	永胜灵源箐	永胜灵源箐，又名观音箐，位于永胜县城东3千米处，是滇西名胜古迹之一。灵源箐尤以唐吴道子画像原本、石刻观音像而闻名。到灵源寺，可以欣赏寺区颇有特点的建筑、石刻观音像。清乾隆五十五年（1791年）山西武宁人、永北直隶厅同知王子音托请云南巡抚谭尚忠题为“灵源”，观音箐由此更名灵源箐。	清	
39	石鼓铁虹桥	在石鼓冲江河上有一座建于清光绪十三年（1887年）的“铁虹桥”。这座桥用十几根铁链作梁，上铺木板，两侧又用铁链作栏，桥的两头各有一座飞檐翘角、雕梁画栋的门楼。铁虹桥是石鼓一带通往藏区的重要桥梁。	清	
40	金龙桥	金龙桥又名梓里桥，号称“金沙江上第一桥”，位于云南丽江市永胜县和古城区之间金沙江上，东连永胜，西接鹤丽，东距永胜城150余里，西距丽江城约80多里。建于清光绪六年（1880年）正月，由提督蒋宗汉捐资建造，已有100多年的历史，是长江上现存最古老的桥梁。	清	
41	文峰寺	文峰寺位于丽江坝子西南端的文笔峰下，距离丽江县城8千米，始建于清雍正十一年，藏名桑纳迦卓林（意为秘密宗教机关和幸福乐园的喇嘛寺）。文峰寺是中国滇西北噶玛噶举派十三大藏传佛教寺院的最高学府，凡要取得“都巴”学位的喇嘛，必须在离寺不远的静坐堂日夜静坐三年三月三日三时三刻，才有资格主持法事。文峰寺不仅在滇、川、藏地区颇具盛名，而且在印度、尼泊尔、缅甸等国家的佛教界中也有一定影响。	清	
42	普济寺	普济寺分两院，为清乾隆年间的建筑，是丽江的五大寺之一。大殿内有两棵著名的云南樱花，每逢春天，殿内的樱花满树火红，与寺周洁白的梨花交相辉映。普济寺尤其具有特色的是普济寺的大殿，是由一整块一整块的铜瓦建盖。	清	

序号	景区（点）名称	内容简介	年　代	备　注
43	指云寺	位于拉市坝西部秣度山麓，离丽江古城18千米。清雍正五年（1727年），知府元展成捐助修建，大司徒仁波切亲自为之开光。原有寺院公房4大院，僧房22院，是丽江最著名寺院之一。1998年11月公布为第五批省级文物保护单位。	清	
44	玉峰寺	玉峰寺位于玉龙山的南麓，距丽江县城13千米。玉峰寺建于清康熙末年，是丽江著名喇嘛寺之一。寺内有三个院落，闻名遐迩的“万朵茶花”植于北院中。相传，这株茶树系明朝成化年间（1465—1487年）所植，先有茶树，而后建寺。这株“山茶之王”已有500多年的历史。山茶为两株不同品种的山茶（一为“狮子头”，一为“早桃红”）嫁接后成为一体，直径34厘米，高仅2米，但树冠面积达56平方米。	清	
45	汝吉小学	在丽江古城五一街文明巷。建于清乾隆二年（1737年），原为清代义学忠孝馆，光绪末年改称蒙养学堂，1949年以后改称义尚小学。50年代，在抗美援朝中获一级战斗英雄称号的戴汝吉将平时省吃俭用节约下来的工资全部捐给该校。戴汝吉在抗美援朝中牺牲，因其曾在此就学，中共丽江县委决定将义尚小学改名为汝吉小学。	清	
46	文庙武庙	文庙位于古城内的北门坡。清代康熙三十九年（1700年）始建，雍正年间从东门迁于此。乾隆、道光年间修葺，咸丰年间毁于兵燹，光绪末年重修。现存正殿、东配殿、过厅，位于某单位中，处于空置状态。武庙原在古城南门外。清康熙五十二年（1713年）重修，乾隆七年（1742年）增修大门、对楼。道光十五年（1835年）从南门外迁移至文明村。现存正殿、配殿、花厅、东西静室小院，处于空置状态。	清	
47	玉龙锁脉寺	位于大研古城南八河村，《光绪丽江府志略》载：“在府城内门外五里许，毁于兵燹，光绪丁亥村民重建。”玉河经古城、过八河流入漾弓江。寺建于河旁，坐南北向，现存门楼、大殿、两厢：正殿、次殿正脊两端起翘部分巧似三把锁，寓意为锁住丽江水脉，防止外流。明清时，是迎送来往官员的处所，附近设有迎官亭，已毁。寺内有大清恩赐追赠太子少保溢武愍公杨玉科故里碑。	清	

序号	景区（点）名称	内容简介	年　代	备　注
48	白马龙潭寺	在城区狮子山南端山脚，始建于清乾隆十九年（1754年），光绪八年（1882年）重修。寺依山傍水，随势沿路。左厢房就势作两层楼，底层辟为地楼，两层皆有游廊。现存山门、大殿、左厢及殿房三楹平房，大殿为单檐歇山顶。东面有一泓清澈见底的水潭，称白马龙潭。寺中镶嵌有五块海棠诗碑，碑为汉白玉，总面积1.57平方米，刊刻清代纳西族诗人马子云、杨竹庐、桑映斗、牛焘等人的诗作。寺中收有“留法法科大学士李汝哲故里碑”，是当时丽江文人学士吟诗酬唱的重要场所。	清	
49	玄天阁	位于大研古城北门坡，为县一中图书馆。清代建筑，光绪十五年（1889年）、二十八年（1902年）两次重修。1985年重新修复。现有大殿、厢房、门楼，布局呈四合院落，阁南侧原供奉男性生殖崇拜，在纳西原始宗教方面具有一定研究价值。	清	
50	狮子山文昌宫	狮子山文昌宫原在大研古城西边，雍正年间（约1725年）知府杨馝始建。知府靳治岐重修（年代无考），道光辛卯年（1831年）迁建于狮子山。光绪三年（1877年）冬月，知府许其翔重建大殿，左右殿、西厢、过厅、耳房由郡民公修。每年二月初三举行盛大祭祀活动。平时民间洞经会（“谈经班”）在宫内诵经奏乐。民国年间辟为黄山公园（有碑述其事）。现存大殿，平面呈方形，面阔进深均3间，单檐歇山式。文昌宫是眺望玉龙雪山、俯瞰古城的最佳位置。	清	
51	玉河书院	位于大研古城北黑龙潭西南部玉河村。清康熙十九年（1710年）通判樊经建。乾隆四年（1739年）重修，1997年整修如旧。为四合院落，小巧玲珑，花木盎然，是丽江最早的书院。	清	
52	启文寺	位于大研古城西向马鞍山脚下的黄山乡长水村，原名西林禅院，清代光绪年间重修。寺坐西朝东，四合院落，由门、两厢、正殿组成。门楼高耸。平面呈“品”字形，重檐九脊歇山顶。大殿为单檐歇山。面阔进深皆3间。梁柱、额枋、花板镂刻龙纹及花草图案。紧傍大殿天井中有一砚池状水塘。现存大殿及四厢。	清	

序号	景区（点）名称	内容简介	年 代	备 注
53	石鼓戏台	位于原丽江县石鼓镇石鼓街北端，建于清中期。戏台坐东朝西，平面呈方形，单檐歇山顶，四脊飞檐。面阔1间（通6米），进深1间，后有面阔3间化妆室，台基高2.5米，台下辟为地楼。	清	
54	马子云先生墓	位于大研古城北金虹山南麓，建墓年代不详，由云南督学使吴存义题联“得古佛言外意，是高士传中人”。马子云（1782年—1848年），回族，滇中名士，力主康应尽言，著有《雪楼诗抄》、《桂报图书》等。墓冢呈碹形。碑青石质，坐北南向。碑心阴刻楷书“清故雪山居士马子云之墓”。右侧小楷阴刻生卒年月，左侧小楷阴刻“抚滇使者陆建瀛、滇南督学使者吴存义同题。”	清	
55	靴顶寺	位于大研古城南5千米的祥云庆云村。始建年代无考，重建于清光绪十七年（1891年）。寺坐向北向，为三坊一照壁建筑，大殿内供奉“靴顶老爷”铜像，铜像通高31.5厘米，有莲座，旧时干旱年间，农民到寺求雨。	清	
56	蒗蕖土司府衙	宁蒗县新营盘乡东风村，现存正殿及南北厢房。	清	
57	仙人洞 摩崖石刻	华坪县城以南1千米，溶洞中有华坪县知事等人撰写的摩崖题刻。	清	
58	金山寺	位于金山小龟山（石灰岩小山）上，明朝成化十八年（1482年），汉传佛教进入丽江，在灵龟山建金山寺。《光绪丽江府志》载：金山寺，“在府城南十五里东元里龟山上，道光三年合郡公建。”按：据邑人赵鸿谟云，其幼时就读金山寺，亲见正殿大梁上写有“成化十八年建造”字样。民国初年，纳西族高僧正修将寺扩建为十方丛林，时为境内规模最大、香火最旺之寺。已毁。	清	
59	石头白岩寺	白岩寺位于玉龙县石头乡老君山腹地，距离石头乡3千米，石头乡白族群众每月初一、十五都要到寺里去拜祭，已经有百年历史，寺庙后有状若石笋的山石蔚为壮观。		

序号	景区（点）名称	内容简介	年　代	备　注
60	石鼓红军渡口	“神兵天降曾飞渡，万里长江第一湾。”1936年4月25日，由贺龙、任弼时、萧克、王震等率领的红二、六军团在云南省丽江市石鼓镇抢渡金沙江，经过4天3夜，仅以7只木船、几十只木筏、28个船工，在从石鼓以上60多千米江岸的5个主要渡口，神速渡过约1.8万人，将追敌远远甩在江对岸。目前，石鼓红军渡口已入选2005年3月公布的《全国红色旅游精品线和红色旅游经典景区名录》，成为丽江红色旅游景点。2009年成为全国爱国主义教育示范基地。	1936年	
61	红二方面军过丽江指挥部	位于大研古城科贡坊和庚吉家大院，二层四合院，建于清晚期。1936年红二方面军过丽江时，贺龙曾在此设置办公室，建立指挥部。1988年11月公布为县级文物保护单位。	1936年	
62	开南研习所旧址	位于大研古城南13千米金山乡贵峰行政村大来村，原为大来小学。1949年初，中共丽江县委在开南建立党支部，并在大来小学开办“开南文艺研习所”，开展秘密革命活动，为解放丽江作了前期准备。	1949年	
63	毛泽东塑像	塑像像身高度为7.1米，象征着中国共产党七一建党日；底座高度为5.16米，纪念1966年5月16日，中共中央政治局扩大会议在北京通过了毛泽东主持起草的指导“文化大革命”的纲领性文件《中国共产党中央委员会通知》；总高度为12.26米，象征着毛泽东的生日（12月26日）。建于1969年10月，位于丽江市红太阳广场。	1969年	
64	方国瑜先生墓	位于玉泉公园东南坡头，1983年立。方国瑜（1903—1983年），纳西族著名民族史、文献学、历史地理学、语言学家，历任云南大学历史系教授，云南史学会长，亚非学会理事等职，著述颇丰，被誉为中国“南方文学泰斗”。墓碑呈西东向，高175厘米，宽100厘米，厚13厘米。正面隶书阴刻楚图南题的“方国瑜教授之墓”。背面行草阴刻杨尚志撰文、李群杰书丹的方国瑜教授生平事略。背面用条石围砌，西面有两尊石狮作墓门，前有三级踏跺。	1983年	

序号	景区（点）名称	内容简介	年 代	备 注
65	和志强公墓	位于风景秀丽的黑龙潭。和志强，1934年10月生于云南省丽江县白沙乡开文荣华村，纳西族，教授级高级工程师。1956年毕业于重庆大学地质系，同年3月加入中国共产党，8月参加工作。1956年至1982年，历任云南省工业厅勘探队技术负责人、云南省地质局副局长兼副总工程师等职。1982年至1983年，在中央党校干部培训班学习。1983年至1985年，任第六届云南省人民政府副省长兼省科委主任、党组书记。1985年至1998年，任中共云南省委副书记、云南省人民政府省长。和志强是中共第十三届中央候补委员，第十四届中央委员，第九届全国政协常务委员会委员。第七届全国人大代表。2007年因病医治无效，于3月21日在北京逝世，享年73岁。	2009年	
66	纳西东巴文化	纳西东巴文化是纳西族自远古时期创造的民族文化，因其主要保存于纳西族宗教东巴教中而得名。主要包括东巴文字、东巴经、东巴绘画、东巴音乐、东巴舞蹈、东巴法器和各种祭祀仪式。		
67	普米韩规文化	韩规是普米族对祭司的称呼，意为持咒师。韩规采用藏文大草来拼记普米语，也用藏文记载原始宗教经典。韩规主持普米人社会生产生活中的一切重要事件，如出征、采伐、修房、迁居、病死、播种收割、祭祖敬神、取名招魂等。韩规教有丰富、系统的经典，主要内容是对自然诸神、动植物诸神和祖先的颂歌，还有驱鬼咒语、天文地理、生产知识、文学、舞蹈、美术、神话故事等记录；韩规教还注重祭天、山神和龙潭神仪式，笃信龙神能够主宰气候变化和旱涝灾情，体现出纯朴浓郁的保护生态意识。		

序号	景区（点）名称	内容简介	年　代	备　注
68	彝族毕摩文化	毕摩是彝族宗教活动中的祭司，即主持者。在彝语中，“毕”为举行宗教活动时祝赞诵经之意，“摩”意为长老或老师。毕摩文化是彝民族在历史长河中所创造的精神财富，是彝族人民智慧的结晶，是广大劳动人民在漫长的生活中形成的一种民族文化，是广大劳动人民精神生活的重要组成部分，因此具有很高的精神价值。它是彝族文化的主要组成部分，同时也是彝族传统文化的精髓，具有史学价值和科学价值，涉及彝族人类社会学、人类历史学、哲学、科技、宗教、医学、文字、文学艺术、天文地理、历法等，包罗万象，十分丰富。		
69	花傈僳风情	华坪傈僳族有25000余人，其中花傈僳24000余人，花傈僳是傈僳族中最具浓郁民族风情的一支，尤其是妇女的民族服饰独具魅力。花傈僳主要集中在通达乡的丁王、腊姑河和文乐乡的关塘、塘房等地。花傈僳风情体现在民居建筑、花傈僳妇女服饰以及首饰等方面。		
70	他留风情	他留风情主要包括青春棚、“过七关”的恋爱过程、他留人民族服饰等内容。青春棚又叫姑娘棚，是他留父母专为自家初长成的姑娘建造的一间房子，建在大门旁或远离父母兄长住房的地方，每个他留姑娘都要在青春棚里完成自己的整个婚恋过程；姑娘住进青春棚后，由堂姐之类负责组织7个过了七关的男青年来串棚子，连续7晚上，姑娘要经受诱惑，若做出不耻之事来，必将遭人唾弃，从此名誉扫地。若相安无事，便过了“七关”，可以打开“青春棚”迎接任何一位串棚子的小伙子，自由恋爱择偶。他留人用当地盛产的野生火草、各种麻类为原料，纺纱织布，制作出具有民族特色的各种火草麻布服饰。此外他留人属于彝族支系，每年的六月二十四，他留人并不过“火把节”，过的是“粑粑节”。		
71	摩梭风情	摩梭人生活在云南省西北，四川、云南交界处风光秀丽的泸沽湖畔，有自己特有的语言。宁蒗境内摩梭人主要聚居在泸沽湖畔的永宁坝子，其中“男不娶，女不嫁”的婚姻形态较为独特。摩梭人的语言、服饰、婚姻习俗跟金沙江西部的纳西族有差异。		

附表三：

丽江市主要旅游景区一览表

序号	景区（点）名称	内容简介	备　注
1	丽江古城景区	丽江古城是人与自然和谐统一，依山就水，最能体现科学布局的历史文化名城和世界文化遗产。也是最能充分体现纳西族传统文化的大观园和风情画卷。丽江古城兼收并蓄，融汉、白、藏各民族文化和建筑特点，又充分展示了多元文化的特色。丽江古城以玉龙雪山为背景，以泉水为魂魄，小桥流水、纳西人家为载体，完美地将山与水、水与居住环境有机结合在一起，其独特的建筑格局，曲折有致的街道深巷、布局科学合理的水系、高低错落的民居建筑与常流活水构成和谐的"人地空间"，彰显出"雪山古城、小桥流水"、"三坊一照壁、四合五天井"、"家家流水、户户垂柳"的诗情画意。丽江古城将3.8平方千米纳入保护区范围，其主体部分之外还包括狮子山、象山、玉河走廊、黑龙潭、金虹山等6至8平方千米的范围。	
2	玉龙雪山景区	玉龙雪山是云南亚热带的极高山地，从山脚河谷到峰顶具备了亚热带、温带到寒带的完整的垂直带自然景观。雪山自然旅游资源丰富，景观大致可分为雪域、冰川景观、高山草甸景观、原始森林景观、雪山水景等；雪山呈南北走向，长约35千米，宽约15千米，主峰扇子陡海拔5596米。玉龙雪山是全国首批5A级景区、国家级风景名胜区、省级旅游度假区、省级自然保护区。	
3	黑龙潭景区	丽江黑龙潭公园俗称龙王庙，又名玉泉公园，位于城北象山脚下，从古城四方街沿经纬纵横的玉河溯流而上，约行一千米有一处晶莹清澈的泉潭，即为中外闻名的黑龙潭。潭水从石缝间涌涌喷出，依山斛清泉汇成四万平方米潭面。四周山清水秀，柳暗花明。依山傍水点缀着随势错落的古建筑有龙神祠、得月楼、锁翠桥、玉皇阁和后来迁建于此的原明代芝山福国寺解脱林门楼、五凤楼，原知府衙署的明代光碧楼及清代听鹂榭、一文亭、文明坊等造型优美的古建筑。其流韵溢彩，常引人驻足流连。	
4	束河古镇景区	束河古镇，纳西语称"绍坞"，因村后聚宝山形如堆垒之高峰，以山名村，流传变异而成，意为"高峰之下的村寨"。是纳西先民在丽江坝子中最早的聚居地之一，是茶马古道上保存完好的重要集镇，也是纳西先民从农耕文明向商业文明过渡的活标本，是对外开放和马帮活动形成的集镇建设典范。束河是世界文化遗产丽江古城的重要组成部分，于2005年入选CCTV"中国魅力名镇"。	

序号	景区（点）名称	内容简介	备　注
5	长江第一湾景区	长江第一湾位于云南省西北部的迪庆藏族自治州香格里拉县南部沙松碧村与丽江市石鼓镇之间，万里长江从“世界屋脊”——青藏高原奔腾而下，经巴塘县城境内进入云南，与澜沧江、怒江一起在横断山脉的高山深谷中穿行形成了“三江并流”的壮丽景观。到了石鼓镇，突然来了个180度的急转弯，转向东北，形成了罕见的“V”字形大弯，“江流到此成逆转，奔入中原壮大观”，人们称这天下奇观为“长江第一湾”。	
6	黎明黎光景区	黎明丹霞地貌区主要分布在黎明傈僳族乡境内，包括黎明、黎光、美乐、堆美4个行政区，总面积达250平方千米，占全乡面积的43%，是国内面积最大、发育最完整的丹霞地貌。黎明丹霞风光不仅分布广、面积大，而且山体壮观、景色绚丽、发育典型，具有顶平、身陡、麓缓的明显特点。黎明丹霞地貌以其高海拔而著名，由于高海拔的原因，形成极端的“冻融”其后，从而造就了神奇的丹霞地貌特征，其中包括了“龟甲”地表分布类型，最为典型的千龟山，因红砂岩表面发生干裂，干裂的缝隙里发生了风化和侵蚀作用，于是就形成一系列有缝隙的凸形地形，形如乌龟，其景观的规模和质量在国内最具代表性，堪称中国一绝，具有极高的科考价值。同时，黎明丹霞地貌的相对高度、绝对高度以及壮观程度，色彩绚丽程度均属全国之首；黎明丹霞发育完整，景观质量高，神鸟彩屏、老君卧姿、五指山、情人柱、自然佛、炼丹炉、丹霞绝壁等景观极具代表性和独特性。另外，由于黎明丹霞地貌景观相对集中，空间距离小，造就了一天太阳三起三落的天象奇观。人们自豪地称黎明是太阳永远照耀的地方。	
7	九十九龙潭景区	丽江老君山九十九龙潭景区位于云南丽江玉龙县老君山北侧的主峰脚下，距丽江市区80千米，主峰海拔4247米，在山主脊线北东侧海拔3800米以上的山坳里，有湖泊、沼泽数十个，沿溪流成串分布有近百个清澈如镜的大大小小的水塘，连缀成一个具有相当规模的景区，故称九十九龙潭。整个景区以神秘的自然地貌，丰实的杜鹃花海及茂密的原始森林而著称。	
8	虎跳峡景区	由于玉龙雪山和哈巴雪山地质构造抬升，金沙江水冲刷形成了虎跳峡，高差3900米，峡谷长17千米，是世界上最深的大峡谷之一。江水最宽处仅30米。传说曾有老虎借助江心礁石一跃而过，因此得名虎跳峡。虎跳峡集深、险、奇、绝、秀为一体，是大自然的一大奇观。金沙江被两座大雪山挤压，江面窄到30多米，加上一大巨石居于江心，江水奔流咆哮，激起排空浪花，让人体验到大自然的伟大和惊心动魄的壮美。在20世纪90年代，丽江在玉龙雪山一侧的大理石岩壁上修建了探险旅游栈道。这里是探险旅游和徒步旅游的胜地。	

序号	景区（点）名称	内容简介	备　注
9	拉市海景区	拉市海实为断层构造湖，同时又受石灰岩溶蚀构造作用而成，湖面海拔2437米，入湖地表水源有南侧的清水河和北侧的美泉河。水文汇水面积265.6平方千米，湖水原从西北侧的溶洞泄出。拉市海是丽江乃至国内的重要湿地，据调查，拉市海湿地共有鸟类57种，每年来此越冬的鸟类有3万只左右，其中特有珍稀濒危鸟类9种，包括青藏高原特有鸟类斑头雁，国家一级保护鸟类中华秋沙鸭、黑颈鹤、黑鹳等。省政府于1998年6月正式批准建立云南丽江拉市海高原湿地自然保护区，包括拉市海、文海、吉子水库、文笔水库等4个片区，总面积6523公顷，其主体部分拉市海片区，面积5330公顷，是候鸟的栖息乐园。	
10	泸沽湖景区	泸沽湖位于云南省宁蒗县永宁乡与四川省盐源县左所乡之间，当地摩梭人称为谢纳米，意为母海，因湖的形状如曲颈葫芦，故名泸沽湖。泸沽湖面积为52平方千米，平均水深45米，最深达93米，透明度高达11米。这里生活着国内外罕见的延续着母系氏族特点的摩梭人，那独特的“阿夏”婚姻、自然而原始的民俗风情，为这片古老的土地染上了一层神秘而美丽的色彩，被称为神奇的东方女儿国。	
11	玉水寨景区	玉水寨景区是丽江玉水寨生态文化旅游有限公司开发的一个旅游景区，位于丽江古城北部15千米，地处闻名遐迩的玉龙雪山龙头脚下，山寨自然纯朴，山水相依，风景秀丽，是具有民族文化特色的风水宝地。该景区于2001年6月被评为国家AA级旅游景区，2006年又被评为国家AAAA级旅游景区。	
12	东巴谷景区	东巴谷景区位于云南玉龙雪山脚下，距丽江15千米，是一个自然生态大峡谷，为远古造山运动时期撕裂的一个断裂谷。谷长9.0千米，里面峭壁悬崖鬼斧神工，山洞林立森然如梦，再杂以各种钟乳、枯藤、怪树、奇石、珍禽、鸣鸟、飞瀑，被当地人发现后称之为东巴谷，纳西语叫“裸美落”，汉语是好大一个谷的意思。同时，东巴谷还是一个民族风情洋溢、人文与自然和谐俱美的景区。	
13	观音峡景区	观音峡景区位于距丽江市17千米处的七河乡，占地面积16000亩，这里古朴别致的木家别院是当年丽江木氏土司在此设的查税所，体现纳西的建筑风格，走在沧桑的茶马古道上，让我们遥想当年荡气回肠大马帮的故事；景区内秀丽的峡谷风光，古朴美丽的纳西风情，被誉为丽江第一景。观音峡是一个自然资源和人文资源并重的风景区。	
14	程海景区	程海位于永胜县中部，湖长20千米，南北走向，均宽4千米，最大水深36.9米，水面海拔1503米，储水量19.87亿立方米，面积77.2平方千米，为滇西第二大淡水湖，是世界上天然生长螺旋藻的三大湖泊之一。 程海，古名程河，又名黑坞海。程海湖区气候属中亚热带类型，平均气温18.7℃，全年无霜；水质碱性，光照充足，适合鱼类、藻类生长。1992年以来，程海湖畔先后建成云南施普瑞等4个螺旋藻养殖场，成为世界最大的螺旋藻生产基地。是丽江未来建设的休闲度假旅游区。	

附表四：

丽江市世界遗产名录及各级文物保护单位一览表

世界遗产

序号	级　别	类　别	名　称	时　代	公布时间
1	世界遗产	文化遗产	丽江古城	宋末元初	1997年12月4日
2	世界遗产	自然遗产	三江并流		2003年7月2日
3	世界遗产	记忆遗产	纳西东巴古籍文献	未定（普遍认为宋之前）	2003年10月15日

文物保护单位

序号	级　别	名　称	地理位置	时　代	公布时间
1	国家级	琉璃殿与大宝积宫	玉龙县白沙乡	明	1996年11月
2	国家级	宝山石头城	玉龙县宝山乡	元	2006年5月
3	国家级	金龙桥	古城区七河乡梓里桥	清	2006年5月
4	国家级	黑龙潭古建筑群	古城区黑龙潭公园	明—清	2006年5月
5	国家级	营盘村墓群（他留人）	永胜六德乡	明—清	2006年5月
6	省级	金沙江石鼓渡口	玉龙县石鼓镇	1936年	1983年1月
7	省级	北岳庙	玉龙县白沙玉龙村	唐—清	1993年11月
8	省级	文峰寺	丽江文笔山麓	清	2003年12月
9	省级	指云寺	玉龙县拉市坝西部	清	1998年11月
10	省级	红太阳广场毛泽东塑像	市红太阳广场	1969年10月	2003年12月
11	省级	普济寺	古城区黄山普济村	清	1987年12月
12	省级	大觉宫	古城区束河镇	明	1998年11月
13	省级	灵源箐观音阁	永胜县城东2千米	清	1993年11月
14	省级	清水古建筑群	永胜期纳镇	明—清	2003年12月
15	省级	扎美喇嘛寺	宁蒗县永宁乡	明—清	1998年11月
16	市级	“丽江人”遗址	古城区漾西木家桥	5万—10万年前	2000年11月
17	市级	金沙江河谷岩画	金沙江河谷沿线	待定	2000年
18	市级	玉龙县玉峰寺	丽江玉龙雪山南麓	清	1999年
19	市级	龙潭青铜器出土	永胜县金官镇翠湖	汉	1999年
20	市级	东岳庙	永胜县县城	清	1999年
21	市级	永宁土司衙署	宁蒗县永宁乡	清	1987年
22	市级	大兴镇古墓群	宁蒗县大兴镇	战国	1999年
23	县级	石鼓碣	石鼓镇	明	1982年
24	县级	石鼓戏台	石鼓镇	清	1985年11月28日

序号	级 别	名 称	地理位置	时 代	公布时间
25	县级	启文寺	黄山镇长水村	清	1988年11月9日
26	县级	洛克故居	白沙乡玉湖村	近代	2008年7月
27	县级	玉柱擎天摩崖	白沙乡玉湖村	清	2008年7月
28	县级	白沙岩脚摩崖	白沙乡白沙村	明	2008年7月
29	县级	高禾塔遗址	九河小阿昌	宋末元初	2008年7月
30	县级	石鼓文化名人墓群铭文、诗碑、对联	石鼓镇石鼓村委会	现代	2008年7月
31	县级	铁桥遗址	塔城乡	唐代	2008年7月
32	县级	五个红军渡口（木瓜寨、木取独、格子、茨可、巨甸）	石鼓镇、黎明、巨甸	现代	2008年7月
33	县级	奎林寺	拉市乡	清	2008年7月
34	县级	海南完小	拉市乡	清	2008年7月
35	县级	龙洞祠	龙蟠乡宏文村	清	2008年7月
36	县级	龙泉三圣宫	束河	清	1985年
37	县级	方国瑜先生墓	黑龙潭公园	1985年	1988年11月
38	县级	玉河书院	玉河上村	清	1988年11月
39	县级	文昌宫	古城狮子山	清	1988年
40	县级	玄天阁	古城区一中	清	1988年11月
41	县级	嵌雪楼	古城	清	1988年11月
42	县级	马子云先生墓	金虹山	清	1988年11月
43	县级	万德宫	金山漾西	明	1982年
44	县级	木家院	古城内	清	1982年
45	县级	白马龙潭寺	古城内	清	1982年
46	县级	开南研习所	金山乡贵峰	民国	1988年
47	县级	文庙	古城南下八河	清	1988年11月
48	县级	武庙	古城北门街	清	1988年11月
49	县级	玉龙锁脉寺	古城南下八河	清	1988年11月
50	县级	汝吉小学旧址	古城大研街道办事处	清	1988年11月
51	县级	红二方面军过丽江指挥部	古城大研街道办事处	1936年	1988年11月
52	县级	靴顶寺	详云庆云村	清	1988年11月
53	县级	丽江府中学堂旧址	市一中	1905年	1991年10月
54	县级	魁星阁	七河乡新民	清	2006年4月
55	区级	方国瑜故居	古城内	清	2007年
56	区级	和志强故居	古城大研街道办事处	清	2011年3月
57	区级	和万宝故居	古城大研街道办事处	1980年	
58	区级	东西关小长城	古城大研街道办事处		
59	区级	西关古道遗址	古城大研街道办事处		
60	区级	西关木家别院	古城大研街道办事处		
61	区级	东关村孝子庙	古城大研街道办事处		
62	区级	束河松云村粮场	古城大研街道办事处		
63	区级	束河王润宅院	古城大研街道办事处		

序号	级　别	名　称	地理位置	时　代	公布时间
64	区级	龙泉青龙桥	古城大研街道办事处		
65	区级	士满村至宝乐园	古城大研街道办事处		
66	区级	余家花园	古城大研街道办事处		
67	区级	普贤寺	古城大研街道办事处		
68	区级	大佛寺	古城大研街道办事处		
69	区级	杨守其故居	古城大研街道办事处		
70	区级	周霖故居	古城大研街道办事处		
71	区级	李家大院	古城大研街道办事处		
72	区级	光义街赵家大院	古城大研街道办事处		
73	区级	和家大院	古城大研街道办事处		
74	区级	科贡第大院	古城大研街道办事处		
75	区级	翰林大院	古城大研街道办事处		
76	区级	牛铁山宅	古城大研街道办事处		
77	区级	仁和昌大院	古城大研街道办事处		
78	区级	赖家大院	古城大研街道办事处		
79	区级	杨嘉泽宅	古城大研街道办事处		
80	区级	丽江古城大石桥	古城大研街道办事处		
81	区级	科贡坊	古城大研街道办事处		
82	区级	万古楼	古城大研街道办事处		
83	区级	狮子山狮乳泉	古城大研街道办事处		
84	区级	福慧双休阁	古城大研街道办事处		
85	区级	邑马珍戏台	古城大研街道办事处		
86	区级	拉满里石桥	古城大研街道办事处		
87	区级	东山庙遗址	古城大研街道办事处		
88	区级	东元迎恩桥	古城大研街道办事处		
89	区级	李耀箕墓	古城大研街道办事处		
90	区级	五坝里永坚桥	古城大研街道办事处		
91	区级	香港同胞捐赠纪念碑	古城大研街道办事处		
92	县级	地王坪 （傈僳族农民起义遗址）	华坪大兴乡	清	1986年6月
93	县级	锁龙桥	华坪大兴乡	清（1881年）	2000年5月
94	县级	蛮王寨	华坪文乐乡	1850年	2000年5月
95	县级	鱼洞坡	华坪龙洞乡	1893年	2000年5月
96	县级	大兴新桥	华坪大兴乡	1930年	2000年5月
97	县级	仙人洞	华坪城外轿顶山下		2000年5月
98	县级	华坪人民革命起义纪念碑	华坪城外仙人洞旁	1994年	2000年5月
99	县级	革命烈士纪念碑	华坪龙洞乡	1989年	2000年5月
100	县级	华坪县民族小学四合院	华坪	1951年	
101	县级	通达乡腊姑河石刻	华坪		
102	县级	城北清真寺	华坪		
103	县级	军河铜鼓出土地	永胜金官镇军河村	战国	1992年
104	县级	刘蔚林墓	永胜梁官镇东河	1920年	1992年

序号	级 别	名 称	地理位置	时 代	公布时间
105	县级	宝月寺	永胜期纳镇街西村委会	明	2006年4月
106	县级	谭家宗祠	永胜期纳镇满官村委会	清	2006年4月
107	县级	无垢庵大殿	永胜期纳镇习朗村委会	清	2006年4月
108	县级	大理会馆古建筑群	永胜涛源乡金江村委会	明—清	2006年4月
109	县级	土主寺古建筑群	永胜涛源乡金江村委会	清	2006年4月
110	县级	马军河遗址	永胜程海河口	新石器时代	2011年7月
111	县级	团结傈僳族起义 古战场遗址	永胜六德黎明	清	2011年7月
112	县级	干坝子哺乳动物化石遗址	永胜顺州洲城	第四纪	2011年7月
113	县级	儿拉古古脊椎动物 化石出土地	永胜顺州板桥儿古拉	中生代	2011年7月
114	县级	陆家界遗址	永胜三川镇翁彭陆家界	新石器时代	2011年7月
115	县级	马家山窖址	永胜永北镇	明	2011年7月
116	县级	太平村墓群	永胜仁和新坪	清以前	2011年7月
117	县级	蔡家箐火葬墓群遗址	永胜期纳满官	明	2011年7月
118	县级	州城子宗麟夫人墓	永胜顺州乡	清	2011年7月
119	县级	顺州子天城夫妇合葬群	永胜顺州迪里	清	2011年7月
120	县级	崀峨海宝墓	永胜程海镇	明	2011年7月
121	县级	响塘杨贵文墓	永北镇	明	2011年7月
122	县级	梨儿园高氏家族墓	永北镇	明—清	2011年7月
123	县级	永北镇张瑞贞墓	永北镇	清	2011年7月
124	县级	清水几山书院	期纳镇	清	2011年7月
125	县级	清水袁家宗祠	期纳镇	明	2011年7月
126	县级	清水阮家佛堂	期纳镇	明	2011年7月
127	县级	清水阮家宗祠	期纳镇	明	2011年7月
128	县级	清水刘慥故居	期纳镇	明	2011年7月
129	县级	清水黄家宗祠	期纳镇	明	2011年7月
130	县级	清水彭家宅院	期纳镇	明	2011年7月
131	县级	清水南北照壁 及南阁楼门洞	期纳镇	明	2011年7月
132	县级	清水阮家大院	期纳镇	明—清	2011年7月
133	县级	清水王家宗祠	期纳镇	明	2011年7月
134	县级	清水刘家宗祠	期纳镇	明	2011年7月
135	县级	清水彭家宗祠	期纳镇	明	2011年7月
136	县级	清水彭树山故居	期纳镇	明	2011年7月
137	县级	清水刘家宅院	期纳镇	明	2011年7月
138	县级	清水黄星院进士院	期纳镇	明	2011年7月
139	县级	果园何家大院	期纳镇	清—民国	2011年7月
140	县级	果园何家宅院	期纳镇	清	2011年7月
141	县级	文凤河边李家宅院	期纳镇	清	2011年7月
142	县级	栗山肖氏宗祠	期纳镇	清	2011年7月
143	县级	期纳华严庵	期纳镇	清	2011年7月

序号	级 别	名 称	地理位置	时 代	公布时间
144	县级	期纳迎祥寺	期纳镇	清	2011年7月
145	县级	上街胡家大院	期纳镇	清	2011年7月
146	县级	大沟云谷寺	期纳镇	清	2011年7月
147	县级	清水阮家大院	期纳镇	民国	2011年7月
148	县级	清水胡家宅院	期纳镇	民国	2011年7月
149	县级	谷宇李溢宅院	期纳镇	民国	2011年7月
150	县级	大沟王家村王仕信宅院	期纳镇	民国	2011年7月
151	县级	河口文庙	程海镇	清	2011年7月
152	县级	河口状元寺	程海镇	清	2011年7月
153	县级	黑伍四大人宅院	程海镇	清	2011年7月
154	县级	黑坞龙王庙	程海镇	清	2011年7月
155	县级	凤羽毛氏宗祠	程海镇	中华人民共和国	2011年7月
156	县级	马过河风雨桥	仁和镇	清	2011年7月
157	县级	金官九莲寺后殿与阁楼	三川镇	清	2011年7月
158	县级	金官观音阁	三川镇	清	2011年7月
159	县级	三川盟川桥	三川镇	清	2011年7月
160	县级	梁官北头寺正殿	三川镇	清	2011年7月
161	县级	谭家坪高家宅院	永北镇	清	2011年7月
162	县级	小甸尾高家宅院	永北镇	清	2011年7月
163	县级	白马庙张家四合院	永北镇	清	2011年7月
164	县级	凤鸣下街村杨家宅院	永北镇	清	2011年7月
165	县级	永北龚家大院	永北镇	清	2011年7月
166	县级	项家湾段家阁楼	永北镇	民国	2011年7月
167	县级	双河二村兰氏四合院	六德乡	清	2011年7月
168	县级	云山永济桥	六德乡	清	2011年7月
169	县级	洲城观音寺	顺州乡	清	2011年7月
170	县级	永胜瓷厂	永北镇	中华人民共和国	2011年7月
171	县级	永胜县烈士陵园	永北镇	中华人民共和国	2011年7月
172	县级	小凉山平叛烈士陵园	宁蒗县城	1962年	1987年
173	县级	永宁土知府总管阿运迁墓	泸沽湖	1949年	1987年
174	县级	蒗蕖土司衙署	宁蒗新营盘乡	清	1987年
175	县级	开基桥	宁蒗红旗乡	清	1987年
176	县级	大兴镇干坝子古墓群	大兴镇红旗社区	约战国时期	2011年5月
177	县级	拉伯乡金江古民居	拉伯乡拉伯村委会	民国	2011年5月
178	县级	永宁者波达迦林寺	永宁乡泥鳅沟	清代	2011年5月
179	县级	跑马坪凉山 彝务办事处旧址	跑马坪乡政府	近现代	2011年5月
180	县级	洛克故居旧址	永宁乡泸沽湖村委会	民国	2011年5月
181	县级	普米族和继高民居	拉伯乡	清末	2011年5月
182	县级	“转山节”女神庙	永宁乡泥鳅沟村委会	近现代	2011年5月
183	县级	同乌根崖画	翠玉乡宜底村委会	待定	2011年5月

附表五：

丽江市非物质文化遗产国家级（保护区、乡）项目名单

序号	类　别	项目名称	所属区域	命名级别	命名时间（年）	备　注
1	传统美术	纳西族东巴画	古城区、玉龙县	国家级	2006	保护单位：市文化馆
2	传统舞蹈	纳西族热美蹉	古城区、玉龙县	国家级	2007	保护单位：古城区
3	传统音乐	纳西族白沙细乐	古城区、玉龙县	国家级	2010	保护单位：古城区

丽江市非物质文化遗产省级（保护区、乡）项目名单

序号	类　别	项目名称	所属区域	命名级别	命名时间（年）	备　注
1	保护区	白沙玉湖村 纳西族文化保护区	玉龙县	省级	2006	保护单位：玉龙县
2	保护区	永宁乡温泉瓦拉别 纳西族（摩梭人）传统 文化保护区	宁蒗县	省级	2006	保护单位：丽江市
3	舞蹈	纳西族东巴舞	玉龙县	省级	2007	保护单位：丽江市
4	音乐	纳西族白沙细乐	古城区	省级	2007	保护单位：古城区
5	保护区	大东乡纳西族热美蹉之乡	古城区	省级	2007	保护单位：古城区
6	节日	纳西族（摩梭人）转山节	宁蒗县	省级	2007	保护单位：宁蒗县
7	节日	纳西族三多节	玉龙县	省级	2009	保护单位：玉龙县
8	手工艺	纳西族传统服饰	古城区	省级	2009	保护单位：古城区
9	手工艺	永胜汉族珐琅彩银器工艺	永胜县	省级	2009	保护单位：永胜县
10	手工艺	彝族（他留人） 火草纺织技艺	永胜县	省级	2009	保护单位：永胜县
11	美术	纳西族东巴画	玉龙、古城	省级	2005	市文化馆、国家级
12	舞蹈	纳西族热美蹉	玉龙、古城	省级	2005	古城区、国家级

丽江市非物质文化遗产市级（保护区、乡）项目名单

序号	类　别	项　目　名　称	所属区域	命名级别	命名时间（年）	备　注
1	保护区	彝族传统民俗节日——火把节	宁蒗县	市级	2005	
2	保护区	拉伯乡措皮阿扎甸村 普米族民族传统文化	宁蒗县	市级	2005	
3	保护区	塔城乡署明村 纳西族民族传统（东巴）文化	玉龙县	市级	2005	
4	保护乡	石鼓镇竹园村 草、竹编民族民间工艺之乡	玉龙县	市级	2005	
5	保护乡	黄山镇白花纳西族民族民间歌舞之乡	玉龙县	市级	2005	
6	保护区	六德乡双河二村 彝族（他留人）民族传统文化	永胜县	市级	2005	
7	保护乡	通达丁王村 傈僳（花傈僳）民族民间歌舞之乡	华坪县	市级	2005	
8	保护乡	石龙坝乡 （水田人）民族民间歌舞之乡	华坪县	市级	2005	
9	保护区	西川乡沙力河村彝族毕摩文化保护区	宁蒗县	市级	2005	
10	保护区	傈僳族民间音乐——洛玛底模刮	玉龙县	市级	2007	
11	保护区	纳西族（摩梭人）成丁礼	宁蒗县	市级	2009	
12	节庆礼仪	彝族器乐马布制作	宁蒗县	市级	2009	
13	节庆礼仪	傈僳族歌舞	华坪县	市级	2009	

丽江市非物质文化遗产县级（保护区、乡）项目名单

序号	类　别	项目名称	所属区域	命名级别	命名时间（年）	备　注
1	保护区	丽江古城纳西族文化保护区	古城区	县级	2005	
2	保护乡	大东乡纳西族民族民间歌舞之乡	古城区	县级	2005	
3	语言文字	濒危民族语言文字——纳西语	古城区	县级	2005	
4	文学	纳西族民间故事	古城区	县级	2005	
5	音乐	纳西古乐	古城区	县级	2005	
6	音乐	纳西族民歌大调	古城区	县级	2005	
7	音乐	骨器	古城区	县级	2005	

序号	类 别	项目名称	所属区域	命名级别	命名时间（年）	备 注
8	音乐	喂麦达	古城区	县级	2005	
9	音乐	阿丽丽	古城区	县级	2005	
10	音乐	口弦（器乐）	古城区	县级	2005	
11	舞蹈	纳西族原始歌舞热美磋	古城区	县级	2005	
12	音乐	大研纳西古乐队	古城区	县级	2005	
13	音乐	尚义纳西古乐队	古城区	县级	2005	
14	音乐	大东暑考村古乐队	古城区	县级	2005	
15	习俗	传统狩猎	古城区	县级	2005	
16	手工艺	丽江剪纸	古城区	县级	2005	
17	手工艺	石材加工	古城区	县级	2005	
18	手工艺	木工	古城区	县级	2005	
19	手工艺	烧制砖瓦	古城区	县级	2005	
20	手工艺	篆木	古城区	县级	2005	
21	手工艺	编结工艺	古城区	县级	2005	
22	手工艺	打铁	古城区	县级	2005	
23	手工艺	打铜	古城区	县级	2005	
24	手工艺	银加工	古城区	县级	2005	
25	手工艺	东巴造纸	古城区	县级	2005	
26	手工艺	纳西族服饰	古城区	县级	2005	
27	手工艺	羊皮披肩缝制	古城区	县级	2005	
28	手工艺	披肩七星	古城区	县级	2005	
29	手工艺	毛织和擀毡	古城区	县级	2005	
30	手工艺	皮革加工	古城区	县级	2005	
31	手工艺	制陶	古城区	县级	2005	
32	传统饮食	八大碗	古城区	县级	2005	
33	传统饮食	丽江鸡豆凉粉	古城区	县级	2005	
34	传统饮食	丽江粑粑	古城区	县级	2005	
35	传统饮食	丽江窨酒	古城区	县级	2005	
36	传统饮食	米灌肠	古城区	县级	2005	
37	习俗	纳西族婚礼	古城区	县级	2005	
38	习俗	纳西族丧葬习俗	古城区	县级	2005	
39	保护乡	黄山乡白华乐舞之乡	玉龙县	县级	2005	
40	保护乡	黄山白华纳西乐舞之乡	玉龙县	县级	2005	
41	保护乡	宝山梯田文化之乡	玉龙县	县级	2005	

序号	类　别	项目名称	所属区域	命名级别	命名时间（年）	备　注
42	保护乡	宝山吾木东巴文化之乡	玉龙县	县级	2005	
43	保护乡	鸣音冷水沟东巴古乐舞之乡	玉龙县	县级	2005	
44	保护乡	石鼓竹园村草竹编工艺之乡	玉龙县	县级	2005	
45	保护乡	黎明傈僳族歌舞之乡	玉龙县	县级	2005	
46	保护乡	九河木雕工艺之乡	玉龙县	县级	2005	
47	保护乡	塔城乡暑明纳西族传统文化保护区	玉龙县	县级	2005	
48	保护区	黄上南溪纳西族传统文化保护区	玉龙县	县级	2005	
49	保护区	石鼓古镇传统文化保护区	玉龙县	县级	2005	
50	保护区	白沙玉湖古村落 纳西族传统文化保护区	玉龙县	县级	2005	
51	保护区	龙蟠上元纳西族传统文化保护区	玉龙县	县级	2005	
52	保护区	白沙古街纳西族传统文化保护区	玉龙县	县级	2005	
53	保护乡	塔城勒巴舞之乡	玉龙县	县级	2005	
54	民间音乐	白沙细乐	玉龙县	县级	2005	
55	民间音乐	模刮、噫本	玉龙县	县级	2005	
56	民间音乐	弦乐打跳曲、葫芦笙打跳曲	玉龙县	县级	2005	
57	民间音乐	傈僳族原始宗教音乐	玉龙县	县级	2005	
58	民间音乐	拉市吉祥纳西古乐	玉龙县	县级	2005	
59	民间音乐	洞经音乐	玉龙县	县级	2005	
60	民间音乐	白沙细乐、口弦	玉龙县	县级	2005	
61	民间舞蹈	鼓巴舞	玉龙县	县级	2005	
62	民间歌舞	嘎七	玉龙县	县级	2005	
63	民间文学	黄山——东巴文、格巴文	玉龙县	县级	2005	
64	民间美术	黄山——装饰彩绘	玉龙县	县级	2005	
65	民间舞蹈	九河——狮舞	玉龙县	县级	2005	
66	民间美术	大具——虎跳峡壁画	玉龙县	县级	2005	
67	民间音乐	巨甸——江边小调	玉龙县	县级	2005	
68	手工技艺	大具——东巴纸制作	玉龙县	县级	2005	
69	传统饮食	奉科——米酒曲制作	玉龙县	县级	2005	
70	民间舞蹈	鲁甸——拔蹉	玉龙县	县级	2005	
71	手工技艺	黄山——龙灯	玉龙县	县级	2005	
72	手工技艺	九河——白族服饰	玉龙县	县级	2005	
73	传统节日	黎明——情人节	玉龙县	县级	2005	

序号	类　别	项目名称	所属区域	命名级别	命名时间（年）	备　注
74	习俗	太安——倘榔婚恋习俗	玉龙县	县级	2005	
75	传统体育	仁和——射弩	玉龙县	县级	2005	
76	习俗	九河——白族妈妈会、祭天	玉龙县	县级	2005	
77	习俗	巫术	玉龙县	县级	2005	
78	民间文学	山川大地、洪水滔天（神话）	玉龙县	县级	2005	
79	民间文学	黎明飞人洞、洁菜雪山传说	玉龙县	县级	2005	
80	民间文学	白沙——战争传说	玉龙县	县级	2005	
81	民间文学	龙女树	玉龙县	县级	2005	
82	民间舞蹈	拉市——麒麟舞	玉龙县	县级	2005	
83	民间舞蹈	塔城——锅庄舞	玉龙县	县级	2005	
84	保护区	六德乡双河二村 彝族（他留人）民族传统文化	永胜县	县级	2005	
85	民间音乐	汉族洞经音乐	永胜县	县级	2005	
86	习俗	彝族刀杆节（金兰村）	永胜县	县级	2005	
87	保护区	小凉山彝族工艺文化保护区	宁蒗县	县级	2005	
88	保护区	新营盘乡牛窝子韩归文化传承基地	宁蒗县	县级	2005	
89	保护区	拉伯乡措皮阿扎甸村 普米族文化生态保护区	宁蒗县	县级	2005	
90	保护区	小凉山西川乡沙力河村 彝族毕摩文化保护区	宁蒗县	县级	2005	
91	传统节日	彝族传统民俗节日——火把节	宁蒗县	县级	2005	
92	保护乡	通达乡丁王村 傈僳族民族民间歌舞之乡	华坪县	县级	2005	
93	保护乡	石龙坝乡（水田人） 民族民间歌舞之乡	华坪县	县级	2005	
94	保护乡	通达乡傈僳族（花傈僳） 民间艺术之乡	华坪县	县级	2005	
95	传统节日	新庄乡德胜村苗族花山节	华坪县	县级	2005	
96	传统习俗	文乐乡松竹村苗族正神柱	华坪县	县级	2005	

附表六：

丽江市非物质文化遗产国家级、省级传承人（艺人）名单

序号	姓名	性别	年龄岁数	所属区、县、乡	民族	技艺、专长	被命名称谓	命名级别	命名时间	备注
1	和训	男	82	玉龙县塔城乡	纳西	美术（东巴画）	代表人	国家	2007年	已故
2	王茨丁	男	65	宁蒗县永宁乡	纳西	美术	美术艺人	省	1999年	
3	和即贵	男	82	玉龙县鸣音乡	纳西	工艺美术	高级美术师	省	1999年	已故
4	和积宽	男	77	玉龙县白沙乡	纳西	工艺美术	美术师	省	1999年	已故
5	谭继成	男	64	永胜县三川镇	汉	工艺美术	高级美术师	省	1999年	
6	上官绍荣	男	69	永胜县永北镇	汉	工艺美术	美术艺人	省	1999年	已故
7	和积兮	男	76	玉龙县鸣音乡	纳西	制作法器	美术艺人	省	1999年	
8	胡玉荣	男	97	永胜县松坪乡	傈僳	祭祀仪式	音乐师	省	2002年	已故
9	兰绍龙	男	65	永胜县六德乡	彝	器乐	音乐艺人	省	2002年	
10	潘米拖丁	男	36	宁蒗县永宁乡		民族宗教仪式	音乐艺人	省	2002年	
11	李发明	男	54	永胜县仁和镇	彝	器乐	音乐艺人	省	2002年	
12	蔡学珍	女	50	华坪县通达乡	傈僳	歌舞	音乐师	省	2002年	
13	刘伟刚	男	56	华坪县石龙坝	汉	工艺美术	美术师	省	2002年	失踪
14	王世高	男	66	华坪县新庄乡	傈僳	音乐	音乐艺人	省	2002年	
15	谢松山	男	87	古城区大研办事处	纳西	工艺美术	美术师	省	2002年	
16	和正强	男	70	古城区大东乡	纳西	音乐	音乐师	省	2002年	
17	和士钧	男	60	玉龙县黄山镇	纳西	音乐	音乐艺人	省	2002年	
18	杨秀春	女	59	玉龙县黄山镇	纳西	音乐	音乐艺人	省	2002年	
19	和文贞	男	77	玉龙县黄山镇	纳西	舞蹈	高级音乐师	省	2002年	
20	李文先	男	69	玉龙县塔城乡	纳西	舞蹈	高级舞蹈师	省	2002年	
21	和学文	男	86	玉龙县太安乡	纳西	音乐、舞蹈	高级舞蹈师	省	2002年	已故
22	和　明	男	72	玉龙县塔城乡	纳西	舞蹈	高级舞蹈师	省	2002年	
23	和国伟	男	57	玉龙县大具乡	纳西	声乐、舞蹈	舞蹈师	省	2002年	
24	和国耀	男	33	玉龙县大具乡	纳西	舞蹈	舞蹈师	省	2002年	
25	张心凤	男	43	永胜县三川镇	汉	传统工艺	代表人	省	2007年	
26	谭志平	男	31	永胜县三川镇	汉	传统工艺	代表人	省	2007年	
27	阿其独芝	女	44	宁蒗县永宁乡	纳西	手工纺织	手工艺人	省	2007年	
28	张富国	男		古城区大东乡	纳西	舞蹈	热美蹉	省	2010年	
29	兰贵祥	女		永胜县六德乡	他留人	传统技艺	火草纺织	省	2010年	
30	和凛毅	男		玉龙县黄山乡	纳西	音乐	白沙细乐	省	2010年	

丽江市非物质文化遗产市级传承人（艺人）名单

序号	姓名	性别	出生年月（年龄岁数）	所属区、县、乡	民族	技艺、专长	被命名称谓	命名级别	命名时间	备注
1	矢彪	男		古城区	白	民间工艺	传承人	市	2005年	
2	和茂根	男	63	玉龙县黄山乡	纳西	民间音乐	传承人	市	2005年	已故
3	和学礼	男	78	玉龙县塔城乡	藏	民间舞蹈	传承人	市	2005年	
4	和秀东	男	27	玉龙县塔城乡	纳西	传统东巴文化	传承人	市	2005年	
5	杨玉华	男	29	玉龙县塔城乡	纳西	传统东巴文化	传承人	市	2005年	
6	肖汝莲	女	74	玉龙县塔城乡	纳西	民族民间音乐	传承人	市	2005年	
7	阿石才	男	41	玉龙县黎明乡	傈僳	民族民间音乐	传承人	市	2005年	
8	杨寿喜	男	66	玉龙县九河乡	白	民族民间音乐	传承人	市	2005年	
9	柳生正雄	男	29	永胜县顺州乡	彝	资料保存	传承人	市	2005年	
10	史书凯	女	47	永胜县永北镇	汉	民间工艺	资料保存者	市	2005年	
11	谭映秋	女	75	永胜县永北镇	汉	民间工艺	传承人	市	2005年	
12	陈红英	女	47	永胜县永北镇	汉	民间音乐	传承人	市	2005年	
13	朱८英	女	31	永胜县松坪乡	傈僳	民间音乐	传承人	市	2005年	
14	段瑜	男	36	永胜县永北镇	汉	民间工艺	传承人	市	2005年	
15	陶兴珍	女	45	华坪县文乐乡	苗	民间工艺	传承人	市	2005年	
16	李祥南	男	61	华坪县新庄乡	傣	民间音乐	传承人	市	2005年	
17	杨万明	男	63	华坪县新庄乡	苗	民间音乐	传承人	市	2005年	
18	王常瑛	女	28	华坪县新庄乡	傈僳	民间音乐	传承人	市	2005年	
19	次里独芝	男	33	宁蒗县永宁乡	纳西	民间医学	传承人	市	2005年	
20	阿其尼玛	男	68	宁蒗县永宁乡	纳西	民间工艺	传承人	市	2005年	
21	直巴尔车	男	54	宁蒗县永宁乡	纳西	民间音乐	传承人	市	2005年	
22	阿知鲁汝	男	30	宁蒗县永宁乡	纳西	民间美术	传承人	市	2005年	
23	多吉品初	男	48	宁蒗县新营盘乡	普米	民间礼仪	传承人	市	2005年	
24	沙马子千	男	70	宁蒗县西川乡	彝	毕摩文化	传承人	市	2005年	

序号	姓名	性别	出生年月（年龄岁数）	所属区、县、乡	民族	技艺、专长	被命名称谓	命名级别	命名时间	备注
25	李文义	男	67	古城区	纳西	舞蹈	传承人	市	2005年	
26	李秀香	女	62	古城区	纳西	民间音乐	传承人	市	2005年	
27	和红亮	男	1967年10月	古城区大东乡	纳西	民间舞蹈	传承人	市	2010年	
28	谷文华	男	1953年12月	宁蒗县大兴镇	傈僳	手工技艺	传承人	市	2010年	
29	陈四才	男	1986年9月	玉龙县塔城乡	纳西	传统美术	传承人	市	2010年	
30	和仲礼	男	1949年	玉龙县拉市乡	纳西	传统音乐	传承人	市	2010年	
31	和国宝	男	1944年4月	玉龙县奉科乡	纳西	传统音乐	传承人	市	2010年	
32	和向军	男	1968年	玉龙县黄山镇	纳西	传统音乐	传承人	市	2010年	
33	和世军	男	1951年6月	玉龙县龙蟠乡	纳西	传统音乐	传承人	市	2010年	
34	和爱月	女	1945年	玉龙县白沙乡	纳西	传统音乐	传承人	市	2010年	
35	蔡明高	男	1977年8月	华坪县通达乡	傈僳	传统音乐	传承人	市	2010年	
36	和茂椿	男	1934年7月	玉龙县宝山乡	纳西	传统礼仪与节庆	传承人	市	2010年	
37	和继泉	男	1943年9月	玉龙县宝山乡	纳西	传统礼仪与节庆	传承人	市	2010年	
38	和桂生	男	1975年	玉龙县鲁甸乡	纳西	传统礼仪与节庆	传承人	市	2010年	
39	和文俊	男	1939年	玉龙县大具乡	纳西	传统舞蹈	传承人	市	2010年	
40	和国华	男	1931年4月	玉龙县大具乡	纳西	传统礼仪与节庆	传承人	市	2010年	
41	和修林	男	1943年8月	玉龙县大具乡	纳西	传统礼仪与节庆	传承人	市	2010年	
42	和正文	男	1976年	玉龙县鸣音乡	纳西	传统礼仪与节庆	传承人	市	2010年	
43	吴文珍	女	1947年3月	华坪县石龙坝	彝	传统音乐	传承人	市	2010年	
44	和万祥	男	1951年	玉龙县九河乡	纳西	传统体育与游艺	传承人	市	2010年	
45	杨文吉	男	1933年	玉龙县塔城乡	纳西	传统礼仪与节庆	传承人	市	2010年	
46	和世清	男	1941年	玉龙县太安乡	纳西	传统音乐	传承人	市	2010年	

序号	姓名	性别	出生年月（年龄岁数）	所属区、县、乡	民族	技艺、专长	被命名称谓	命名级别	命名时间	备注
47	溪正藩	男	1940年	玉龙县九河乡	纳西	传统音乐	传承人	市	2010年	
48	赵向龙	男	1959年11月	玉龙县石头乡	白	传统手工技艺	传承人	市	2010年	
49	和世先	男	1942年2月	玉龙县塔城乡	纳西	传统礼仪与节庆	传承人	市	2010年	
50	和承德	男	1944年4月	玉龙县大具乡	纳西	传统礼仪与节庆	传承人	市	2010年	
51	和圣典	男	1960年3月	玉龙县鲁甸乡	纳西	传统礼仪与节庆	传承人	市	2010年	
52	和贵华	男	1961年7月	玉龙县塔城乡	纳西	传统礼仪与节庆	传承人	市	2010年	
53	秦正兰	女	1951年2月	玉龙县黎明乡	汉	传统音乐	传承人	市	2010年	
54	陈　英	女	1949年	玉龙县巨甸镇	汉	传统音乐	传承人	市	2010年	
55	和仕强	男	1971年10月	玉龙县奉科乡	纳西	传统礼仪与节庆	传承人	市	2010年	
56	丁　新	男	1978年9月	华坪县通达乡	傈僳	传统音乐	传承人	市	2010年	
57	朱金桥	男	1984年	玉龙县鸣音乡	傈僳	传统音乐	传承人	市	2010年	
58	李加凤	男	1962年10月	玉龙县拉市乡	纳西	传统音乐	传承人	市	2010年	
59	杨学红	男	1952年8月	玉龙县太安乡	纳西	传统礼仪与节庆	传承人	市	2010年	
60	和文龙	男	1944年	玉龙县黄山镇	纳西	传统音乐	传承人	市	2010年	
61	和绍武	男	1948年	玉龙县黄山镇	纳西	传统音乐	传承人	市	2010年	
62	和国诚	男	1941年	玉龙县巨甸镇	纳西	传统舞蹈	传承人	市	2010年	
63	李玉光	男	1938年3月	玉龙县奉科乡	纳西	传统手工技艺	传承人	市	2010年	
64	丁国仁	男	1977年4月	玉龙县黎明乡	傈僳	传统音乐	传承人	市	2010年	
65	李正坤	男	1943年5月	玉龙县太安乡	傈僳	传统音乐	传承人	市	2010年	
66	王福宝	男	1958年7月	玉龙县宝山乡	纳西	传统手工技艺	传承人	市	2010年	
67	木振贤	女	1944年7月	玉龙县白沙乡	纳西	传统舞蹈	传承人	市	2010年	
68	兰金秀	女	1967年8月	永胜县六德乡	彝	传统手工技艺	传承人	市	2010年	
69	和学军	男	1960年	玉龙县九河乡	纳西	传统体育与游艺	传承人	市	2010年	

序号	姓名	性别	出生年月（年龄岁数）	所属区、县、乡	民族	技艺、专长	被命名称谓	命名级别	命名时间	备注
70	和慧琼	女	1976年1月	玉龙县白沙乡	纳西	传统音乐	传承人	市	2010年	
71	张子义	男	1935年5月	玉龙县石鼓镇	纳西	传统音乐	传承人	市	2010年	
72	郑文先	男	1947年2月	玉龙县鸣音乡	纳西	传统舞蹈	传承人	市	2010年	
73	斤亩以火	男	1946年	宁蒗县	彝	传统手工技艺	传承人	市	2010年	
74	和国芳	女	1957年	玉龙县塔城乡	纳西	传统音乐	传承人	市	2010年	
75	李金凤	男	1941年	古城区大研镇	纳西	传统手工技艺	传承人	市	2010年	
76	和振伟	男	1942年	玉龙县白沙乡	纳西	传统礼仪与节庆	传承人	市	2010年	
77	余嘉正	男	1966年	玉龙县巨甸镇	汉	传统体育与游艺	传承人	市	2010年	
78	和金花	女	1947年	玉龙县黄山镇	纳西	传统音乐	传承人	市	2010年	
79	折拉毛	女	1941年9月	宁蒗县战河乡	彝	传统手工技艺	传承人	市	2010年	
80	王合米	女	1959年1月	宁蒗县翠玉乡	傈僳	传统手工技艺	传承人	市	2010年	
81	谷新文	男	1942年	宁蒗县大兴镇	傈僳	传统礼仪与节庆	传承人	市	2010年	
82	和学明	男	1948年	宁蒗县大兴镇	普米	传统礼仪与节庆	传承人	市	2010年	
83	沙马史富	男	1965年	宁蒗县西川乡	摩梭人	传统知识与实践	传承人	市	2010年	
84	和秀良	女	1949年2月	古城区大东乡	纳西	传统舞蹈	传承人	市	2010年	
85	李红军	男	1961年12月	古城区大研镇	纳西	传统手工技艺	传承人	市	2010年	
86	谷兴富	男	1934年8月	华坪县永兴乡	傈僳	传统手工技艺	传承人	市	2010年	
87	车福明	男	1972年12月	古城区大研镇	纳西	传统手工技艺	传承人	市	2010年	
88	王耀清	女	1953年5月	古城区束河	纳西	传统音乐	传承人	市	2010年	
89	和润英	女	1944年6月	古城区大东乡	纳西	传统音乐	传承人	市	2010年	
90	谷学珍	女	1964年3月	华坪县船房乡	傈僳	传统手工技艺	传承人	市	2010年	
91	张　骐	男	1950年	古城区大研镇	纳西	传统手工	传承人	市	2010年	

序号	姓名	性别	出生年月（年龄岁数）	所属区、县、乡	民族	技艺、专长	被命名称谓	命名级别	命名时间	备注
92	王德光	男	1958年	宁蒗县翠玉乡	傈僳	传统舞蹈	传承人	市	2010年	
93	和国华	男	1972年1月	古城区大东乡	纳西	传统舞蹈	传承人	市	2010年	
94	杨润新	女	1963年9月	古城区束河	纳西	传统手工技艺	传承人	市	2010年	
95	雀丽军	男	1969年3月	玉龙县鲁甸乡	傈僳	传统音乐	传承人	市	2010年	
96	李文宗	男	1945年5月	古城区大研镇	纳西	传统手工技艺	传承人	市	2010年	
97	李润兰	女	1949年6月	古城区大研镇	纳西	传统手工技艺	传承人	市	2010年	
98	李继庚	男	1934年6月	玉龙县拉市乡	纳西	传统手工技艺	传承人	市	2010年	
99	洛桑次仁	男	1977年1月	宁蒗县永宁乡	纳西	传统舞蹈	传承人	市	2010年	
100	和善均	男	1970年9月	玉龙县白沙乡	纳西	传统手工技艺	传承人	市	2010年	
101	王永钢	男	1978年10月	玉龙县黎明乡	傈僳	传统音乐	传承人	市	2010年	

第二辑

丽江文化旅游特色论

“如果你不在丽江，就在去丽江的路上”。这句幽默的话生动地说明了丽江的魅力和对游客的吸引力。丽江可以给不同需求的人不同的满足，得到与其他地方不同的享受，让心灵获得洗礼和安宁。是什么让丽江产生如此的魅力，是纳西族等独特的民族文化和天堂般的美景成就了奇境丽江、梦幻丽江和心灵的家园。而文化则是她的灵魂，只有独特的民族文化才能让她永葆靓丽的青春。

“世界的记忆、人类的遗产、中华的绝学”，丽江众多人文景观令人惊叹不已。东巴文化则是丽江文化的精髓和灵魂，也是民族文化的重要源头。它放射出人类童年时期古老、睿智、深邃的思想光芒。

東巴达巴座谈會合影
留念 一九八三年三月 丽江

纳西族原始宗教及社会思想学术研讨会（1989年10月26日）

丽江古城雪山书院重建揭牌仪式（2011年11月7日）

丽江文化旅游资源特色探析

丽江富集而独具特色的旅游资源是文化旅游发展和崛起的前提和基础，是对国内外众多游客产生极大吸引力的根本原因，也是丽江文化旅游长盛不衰的魅力所在。

一　旅游业的核心竞争力在于资源的特色和魅力

伴随着我国改革开放的不断深入和工业化、城镇化的快速发展，随着人民群众生活水平的不断改善，文化旅游的消费越来越成为广大人民群众的普遍要求，成为普通老百姓生活的重要组成部分，也成为覆盖全国各地的战略性支柱产业。现在全国各地都在发展旅游产业，把旅游产业作为支柱产业进行打造和建设，可见旅游业的广泛性和覆盖面之宽。这就带来了旅游市场的激烈竞争，要在旅游发展的大潮中占有一席之地，靠什么呢？虽然决定因素很多，要做的事情也很多，但最具决定性因素的是资源特色和品位，也就是资源的数量和质量。特色是旅游发展的根基所在、吸引力所在、核心竞争力所在，一句话就是旅游的生命力所在。

如果我们今天把旅游构成因素看作是各阶层群众改革开放以来物质文化生活不断丰富的需求之一，或者看成是现代人生活中不可或缺的活动，那么，接下来就要看哪些地方更能吸引旅游者的眼球，让旅游者青睐，真正成为旅游者向往的胜地，那就要看这个地方资源的品位和吸引力了。有特色、品位高的地方吸引力就大，品位低、一般化的地方吸引力就小。由此可见，旅游资源有其不同于其他天然资源的特色。旅游资源的价值，是由它对旅游者吸引力大小来决定的。反过

be˧ ʦʻɿ˥ ˨˩ zɿ˧ ne˨˩ ʂv˩˧ ȵi˧ kv˥ ,
人类 与 署 两 个

le˥ ʥə˨˩ ɯ˧ me˧ a˧ sɿ˥ ˨˩ dɯ˧ gv˩˧ ua˨˩ ,
勒周 好 者 阿父 一 个 是

bv˧ le˨˩ ɯ˧ me˧ a˧ me˧ ȵi˧ kv˥ ua˨˩ 。
补勒 好 者 阿母 两 个 是

译文：自然神和人类的祖先是同父异母的兄弟。

注：“勒周”、“补勒”指已去世的父母亲。

（纳西东巴古籍译注全集·第6卷·第303页）

来，旅游中所彰显的魅力和吸引力因素构成了旅游资源的本质特色。

什么是旅游特色？特色是指在旅游活动中超出一般的普遍的东西，独具的景物、色彩、风格、艺术和品质等。特色寓于自然、文化、民俗、社会的各个方面，就旅游活动过程而言，则贯穿于旅游的各种资源和吃、住、行、游、购、娱等六大要素。旅游的特色其实就是旅游的魅力、旅游的吸引力、旅游的竞争力。我们说越是民族的则越是世界的，同样越是特色的也就越是世界的。越是具有特色，越是具有世界级品位和魅力，那么旅游的竞争力也就越强，其经济效益、社会效益、生态效益也就越好。游客追求物质和精神的享受，追求自然、文化、地域、气候、民俗等差异，追求不同的感受、精神的愉悦以及满足其他多个方面的需求，体现了旅游的属性和本质要求。

旅游资源是一个广泛的概念，资源的特色和吸引力也体现在多个方面。凡是给人们带来旅游动因的自然生态、历史文化和社会其他因素都可称为旅游资源。一般认为旅游资源按属性分为自然资源和人文资源。自然资源是指大自然中凡能产生吸引力的所有自然生态环境因素及条件。人文资源是指古今人类所创造，能激发人们旅游动因的物质财富和精神财富。旅游资源的核心就是它的特色和吸引力。

二　丽江旅游的魅力根基在于独特的、众多的、无与伦比的资源

三个世界遗产就是这些资源品质的集中代表。丽江旅游资源的优势体现在“人无我有、人有我优、人优我特”上，而且自然与人文资源相互依存、相得益彰，形成综合性、复合型、特优型的资源。这里的资源得天独厚、天设地造，是造物主匠心独运的杰作。它的多样性、观赏性十分突出，而且品位高、组合度好，许多资源还具有唯一性特点。

丽江旅游资源特点概括起来就在于：原始纯净的自然、古老鲜活的文化、美轮美奂的景色、多姿多彩的民族、适宜乐居的气候、包容和谐的氛围。所有这一切资源都是不能再造再生的，人类再有改造自然的力量，再有金钱和科技，也绝不能再造出这样的自然和人文景观。

1. 丽江有得天独厚的神秘自然奇境。

丽江有特殊的地理位置，即处于青藏高原的东南边缘和云贵高原西北边缘连接地带，又属于金沙江、澜沧江、怒江三江并流的区域。世界屋脊的青藏高原与连绵起伏的云贵高原共同造就了丽江特殊的地形地貌和名山大川。这里山高谷深，大河纵横奔腾，地势雄奇险峻。在这里高山与峡谷、高原与湖泊、山川与盆地、江河与河谷相互交错，从而造就了许多神秘的自然奇境和壮丽奇观。

2. 丽江是生物多样性的王国。

丽江特殊的地理气候和山川河流，使丽江成为“植物王国”、“动物王国”、“奇花异草的世界”。丽江及滇西北地区是全球最具有代表性的生物多样性地区之一。立体的地理气候形成了立体的生物群落和生物多样性特点。丽江生态和植被状况良好，森林覆盖率达66.15%，是长江中上游地区绿色的屏障，保存有完整的原始森林群落，有高等植物1.3万余种，在全省全国都占有很大的比重。还有众多的国家保护的珍稀植物资源、动物资源、花卉资源、植物药资源等，有很高的观赏、考察、研究价值。

3. 丽江气候条件优越宜人。

这里夏无酷暑、冬无严寒、绿树常青、四时鲜花，是宜居乐居、休闲度假的好地方。这里的年平均气温在12.5℃—19.9℃，年降雨量910—1200毫升，日照时间2500小时左右，有金沙江环绕，又在青山绿水的怀抱中，加上玉龙雪山对气候的调节，使山脚下的丽江城市长年无热浪侵扰，冬天虽然有些寒冷，但大多数是晴天，阳光灿烂、日照充足，让人舒适。

4. 丽江是诗情画意的地方。

丽江空气清新，透明度、宁静度高。在蓝天白云的映衬下，雪域、冰川、青山、绿水、高原、湖泊、森林、草甸、山泉、溪流、山村、田园、构成一幅很美的自然山水画卷。人在画中，人与画相融。这是一个人与自然相依相存、和谐统一的地方，体现出一种自然的诗情画意，形成梦幻般的舒心闲适的环境，使人们体验到很高的一种意境。

5. 丽江历史悠久，文脉相连、博大精深。

这里被西方学者称为是“被遗忘的古纳西王国”。在这片土地上，远古时候就有人类繁衍生息，5万—10万年前的“丽江人”就是一个证明。人类童年时期遗存的金沙江岩画，摩梭人的阿注婚姻和母系大家庭、东巴象形文字等说明历史文化的悠久和博大精深。还有东巴古籍文献、纳西古乐、历史古城、出土古文物也说明文化的古老厚重和独树一帜。

6．丽江是民族文化多样性汇聚的地方。

这里有古老独特的少数民族和民族文化，除了汉族，还有25个少数民族。其中纳西族、普米族、白族、傈僳族、傣族等是云南独有的少数民族，也是我国纳西族的聚居地。各民族在历史上都创造了灿烂独特的文化，其中纳西族的东巴文化、摩梭人的阿夏婚姻和母系大家庭、他留人的“青春棚”等民俗、花傈僳歌舞等在国内独树一帜。丽江又是各种民族文化、宗教文化、中西文化等多元文化共存共荣的地方，包容和谐是最大的特点，各民族团结和睦、各种文化相安无事，是一方和谐的乐土。

在丽江旅游资源中，丽江古城、玉龙雪山、三江并流、老君山、东巴古籍文献是资源的品位和特色的集中代表。一个地级市有三个世界遗产，目前这在国内是绝无仅有的，在国际上也是少见的。丽江旅游资源中申报世界遗产还有很大的潜力，比如泸沽湖摩梭母系文化、纳西古乐、宝山石头城、茶马古道、金沙江岩画、鹰猎文化等，都有条件进入世界遗产名录。

一个地方在自然景观和人文景观资源中有一两个独具特色的精品，那么也是很幸运的了。但人们在考察和审视丽江旅游资源时，惊奇地看到丽江无论在自然景观或在人文景观方面都独占鳌头，而且不少是属于世界级品位的资源。美轮美奂的丽江自然山水，固然是丽江旅游的重要基础，但个性十足的纳西文化等民族文化更是丽江旅游的杀手锏。以三个世界遗产为代表的纳西族文化源远流长、兼收并蓄、海纳百川、厚重深沉、独树一帜，是中华文化中的奇葩，对中外游客有极大的吸引力，这一点已被30多年文化旅游发展实践所证明。比如人与自然和谐统一、布局最科学的丽江古城、高深莫测的东巴古籍文献、人间绝响的纳西古乐、东方女儿国的摩梭风情、众教并举的白沙壁画、金沙江千仞壁上的岩画等等，吸引了无数游客和文人学者纷至沓来。如果天堂般的美景让丽江风华绝代，那么这一独特的民族文化能让丽江旅游永葆靓丽青春。

三 要根据资源特色优势，集中打造建设一批精品绝品旅游景区景点，以满足不同游客的需求

丽江旅游资源奇特而富集，可开发的景区景点和项目很多，现在有的资源开发了，有的还有待开发，即使已经开发了的，也有个挖掘提升的问题。怎样搞好旅游资源的开发，根据丽江多年的经验，关键在于发挥资源的特色优势，打造和建设精品绝品，集中宣传和推出具有影响力的品牌，从而彰显旅游的无穷魅力。

丽江形成了众多的文化旅游精品和品牌。丽江本身就是一个大品牌。国内外众多研究文化旅游产业品牌价值的研究机构和大专院校，都把丽江放在文化旅游和休闲度假类品牌最显著的位置。中南大学中国文化产业研究中心《2011年中国文化品牌价值排行榜》①把丽江列为体育休闲与文化旅游品牌的第3位。杭州、海南国际旅游岛、丽江被列为前三甲，可见丽江以三个世界遗产为代表的多元民族文化的品位和价值。不断打造和建设文化旅游、文化演艺、文化创意等各类品牌应该成为发挥资源特色、推动文化旅游产业发展的重大战略和选择。

（1）阳春白雪玉龙山：它是北半球最南端，我国纬度最南的现代海洋性温带冰川，终年积雪，离丽江中心城区直线距离15千米，在丽江古城北边拔地而起、是离城市最近的雪山，立体气候、动植物王国。

（2）金沙劈流虎跳峡：金沙江在玉龙雪山和哈巴雪山之间穿过，形成金江劈流的奇观，是世界上最奇险绝的大峡谷之一，江两岸最窄处30多米，相传老虎一跃而过，故名虎跳峡。

（3）万里长江第一湾：三江（怒江、澜沧江、金沙江）从青藏高原并行南下，只有金沙江流向中原。金沙江在丽江石鼓镇180度大转弯调头东去形成万里长江第一湾，长江就此向东奔入中原壮大观，滋育华夏。

（4）世界遗产丽江古城：这是我国至今保存最完好的古城，也是独具纳西民族文化特色的古城，是人和自然统一和谐的古城。1997年12月列入世界文化遗产名录。

---

①《光明日报》，2011年5月13日。

（5）宝山石头城奇观：金沙江畔一块巨大奇山上有个古村落城堡，“一夫当关，万夫莫开”，承载了千年历史文化，是自然历史人文的一大奇观。

（6）杜鹃王国老君山：这是世界自然遗产三江并流的核心区，是生物多样性的王国，也是杜鹃花的王国，这里有我国最大的丹霞地貌奇观之一，也是国家地质公园。

（7）神秘的东巴文化：纳西族东巴象形文字是世界上唯一存活的古老象形文字，用象形文字书写的古老东巴经典籍已列入世界记忆遗产。东巴文化被中国社会科学院列为重点保护的中华“十五项绝学”之一。

（8）音乐活化石纳西古乐：融汉族道教洞经音乐、儒教典礼音乐、纳西族先民音乐为一体的已经民族化的古典音乐，成为代表中华音乐活化石的古典雅乐。

（9）蓬莱仙境泸沽湖：一个水质最清澈、透明度最好的高原淡水湖泊，被咏为“海外蓬莱仙境”和“东方第一奇观”。

（10）摩梭风情女儿国：母系大家庭和男不娶女不嫁的走婚习俗是人类历史文化的活化石，也成为民族历史文化的一大奇观。

（11）中国魅力人居环境名镇束河：束河古镇是保护开发的一个典范，入选中国魅力人居环境名镇、云南十大名镇名录，哈里谷国际酒吧一条街即将开业，束河正成为休闲旅游的一块净土。

（12）东巴圣地玉水寨：玉水寨自1997年开发建设以来，已成国家4A级景区。良好自然生态和民族文化相结合是一大特点。玉水寨成为东巴文化保护传承展示的基地，感受和体验东巴文化是它的一大亮点。

（13）纳西文化博物院木府：按照历史风貌恢复重建的木府已成为纳西文化博物馆，不仅再现了当年木氏土司的辉煌历史，同时成为展示纳西历史文化的大观园，是丽江古城的核心景区。

（14）国际湿地拉市海：拉市海2005年列入国际重要湿地名录。1998年开始建立湿地保护区，是云南省第一个以湿地命名的保护区。拉市海周边是原生态村落、保存有原生态的民俗文化。这里候鸟种群数量巨大，已成为候鸟的天堂。

（15）湖光山色观音峡：观音峡处在历史上茶马古道进入丽江邱塘关的入口处，是古代丽江南大门。这是一个融湖光山色、峡谷瀑布、山水田园、纳西村寨和茶马古道为一体的特色景区。

四　挖掘新优势、打造新品牌

以丰富的旅游资源为基础，打造建设品牌、宣传推出品牌是丽江旅游的基本经验，也是丽江旅游发展中的神来之笔。特色旅游资源的外在形式也需要品牌，品牌则是特色的集中体现。上述这些品牌或景区还需要继续充实完善和提升。此外丽江众多自然景观、人文景观资源还有许多可开拓发展的地方，要根据新的发展形势和市场的需求，不断挖掘、深入研究、精心策划，不断建设和推出更多的精品。

（1）东巴谷原生态民俗文化游：东巴谷是玉龙雪山必经之地。深藏于玉龙山脚下裸美乐东巴峡谷，融谷、峡、洞、石、树、水之灵，是自然界的一大奇观。峡谷里辟有原生态民俗村，有东巴文化传承中心，开展东巴文化展演活动，除东巴神院外还有傈僳山寨、他留人家、普米金窝、藏家风情等院落。还有匠人一条街，开展民族歌舞、特技绝活、穿越峡谷等展演活动。通过不断提升将成为文化旅游一大景区。

（2）白沙壁画和白沙民族文化圈：白沙古建筑是世界文化遗产的重要组成部分。白沙也是纳西文化的重要发祥地之一，历史文化底蕴深厚、文化遗存众多。白沙壁画是国家级的璀璨明珠，是多元文化的代表。周边还有北岳庙、玉峰寺、福国寺等名胜古迹。

（3）玉湖巫鲁肯：玉龙山脚下一个山水及民俗文化生态古村落。石木建筑民居、蓝天、白云、湖泊、草甸、“玉湖倒映”，环绕村寨的溪流等构成一幅自然诗画，村边石壁上刻的“玉柱擎天”、“玉壁金川”是改土归流的历史见证。村里有西方纳西学之父洛克故居。村里的旅游合作社开辟了玉龙雪山徒步旅游线路。这里有很大的开发潜力。

（4）程海边屯文化示范基地：永胜边屯文化的开发集边屯文化博物馆、毛氏文化园区建设、程海湖、清水古镇保护等为一体，可打造成独一无二的边屯文化品牌。可建设成为一个展示中国边屯文化的示范基地。

（5）金沙江岩画：20世纪80年代以来，在沿着金沙江边发现52个岩画点，据专家初步考证研究，这是我国目前发现的最古老的岩画之一，有很高的历史文化价值。通过深入考察，进一步收集整理完善资料，建设展示基地，很有可能成为国内外知名的文化品牌。

（6）茶马古道文化的开发利用：茶马古道文化正成为一大文化品牌。丽江在历史上是茶马古道上的重要枢纽，丽江古城是茶马古道上活着的古城，现仍保存有多处古道遗址、古道文物古迹，开发建设条件优越。打造茶马古道文化品牌是丽江又一特色优势。

（7）东巴文化生态古村落保护：纳西族地区还有一批古村落，东巴原始生态环境保留得较好。通过抢救和保护，这些古村落可以成为文化旅游的景点。比如鲁甸的新主、塔城的曙明、宝山的吾母、大东、太安拉市等乡镇古村落。

（8）他留坟山及民俗文化：永胜六德乡玉水、营山、双河结合部的他留古墓群及他留古城堡遗迹已列入国家级文物保护单位。他留人的“青春棚”则是恋爱婚姻的独特民俗。这个地方历史上又是茶马古道上的重要驿站，有历史文化研究和旅游开发价值。

（9）元跨革囊及太子关：“元跨革囊”是指元世祖忽必烈率十万铁骑南下进至丽江奉科一代，用吹鼓了气的羊皮口袋征服金沙江天险，进而南下灭大理国的历史史实，这是中国历史上一个重大事件。纳西族首领麦良审时度势，亲赴拉伯渡口迎接元军，并经过险峻的高山岩峰，忽必烈经过此地，故名拉伯太子关。现在随着交通等条件的改善，奉科、宝山等金沙江一带很有旅游开发前景。

（10）花马古国和金沙江古铁桥遗址：玉龙县西部的巨甸塔城一带，是金沙江流域富饶之地，也是纳西族汉唐以来主要聚居的区域，巨津州（巨甸）一带是历史上的花马国。巨甸以北塔城地界唐代吐蕃曾设置神川都督府，建有铁桥城。在此“麽些江”（金沙江）上建的铁索桥，是世界上最早建在大江大河之上的铁桥。巨甸塔城一带其他文物古籍众多。

（11）石鼓等红色旅游资源：红色旅游资源是丽江又一特色资源。红军长征过丽江有许多独特现象，比如丽江古城纳西族民众东元桥畔迎红军，贺龙将军敲石鼓，红军健儿飞渡金沙江等。石鼓自古以来是兵家必争之地，1936年4月工农红军二、六军团在石鼓巨甸一带横渡金沙江，这是红军长征史上的重大事件。石鼓红色旅游以绿色、红色与历史文化相结合而潜力巨大。

（12）太安高美古天文民俗游：太安高美古成为亚洲最大天文观测基地之一，有很高的天文科研科普价值。同时这里又是一个生态良好的山区，森林茂密、民风古朴，古老民俗和民族歌舞得以保留。夏季这里的反季油菜花和洋芋花盛开，成为乡村旅游的一块新热土。

（13）黑龙潭景区的提升：黑龙潭又名玉泉，位于古城北象山脚下，是古城泉水的源头。黑龙潭生态良好，风光十分秀丽，石缝间泉水喷涌，龙潭之水清澈见底，“龙潭倒映十三峰，潜龙在天、飞龙在地”，是人间的仙境。有多处明清建筑群，辖域内有东巴文化研究院和东巴文化博物馆等文化单位。黑龙潭范围在扩大之中，东巴文化博物馆二期建设工程正在实施，是游客和本地群众游览休闲的胜地。

（14）丽江历史文化名人的研究开发：丽江有众多的历史文化名人，这是一笔宝贵的财富。研究开发仍处在初始阶段，潜力巨大。比如木氏土司和徐霞客不寻常的友谊和交往，很有开发利用的现实意义和价值。美籍奥地利人约瑟夫·洛克，俄国人顾彼德等国外学者对纳西文化的研究和宣传作出了开创性的贡献，深入研究和开发利用的余地很大。

（15）民族节庆文化的研究开发：传统的民族节日是民族文化的重要组成部分，丽江各民族有着丰富多彩的民族节庆。纳西族的三多节、祭祖节、祭天活动等，彝族、纳西族、白族等的火把节、傈僳族的阔时节、普米族吾昔节等。要重视传统民族节日的开发利用，比如可以把三多节打造成有影响力的品牌节庆活动。在现代文化旅游节庆建设上，丽江可建成国际性文化旅游论坛，比如东巴文化艺术节曾产生了很好的影响，打造建设和完善提升这个艺术节对发展丽江文化旅游很有意义。

五　面向市场，充分发挥特色资源优势

旅游产业发展必须以旅游资源为基础，特色为根本，市场为导向。要立足实

际、面向市场，根据游客的需求和对市场的分析来搞好旅游资源和民族文化的开发。只有做到挖掘特色、坚持特色、拓展特色、发挥特色优势，才能提高市场的占有率和旅游综合效益。当前丽江要以特色资源为基础，实施精品品牌战略、市场多元化战略、全方位开放和可持续发展战略。

1．要准确把握丽江旅游市场的需求和特征。

丽江旅游发展势头强劲，最近几年每年以20%的速度增长，主要得益于树立了良好形象，在国内外有较高的知名度、美誉度，基础设施和舒适度不断提升，通达条件不断改善，卫生环境、生态环境、社会环境良好。丽江旅游市场前景可观。2010年海内外游客量突破900万人次，海外游客突破60万人次。以游客市场分析，海外游客中以中国香港、中国澳门、中国台湾、日本、新加坡、泰国、美国、法国、英国、德国、意大利、韩国、加拿大等地区和国家为主，形成较好的一二级市场。国内外游客市场以西南地区、珠江三角洲、长江三角洲、京津唐地区以及华中、东北、西北等地区为主，也形成了良好的市场。丽江旅游从观光型层次向休闲度假、生态体验、文化享受层次提升转型。以特色为根拓展市场、面向市场是必须坚持的基本原则，也是丽江一条基本经验。

2．要用特色优势拓展和提升一体多翼的旅游发展格局。

丽江古城、玉龙雪山等区域是丽江旅游发展的主体，但做大、做强、做优丽江的旅游产业，还需要不断拓展和提升。主体部分也大有文章可做，关键是巩固和提升品牌的质量，使原来丽江打造建设的系列品牌真正成为精品和绝品，不断增强市场的份额和竞争力。除了主体部分，还要形成多翼腾飞的格局。丽江西部的老君山、金沙江流域的景区以及附近的拉市海都独具特色，其中金沙江岩画、老君山生物多样性、民族文化多样性、石鼓红色文化等都可以成为品牌。宁蒗泸沽湖和摩梭风情随着加大开发力度，基础条件不断改善，效益会明显改善。永胜的程海和边屯文化的开发，也将成为重要的一翼。一体多翼的发展格局将大大提升丽江旅游的数量和质量。

3．要着力推出民族特色文化，建设国家级的涵盖城乡的纳西族东巴文化保护和展示基地。

东巴文化是亟待保护的中华绝学，引起中国社科院和国家文物局的高度重视。要依托国家的保护措施，申报国家级东巴生态文化保护区，建设涵盖大千世界的东巴特色博物馆体系，使东巴生态文化保护区和博物馆系统与旅游发展结合起来，建设新的高品位文化旅游特色保护和展示基地。

4. 把丽江特色优势和“桥头堡”建设的机遇结合起来开拓东南亚、南亚和国际旅游市场，加大对外开放合作力度。

重视和开拓海内外游客和国际市场是建设国际精品旅游胜地的一个着重点，东南亚和南亚与丽江有很大的差异性和互补性，丽江世界自然文化遗产有很大的吸引力，这就是我们的优势。同时丽江在欧美、日本等国家有很高的知名度，一定要抓好当前的机遇和有利条件，包括建设口岸机场等有利条件，加大对外开放，在旅游业国际化和国际旅游市场的开拓上有个大的突破。

5. 要用特色优势引领旅游发展方式的转变，把丽江建设成为休闲、避暑之都和人类精神的家园。

特色优势要为旅游发展方式的转变服务。人与自然、人与社会、各民族之间的和谐是丽江一大特色。加上自然文化的特色和优势，丽江成为国内外游客向往的旅游目的地，成为人们向往的精神家园，这是丽江旅游发展方式由粗放型向质量型、效益型转变，由单纯观光型向休闲度假、体验、会展、观光综合型转变的关键所在。

6. 要发挥特色优势，继续打造和提升精品、绝品、真品。把特色优势变为旅游品优势，而且要不断提升品牌的质量，这是旅游发展的基本战略。

在品牌的打造和建设过程中要做到高标准高品质，这才能成为精品。绝品就是指品位高唯一性的东西，国内外仅有的东西，我们必须加以珍惜。真品就是要保持历史的真实性和事物的原真性，那些虚假的东西经不住检验，往往没有说服力，也是没有生命力的，任何品牌的真实性就是其最大的魅力。

论丽江优秀民族传统文化精神及其现代意义

——以纳西族传统文化精神为例

千百年来，丽江形成了独具特色的民族文化及其优秀民族传统文化精神。这一民族文化及其传统文化精神与中华民族的文化一脉相承，既具备其总体特征和基本精神，又独树一帜，极具区域和民族个性特色，为中华民族文化增添了光彩。这一特色文化和优秀民族文化精神在建设中国特色社会主义文化中，在建设和谐社会征途中仍然具有重要的作用。弘扬这一优秀民族文化精神，古为今用，充分发挥其效用是我们学习实践科学发展观的一项重要任务。笔者就以纳西民族文化为例，作一些初步的探讨。

一

在历史长河中，丽江优秀民族传统文化逐步发展演进，逐步变迁融合，逐步形成了有其个性特色的地域民族文化。一个民族文化和地域文化的形成，往往和这个区域民族所处的自然、地理、环境和各个时期历史的演进有着直接的关系。丽江这一特色民族文化与这个区域的特殊自然、地理、人文、生态环境和历史的重要事件，以及它对这个区域的作用，不仅是分不开的，而且是紧密相连的。

丽江及滇西北和滇川藏交汇的纳西族聚居与活动的区域处在云贵高原和青藏高原的联结地带，属于典型的横断山脉地区。在这个区域有着独特的地理、气候、山川、河流。山川东西并列，南北纵贯，有大江大河，从西至东有怒江、澜沧江、金沙江、无量河、雅砻江、安宁河等，还耸立着高黎贡山、碧罗雪山、梅里雪山、白茫雪山、玉龙雪山、哈巴雪山、贡嘎岭等名山雪峰。群山连绵，高低起伏，海拔从1000多米到6000多米之间，崇山峻岭之间又有河谷和坝子，这种独特的地形地貌，使整个自然综合体呈现明显的垂直变化，自然生态垂直分布，形成了全世界生物多样性最为突出的地区之一。

这个区域人们称之为十里不同天，一山分四季；又说十里不同天，一山不同族。所以数千年来，多个民族在这个区域繁衍生息，生存发展，各自创造了灿烂的文化。丽江和周边区域，除汉族外有26个民族，主要的有纳西族（包括摩梭人）、彝族、傈僳族、白族、普米族、傣族、苗族、藏族、回族、壮族等10多个少数民族。历史上，千百年来纳西族在政治经济军事文化上始终处于主导地位，纳西文化成为了这个区域的主体文化，本源文化。

丽江和周边纳西族居住活动的区域多种宗教并存，相互包容，共同繁荣，这又是宗教文化的一大特色。这个区域内有汉传佛教、藏传佛教（藏传佛教也有几个派别）、道教、儒教、基督教、伊斯兰教、天主教，还有少数民族的原始自然宗教。这些宗教在丽江都能共存共荣，相安无事。汉传佛教、道教、伊斯兰教、儒教等从内地传到丽江为止，而藏传佛教从西北边藏区往东南，也到此为止。即使是著名的鸡足山佛教圣地，明清时期最大的建设者和施主是木氏土司。

历史上纳西族聚居和活动的滇西北及滇川藏交汇区域，从历史上看，由于地处青藏高原，云贵高原及四川盆地之间的过渡地带，因此这个地方历史上是各民族相互交往的通道。元朝统一中国，忽必烈灭大理国，从大西北向南，大军南下，进入丽江，再攻克大理，就是经过这个通道。著名的南方丝绸之路和滇藏茶马古道（这条茶马古道还从拉萨延伸到印度、尼泊尔等国家），丽江处在这两条古道的枢纽和要冲上，尤其在滇藏茶马古道上的地位特别显要。隋唐时代，丽江又处在吐蕃和南诏之间的区域，因而纳西族、藏族、白族之间经济文化交流在这个时期已有相当的基础，藏族、纳西族、白族之间的关系，东巴经里说成为同胞三兄弟，这是很有道理的，也说明几个民族历史文化渊源是深厚的。纳西族聚居的丽江和滇西北及滇川藏交汇区域从大的历史文化角度观察，应该说是处在巴蜀文化和在古滇文化之间，这两个古老而有深厚历史民族底蕴的文化，当然对丽江民族文化有着重大的历史渊源关系和影响力。丽江又处在藏彝文化走廊的重要位置上。在藏彝文化走廊的六江流域片区，至今居住着藏缅语族的藏语支和彝语支众多民族。包括有藏、彝、羌、白、纳西、傈僳、普米、拉祜、独龙、怒、哈尼等众多民族。在这个区域南部，同时居住着壮侗语族中的傣族、壮族，苗瑶语族中的苗族，还有汉族、回族等。这个走廊中民族众多，历史上是民族交流和文化交融的重要场所。

从历史上看，丽江在较长时期是滇西北和川滇藏交汇区域的政治、经济、文化的中心，尤其是木氏土司在这个区域统治的470年，在其统治的鼎盛时期，区域广阔，影响深远。清朝雍正元年“改土归流”后，木氏土司改任土通判，权力削弱，家境逐步败落，但长时期以来，其影响力仍然是巨大的。从以上情况的分析可以看出，丽江文化不是简单的一个区域自闭的文化，而是广纳融合，博大精深颇有底蕴的文化。其特征是：多种文化交融的结晶；多个宗教共荣共存，相安无事，共同造就的和谐宗教文化；是多个民族风情相互影响、共同促进发展的文化；也是多种文化圈相互交汇、相互作用结出的文化硕果。由于特殊的自然地理环境和历史文化发展多样性多层次等原因，丽江保留了许多近代和现代社会不可多见的人类文化遗存、民族风情、历史典籍和独特的生产生活方式。比如纳西族的东巴象形文字，是当今世界仍然存活着的最古老、最完整的象形文字。又如泸沽湖畔的摩梭人母系大家庭及“男不娶，女不嫁”的阿夏婚姻是世界上仍旧保留的独具特色的家庭婚姻形态。他留人的青春棚和恋爱形式也是独特的遗存。用象形文字记载下来的数万卷的东巴古籍经典也是最古老的典籍文献之一，其中记载的“祭天仪式”、“祭署仪式”、“祭风仪式”具有很深的文化内涵。丽江还遗存有10万年前的“丽江人”遗址；现已发现的古老的52处的金沙江岩画点；古老的东巴舞谱，丽江古城、纳西古乐、白沙壁画等大量文化遗存和珍贵文化遗产，还有众多的国家级非物质文化遗产。其中有些文化遗存保留了汉族文化中早已失传或在中原内地难以体验到的东西，是中华民族文化中的瑰宝和珍品，是中华民族文化的重要组成部分，是灿烂耀眼的明珠，其中纳西文化为代表的三个世界遗产就是一个有力的例证。

如果对丽江文化进行综合分析，那么丽江民族文化最大的特点是广纳、包容、交融、和谐。是多个民族文化区域文化的相互交融。是多个形态的文化，包

括游牧文化、游耕文化、农耕文化、茶马商贸文化的交融。是中原汉文化和边疆山地民族文化的交融，也是边疆民族文化与西方外域文化之间的交融。当然在文化的交融中，始终体现以我为主，但吸纳了多种文化的营养。纳西民族文化其实是一种开放包容广纳的文化，也是多元文化的结晶，是多个民族共同造就的成果，也是中原汉文化提供了发展的动力支持，注入了新鲜血液，在明代以来尤显得突出。

中原汉文化对丽江民族文化的影响，对纳西民族文化的影响深远、意义重大。自元代开始，木氏土司就已经从多个渠道接受汉文化，学习汉文化，到明朝已形成良好风气，并取得很大成效。在朱元璋建立明王朝十多年后，于明洪武十四年（1381年），派付友德、蓝玉、沐英率30万大军进讨云南，木氏土知府阿甲阿得于1382年，即洪武十五年主动归顺朝廷，深得明王朝的信任，取得“屏藩”的地位。这个时期，中原汉族在“洪武调卫”中大量进入到丽江的永胜县等地境内，进行军屯，与当地少数民族融合，“夷娘汉老子”就是这个时期融合的特征。中原汉文化和丽江民族文化之间交流融合得到加强。同时明清两朝，四川汉族从不同渠道陆续进入华坪一带，巴蜀文化与丽江民族文化交流融合，也得到加强。

在学习和吸纳中原汉文化和周边藏族、白族等民族文化的同时，纳西族始终注意保持自己的民族文化特色，弘扬自身优秀民族文化的传统。称为古代纳西族百科全书的东巴经典和东巴文化就是其民族文化的核心和精华。纳西文化的许多理念、民间社会的许多活动乃至民俗，人们的行为准则无不受到它的巨大影响。这一文化连绵不断，一直传承下来，实属不易。

二

保护、传承、弘扬、发展民族传统文化，关键在于把握好民族传统文化的精髓，大力弘扬优秀民族文化精神。任何一个民族的传统文化和地域的文化都有良莠之分，有其精华和糟粕，必须取其精华，弃其糟粕，而且必须与时俱进，不断创新，对丽江民族文化、纳西民族文化也必须坚持这种态度。当然各民族传统文化中，灿烂的优秀的始终是占主导地位，正因为如此，各个民族在历史长河中，在风风雨雨中，才得以生存、繁衍、发展、进步，跟上了时代的步伐。

从丽江历史文化的遗存，各种珍贵的文物，民族文化的多个载体，民族文化各种具体的表现和长期形成的制度、习惯、思想观念及意识形态等侧面中，我们看到无不蕴藏着最深刻、最精致、最基本的一些思想和观念，体现了一个民族最本质的东西，它能指导和推动民族文化不断前进和创新，这就是我们所说的民族文化的精神，是一个民族最为珍贵的东西。民族文化精神是一个民族的灵魂和根基，是一个民族精神最集中的代表，是一个民族前进的动力和精神的支撑，也是一个民族最突出的特质。我们不仅要保护好民族文化的形态和遗存，而且要守住民族文化的魂魄，深扎民族文化的根基。丽江优秀民族文化精神集中到一点，就是其鲜明的爱国主义及和谐、包容、广纳、团结、勤奋的文化传统。

以纳西文化为例，笔者把丽江民族文化精神概括为12个方面：

1．热爱祖国，维护国家统一，拥戴中央朝廷的传统爱国主义精神。

纳西民族在各个历史时期始终心向国家，忠君爱国，维护统一，成为一方屏藩。在国家危难的时候，挺身而出，为国效力，赴汤蹈火，在所不辞。丽江木氏土司就是杰出的代表，在明朝，木氏土司得到朱元璋等明王朝皇帝的信任和肯定，总共得到皇帝赏赐的“忠心报国”、“诚心报国”等十二块匾额，明嘉靖皇帝特许建造“忠义坊”。现在挂于木府大门的木泰土司诗中的一副对联“凤诏每来红日近，鹤书不到白云闲”就充分证明了木氏土司对朝廷的忠诚。1999年5月1日江泽民考察木府时，亲自记下这副对联，并称赞说，这位土司很讲政治。即使是木氏土司最强盛的时期，对明王朝也是忠贞不贰。现代著名学者任乃强说：“木氏虽建大国于康滇间，称为天王，实未背明，亦未建有国号。其对中国，仍称土府，甚恭顺。屏蔽藏蕃，捍卫滇南，木氏镇滇，深倚畀之。”①土司木公诗言志说：“忧国不忘驽马志，赤心千古照山河”，也充分体现了对祖国的深厚情怀。清朝初期，吴三桂在云南叛乱，把丽江知府木懿拘禁昆明，“煽诱胁迫授以伪帅”，但他“坚志不从”，拘禁七年才被放回。木氏土司协助朝廷平息地方叛

①任乃强，《西康图经·民俗篇》——《摩些木天王》一文，南京新亚细亚学会出版，1934年版。

乱，保一方平安。为了祖国，纳西族从历史上到近现代，尤其在国家有难时，都奔赴疆场，在抗日战争、抗美援朝、南方边境地区冲突中奋勇奔赴战场，洒下一腔热血。

2. 自强不息、积极向上，坚韧不拔、战胜灾难，奋发进取的大无畏精神。

纳西族是一个弱小的民族，其人口不多，长期又在北边吐蕃和南边白族两家强大民族间生存，但始终自强不息，勇于开拓奋进，积极创造物质文明和精神文明，创造了东巴文化，创造了丽江古城，开拓茶马古道促进各民族商贸交流，从元明开始，大力发展开矿业，包括开采金银矿、盐矿、铜矿等，同时发展商贸和加工业，当时富甲云南诸土司，有很强的经济实力。丽江是自然灾害尤其是地震灾害频发的地区，但面对灾难，坚忍不拔，乐观向上，勇于战胜困难，震不倒、压不垮，在废墟上站立起来创造美好新生活。在科技教育文化艺术诸多方面，奋发进取，不甘落后的精神也是十分突出的。在学习汉文化方面，有很高的造诣和成就。故《明史·云南土司传 》中说：“云南诸土官，知诗书好礼义，以丽江木氏为首。”丽江在1996年2月3日发生7级大地震之后，各族人民均体现了大无畏精神，在灾难面前不弯腰，不低头，无所畏惧，把大灾难变为大机遇，促进大发展，创造了恢复重建的丽江速度。在农业、科技、文化、教育、艺术等方面都涌现了一批杰出的人才。

3. “各民族祖先是同胞兄弟，要团结和睦亲如一家”的民族团结共生精神。

丽江是多民族的地方，各民族千百年来虽然也有过冲突和纷争，但总体上讲是一个民族团结进步、民族和睦相处的地方。这和民族团结和谐的文化有关，古老的东巴经书中认为，大地上出现的盘人、纳人、精人、俄人、崩人、吾人，这些不同人，其实指不同的民族，他们的祖先是同胞的兄弟，所以大家都是亲戚，要团结和睦亲如一家。长期交往的藏族、白族和纳西族，在东巴经书《创世纪》中说，在洪荒的远古，由于祖先崇忍利恩在洪水中得救，娶了天女衬恒褒白命，生下三个儿子，于是复有人类，即藏（古宗）是老大，纳西（摩娑） 是老二，白（民家）是老三，是三兄弟。这些关于兄弟民族之间关系的经书、理念和传说，成为丽江乃至川滇藏纳西族聚居区域民族关系文化的理念，成为处理这一地区各民族关系的最高准则，这对丽江和这个大区域民族团结有着深远意义。

4．处理社会关系和人际关系要做到“和合”、“和络”的和谐处事精神。

纳西族社会中自古以来就是提倡“和合”、“和络”理念，这两个词也是频率最高的用语，其精神来自东巴文化典籍。纳西语中的“和合”与古汉语中的“和合”大体是一致的，都是指和谐、和睦、和平、和善、和气等意思。纳西族自古坚持和倡导“和合”，把它作为处理社会关系、人际关系、家庭关系、夫妻关系的基础。能否坚持用“和合”处事处人，也是衡量一个人思想道德境界的重要尺度。“和合”也是处理兄弟民族关系的重要准则，正因为如此，纳西与汉、藏、白、彝、傈僳、普米等周边民族保持“和合”的关系。“和络”是指人们思想道德修养境界和处人处事所采取的态度。纳西语“和络”要求对人要和美、和谐、和气、亲和，尤其要求对人要做到亲和和善，保持较好的修养和风度。

5．“人类与自然界是同父异母兄弟”，“自然界万事万物也有生命”，要尊重自然，善待自然，敬畏自然，保护自然的传统生态和谐精神。

现在翻译出版的古老东巴经典中有52部经书专门讲人与自然界的关系，“人与自然界是同父异母的兄弟”的理念很有哲理，阐述得很深刻。东巴经书中认为，自然界万事万物和人一样也有生命，尊重自然就是尊重生命，破坏自然就是破坏生命。人类每年都向自然界索取不少的东西，所以人类应该通过祭“署”即祭自然神的仪式，来偿还对自然界的欠债。人类破坏自然界，包括砍树、捕杀动物、污染水源，人类就要遭到自然界的报复，所以人类与自然界一定要处理好相互关系。能否与自然界和谐相处，主要的责任在人类。由于上述理念，所以在整个纳西民族聚居的地区和社会形成了保护自然、保护生态的共识和责任，形成了一整套乡规民约和制度措施。这是丽江生态环境始终保持完好的根本原因。

6．以祭天为荣，崇尚天人合一，感恩天地自然，尊重祖先，坚持感恩报德、感恩从善的精神。

纳西族自誉为是祭天的民族，祭天体现纳西族对天地的自然崇拜，纳西儿女以祭天的儿女为自豪。纳西族东巴文化中充满着自然崇拜和祖先崇拜的色彩，也充满了人间的情调，每年都要举行大规模的祭天活动。“天”在纳西族认为是给人类带来福泽、恩惠，带来平安的主宰，认为只要诚心祭天，天神就会保佑子孙繁衍和平安，天也是纳西族的天舅，因为纳西族祖先娶了天女衬恒褒白命，当然就要以天舅为大。另外祭天也是在祭祖，天和祖先融为一体。东巴经中认为人类与其祖先是不可分离的，人死之后还要回到祖先的地方。东巴的一个重要作用就是人死之后要把灵魂通过东巴的仪式送回到祖先的地方。纳西文化中感恩文化是很突出也是很典型的。祭天本身就是对天地的感恩报德，就是对祖先的感恩报德。祭署就是对自然界的感恩，对自然界的补偿。纳西族认为对天地、对祖先、对父母如果都不能做到感恩报德，尽其孝道，那么怎么可能对其他的人和事做到感恩报德呢？要心存感恩，知恩图报。恩是善的结果，还要知恩从善、感恩从善。在长期的岁月里，报答天地、感恩社会和自然，感恩他人，感恩从善成为纳西社会良好风气。

7. “天雨流芳”、尊师重教、刻苦读书的求学精神。

“天雨流芳”是纳西语，其意思是说：读书学习去吧。“天雨流芳”汉语的意思是说：得到上天的恩泽与惠顾，两者结合起来则说明，只要刻苦学习读书，一定会得到上天的恩泽惠顾。“天雨流芳”的木牌坊耸立在木府附近，是古城的一个象征，也是丽江的一道风景，也是纳西族的座右铭。纳西族虽然是边远少数民族，但创造和保存了东巴象形文字和众多的典籍，自明清以来，刻苦学习汉文化，从中原请来汉文化先生，让子女们刻苦读书学习，逐步蔚然成风，而且大有长进，儒学和汉文化在丽江得到广泛传播。改土归流后，还兴办私塾和义学，纳西学子刻苦求学，出了不少的举人进士，同时民间社会出了众多的学者、作家、诗人、画家，因而在少数民族中纳西族教育的普及和文化整体素质还是比较高的。无论是城市还是乡村，读书成为风气，再困难的家庭，父母都要供子女读书，读书学习的风气浓厚。而且对国内外先进知识学习的欲望、求知的欲望强烈，所以纳西族在自然科学、社会科学、各门类艺术领域都能人才辈出。

8. 对外来文化开放融合、善于学习和吸收，做到为我所用，对外来宗教开明包容、兼收并蓄、信而不笃的开放广纳包容精神。

在漫长的历史长河中，纳西族在重视自己传统文化，保持自己传统文化的同时，注重学习外来先进的文化，对外来的文化很重视学习和吸收，为我所用。首先是对中原汉文化的学习，对中原文化的学习，木氏土司当年就有很高的认识，木公和木增时期尤为突出，能够做到自觉主动地学习，而不是被迫学习汉文化。

包括请来中原的先生，请来中原各类人才，向他们请教，请他们选编诗文，题词作序，或指教子弟诗文，结交中原和云南文化名人，包括四川新都状元杨升庵，还有董其昌、钱谦益、陈继儒、徐霞客、张志淳、李中溪等。同时派人到中原请来各个方面的专家和技术工匠人才，包括冶炼人才、农技人才、皮革人才、绘画艺术人才，还有大量的银匠、木匠、石匠等各类工匠人才。对周边少数民族先进的好东西，也通过各种形式认真进行学习，尤其向白族藏族等兄弟民族学到的东西很多，包括民居建筑，各类工艺品的加工，各类农耕技术等，大理白族对纳西族的影响是很大的。

藏文化对丽江纳西文化的影响也是很大的，藏传佛教传入丽江，很大程度上是由于木氏土司的开明，对藏传佛教文化的包容和理解。同时木氏土司为了巩固对康巴藏族地区统治的需要，明朝以后，丽江逐步成为藏传佛教中白教的一个中心，先后建了十三大喇嘛寺，大宝法王等白教领袖和黄教的宗教领袖与木氏土司联系紧密，交往频繁。除佛教外，其他宗教也逐步发展起来，对丽江多元文化产生了很大的影响。但丽江纳西族对各类宗教信而不笃，很少有人成为宗教信徒，尤其西方基督教天主教，在丽江传教时间很长，但基本上没有几个纳西人参加教会成为信徒。

9. 爱亲人、爱家乡、爱民族、爱祖国的内在一致性和以国家为大，为国家舍弃小家赴汤蹈火的深明大义精神。

纳西民族中，长期形成了把爱亲人、爱家乡、爱民族、爱祖国的键环构成一个整体。对亲人、家乡、民族、祖国爱的一致性构成了民族内在的凝聚力。爱亲人、爱家乡、爱民族是爱祖国的一个基础，如果连自己的亲人、家乡、民族都不爱的人，怎么可能爱祖国呢？国家是大家，国家是大乡，国家是大中华民族，如果没有大家、大乡、大中华民族，那么小家、小乡、小族就没有了大的根基和依靠。所以纳西人是“家乡宝”，不管走到天南海北，只要听到乡音，就格外亲切，只要见到乡友，就一见如故，总是惦念亲人、家乡和民族，总是以家乡和民族而自豪。即使在异国他乡，老乡们都会穿上民族服装，讲着民族语言在一起相聚，爱恋亲人、家乡、民族，成为他们巨大的精神力量。对亲人、家乡、民族爱的升华就是对祖国深切的爱。在处理爱家乡爱民族与爱祖国的关系时，总以国家为大，为了国家可以舍弃小家，小的民族利益服从大的民族利益，所以纳西族虽然人口很少，但在国家存亡的关键时刻，总能赴汤蹈火，奉献一腔热血。

10. 重视家庭的和睦康乐，平等友爱，尊老爱幼，注重亲情，讲究礼仪，对家庭和亲人充满温馨友爱的精神。

在纳西族社会中，家庭始终是社会的一个基础，始终是充满甜蜜的地方。家庭和睦，家庭成员之间和谐，在家里尊老爱幼，家庭成员之间互敬互爱、相互帮助、合理分工、“和合”互让形成良好传统。在纳西族摩梭人居住的泸沽湖畔，至今保持着和谐的母系大家庭。由于良好的家庭环境，年轻人从小受到温馨和谐的熏陶，受到亲情和爱意的滋养，受到良好的家庭教育，为传承优秀民族文化奠定了基础，也为和谐社会环境奠定了基础。在纳西族家庭中，平等友爱，尊老爱幼形成风气。年轻人对年长者不能直呼其名，普遍称呼为“阿老”、“阿奶”、“阿妈”、“阿叔”、“阿舅”等等。长者对小孩普遍称为“阿弟”、“阿妹”、“阿哥”等等，充分体现了亲情和互相之间的尊重。讲究规矩和礼仪，在平辈人之间也有特殊的称呼用语，一般不用“你”的称呼。

11. 质朴厚重，与人为善，互帮互助，热情好客，诚实守信的思想道德精神。

纳西族自古以来就以质朴厚重，与人为善，互帮互助，热情好客，诚实守信等作为做人的准则和思想道德的基础，形成了良好的思想道德风尚。《丽江府志》称纳西族“性驯朴”、“彬彬尔雅”、“为人朴实”、“好善乐施”等。至今在纳西族社会中流行的“化賨”就是经济上相互帮扶的一种形式。家里碰到红白事或碰到意外事情，亲戚、街坊邻居都会不请自到，热情帮忙。在丽江古城或农村，对外地人也很友善热情，主动为客人服务。外地人或客人来到家里，宁可省嘴待客，也不会轻慢客人，甚至挽留吃住。把“诚信”作为做人之本，认为人无信而不立，人失信就失去人格尊严，也就不可能在世上立足。因而说话算数，说到做到，言必行，行必果，真诚有信深入人心。在茶马古道经商的纳西人因诚实守信、买卖公平而深得人心。

12. 尊重女性，维护女性权益，坚持男女平等，崇尚妇女勤劳贤惠美德的精神。

在纳西族东巴经中认为，纳西族的祖先崇忍利恩是娶了天女为妻。天地是由开天九兄弟、辟地七姐妹共同开辟的，而且东巴经书中说有众多的女神掌管着各方大事，体现了朴素的男女平等理念。由于母系社会的一些遗风的存在，在纳西族社会中，女性为大，尊重妇女、崇尚女性的传统仍然有着很大的影响。虽然在明代后受到“男尊女卑”汉文化的影响，但祖母为大，母亲为大，母族为大，女性为大仍在起着主导作用，妇女的作用和地位仍然崇高。所以在纳西族社会和家庭中，妇女“肩扛日月，背负七星”。勤劳智慧是纳西妇女的特点，许多农活和家务都由妇女承担，成为纳西妇女的美德，同时纳西妇女在社会上的地位也是很高的，家庭社会中许多事情都由妇女做主。勤劳、贤惠、爱心和责任感是纳西妇女的美德，受到社会的推崇和赞誉。

三

通过对丽江以纳西文化为代表的优秀民族文化传统及其精神的分析，我们认为丽江自然地理的多样性、生物的多样性、民族的多样性、宗教的多样性形成了民族文化的特色和优势。以上对丽江优秀民族文化传统的分析，虽然以纳西民族文化为例，但从实质上讲，它也代表了各民族的优秀文化传统及其文化精神。纳西文化其实是多元文化的结晶，也吸纳了各民族的优秀文化传统。

任何一个民族的文化，总会有优秀的、精华的、独特的部分，也有不良的、糟粕的、落后的部分，我们必须有所取舍，有所扬弃。必须保护、传承、弘扬优秀的、精华的、独特的部分，舍弃不良的、糟粕的、落后的部分。上述我们所说的优秀民族传统文化是指精华的、独特的、有着重要现代意义、符合时代精神的东西。

丽江优秀民族传统文化及其文化精神，是中华优秀民族文化传统的重要组成部分，有许多珍贵而独树一帜的东西，为中华文化增添了光彩。它很好地体现了和谐文化的精神，与中国特色社会主义文化是相通的，完全可以较好地为和谐社会建设服务，为促进丽江经济社会发展发挥重要的作用。丽江改革开放以来的实践和经验充分证明了这一点。

1. 丽江优秀民族传统文化及其文化精神有着很高的历史文化价值，其中包含着全人类共同的珍贵遗产。丽江有着众多的历史文化遗产和灿烂的民族文化，除了世界文化遗产丽江古城、世界自然遗产“三江并流”区域，九十九龙潭，黎明黎光等核心片区，世界记忆遗产东巴古籍文献外，还有纳西古乐，象形文字记载的最古老的东巴舞谱，金沙江岩画，石棺墓葬、出土的青铜器等众多文物，众多的国宝级和省级文物单位和非物质文化遗产等等。其中三个世界遗产突出体现了丽江优秀民族文化的品位和价值。

2．丽江优秀民族传统文化及其文化精神是丽江经济社会发展和文化发展繁荣的宝贵资源，是旅游业发展的灵魂。丽江改革开放30多年的实践证明，丽江旅游业的崛起，民族文化是灵魂，民族文化是核心竞争力的决定性因素。丽江旅游产业与文化相结合发展成为支柱产业，通过文化的引领和旅游业的先导作用，极大地推动了丽江经济社会的发展和进步。优秀民族文化不仅是民族的血脉和精神的支撑，而且也是生产力，也是财富，可以成为经济增长的新亮点，可以对经济发展作出重要贡献。丽江实现文化的大发展大繁荣，优秀民族文化是取之不竭，用之不尽的资源，并可造就特殊的优势文化品牌。

3．丽江优秀民族传统文化及其文化精神对保护生态环境，实现人与自然的和谐有着重要的作用。丽江优秀民族文化中关于生态和谐的文化传统，“人与自然是同父异母兄弟”，“要尊重自然、保护自然”等理念和实践活动，千百年来对保护生态环境作出历史性贡献，今天仍有着特殊的重要现实意义。我们一定要发挥这个特殊优势，发挥这一文化精神，保护好生态环境，保持好生物的多样性，继续为全省全国作出新的贡献。

4．丽江优秀民族传统文化及其文化精神是大力促进民族团结和睦，促进和谐丽江建设的传家宝。和谐文化精神是丽江优秀民族文化的精髓，是极其珍贵的传家宝，也是丽江民族文化中最精彩最有价值的部分。千百年来实践证明，这种优秀文化传统有强大的生命力和民族凝聚力，我们一定要珍惜它，要发扬光大，一定要融入和谐社会建设的方方面面，使各民族亲如兄弟，让社会各个方面更加和谐。

5．丽江优秀民族传统文化及其文化精神是搞好精神文明建设，提高全社会思想道德水平的有力武器。丽江是国内外知名旅游胜地，是国家的名片和窗口，精神文明和旅游诚信建设有着特殊的重要意义，必须充分发挥民族文化中优秀的传统道德理念和道德规范的作用，同时要和精神文明建设各项活动有机结合起来，继续推进文明风景区的建设，推动文明城市的建设，树立和保持丽江良好的形象。

6. 丽江优秀民族传统文化及其文化精神要为“结合民族文化创新基层党建”提供良好的条件和基础。结合民族地区的特点，把优秀民族文化和党的基层建设结合起来，发挥优秀民族文化对党员思想道德建设的有益作用，用民族文化的各种有效形式加强对各民族党员的教育和熏陶，这是一个新的领域，是一个创新的做法，得到了中央领导的肯定，也是大有作为的一件大事。搞好结合关键在于总结把握好民族文化的优秀精华部分，为党员思想道德建设提供精神食粮，奠定一个良好基础。

省、市领导为博览会剪彩（2010年7月）

开拓创新　走特色之路

——改革开放30年丽江文化繁荣发展回顾与思考

改革开放30年来，丽江文化建设、文化积累取得丰硕成果，文化得到空前的繁荣发展。丽江取得的成就得到中央和省委的充分肯定，得到国内外的公认。通过改革开放30年的努力，丽江成为知名的品牌、国家的名片、旅游的天堂。30年来丽江文化彰显出无穷的魅力，丽江走出了一条文化立市、旅游强市、努力建设文化旅游名市、用文化引领经济社会发展的特色路子。

一　改革开放30年丽江文化空前繁荣发展，成就突出，业绩辉煌

1. 抢救、保护优秀民族传统文化，为文化繁荣发展奠定基础。改革开放初期，通过解放思想，拨乱反正、正本清源，采取积极有效措施，抢救保护优秀民族文化，并以此作为一项重要任务。东巴文化古籍的抢救保护和丽江古城的保护开发成为典范。1981年5月，经中共云南省委批准，成立了东巴文化研究室，1983年召开大型东巴达巴座谈会，着手抢救工作，收集、整理、翻译东巴古籍，恢复纳西古乐的演奏，整理古乐的乐谱。保护丽江古城民居建筑，保护古城的完整性、历史性和真实性等。对其他各民族优秀传统文化，包括彝族毕摩文化、摩梭母系文化、普米族韩规文化、傈僳族歌舞文化等通过抢救、保护，使民族文化瑰宝得到保存和延续，奠定了民族文化繁荣基础。

2. 成功申报三项世界遗产和一批国宝级单位和项目，为打造丽江文化品牌提

升了文化品位。丽江解放思想，放眼世界，以超前的意识，打破常规运作，从20世纪90年代末以后，丽江古城被列入世界文化遗产名录，三江并流区域被列入世界自然遗产名录，其中丽江老君山九十九龙潭、黎明丹霞地貌都是三江并流自然遗产的核心区，是最具生物、地质、地貌多样性特色的区域。东巴古籍文献以其文字的“活化石”特点，古老的宗教文化特色和博大精深的文化底蕴，列入世界记忆遗产。从而使丽江成为中国目前唯一拥有三个世界遗产的地级市。与此同时玉龙县白沙琉璃殿与大宝积宫，宝山石头城、古城区的梓里金龙桥、黑龙潭古建筑群，永胜县六德营盘他留古墓群成为国宝级的文物保护单位，还有10个省级文物保护单位，数十个国家级非物质文化遗产项目及传承人。丽江还进入了全国12个红色旅游区和100个红色经典景区行列，大大丰富了丽江文化的底蕴。

3. 加强文化基础建设和重要文化特色工程项目建设，成效显著。为了发展旅游文化产业，促进经济社会发展，恢复重建木氏土司府，修建东巴文化博物馆，国际文化交流中心、万古楼，扩建了黑龙潭公园，新建了世界遗产公园，通过民间社会力量还建设了一批如玉水寨、东巴王国、玉柱擎天、洛克故居、东巴谷等旅游文化项目。其中束河古镇的世界遗产保护开发项目获得巨大成功，成为中国经验的典型。同时大力加强了区县乡公益文化基础设施的建设，实施广播电视村村通工程，广播电视及区县文化馆，乡镇文化站得到长足发展。

4. 文化产业异军突起，使文化软实力变为经济硬实力。丽江文化产业同旅游业发展结合，互为依托，从20世纪80年代逐步发展起来，首先从发展民营个体文化经营户起步，政府积极扶持国有、集体、个体参与文化产业共同发展，以后发展到政府引导支持市场推动各方广泛参与蓬勃发展，文化产业已覆盖到三次产业的许多方面，其中民族旅游文化产品加工销售产业、旅游文化休闲体验产业、文化演艺产业、影视音像产业、会展产业等获得长足发展，文化产业经营户达3100多户，取得良好的经济社会效果，成为丽江新兴的支持产业，加上与旅游产业结合，其产值超过半壁江山。就文化产业而言，其增加值由2001年的2.35亿元增加至2007年的8.6亿元，占全市生产总值10.3%，年实现利税达8800多万元。到2010年，文化产业增加值达16.9亿元，文化产业产值占总产值11.8%。全市从事旅游文化产业的从业人员约为4万人，其中文化产业从业人员1.9万人，间接从事文化旅游产业的从业人员达10万人。

5．推进文化体制改革，全面对外开放，强强联合，努力打造和推出文化品牌。以改革创新的精神，推进文化体制改革，在加强公益文化事业发展的同时，让文化走向市场，发展壮大文化产业。通过市场和社会检验，成功打造推出了一批经济效益突出，社会效益良好的文化品牌。比如宣科先生的“纳西古乐”、从20世纪80年代就进行市场运作，效益突出，起到产业发展引领作用。深圳能量实业有限公司和丽江民族歌舞团联合打造的“丽水金沙”，丽江与著名导演张艺谋联合打造的“印象丽江”。同时发挥丽江束河影视基地的作用，支持推出《一米阳光》、《千里走单骑》、《茶马古道》、《大东巴的女儿》等一批影视剧力作。这些品牌和影视作品的推出，为提升丽江城市文化内涵，创造文化品牌重大效益作出贡献。2003年6月，丽江被列为全国文化体制改革的综合试点城市，实现了观念的转变和体制的创新。从文化单位机制体制的创新入手，文化行政主管部门、事业单位和企业大刀阔斧地进行文化体制改革，实现整体转制，成为全国文化体制改革的排头兵。

6．文化创作繁荣，成果丰硕，同时打造和推出一系列文化产品。改革开放以来，以丽江为题材的各类作品不断涌现，异彩纷呈，丽江成为全国进行文化作品创作的一个热点地区。据不完全统计，以丽江为题材的学术论文、作品、图书、影视剧、歌曲、绘画等大量涌现，仅图书作品就上千部。许多作品作者在社会上产生了良好的影响。为宣传丽江、弘扬丽江文化起到了重要作用。《纳西东巴古籍译注全集》100卷获得国家图书奖。丽江本土作者的作品受到欢迎。以丽江为题材的影视剧在全国热播。许多民族文化旅游商品在旅游市场热销。

7．一大批年轻优秀文化人才脱颖而出，人才不断涌现。各类文化人才在改革开放中应运而生，不断成长，甚至成为有影响的文化名人。民族音乐学家宣科以其学术论文及对古乐的继承弘扬而名扬天下，王丕震创作的一百多部长篇历史小说震惊文坛。有几个现象受到文化界广泛的关注。一是丽江学者群的现象，以研究纳西文化，尤其是以研究东巴文化的专家学者大量成长和涌现，使纳西学成为一门国际显学，同时以丽江文化人为主体的研究民族文化学者整体成长起来，产生了在国内外有影响的一批本土学者。二是小凉山的诗歌现象和一批少数民族的作者群现象，受到省内外的好评和关注。三是丽江出现的一批年轻声乐人才创作活跃受到好评，纳西姐妹组合在中央电视台青歌赛中获得银奖就是例证。一批文学作者获得骏马奖等全国性大奖。

8. 群众文化活动丰富多彩，民间社会文化组织活跃。改革开放以来，丽江组织丰富多彩的各种文化活动，广大基层群众积极参与，群众广场文化活动十分活跃，广大群众，尤其中老年群众文体活动成为丽江群众文化活动一大特色和亮点。成功举办重大节庆文化活动和全国性文化节活动，成功举办两届东巴国际文化艺术节，成功举办三届雪山音乐节在全国产生影响，还举办了婚俗文化节，奥运圣火传递仪式及文艺表演，群众文化活动覆盖基层，丰富多彩。在市委政府领导下，丽江民间社会文化组织不断涌现，积极参与文化建设和文化活动，发挥着独特重要的作用。

9. 民族文化法制建设取得重要进展，促进了民族文化的保护和发展。加强地方民族立法，用法制建设推进民族文化的保护弘扬和发展利用。改革开放以来，两个民族自治县加强地方民族立法，用民族立法保护生态，保护民族文化，促进经济社会发展进步取得好成效，先后制定完成8个地方立法项目。撤地设市后积极推动立法工作，完成了《云南省丽江古城保护条例》、《纳西族东巴文化保护条例》以及《程海保护条例》的修订，还制定了《拉市海湿地保护条例》等一批地方法规及单行条例。

10. 加强对外文化交流，扩大丽江文化影响。纳西族古乐队走出国门，走向世界，在16个国家和地区演出。组织多批民族文化艺术人才访问美国、英国、挪威、日本等国家。与日本高山市、加拿大西西敏市，瑞士马特宏峰结成友好城市和友好山峰。与国内一批著名的城市和地区结成友好关系，联系广泛，影响日益扩大。

二　从实际出发，勇于探索、开拓创新，走出一条文化立市、旅游强市，引领经济社会全面发展的路子

30年来，丽江从本地实际情况出发，发挥民族文化和旅游资源的特色优势，

把旅游与文化结合起来，用文化铸就灵魂，以旅游业为先导，做强做大做精旅游文化产业，带动经济社会全面发展，与此同时充分发挥和谐民族文化的作用，加强民族团结，促进社会和谐，建设和谐丽江，从一座名不见经传的西南边陲小镇发展成为繁荣文明和谐的世界级旅游文化名城。民族文化在丽江发展进程中提供了精神支撑和动力支持。丽江这一发展路子是随着改革开放不断深入，不断充分完善，逐步成熟起来的。“文化立市”、“旅游强市”的战略也是在改革开放的实践中逐步形成共识的。

十一届三中全会后，在20世纪80年代初期，通过解放思想、拨乱反正，落实知识分子和文化政策，在邓小平同志第四次文代会《祝词》的鼓舞下，文化领域万马齐喑的沉闷局面被迅速打破。丽江响亮地提出了“抢救保护优秀民族传统文化”的口号，并采取果断有效措施，抢救保护了一批优秀民族文化。历史上规模最大的东巴达巴座谈会召开了，东巴文化研究室成立了，一批老东巴和年轻大学生抢救、收集、整理、翻译东巴古籍文献。彝族、傈僳族、普米族、白族等少数民族的优秀传统文化也得以抢救和保护。

1996年2月3日丽江大地震后，在恢复重建中，丽江掀起“弘扬丽江精神，创造丽江速度”的活动，大大推进了恢复重建和经济社会发展进步。丽江精神其实就是丽江的民族文化精神。从根本上讲丽江精神就是解放思想实事求是的精髓与丽江实际结合的产物，也是丽江各民族自强不息，百折不挠，能在废墟上站立起来，描绘更美更好新图画，创造更美更好新生活的一种境界和追求。这个活动体现了优秀民族文化精神在改革开放条件下的弘扬和发展。

20世纪末，丽江党委政府在全国全省较早地作出“建设民族文化大区”、“建设民族文化大县”的决策，地区人大工委经过专题调研，提出建设民族文化大区的26条意见和建议，地委行署组织力量在全区深入调研，搞清民族文化资源，制定了建设民族文化大区的指导原则和规划，坚持“文化立区、文化兴区”，推动民族文化大区的建设和发展。

进入新世纪之后，丽江大胆开拓创新，率先在全国开展文化体制改革，推进文化产业的发展，提出“文化就是财富”的新理念，壮大旅游文化产业，着力打造旅游文化名市，使民族文化在经济社会发展中的地位进一步加强，并成为全国文化体制改革的试点单位。2005年底，市委、市政府把“文化立市”作为经济社会又好又快发展的“六大战略”之首，专门制定出台了《丽江文化产业“十一五”发展规划》、《丽江市文化产业中长期发展政策》等一系列重大政策举措。全面把握民族文化抢救保护、传承弘扬、开发利用之间的关系，全面把握文化与旅游的互动关系，充分发挥文化旅游在经济社会发展全局中的地位作用，引领经济社会全面发展。

党的十七大进一步发出“推动文化大发展大繁荣”、“兴起社会主义文化建设新高潮”的时代号召，丽江文化建设步入了历史新起点，丽江将永不停步、永不满足，通过不懈努力，迎来文化的更大繁荣和发展。

三　30年丽江文化建设发展的基本经验

1．坚持从本地的实际情况出发，深刻认识和把握区情，立足丽江的旅游资源和深厚的民族文化底蕴，面对海内外，高起点、高质量、成功打造和推出旅游文化特色品牌。

2．坚持从本地区改革开放和经济社会发展的全局出发，充分认识民族文化的地位和作用。善于从大局认识民族文化，把握民族文化，在实践中不断增强文化自觉意识。

3．坚持党委政府的主导作用，党政领导深刻认识、高度重视，切实加强对文化建设发展的领导，逐步形成整体发展思路，总体规划，政策措施，同时抓住一批典型的示范作用，全面推动、深入发展。

4．坚持解放思想，大胆开拓，敢为人先，不断深化文化体制改革，不断探索民族文化保护、传承、弘扬、创新、发展的新路子、新机制、新办法、新措施，通过大胆探索和实践，逐步形成独具特色的经验和方法。

5．坚持文化与旅游结合，文化为经济社会发展服务，做到文化与旅游和谐共进，互动发展，文化是旅游业的灵魂，旅游为文化发展繁荣提供平台，从而不断提升旅游业的品质，增强旅游业的魅力，壮大旅游产业；同时通过旅游业的发展，为文化产业发展提供平台，提供市场，提供发展的广阔天地。

6. 坚持“文化就是财富”的新理念，不断解放文化生产力，大力发展壮大文化产业。使文化产业成为新的经济增长点和亮点，为增强地方综合经济实力，造福一方百姓作贡献。

7. 坚持先进文化发展方向和社会主义核心价值观，使其贯穿到文化建设的方方面面，不断弘扬和谐文化的精神，促进民族团结，维护社会稳定，为建设和谐社会服务。

8. 坚持发挥民间社会力量在文化建设中的重要作用，鼓励支持民间社会文化组织参与文化繁荣发展，动员民间社会力量兴办文化事业，发展文化产业，形成党委领导文化，政府主导文化，民间社会广泛参与兴办文化的局面。

9. 坚持多渠道加大公益文化事业的投入，搞好基层文体活动场所建设，积极组织基层开展丰富多彩具有民族特色的文化体育活动，满足人民群众精神文化生活需要，努力保障人民群众的文化权益。

10. 坚持营造有利于文化发展繁荣的宽松环境和氛围，制定切实可行的扶持政策。尊重文化人才的积极性、创造性，尊重文化人才的个性特点，包容各种不同的艺术观点，对各类文化人才要多支持、多鼓励、多包容，不求全责备，不打棍子，不戴帽子。

四 面对新形势，应对新挑战，寻求新突破，再创新业绩

丽江文化的进一步繁荣发展处在新的历史起点上，我们必须保持清醒的头脑，要认清面临的新形势、新情况，应对新的挑战。一是党的十七大后，全党的文化自觉意识大大提高，省内外各级党委政府高度重视文化建设，普遍把文化摆到了重要的战略地位，提出许多文化建设方面的政策措施。二是内地发达地区凭借雄厚的经济实力，加大文化事业文化产业的投入，文化基础设施建设得到很大的加强，公益文化事业建设突飞猛进。三是大力扶持文化产业蓬勃发展。内地发达地区凭借资金、技术、人才、市场的优势，文化产业迅猛发展。以上情况对我们丽江而言是巨大的压力和挑战。就我们丽江而言，经济实力不强，财力弱小，

文化基础设施建设滞后，欠债多，文化人才匮乏，科技落后，市场容量小，地处边远等，这些都是我们的软肋和不利因素。

面对以上不利因素和挑战，我们必须迎难而上，应对挑战，寻求新的突破和提升。

1. 在科学发展观的指导下，不满足、不停步、不动摇，要继续勇往直前。继续解放思想、与时俱进、开拓创新，寻求新的突破新的拓展和提升，使丽江文化建设再上一个新台阶。

2. 继续努力，更好地发挥丽江文化的特色优势，提升和拓展特色优势。民族文化的特色优势是不可再生不可再创的瑰宝，人无我有，人有我优，现在对民族文化的研究和开发利用仅仅开了个头，拓展空间很大，提升余地很大，我们要继续打造新亮点，开辟新优势，推出新品牌。

3. 充分利用丽江品牌优势和文化影响力，做大做强文化产业。加大对外开放，更大胆地吸收国内外的资金、项目、人才、科技，推动文化产业的大发展，把丽江打造成为西部文化产业的一个基地。

4. 把民族文化的优势和先进科学技术结合起来，增强文化开发的科技含量。通过先进科技，把古老的民族文化的开发利用和打造成优势的文化产业和产品结合起来，推动影视、歌舞、游戏、动漫、创意等新产业的发展。

5. 加强丽江文化的研究，不断提升学术水平。要充分利用国内学术研究机构平台，同时借助世界民族学、人类学大会等国际学术平台，继续把丽江优秀民族传统文化推向世界，不断增强丽江文化的影响力。

6. 多方筹措资金，加大公益文化事业的投入，通过多种渠道，加强文化基础设施的建设，使我市公益文化基础设施建设有个大的突破。

丽江旅游业发展研究

改革开放以来，尤其是近十多年来，丽江旅游产业异军突起，在省内外引起很大的反响。崛起的主要标志是：随着改革开放的兴起，丽江由西南边陲的崇山峻岭中走出中国，走向世界，成为享誉中外的世界级旅游文化名市；其旅游产业（包括文化产业）成为该市的龙头支柱产业，支撑起经济社会发展的半壁江山，造福了一方百姓；丽江把文化旅游融为一体，打造和推出一系列文化旅游品牌，成为我们国家文化旅游一张响当当的名片。总之，结合实际走出一条文化旅游互融互动，推动经济社会实现跨越发展和进步的路子。认真回顾总结这一段发展的历程，找出一些规律性的东西，对于当前和今后旅游业和经济社会的可持续发展都是很有意义的事情。

一

丽江文化旅游业绩辉煌，取得重要成效，对全市经济社会发展作出重要贡献。2010年全市生产总值达到143.6亿元，地方财政一般预算收入16.46亿元。接待海内外游客909.97万人次，其中国内游客848.83万人次，国内旅游总收入98.71亿元人民币，海外游客61.14万人次，旅游外汇收入2.02亿美元，旅游总收入达112.46亿元，以旅游文化产业为龙头的第三产业占全市生产总值的45%以上，直接间接来自旅游文化产业的收入占全市财政收入的60%以上。旅游业已成为龙头支柱产业。

到2010年底全市有星级酒店182家，其中五星级2家，国际品牌酒店7家（已开业3家），四星级13家，三星级52家，二星级77家，古城客栈843家，总接待能力达60000个床位。

全市有三个世界遗产，共17个A级景区，其中5A级景区2家，4A级景区6家，3A级景区3家，2A级景区6家。全市注册导游5676人，平时实际从事导游业务的3000多人。全市旅游文化企业及经营户共计3100多个，旅游文化产业直接间接从业人员10多万人，其中文化产业从业人员1.9万人，2010年文化产业增加值为16.9亿元，文化产业产值占全市总产值的11.8%以上。

二

改革开放以来，丽江旅游业的发展大致经历了四个阶段，每个阶段都有一些重要典型的事件。

第一阶段：1978年至1990年，是探索准备阶段。丽江旅游业的发展是随着改革开放的深入逐步发展起来的。20世纪80年代中期到90年代初期应该说是一个探索酝酿准备的阶段。在改革开放之初的1978年10月至1979年7月这段时间里，邓小平同志对发展我们国家旅游业有五次讲话，提出了发展旅游业的一系列重要思想，是党的十一届三中全会精神的具体体现。邓小平同志强调指出，“旅游产业大有文章可做，要突出地搞，加快地搞”，“旅游业要变成综合性的行业”。他认为旅游业应当成为改革开放的一个突破口。邓小平同志这些高瞻远瞩的重要讲话对全国旅游业的起步和发展至关重要。当时我省的西双版纳、大理、昆明起步得早，名气比丽江大得多。鉴于丽江当时的条件，还不可能很明确地提出发展旅游产业的问题，但客观地讲，这个时期对以后旅游业的发展作了探索，有了酝酿，也做了许多方面的准备。总之，发展旅游业已逐步提到了议事日程。

丽江旅游业的发展是从挖掘保护民族文化开始的。通过拨乱反正，党的干部政策、民族政策、知识分子政策和文化方面的政策逐步得到落实。1979年5月，经中共云南省委批复，和万宝等一批老干部的政策得到落实，1958年被错划为地方民族主义分子的问题得到解决，恢复政治名誉、恢复党籍、恢复原工资级别，并任命为丽江地区行署副专员。还有杨尚志等老同志的问题也相继得到解决。这一批老同志的一个共同特点是，他们既是地区党政的领导，又是文化人，对民族文

化有研究、有见解。

1979年丽江纳西族自治县文化局组织李即善、周汝诚、周耀华、和发源、周文兴等纳西族文化专家组成东巴经翻译小组，邀请老东巴先生和九日、和云彩等翻译东巴经典。1980年6月丽江地区行署发文，在丽江纳西族自治县东巴经翻译小组的基础上成立“东巴经翻译整理工作委员会”，由和万宝同志负责，地区行署负责其翻译经费。1981年4月28日，云南省委批复丽江地委同意成立“云南省社科院东巴文化研究室”，由省社科院和丽江地区行署实行双重领导，和万宝同志兼任主任，方国瑜教授、和志武研究员任顾问。1982年吸收年轻大学生到研究室工作，研究室逐步发展，由室到所，由所到研究院，大规模的有领导、有组织、有计划实施翻译东巴典籍工作从这个时候开始。1983年3月，在丽江召开了大型的东巴（达巴）座谈会。参加这次座谈会的有来自丽江、中甸、永胜等县的东巴（达巴）61人，还有来自全国、全省和兄弟地州专家学者30多人，其中有国内知名的专家学者，如中国社会科学院研究员于锦绣等一批老专家。这次座谈会对挖掘、保护、整理、研究东巴经典进行了热烈讨论，并提出许多好的意见建议，对保护弘扬民族文化产生重要影响。1985年6月，由郭大烈、杨世光编著的《东巴文化论集》问世。1988年3月，在丽江召开了“纳西东巴语言文字学术讨论会”。1989年10月，在丽江召开“纳西族原始宗教及社会思想学术讨论会”。关注东巴文化及从事东巴文化研究的青年逐步多起来，东巴文化挖掘、保护、研究进入一个新时期。也为旅游业发展奠定了文化资源的基础。

进入改革开放新时期，丽江古城的保护管理逐步纳入议事日程。1979年由丽江纳西族自治县城建局统一负责对古城进行保护及管理，包括古城道路、河道、桥梁建设，供水、排水、建筑、货摊以及消防等项工作。1982年3月，丽江县人民政府颁布《关于维护城区河道的通告》，加强对河道的整治和管理，党政机关学校、驻军和居民群众每年都义务清理河道，疏通街巷明沟、暗沟，还开展群众性环境卫生清扫活动。1986年7月，与古城商业店铺签订门前“三包”（包卫生、绿化、秩序）责任制协议。1982年5月，丽江县人大常委会审议批准《关于加强城镇管理工作的若干规定和城镇居民建房中占道路、水流、地面的处理办法》。加强对古城的管理保护，及时查处违章违规建造私房，占用土地、河道、违章打井等行为。从1982年起，地区行署和县政府着手开展古城申报历史文化名城工作。1986年2月8日，丽江古城被国务院批准公布为“中国历史文化名城”。

对丽江古城的保护和开发，我国一些著名学者、建筑学家、文物保护专家也做出了重大贡献。早在1961年5月，我国著名学者竺可桢到丽江考察时就充分肯定和赞赏“保护古城、发展新城”的做法。改革开放以来，不少专家和学者来到丽江。1980年10月，上海同济大学教授葛加亮考察丽江后指出：“丽江古城可以同英国的翰络城相媲美，要认真加以保护。”1983年3月，重庆建工学院教授黄光宇带领师生40多人，协助丽江县编制《丽江古城保护规划》，黄光宇教授还撰写了《丽江古城保护和开发》的学术论文。1985年5月，北京大学、清华大学教授朱畅中、谢凝高、周维权等到丽江古城考察。10月间，著名建筑学家汪之力也到丽江考察，除了高度赞叹古城保存完善、独具特色外，提出保护的建议。1986年7月，建筑学家泰斗、清华大学著名教授吴良镛，以及周维权教授再度考察丽江，对丽江古城的科考价值和保护意义进行了深刻的阐述，并提出了保护的中肯意见，为制定保护规划和保护条例提供了理论依据。我省的一批专家学者也做出了重要贡献。

1986年7月，云南工学院建工系主任朱良文教授带领美国卡内基—梅隆大学建筑系19名师生到丽江开设丽江纳西族民居课程。梅隆大学师生对丽江古城民居建筑赞叹不已，系主任奥米尔·金博士赞叹：“丽江古城太美了，丽江把新旧城分开，保存了这么一个古城，真是不容易。”当时为了搞好古城的消防，正在搞街道的扩展，朱良文教授感到古城正遭到建设性破坏，于是在1986年7月17日，朱良文教授致信云南省省长和志强，他在信中说：“丽江古城目前遭到极大威胁，新街像一把尖刀插入古城之中；关门口一带中心地区建起了体量太大的建筑；一些水泥平顶建筑不断涌现……建筑界无不痛心，连卡内基—梅隆大学建筑系师生都为之惋惜，建议政府采取措施，加强管理与保护……千万不要搞建设性破坏”。“我请求您对这一呼吁给予支持，并请及时地制止一些蛮干的行动，同时请省、地、县有关部门与领导认真研究如何保护丽江古城。”1986年8月14日，和志强省长将来信批转丽江地县领导，明确指出：“较完整地保留古城很有必要，这不仅是为了研究颇具特色的纳西族民居建筑的需要，也是为了适应开放和旅游所必

需，国内外专家多次呼吁，请你们认真研究，务必做到保留丽江古城。”根据这一批示精神，丽江地区行署和丽江纳西族自治县政府采取了有力措施，不仅考虑消防需要的问题，更主要考虑完整保存古城民居建筑、街道及风貌，对违章建筑进行拆除，把水泥路面改造成石板路面，恢复原河道等项保护措施。1988年5月27日，丽江纳西族自治县人大常委会九届九次会议审议通过《古城保护建设管理暂行办法》，对古城的保护原则、三级保护区的设置、保护要点、保护措施作出规范性的规定，对保护古城的历史文化和建筑风格，保持历史真实性起到了重要作用。从20世纪80年代开始，为了保护古城，疏散居民，减轻古城压力，改善居民居住条件，在新城区以自建房形式开辟了几个小区。

改革开放后，一些国外的专家学者和港澳名人开始进入丽江。1985年7月11日丽江县被国务院批准为乙类对外开放地区，这对丽江旅游业的兴起是必不可少的条件。十一届三中全会以后，纳西古乐又焕发生机，逐步复苏，从1981年开始恢复演奏。1988年7月，丽江大研纳西古乐会在宣科先生带领下，率先举办对外演奏会，自此纳西古乐开始与市场结缘，为旅游业的起步和发展作出了重要贡献。同时在古乐会的发展史上翻开了新的一页。这个时期加强了对生态环境的保护工作，1984年，建立了玉龙雪山省级自然保护区，保护面积2.6万公顷，重要保护对象是北半球最南端的现代海洋性冰川，高山植物模式标本和珍稀野生动物资源。除了上述对丽江古城、东巴文化、纳西古乐和玉龙雪山生态环境的保护外，国内外许多有识之士和专家学者纷纷建言献策，推动丽江旅游业的兴起。

1990年8月28日至9月5日，和志强省长在丽江进行了为期9天的考察和调研，对丽江今后怎么办提出了重要指导意见。这次是和志强出任省长后第一次回到故乡丽江，基于他对丽江情况的熟悉了解，加上结合云南经济发展战略布局的考虑，对丽江发展提出明确要求，而丽江地县县委深入学习研究和志强省长的意见，认真贯彻落实，从而为旅游业的大发展奠定了坚实基础。和志强主要强调以下几点：一是要打破封闭，死角变通道。他认为丽江历史上曾处在滇西北、藏区以及南亚到内地的商业通道上，从而成就了历史文化名城。现在成为死角，所以首先要打破封闭、实现对外开放的格局。二是要把丽江放在滇西北及滇川藏西南旅游区的流点上，放在攀枝花工业基地和兰坪有色金属基地经济区的流点上，搞好交通等基础设施建设。三是少砍树多发电，保护生态，发挥水能优势。生态不能被破坏，环境不能被污染。木头财政靠不住，要多留点绿色给子孙后代。机遇只留给有准备的人们。丽江之所以能抓住旅游发展这个大机遇，重要原因是通过和志强省长这次调研，丽江抓紧交通基础设施建设、生态环境保护、旅游发展论证规划、保护丽江古城文化遗产等工作，为90年代旅游业的快速崛起做了一些扎扎实实的基础工作。

第二阶段：1991年至1995年是丽江旅游产业正式启动迅速发展的一个阶段。这个时期有几件事情对丽江旅游业的发展产生了重大影响，应该说对旅游产业的启动发展起到了突破性的推动作用。一个是1991年全区三级干部会议。这次会议于1991年8月12日至8月18日在丽江举行，一共开了7天。是丽江地区历史上规模最大、时间最长的一次三级干部会议，共有358名地区、县、乡镇三级干部参加会议。这次会议的主要任务是回顾改革开放10年的工作，部署“八五”和后十年的发展。这次会议有两大亮点：一是严于解剖丽江改革开放10年的工作，找到差距与问题，增强危机感与紧迫感；二是以全区三干会的形式第一次正式提出“要充分利用我区丰富旅游资源，发展旅游业。”这一年的三干会应该说是正式启动丽江旅游产业发展的开始。地委书记马惠全同志在三干会的报告中作了深刻分析：“我区改革开放前10年的发展，与我们过去进行纵向比较，发展速度是快的，变化也是大的，取得的成绩无可非议。但是，与全省各地州市横向比较，差距就比较明显了。前10年，全省国民生产总值平均增长9%，翻了1.4番，我区年平均增长4.85%。年平均增幅在全省地州市仍处于倒数第四位，人均占有国民收入从1982年的第12位下降到第13位。工农业生产总值全省年均增长9.6%，我区年平均增长6.3%，年平均增长速度为倒数第3位。人均占有工农业总产值从第10位下降到第12位，怒江州从第16位上升到第10位。地方财政收入全省年平均增长20.9%，我区年平均增长15.54%，年平均增长速度全省倒数第5位，人均占有财政收入从第11位下降到第15位，而昭通地区从第14位上升到第5位，怒江州从第16位上升到第11位，迪庆州从第10位上升到第8位。人均占有粮食，1980年我区与保山地区并列第3位，1990年退到第4位，我区粮食平均增长速度是全省倒数第2位，粮食状况不容乐观。”经过分析和比较，地委认为，经过10年改革开放的发展，那些先进地州更加先进，原来基础和我区差不多或者比我区差的地方发展速度明显加快，有的地方迎头赶上，有的超过我区，我区在全省的名次逐步下降，差距正在拉大。这是一个值得广大干部群众深思的问题。出现这个情况既有客观的原因，但更主要是主观原因。从客观上讲，一是社会历史发育程度低，丽江一些地方是从奴隶社会直接过渡到社会主义社会的，许多山区半山区的少数民族地方新中国成立前处于原始落后的状况。二是自然、地理因素和交通市场条件的制约。三是物质基础条件差。四是科学技术落后，劳动者素质低等。但更主要的是思想保守、观念陈旧、政治敏锐性不强，缺乏开拓进取精神，因而总是慢半拍，见事迟、行动慢。丽江在第一次思想解放的大潮中落伍了。农村实行家庭联产承包责任制，由于干部思想跟不上形势，家庭联产承包责任制到1984年才基本完成，落后于全省全国。在农村产业结构调整、发展多种经营方面，由于思想认识不足，又再次落后于全省。通过正确认识形势，分析区情，总结经验教训，进行横向的比较，参加三级干部会议的各级领导坐不住了，看到了存在的问题和形势的严峻性，大家幡然醒悟，大大增强了危机感、紧迫感和责任感，大大增强了解放思想、开拓进取、奋起直追的信心和决心。所以说这次会议提出发展旅游产业是解放思想、实事求是的结果。会议明确提出要增强开拓进取意识、商品意识、开放意识、科技意识、产业意识，极大鼓舞了全区干部群众。这次会议把发展旅游产业作为丽江增强开放意识，开创对外开放新局面的重要举措。1991年，地委还明确提出，要组织各级干部到国内外先进发达地区考察学习，开阔视野，学习国内外先进做法和经验。这个方法当时叫走出去、请进来，是转变观念的重要方法。这一年我们地区及各县、地直各部门的领导都到沿海地区或到国外考察学习。我和地委副书记阿苏达岭同志及地直20多人的一个代表团考察了中国香港、中国澳门和泰国、新加坡等地区和国家旅游业发展的情况，受益匪浅。

1992年5月份召开的全区三级干部会议，又是一次解放思想，极大推进旅游产业发展的大会，在丽江改革开放以来的发展史上有着重要的地位。这次会议是在邓小平同志南方谈话发表后举行的，是一次打破旧思想、突破旧框框、迎接新发展的动员大会，也是一次振奋精神、鼓足干劲，带领全区各族人民群众开创新局面的誓师会议。地委副书记、行署专员木荣相同志作了主题报告，强调解放思想、统一认识、明确任务、加快发展、转变作风、真抓实干。这次三干会取得以下几个方面成果：第一，清“左”破旧，促进思想大解放方面取得突破。大力破除“左”的思想禁锢，克服畏难情绪的困扰，打破小生产意识的束缚。当时我们很多同志，习惯于用姓“资”姓“社”判断是非，迈不开步子。盲目满足，目光短浅、小打小闹等小生产的意识严重束缚着干部群众手脚。干部精神状态不佳，畏难情绪突出，这也不可能，那也做不到。看山愁，看水愁，看到有困难更发愁，在困难面前束手无策，无所作为，只是怨天尤人。针对这些情况，提出首先要努力实现观念上五个方面的转变：一是转变按部就班、四平八稳的状况，树立敢闯、敢冒、敢试，走出一条新路，干出一番事业的观点；二是改变浓厚的小生产意识，树立总揽经济发展全局，全面发展商品经济的观点；三是改变在困难面前畏缩不前的状况，树立开拓进取、广辟渠道的观点；四是改变死搬条文、一成不变的僵硬观点和思维，树立创造性做好工作的观点；五是改变对人才求全责备的态度，树立尊重知识、尊重人才、唯才是举、唯才是用的观点。第二，把大力发展旅游产业、扩大对外开放作为全区加快发展四大重点之一，突出了培植发展旅游产业的地位。四大工作重点：除了旅游业外，还有发展县域工业和乡镇企业，加强交通、能源、通信等基础设施建设，打好农业基础等项工作，这几个重点工作其实与发展旅游产业紧密相连，或者为发展旅游业提供服务。旅游业在经济社会发展中的战略地位不仅得到确认，而且得到提升。第三，强调抢抓机遇，真抓实干。通过分析发展旅游业的有利条件和形势，增强了抢抓机遇、狠抓落实、加快发展的紧迫感。这次会议认为：丽江旅游资源十分丰富，且独具特色，是最大的优势资源之一，发展前景十分广阔；省的“八五”计划也把丽江列入全省重点发展的四大旅游区之一；飞机场等一批基础设施开工建设，发展机遇难得，决心把旅游业作为一大产业来抓。

这一年丽江旅游发展的另外一件大事是：1992年12月23日至24日，省人民政府在丽江召开玉龙雪山省级旅游度假区现场办公会议。省政府常务副省长李树基率领省级有关委、办、厅、局相关领导到丽江，并主持召开这次现场会议。会议一致通过《玉龙雪山旅游度假区规划》、《丽江玉龙雪山旅游开发区研究报告》，还批准玉龙雪山为首批省级旅游度假区，并作出一系列重要决定。李树基

副省长作了重要讲话。会后玉龙雪山省级度假区管委会和旅游度假区开发总公司成立，玉龙雪山旅游开发正式启动。1993年2月4日，省人民政府下发《关于建立玉龙雪山旅游度假区有关问题》的批复。这次会议是丽江旅游产业正式启动发展的标志。

1992年丽江旅游发展的第三件大事是丽江机场正式开工建设。1992年12月22日上午，在丽江机场场址三义村举行了开工奠基剪彩仪式。下午2时，在民主路体育场举行了数万群众参加的开工庆典大会。庆祝活动盛况空前，充分展现了丽江各族干部群众欢欣鼓舞的心情和真抓实干的决心。云南省常务副省长李树基、云南省重点办主任潘英圣、省计委副主任木鹏章、地委书记马惠全、行署专员木荣相等地县领导参加了大会。为了表达对机场建设的支持，大会宣布丽江地区建设银行等18个单位共计捐款201.94万元。

1994年10月，和志强省长主持召开的“滇西北旅游规划会议”对云南和丽江的旅游发展是具有里程碑意义的一次会议。这次会议很特别，是在大理开幕，在丽江闭幕。而且几经周折，原先方案是大理开幕，然后会场移到丽江，在丽江闭幕，重心是在丽江。临会议前几天，情况发生变化，说不再到丽江来了。地委、行署领导都很着急，经很快研究，向和志强省长专门汇报，强烈要求到丽江来开这个会，并由和段琪副专员专程汇报，最后才有了兼顾大理丽江的方案。这次会议对丽江旅游业发展的重大意义在于：一是统一了整个滇西北4个地州（大理州、丽江地区、迪庆州、怒江州）抓住机遇、发展旅游业，带动经济发展的战略思想，抓住了云南旅游的龙头和亮点，确立了“发展大理、开发丽江、启动迪庆、带动怒江”的发展步骤。“开发丽江”，显然丽江成为这次会议的重点，从此也确立了丽江在云南旅游发展中的突出地位。二是决定丽江古城申报世界文化遗产，三江并流区域申报世界自然遗产，这些决定对云南特别是对丽江的作用非同小可。三是提出保护丽江古城的一系列重要举措，会后丽江实施了保护丽江古城的“54321”工程。四是作出保护生态，玉龙雪山封山育林，玉龙山村民异地搬迁安置，撤销黑白水林业局等项重大决定。五是高度重视民族文化保护，提升旅游业文化内涵。这次会议大大激发了丽江各族干部群众发展旅游业的热情和聪明才智，明确了发展旅游产业的基本思路和任务，各项措施针对性强，十分有力，也是很超前的，从而大大推动了丽江旅游业的快速发展。根据省政府滇西北旅游规划会议精神，1994年11月7日，中共丽江地委、丽江地区行署《关于加快旅游业发展的决定》正式下发，这个决定强调要充分认识加快发展旅游业的重大意义，明确指导思想和发展目标，提出16项旅游发展任务和4个方面的措施。地区成立了旅游开发协调领导小组，成立玉龙雪山省级旅游管理委员会，与旅游开发总公司合署办公，增加事业编制，实行两块牌子一套人马的管理体制。

1995年10月，时任中共政治局常委、国务院副总理的朱镕基同志到丽江视察。他先后走访丽江古城、木府、玉龙雪山和附近农村，并听取了丽江地委、行署的工作汇报。他兴致勃勃、深入调研，对丽江的情况颇感兴趣，并对丽江的经济社会发展，尤其是旅游业的发展作了一系列重要讲话。他高瞻远瞩和求真务实的意见，为丽江旅游业的发展指明了方向，开阔了视野，也极大地鼓舞了丽江干部群众的斗志。一是他指出丽江很有可能建设成为国际旅游景区，为丽江旅游发展目标定位，坚定了丽江干部群众建设国际旅游胜地的决心。二是他说丽江这个地方有点文化，对丽江深厚的民族文化底蕴留下深刻印象，大大开阔了干部群众提升旅游文化内涵的视野。三是他对丽江地区领导班子抓旅游业的发展充分肯定，并说你们这个年轻副专员和段琪抓旅游抓得好。四是在玉龙雪山云杉坪，他对陪同的省政府秘书长吴光范说，这是一个生态的奇观。面对神秘莫测、时隐时现的玉龙雪山，感慨地对新加坡的一些记者说，到丽江投资，回报率将会是很高的。对丽江旅游发展的前景和巨大潜力满怀信心。这些讲话的内容无疑对丽江旅游业加快发展具有深远指导意义。朱镕基同志的讲话，凝结着党中央对丽江的关爱和殷切的期望。

到1995年底，丽江旅游业得到长足的发展。丽江机场建成，于1995年6月正式通航。旅游饭店由1990年的两家增加到1995年底的8家，旅行社由1990年的1家增加到1995年的4家，旅游景点由1990年的两个，增加到1995年底的5个，旅游从业人员由1990年的120多人，增加到1995年底的680多人，海内外游客从1990年的14万人（次），增加到1995年底的70万人（次），旅游综合收入达2.28亿元人民币。

第三阶段：1996年至2002年是丽江旅游业取得突破性进展的阶段。1996年2月3日，丽江发生了7级大地震，对丽江造成重大破坏。丽江把大地震变成大机遇，

促进大发展，创造了恢复重建的“丽江速度”。在恢复重建过程中，通过深入开展“解放思想，弘扬丽江精神，创造丽江速度，争做敢为天下先的云南人”的大讨论，旅游业基础设施建设大大加强，重大城市建设工程全面展开。被誉为“丽江十里长街”、宽50米、长近10千米的香格里拉大道工程轰轰烈烈地开工建设，古城东大街、木府、万古楼等几项重大文化旅游项目快速启动，云南省第一个五星级旅游酒店——官房大酒店加快了建设速度，并于1998年1月18日正式开业。1998年12月19日，玉龙雪山旅游大索道建成正式营运，该索道被中外专家誉为“亚洲第一索道”，成为同类索道中海拔最高质量最好的旅游索道。

三个世界遗产申报成功是这个时期文化旅游发展的一大创举。从1994年10月正式提出要把丽江古城申报为世界遗产以来，经几年扎扎实实的工作和不懈努力，1997年12月4日召开的世界遗产委员会第21次全体会议上，经过正式表决，一致通过批准丽江古城列入世界文化遗产名录。1993年，国家有关部门将地处云南西北部的三江并流区域列入世界自然遗产的预备名单，经过10年的努力，2003年7月2日，世界遗产委员会正式通过批准将三江并流区域列入世界自然遗产名录。丽江市所属的九十九龙潭、黎明黎光区域属于三江并流的核心区。2001年，东巴古籍文献正式启动申报世界记忆遗产工作。2003年8月30日，在波兰格但斯克召开的联合国教科文组织世界记忆遗产工程咨询委员会第6次评审会议上，东巴古籍文献被正式批准列入世界记忆遗产名录。

江泽民主席访问视察丽江对旅游业发展的推动作用巨大，是对丽江文化旅游业崛起有着深远而重大影响的一件大事。1999年5月2日至3日，江泽民同志来到丽江，他深入到古城，饶有兴趣地边走边看边问，详细了解丽江古城历史、文化及保护情况，高度赞扬丽江古城历史文化及小桥流水的美景。他到古乐宫欣赏了纳西古乐，和老乐师们合影，并说要把这个音乐宣传到全世界。在视察木府时，对纳西族木泰土司诗词集大成的那副对联“凤诏每来红日近，鹤书不到白云闲”给予了高度评价，这位土司很懂政治。在丽江期间，江泽民同志心情舒畅、兴致勃勃，对丽江的工作十分满意，给丽江写下多幅题词：“世界文化遗产——丽江古城”，“万里长江第一湾”，“艰苦奋斗、开拓进取，把丽江建设得更加美好”。江泽民同志在丽江的情况，香港凤凰卫视也特别制作了《江泽民在丽江》

的专题片，在海内外产生了巨大影响。

1999年10月16日至20日，由丽江地委行署主办，丽江纳西族自治县承办的“中国丽江国际东巴文化艺术节”在丽江开幕。开幕式上大型民族文艺团体表演“东巴魂”，很有民族文化特色。同时东巴仪式“祭天”、“祭署”、“祭风”也进行了展演。还举办了国际东巴文化学术研讨会，到会的有11个国家、16个省市自治区以及中国香港、台湾等地区代表共270多位专家学者，会议收到123篇论文，是一次规模盛大的东巴文化学术研讨会。在艺术节期间还举办了东巴文化艺术展，民族民间歌舞展演等活动。在这个阶段，有很高历史文化价值，体现国际文化艺术品位的《纳西东巴古籍译注全集》正式出版发行。2000年11月2日至5日，七星国际越野挑战赛在丽江举行，这是丽江举办的第一次国际体育大赛，来自20多个国家和地区的23个参赛队92位选手参加比赛，对提升丽江国际知名度起到良好作用。七星越野挑战赛在丽江连续举办了三届。

在新世纪到来的时候，2000年11月19日，云南省人民政府在丽江召开现场办公会。这次会议强调强化创新、突出特色，把丽江建成世界级精品旅游胜地、全省独具特色的生物资源开发创新基地和全国重要的水能基地三大战略目标。丽江地县党委政府根据实际情况，提出上报了101个大的建设项目。对旅游业发展提出明确定性目标，即把丽江建设成为世界级精品旅游胜地、国内外著名旅游目的地和滇西北旅游中心及旅游集散地。

1996年底，丽江建成16个旅游涉外酒店，其中，1个五星级酒店、两个三星级酒店、两个二星级酒店、5个具备旅游涉外接待条件待批酒店，总接待量达2000个标准床位。全年接待海内外游客112万人次，其中海外游客10.23万人次，旅游综合收入12.35亿元，旅游外汇收入965.94万美元。到2002年底，已评定星级酒店73家，标准床位有10350张，旅行社37家，注册导游2420人，旅游专用车辆达420辆。全年共接待游客322.5万人次，海外游客14.8万人次，旅游总收入19.89亿元人民币，旅游外汇收入4186万美元。

第四阶段：2003年至2010年是旅游业跨越发展、提质增效阶段。2003年至2010年丽江努力建设世界级国际旅游胜地，深入进行文化体制改革，打造和推出文化旅游品牌，文化旅游互动发展，旅游业实施二次创业、跨越发展、提质增效、做大做强旅游产业，推动经济社会全面发展，丽江成为中国改革开放18个典型地区之一。

文化体制的改革是随着旅游业的发展、文化产业的兴起，为了适应社会主义市场经济格局和文化旅游产业发展需求逐步探索起步的。20世纪80年代中期开始，宣科先生的纳西古乐队首先闯入市场，在全地区起到了很好的引领作用。随后东巴宫的东巴乐舞展演，民族民间歌舞展演，民族旅游工艺品加工等民营文化单位都进入市场。1999年9月，地区人大工委经过三个多月的调研，在民族文化建设的26条建议中，提出要搞好文化产业建设，地委行署提出民族文化大区建设的目标。2001年初，地委行署组织宣传文化系统及有关专家学者，对全区民族文化资源再次深入进行调查，历时半年，深入到4县60多个乡镇及基层文化单位，撰写了70多万字的调查材料，在此基础上形成《丽江地区民族文化特色区建设纲要》，明确了指导思想和任务，对保护开发利用民族文化旅游资源提出要求。

为了推动文化旅游产业的发展，2002年3月2日至6日，由时任地委书记欧阳坚带队，行署专员和自兴，地区人大工委主任杨国清，市委常委段鸿、何金平等领导以及计划、旅游、城建、经贸等机关部门领导组成的代表团到广东深圳学习考察，进行文化旅游合作及促销。考察团与深圳市委政府领导和相关部门与企业广泛进行洽谈交流，从而把两个极富个性特色的旅游城市联结起来，具有开拓性的意义。这次学习考察的主要成效是：双方达成深圳至丽江开通直航相关事宜。与深圳能量有限公司达成协议，由双方投资在丽江合作推出大型民族音乐诗画“丽水金沙”。

实施文化体制改革，大力推动文化旅游产业发展，提升旅游业的文化品质，壮大旅游业的实力是这个阶段最大特色和亮点。2003年4月11日至12日，中共中央政治局常委李长春同志到丽江视察工作，对丽江勇于探索文化体制改革和发展文化产业情况给予了充分肯定，并决定将丽江列入全国文化体制改革综合试点城市。同时邀请地委书记欧阳坚同志到全国文化体制发展会议上作经验交流。这一年市民族歌舞团、电影公司、有限电视网络公司、木府博物院、丽江日报社、丽江电视台和东巴博物馆等7家不同类型单位进行改革，取得了经验，得到中宣部和省委的充分肯定。丽江文化体制改革率先走在全国前列，其主要特点是：理顺体制、精简机构、加强管理、提高效率、促进产业。市区县组建文化广电新闻出版局。组建统一的文化市场综合执法大队，提高行政管理水平和执法水平，创新文化单位运行机制，把公益文化事业和文化企业分开，激发文化单位活力，努力搞好公益文化事业建设，大力推动文化产业发展，使其成为新的经济增长点。改革文化建设投融资体制，形成多元投资格局，重视民间社会资本进入文化事业和文化产业方方面面。文化旅游互融共进，互动发展，力求把两个产业做强做大。

在改革试点的基础上，2004年2月18日市委市政府印发了《关于开展文化体制改革工作实施意见》，内容包括：指导思想、总体要求、改革范围和目标任务、相关政策、工作部署、组织领导和相关要求等。文化体制改革在全市按部署要求全面展开，取得全面阶段性成果。

在文化体制改革全面深入开展的同时，2004年4月28日，全市召开大型旅游发展大会，适时提出了更高的目标和要求，即坚持科学发展观，树立“大产业、大文化、大服务、大市场”的新观念，在“巩固、提高、开发、完善”上下工夫，以转型升级，提质增效为主线，以开发特色旅游产品，培育国际品牌为核心，以体制机制创新、规范市场为突破口，以管理为着力点，有效整合旅游资源和要素，充分发挥综合带动效应，做强做大旅游产业，把丽江建设成世界精品旅游胜地，实现由旅游资源大市向旅游经济强市跨越。

为了深入推进文化旅游产业发展，2005年在全市文化体制改革的基础上，2006年初，市委提出建设文化旅游名市目标，同年8月又提出实现文化立市、旅游强市战略措施。2007年又制定出台了《丽江市文化产业“十一五”发展规划》、《关于加快丽江文化产业发展若干政策》、《关于加强公益性文化事业建设实施意见》。2008年市委市政府又作出《关于进一步实施文化立市战略、促进丽江文化大发展、大繁荣决定》等文件。这些决策措施正在发挥着积极有效的作用。

2006年3月24日，云南省人民政府滇西北旅游现场办公会议在丽江召开。会议提出实施可持续发展、名牌精品、大旅游开发三大战略，全面提升滇西北地区旅游竞争力，把滇西北建成精品荟萃、精彩纷呈的中国一流、世界著名的旅游胜地，中国大香格里拉生态旅游区中的精品旅游区，云南连接川藏的旅游集散中心，带动云南旅游二次创业，开创滇西北旅游新局面。这次会议由刘平副省长主

持，时任省委副书记、副省长的秦光荣同志作重要讲话，明确提出做强做大丽江旅游业的目标要求。根据这次会议的精神，2006年8月5日，市委书记和自兴代表市委市政府提出：要按照“发展主体、开发两翼”思路，巩固提升丽江古城、玉龙山景区，全面开发建设泸沽湖和老君山景区，力争把四大景区打造成国际知名品牌，把丽江建设成为大香格里拉生态旅游圈的中心和示范区。

这个阶段丽江实现撤地设市。2002年12月26日，国务院批准撤地设市，2003年5月丽江撤地设市工作圆满完成。撤地设市在客观上为确立丽江在滇西北和滇川藏交汇区域的中心地位奠定了基础，城市化进程加快、城市品位提升、丽江地位作用和影响力增强。随着撤地设市，市委市政府进一步明确提出：旅游二次创业和一体两翼战略，同时要求把丽江建设成国际精品旅游胜地，滇川藏大香格里拉生态旅游经济圈中心和示范区，长江上游生物产业开发创新基地和清洁能源基地，适合人类居住、最具文化品位山水田园生态旅游城市。这些战略目标和任务是随着撤地设市丽江面临的发展机遇和趋势提出来的。这也是丽江发展的必然趋势。

这个阶段丽江又一大亮点就是在多年成功打造的基础上，提升、推出一系列文化旅游品牌。比如纳西古乐、东巴文化、丽水金沙、印象丽江、丽江古城等。从20世纪90年代开始，纳西古乐走出国门，先后到荷兰、英国、挪威、法国、瑞士、意大利、德国、爱沙尼亚、芬兰、丹麦、葡萄牙、西班牙、日本、美国等14个国家和中国的香港、台湾等地区演出，受到海内外的高度赞誉。东巴文化成为国内外学术界研究的热点，东巴文化保护开发利用取得很大成果。1999年和2003年先后举办两届东巴文化艺术节和东巴文化学术研讨会。“丽水金沙”久演不衰，产生良好的经济效益和社会效益，是全国演出场次最多的节目之一。“印象丽江”自2006年7月正式公演以来，深受广大游客的喜爱，成为又一知名文化品牌。

2008年以来，丽江旅游发展面临着新的形势，正向建设国际精品旅游胜地目标实现新的突破和跨越。一是旅游基础条件有了较大改善。丽江机场改扩建项目已完成，丽江正成为国际航空港和次枢纽机场。交通道路正形成东进四川、南下大理、西出怒江、北上迪庆的网络。周边和区域内通达条件改善。二是通过强强联合，正打造和建设文化旅游产业基地。包括建设国家级民族文化产业示范基地，云南影视文化产业实验园等。三是正建设云南边屯文化示范基地。根据省人民政府2010年永胜程海现场办公会议精神，云南边屯文化博物馆项目开工建设，永胜旅游开发提上议事日程。四是丽江成为国家旅游标准化建设的试点城市。这将对提高旅游产品和服务质量、规范旅游秩序、强化行业管理、提升旅游产业整体水平和市场竞争力发挥重要作用。五是丽江大学城的建设将为培养文化旅游人才奠定坚实基础。

面对新形势和新机遇，丽江市委市政府及时总结“十一五”以来的经验，把丽江旅游业发展放在全省、全国大环境中思考和把握，坚持解放思想，更新观念，以改革创新精神推动旅游业发展，以解放思想引领丽江旅游业转变发展方式。同时正视存在的问题和差距。市委书记王君正概括为“五个不适应”和“四个差距”。即旅游经营管理的思想观念与现代旅游发展观念不适应；旅游管理体制机制与旅游产业发展要求不适应；旅游产品的开发与游客多样化个性化的需求不适应；旅游人才队伍与旅游发展的要求不适应；旅游的投入力度与旅游业发展需求不适应。旅游发展水平与建设国际精品旅游胜地目标还有差距；交通等基础设施及辐射影响力与打造大区域旅游集散地目标还有较大差距；旅游企业规模实力与适应激烈的市场竞争要求还有差距等。为了实现旅游业的新突破新跨越，在此基础上丽江市委市政府提出四个坚持和六个转变的思路推动旅游业发展。即坚持自然为本、特色为根、文化为灵魂、市场需求为导向。在发展模式上，实现由政府主导逐步向政府引导调控、市场主导转变；在旅游功能上，实现由旅游目的地逐步向旅游集散地转变；在发展质量上，实现由数量规模型向质量效益型转变；在旅游产品结构上，实现由观光旅游逐步向休闲度假康体等综合旅游转变；在旅游管理上，实现由行政手段管理为主逐步向依法治旅为主转变；在发展方式上，实现由增长型逐步向发展型转变。使旅游业实现跨越发展，经济社会效益大幅提升。

2003年全年接待海内外游客301.4万人次，旅游综合收入24.04亿元，这一年受到“非典”影响，游客下降10%，但综合收入还增加2.87%，收到较好效果。2010年接待海内外游客910万人次，比2003年增长3倍，旅游业综合收入达112.5亿元，将近翻3番，海外游客61.14万人次，有大幅度的提升。这个阶段丽江旅游业实现了数量和质量的大跨越。

三

回顾丽江旅游业崛起的不平凡的历程和所取得的辉煌业绩，有许多东西值得深思和回味，有许多东西值得认真加以总结提炼。发展的整个过程呈现出许多特色，给了许多深刻的启示，也提供了许多宝贵的经验，当然也有许多教训值得我们吸取。这样做对当前和今后旅游产业的持续发展有很好的借鉴和指导意义，是一笔宝贵的财富。其基本特点是：

第一，改革开放以来丽江旅游业的崛起、文化的繁荣和发展、天翻地覆的巨大变化都是我们党正确领导和指引的结果，是党的改革开放好政策带来的结果，也是党中央、国务院，省委政府各级领导关心、帮助、指导的结果。作为一个边疆少数民族地区的民族干部、一个亲历者，我个人有着深切的体会。我相信各族干部群众将怀着感恩的情怀，将永远铭记这一点。

第二，改革开放以来，丽江历届党委政府对文化旅游产业的发展在认识上高度统一，行动上既有连续性，又有开创性，尤其是20世纪90年代以来的历届党委政府更是作出了重要贡献。在精心打造和培植旅游龙头支柱产业，在保护弘扬民族文化、发挥旅游先导作用、发展旅游产业等问题上几届党委政府都是有着好的连续和开创性的。在实践中，不断开拓创新，认识不断深化，思路不断开阔，措施不断加强，所以说这是历届党委政府带领各族干部群众奋斗的结果。

第三，旅游业的成果和辉煌是丽江各族人民群众团结奋斗、共同开拓创造的结晶。各族干部群众始终奋斗在旅游业发展的第一线，他们是主力军，他们有许许多多的创新，有许许多多的办法点子，这个业绩不可能是少数人能创造的。我们还有一批奋斗在旅游战线各个领域的实践者、领导者和人才，他们也是开拓和创业者，他们的工作业绩和人民群众的奋斗融合在一起。

第四，丽江旅游业的成就是实实在在干出来的，不是讲出来的，也不是写文章写出来的。实干兴邦，空读误国，这是最基本最实在的道理。不干半点马列主义都没有，不干对老百姓不会带来半点好处。

四

2008年，在纪念改革开放30周年的时候，丽江成为全国改革开放18个典型地区之一，得到中央的充分肯定，它的典型经验在全国引起了很大反响。改革开放以来，尤其是近十多年来，丽江进行了许多成功的探索和实践，走出了一条立足实际、独具特色的发展之路。尤其在文化旅游互动发展上，在旅游产业和文化产业的崛起上，成为最大的成功和亮点。许多经验和做法对全省乃至全国都起到了开创性和引领性的作用。突出的有以下几点：

第一，丽江走出了一条独具特色的发展之路，对科学发展进行了积极的探索和实践。丽江选择了一条实事求是、立足本地特色资源优势，实施文化立市、旅游强市战略，以保护为主、文化为魂、做强做大旅游支柱产业，推动经济跨越发展，实现民族团结、社会和谐的路子。这个发展模式首先立足于对文化、生态、旅游资源的保护，坚持保护第一的方针，同时又科学地、积极地开发利用好资源，坚持发展才是硬道理，从而提升保护的能力和水平，使保护进入良性循环的轨道，使其保护成为积极有效的保护，有了可持续发展的基础。这个做法其实就是科学发展观在边疆民族地区的探索和实践，是独具特色的发展之路，对西部乃至全国都是很有借鉴意义的。

第二，丽江结合旅游在文化产业的发展和文化体制的改革上在全国率先走出了第一步，极大地推动了丽江旅游支柱产业的提升和发展。丽江文化产业的发展是在保护优秀民族文化的前提下进行的，也是伴随着旅游业的兴起而逐步发展起来的。在20世纪80年代中后期，在宣科先生的带领下，纳西古乐首先闯入市场，成为改革开放以来，全国文化产业最早的引领者和先行者。随着旅游业的蓬勃发展，文化产业发展和文化体制改革提到议事日程，大胆进行探索和改革，走在了全国前列，并成为全国文化体制改革的唯一地级试点城市，为全省全国提供了很好做法和经验。

第三，丽江充分利用纳西优秀民族文化“和合”、“和谐”精神，努力打造精神文化的家园，实现了观光旅游向民族文化休闲体验旅游的提升。充分运用东

巴文化中关于“各民族祖先是同胞兄弟，要团结和睦亲如一家”、“人与自然是同父异母兄弟”，在社会领域，人与人之间要“和合”为大，以及“自我心态要平衡如镜”等民族优秀传统文化理念，着力打造人类精神文化家园，搞好和谐社会建设，满足广大游客精神文化需求和心灵的安详，从而开创了真正意义上的民族文化休闲体验旅游之先河。

第四，丽江着力加强旅游和谐环境和旅游精神文明建设，提升整体文明素质和水平。多年来用朴实生动的形式和经常的活动为平台，结合优秀民族传统文化精神，开展了“旅游诚信教育活动”、“文明风景区创建活动”、“人人都要做旅游形象活动”、“爱我古城、护我家园”等多种活动形式，使公民素质及文化旅游市场文明程度得到极大提升。丽江成为全国著名的文明风景旅游区及其示范点。其中纳西等各民族优秀传统文化起到了重要作用。以三个世界遗产为代表的纳西文化起到了核心作用。丽江文化就是以纳西文化为主体的多元文化，各兄弟民族和睦团结，各种文化共存共荣，多个宗教相安无事，加上丽江又是一个生物多样性的突出典型地区，这就形成了丽江独特的文化优势，这也是丽江文化魅力的关键所在，这些也就成了精神文明建设，提升旅游品质的民族文化之根。

五

丽江旅游业崛起给我们带来的启示和经验：

启示之一，解放思想、实事求是、与时俱进是旅游业崛起的前提和基础。丽江旅游发展的历程充分证明，没有解放思想转变观念就没有旅游业的发展和进步。改革开放的前10年，由于思想僵化，改革开放中放不开手脚，左顾右盼，因而丧失了发展的机遇。而90年代初期，在第二次解放思想大潮中，丽江结合实际，认真查找差距，在思想上认真进行反思，找到解放思想转变观念这个差距，抓住了牛鼻子，有了思想认识上的突破，才获得了旅游业发展的突破。思想观念是总开关。观念决定思路，思路决定出路。通过解放思想转变观念，对丽江的区情有了深刻的认识，发展的思路更加清晰，对产业的发展作出了战略的选择，精神面貌有了大的变化。解放思想、转变观念体现在以下几个方面：在旅游资源的认识上，坚持人文资源和自然资源的有机结合，突出“人无我有，人有我优，人优我特”的个性特点，抓住综合性、独特性、唯一性和高品位的优势。在旅游发展的机遇上，坚持审时度势、放眼未来，着眼全省全国，把握住发展大趋势，抢抓机遇、乘势而上。在旅游发展的目标定位上，坚持瞄准全国乃至世界先进水平，在20世纪90年代中期即提出建设世界级旅游胜地的目标。在旅游发展的战略上，坚持文化旅游互动发展、打造文化旅游品牌，旅游先导带动经济社会全面发展等战略，努力把旅游产业做强做大。在旅游产业发展的实践上，坚持清“左”破旧、敢闯敢试、大胆排除各种思想障碍，勇于克服前进中遇到的各种困难，不断奋勇前进。在旅游产业发展的措施上，坚持打破常规、敢为人先、勇于创新，使措施扎实有力，具有很强的实效性。比如在全国较早申报三个世界遗产，打造文化旅游品牌等。

启示之二，正确把握和处理保护与开发的关系，在发展中实施积极有效的保护方针，使旅游业保持可持续发展的态势。丽江在旅游发展过程中，始终坚持积极有效保护的方针，使丽江的三个世界遗产，民族优秀文化，良好的自然生态环境得到有效的保护，为文化旅游产业的持续发展奠定了良好的基础。世界遗产丽江古城的保护开发模式、束河古镇的保护发展模式、玉龙雪山的保护开发模式就是极好的例证。它们的共同特点就是在开发利用中进行积极有效的保护，使保护形成一种机制，开辟了资金的来源渠道和保障的措施，在有了保护理念和规划的前提下，使保护措施在发展中得到有效的实施。正因为如此，所以丽江古城、玉龙雪山、束河古镇旅游业的发展反而使自然人文生态环境得到保护，其保护的效果也是历史上最好的时期。联合国教科文组织肯定并推广了“丽江模式”。其基本经验：一是坚持保护第一的原则，处理好保护与利用的关系。二是坚持协调发展的原则，正确处理遗产保护与旅游业之间的关系。世界遗产不仅是珍贵的精神财富，也是最好的旅游资源。“丽江模式”证明，旅游业的发展为世界遗产保护筹集了资金，反哺了遗产保护，又不断提升和促进旅游业的发展，并及时处理旅游发展对遗产地带来的负面影响。三是坚持以人为本，切实加强对遗产地居民和旅游业从业人员培训教育力度。包括创办云大旅游文化学院、定期不定期培训人才的制度，开办不同层次的培训班等。四是确立大家都是赢家的原则。不论是土

著居民，还是外来经营者，各行业管理者，相关企业和组织，都要在保护中负起责任，也要在开发中得到实际利益，实现责任共担、利益均沾。

启示之三，高度重视旅游业的先导作用。先导作用概括起来就是支撑作用和带动作用。在丽江旅游业发展的指导思想上，先导作用是十分明确的，而且认真加以落实。一个是把旅游业作为丽江的支柱产业，作为富民富区的支撑，这也是丽江经济发展的战略选择。所以在整个发展历程中，旅游产业始终是奋斗的目标，工作的重点，大力培植、倾心打造、毫不动摇。另外一个是强调旅游业对丽江经济社会发展的带动作用。旅游业是一个完全开放的产业，通过大量游客的涌入，带来许多新的理念，对本地干部群众解放思想、更新观念起到了很大的促进作用。旅游业的发展大大宣传了丽江，提高了丽江知名度，提升了丽江的良好形象，从而使丽江走向了世界，让世界也了解了丽江。旅游业的发展带来了信息流、资金流、技术流、人才流等，带动了经济等各个方面的发展，也带动了社会各个方面的进步。所以说旅游业带动了丽江工业、农业、商业、建筑业、饮食服务业等行业的大发展。现在丽江正在实施的金沙江水能开发等重大项目与旅游的带动作用相关联。

启示之四，勇于改革创新是旅游业发展的关键所在，也是旅游产业蓬勃发展的不竭动力。20世纪90年代初期，丽江就确定把旅游业作为支柱产业来发展，而且瞄准国内外先进水平，聘请国内外一流专家搞城市和旅游发展的规划，高起点建设一流景区景点、建设一流酒店、建设丽江机场、申报世界遗产、培训旅游人才，这些举措在当时来讲是很超前的，应该说是开拓创新的成果。围绕旅游市场的需求，放开手脚，让民间社会资本和人才进入旅游业，大力发展民族旅游商品加工制造业、丰富旅游市场。在旅游市场的开拓、旅游人才的培养、导游年检方面都有许多创新的做法。同时积极推进旅游管理体制的改革和体制机制的创新，建立丽江旅游网络管理系统，即形成旅游咨询信息服务中心和结算中心，实行旅游一卡通，成立旅游行业自律协会，建立公开、公平、竞争有序的旅游市场，这些方面都有许多创新，有丽江的特色。由于旅游业的发展，推动了文化体制的改革，而文化体制的改革又促进了旅游业的发展。丽江文化体制改革是全国行动最早的地方，也成为全国改革的试点，积累了很多好的经验。包括文化行政管理体制的改革，做到统一、精简、高效。文化事业单位和企业单位的改革，文化行业统一加强执法的改革，根据文化的公益属性和商业属性，把公益文化事业和文化企业分开，把竞争性行业推向市场，大力发展文化产业，同时加大公益文化事业的建设。通过改革，使文化更好融入旅游业，互动发展，使旅游产业和文化产业都能得到更大的发展。

启示之五，文化旅游互融共进，做强做大文化旅游产业。丽江实践已证明，文化对旅游业的发展起到决定性的作用，文化是旅游业的灵魂，有了深度的文化内涵，旅游业才有吸引力，才能产生无穷的魅力，离开文化特色的旅游，犹如一杯白开水，是不会有生命力的。而旅游业为文化的发展提供了平台，提供了市场，提供了广阔的发展空间，没有这个大舞台，文化发展将受到很大的制约，或者说成不了大气候。文化产业依托旅游业而兴起，旅游业依靠文化而升华。文化产业在旅游业中找到了商机，增添了活力；旅游业通过文化的注入，内容得到丰富和拓展，档次得到提升，魅力得到增强。丽江在一开始就把文化和旅游从资源的认识上，市场和景区的建设上，产业的发展上，工作的部署上都是把它们有机地融为一体的。

启示之六，面向市场倾力打造品牌，增强旅游的亮点和吸引力。旅游业发展要接受市场检验和评判。在旅游业的发展过程中，丽江实施品牌战略和市场多元化战略，精心打造和推出一系列品牌。从改革开放初期，丽江根据文化和自然优势，认真加以总结、论证，采取一系列的措施，打造成精品。同时与国内外的名人名家名企业合作，打造新的优势，新的品牌。先后形成了大大小小的文化旅游方面的多个品牌，比如纳西古乐、东巴乐舞、东巴文化、丽江古城、木府、茶马古道、丽水金沙、印象丽江等。丽江在国内外赢得许多荣誉和桂冠，成为蜚声海内外的旅游天堂。

启示之七，努力加强旅游“诚信”的建设。旅游软实力建设是旅游业成功的灵魂，而诚信是旅游软实力的基点。丽江旅游发展进程中，营造良好的旅游环境和氛围，增强旅游精神文明建设，是丽江旅游业持续发展的又一关键。从根本上来讲就是搞好诚信的建设。“人人都是旅游形象，人人都是对外窗口”，努力提高城市居民思想道德水准。做到热情、友善、文明、礼貌、和谐，形成良好的大环境。诚信是旅游市场运作的一大准则，在各行各业坚持“明礼诚信”教育，发扬民族文化优良传统，共同维护丽江旅游形象，所以广大游客把丽江称为“精神的家园”。

丽江旅游业发展的历程和经验，对国内外旅游的发展都是一笔宝贵的财富，对丽江未来大发展也是一面镜子，应该发挥它应有的作用。当前，在全球金融危机仍然在蔓延和深化的情况下，对丽江旅游业的持续快速发展有着特殊的意义。我们虽然面临种种挑战，但应该说机遇不容忽视，总的发展趋势不容忽视，如果把握得好，也许可以变成为发展的一次机遇。国家实施扩大内需促进消费的政策，国家出台重视文化建设的政策，国家从各个方面支持文化产业的发展，国家对旅游业应对金融危机也出台了许多好的政策措施，这些东西对丽江旅游发展很有利，加上丽江机场改扩建、大丽铁路通车等基础条件的改善，丽江旅游快速发展的势头依然强劲，丽江旅游市场不仅没有萎缩，而且还在继续扩大。所以在科学发展观的指导下，增强信心，努力把困难转化为机遇，再次实现跨越发展是完全有可能的。丽江人必须继续开拓奋进，迎难而上，一定要再创旅游业的新业绩，新辉煌！

作者与和段琪在一起

与时俱进　再创繁荣

——推进丽江文化建设新高潮的思考

改革开放以来，尤其是近十多年来，丽江在全面推进经济社会发展过程中，立足我市旅游、生态、文化资源优势，走一条文化与旅游相结合，文化与经济社会发展相结合，高度重视发挥文化特殊重要作用的路子。较早地提出建设文化大区、大县的口号，进而又提出建设旅游文化名市的目标和文化立市的战略，一手抓公益文化事业，一手抓文化产业的发展；一手抓优秀民族传统文化的保护抢救，一手抓优秀民族传统文化的弘扬创新；一手抓文化体制的改革，一手抓精品的推出和文化的繁荣，推动丽江打造了蜚声海内外的文化品牌，造就了文化的发展和繁荣，从而使丽江走向全国乃至走向世界，还注重把文化融入到经济社会发展的方方面面，从而大大促进了经济的发展和社会的进步。丽江在高度重视文化功能和作用，努力实施文化立市战略，积极推动文化发展繁荣，促进经济社会全面发展进步方面积累了许多成功的经验，打下了一个良好的基础。

党的十七大向全党、全国各族人民吹响了兴起文化建设新高潮的号角，这是具有划时代意义的一件大事。当前我们面临着文化发展繁荣的战略机遇期，正逢文化百花园百花齐放的一个春天。我们一定要十分珍惜这个千载难逢的机遇，抓住这个机遇。同时，我们必须审时度势，认清形势，增强忧患意识，尤其要勇于正视面临的挑战和存在的问题，保持清醒的头脑。一是全党的文化自觉意识大大增强，全国各地抓文化建设的认识大大提高，是一个百舸争流、千帆竞发的新局面，这和好多年前大不一样，当时我们的认识比较超前，今天我们的认识如果没有新的飞跃和提升，如果故步自封，停留在原来的认识水平上，别人就会超越我们。二是我们处在经济欠发达的“老少边穷”地区，经济实力不强，财政薄弱，加强文化事业和文化基础设施建设受到很大的制约，而发达地区有极大的比较优势。三是文化产业的发展，我们受到多个方面的制约，产业还处在弱、小、散的水平，产值总量也很小，这和发达地区文化产业异军突起，大手笔、大规模、大产业形成鲜明的对比，内地许多发达地区已形成文化产业群。据统计，在北京、上海、浙江、广东等省市，文化产业实现的增加值占到GDP的8%以上，成为促进经济增长的重要支柱产业。四是我们面临着给贫困山区广大各族群众解决全面享受经济权益和文化权益的双重压力，任务极其艰巨。我们认识到，丽江文化建设处在一个关键的时刻，处在一个新的历史起点上，我们必须认真学习、全面领会、深入贯彻落实党的十七大精神。我们必须进一步解放思想、加倍努力、扬长避短、发挥特色优势，更加自觉、更加主动、更加扎实地推进文化的大发展、大繁荣，与时俱进，再创新的辉煌。

1. 用新认识、新理念提升文化自觉的新境界，在“更加自觉、更加主动”上狠下工夫。

党的十七大报告一个显著的特点就是全面深刻地论述了社会主义文化建设这一重大课题。从提高国家综合实力和文化软实力的战略高度提出社会主义文化建设的极端重要性。同时，把文化建设作为全面建设小康社会的奋斗目标，提出了一系列深刻的、崭新的文化理论观点，标志着我们党的文化自觉达到了前所未有的高度。我们必须深刻认识和把握：“文化越来越成为民族的凝聚力和创造力的重要源泉，越来越成为综合国力竞争的重要因素，丰富精神文化生活越来越成为我国人民的热切愿望。”文化是一个民族的灵魂和血脉，是一个民族的精神记忆和精神家园，是民族振兴，国家富强的有力支撑。文化作为与经济、科技、军事等硬实力相对应的软实力，是国家核心竞争力的重要因素，是综合国力的重要组成部分。在当今社会里，文化的地位和作用，越来越突出，文化深深熔铸于社会生产力之中，影响社会发展的方方面面，成为经济社会发展的强大助推器。文化与经济、科技相互融合、相互渗透，形成崭新功能的文化生产力。在时代的高起点上搞好创新、解放和发展文化生产力，是繁荣文化的必由之路。

十七大报告在强调公益文化事业建设的同时，强调大力发展文化产业，提出许多新的观点，包括“实施文化产业项目带动战略”、“文化产业基地”、“区域特色文化产业群”、“培育文化产业骨干”、“运用高新技术创新文化发展方式，培育新的文化业态”等，提出了增强中华文化竞争力和文化走向世界的新思路。在我国传统观念中，传统文化虽然始终得到推崇，始终把它当作神圣而至高无上的东西，但始终远离经济社会发展，始终束之高阁，始终远离普通的老百姓，是少数士大夫所垄断的东西，总之，文化是少数士大夫和文化人的文化。长期以来，不承认文化的商品属性，不发展文化的产业，改革开放以后，这种情况逐渐才发生了变化。最近十多年来，文化产业才真正得到快速发展。但对文化产业的发展上，在认识上和具体的发展过程中，传统观念束缚依然存在，思想不够解放，工作上、实践上放不开手脚的问题还需要认真加以解决。而且丽江文化产业发展，文化体制改革，多元投资文化产业发展，加大公益文化事业建设等实践经验，对我们继续解放思想、提高认识、继续前进是很有意义的，其思想上的启迪作用也将是巨大的，我们一定要珍视这些宝贵的东西。

通过学习党的十七大精神，我们必须从以下几个方面有一个高度的认识和自觉性。一是对文化定位、作用及其极端重要性的认识要提高到国家、民族的战略高度，达到一个崭新的境界。二是文化权益是人民群众的重要的基本权益，必须从根本上予以保障。三是文化是我们全面建设小康社会的重要目标，成为衡量社会文明程度和人民群众生活质量的显著标志。四是提高国家综合实力和软实力，必须解放和发展文化生产力，大力推进文化产业的发展。提升和开辟文化自觉的新境界，关键在于落实到工作的实际中，形成“更加主动、更加自觉”抓文化建设的新局面，兴起“党委重文化、政府抓文化、民间兴文化、全社会办文化”的新高潮。

2. 文化建设首先要立足于保障全体人民“基本文化权益的实现”，尽量满足人民群众精神文化生活的需要，力求惠及基层普通百姓。

充分发挥人民在文化建设中的主体作用，调动广大文化工作者的积极性、创造性，让人民共享文化发展成果，这是党的十七大报告关于文化建设的一个十分重要的思想，这就指明了文化建设中的一个方向和基本原则。搞文化建设，不仅要搞城市文化硬件设施的建设，创造出丰富多彩的文化产品，更重要的是面向城乡广大基层群众。文化权益与政治权益、经济权益一样，也是人民群众的一个重要权益。各级党委政府在文化建设方面的一个重大职责就是使广大人民群众基本文化权益得到更好保障，这应该成为文化建设的立足点和出发点。

从我市的实际情况看，由于经济发展滞后，财力有限，公共文化设施建设不足，广大贫困山区文化活动受到很大制约，这些地方看书难、看戏难、看电视难、看电影难、开展文体活动难的状况还比较突出。城镇地区情况相对较好，但广大社区的文化设施建设和群众丰富多彩文化活动的开展，还有待加强。根据这一现状，通过多渠道加大群众性公益文化事业的投入，工作力度和资金投入多向基层社区和广大农村倾斜，加强社区和乡镇村庄文化设施建设是完全必要的。今后一段时间，还要加强我市群众性、基础性重要文化场所的建设，比如与丽江历史文化相匹配的图书馆、博物馆、体育馆、青少年活动中心、老年人文体活动中心等重点设施的建设。通过重要文化、体育、科技等场所的建设，给广大人民群众提供良好服务，满足人民群众不断增长的精神文化生活的需求。

3．坚持把加强公民思想道德建设作为推动文化建设的基础性工作和中心环节，全面提高公民道德文化素质。

国民之魂，文以化之；国家之神，文以铸之。人无德不立，国无德不兴，社会和谐、社会长治久安，很大程度上取决于全体公民的思想道德素质。社会主义文化建设的一个重要任务，就是通过发展文化、繁荣文化来弘扬社会主义核心价值体系，丰富人民群众精神文化生活，铸就美好的思想道德心灵，增强国家、民族和地方的凝聚力、向心力，提升整体形象和软实力。

随着经济的发展和人民生活的逐步改善，人们对精神文化生活的需求日益增长，尤其是寄托着未来希望的青少年，需要健康成长，如果不是用先进文化去引领，不用健康向上的文化去熏陶，那么腐朽的文化、不良的思想道德倾向就会乘虚而入，败坏风气，腐蚀青少年。提高公民思想道德水平，增强社会的文明程度，对丽江有着特殊重要的意义。丽江是国内外知名的旅游胜地，是对外宣传的一个重要窗口，每年都要接待几百万国内外的旅客，人人都代表丽江的形象，也代表各民族的形象，代表着丽江文明的程度，我们一定要高度重视这一工作。公民思想道德素质的提高，重在建设，重在实际行动，重在持之以恒，重在形成制度和规范的要求。要大力倡导爱国、敬业、诚信、友善等道德规范，深入开展公民道德实践活动，推动形成男女平等、尊老爱幼、扶贫济困、礼让宽容的人际关系。推动形成保护生态、爱护公物、文明礼貌、热情待人、讲究卫生的社会氛围。要大力培育公民文明道德风尚，增强公民社会责任意识，加强社会公德、职业道德、家庭美德、个人品德，提高文明程度。要大力加强社会主义荣辱观教育，分清是非、分清荣辱、弘扬正气、打击邪气，树立正面典型。要大力推进文明城市、文明社区、文明村镇的创建活动，开展社会志愿服务、送温暖献爱心，让思想道德建设深入社区、走进千家万户。要注重人文关怀和心理疏导，引导人们正确看待自己，正确看待他人和社会，履行法定义务、社会责任、家庭责任。要用文明健康丰富的文化生活陶冶情操、愉悦身心、浸润心灵、舒缓心理压力，促进社会和谐。

4. 立足实际，着力保护，不断创新，充分发挥丽江优秀民族特色文化的优势和魅力。

越是民族的则越是世界的，越是特色的则越是有魅力的。丽江优秀民族传统文化就是极具优势的特色文化，保护好这一优秀民族传统文化是丽江文化大发展大繁荣的前提和基础，也是发挥这一特色文化重要作用的必然。随着丽江工业化、城镇化、市场化、现代化的迅速发展，随着丽江兴起旅游的热潮和商业的繁荣，保护优秀民族传统文化面临越来越大的挑战，任务极其艰巨。我们必须迎难而上，加大保护力度，加强保护措施，尤其要重点保护好三项世界遗产，保护好民族传统文化赖以生存的文化生态环境，包括民族语言、民族文字、民俗生活、民族村落等。搞好保护才能保持优秀民族传统文化的魅力，才能充分发挥它的重要作用。丽江多年文化建设的实践证明，立足实际、扬长避短、发挥优势，走自己特色之路才是有生命力的。在新的起点上，我们一定要继续保持丽江文化特色，抓住丽江文化特色，突出丽江文化特色，发挥丽江文化特色，在文化特色上大做文章。丽江最大的特色优势文化就是以三个世界遗产为代表的纳西族等各民族优秀的传统文化，它们在世界上独树一帜，有很高的历史文化价值。

如何发挥好特色优势呢？我们必须进一步解放思想，审时度势、与时俱进，一定要有新的思路、新的举措。要着重发挥好六个方面的特色优势，即民族文化显学的优势、文化品牌的优势、文化旅游相结合形成的优势、改革创新的优势、民间和社会兴办民族文化的优势、国际文化交流平台的优势。一是纳西学成为国内外关注的显学，要让丽江民族优秀传统文化更好地走向世界，不断增强国内外的影响力。比如，2008年7月份举行的世界人类学与民族学大会已将“纳西学研究新视野”作为中国少数民族专题列入大会，这是具有国际学术文化影响力的大好事，党委政府和社会各个方面都给予了大力支持，并作为一个重要契机做了后续宣传等相关工作。二是继续巩固打造推出民族文化特色品牌，对现有的“纳西古乐”、“丽水金沙”、“印象丽江·雪山篇”、“东巴乐舞”等要继续巩固提升发展。同时继续打造好大型民族文化节庆活动，比如世界文化遗产论坛、东巴文化艺术节、雪山音乐节、婚俗文化节等。三是把文化与旅游业结合的优势继续推向深入，推向广大乡村。做强做大旅游业，提升旅游业的效益必须依托丰富多彩的民族文化，必须做强做大民族文化。旅游业与民族文化的结合是丽江旅游文化的一大优势，现在旅游业从丽江城区逐步推向广大农村，乡村优秀民俗文化是发展乡村旅游业的灵魂。四是继续推进文化体制改革，在创新上多出成效。文化体制改革是丽江文化发展的一大优势，丽江文化体制改革起步早，是全国的试点之一，有许多成功的经验，也有多方面的探索，这是文化继续发展繁荣的基础。要在现有基础上，继续深化改革，同时不断加强创新，把创新作为发展繁荣的必由之路。在机制体制上，在解放和发展文化生产力上，在发展繁荣的模式措施上都要有新的东西。五是高度重视民间和社会兴办民族文化的积极性。丽江民间社会文化人才济济，加之这几年来自全国各地的文化艺术人才聚集丽江，已形成民间重视文化建设、全社会积极参与兴办文化的良好局面，这是丽江的一大优势和特色。六是充分利用丽江在国际国内大的交流平台上的优势，打好文化交流、文化发展这个牌，要立足于与国内外进行强强联合，促进丽江文化的大发展、大繁荣。

5. 出实招、办实事，继续解放和发展文化生产力，把文化产业做强做大。

兴起丽江文化建设的新高潮，推动文化进一步的发展和繁荣，笔者认为关键在于通过不断创新，必须要在解放和发展文化生产力、做强做大文化产业上进行突破，也就是说要一心一意、集中抓好文化与经济结合，抓好产业发展。要把丽江高品位的文化资源转化为产业实力、经济实力，把文化融入各行各业，努力创造良好的经济社会效益。

第一，与国内外有实力的文化企业、文化事业和社会团体合作，高起点、高水平，努力把丽江打造成独具特色的民族文化产业基地。丽江有独特丰富的民族文化资源，又是国内外知名的旅游胜地，随着大丽铁路、大丽高速公路的建设通车，丽江机场扩建改造工程的实现，基础条件大为改善，大力发展环保型的无污染的文化产业是一个最佳选择。而且要尽可能发展一些技术含量高、附加值高、有市场前景的产业，引进有实力的国内外投资者，逐步把丽江建设成文化产业基地。

第二，不断创新、打造和推出民族文化特色产业品牌。运用高新技术创新文化生产方式，培育和发展有丽江特色和优势的文化产业，而且要上规模上档次，做强做优。这几年，丽江的文化演艺、文化旅游产品的开发加工、国内外会展节庆、自然文化体验休闲等产业有了很大的发展进步，取得了很大的成效，但问题是这些产业的发展还在初始阶段，发展还有很大的空间和余地，大市场没有形成，仅仅限于丽江的小市场，国内外的大市场有待拓展。

第三，制定出台有利于文化产业跨越发展的政策措施。好的政策措施是产业发展的重要保障，当前古城区在广泛调研和深入研究的基础上，出台了促进文化产业发展的九条措施，这是一个很好的做法。通过学习贯彻党的十七大精神，丽江应形成更完善、更实在、更有可操作性的统一的政策措施，像保障经济建设一样保障文化建设。

第四，切实加强对发展文化产业的领导，把文化产业打造成新的经济增长点。文化经济、文化产业的发展要纳入经济社会发展的规划，作为新的战略重点和亮点，党政领导要亲自挂帅、亲自过问，亲自抓一些重点项目。

6. 努力营造有利于出精品、出人才、出效益的和谐宽松的环境和氛围。

出精品、出人才、出效益是文化发展繁荣的主要标志，也是我们在文化建设上建设和奋斗的主要目标。只有营造一个和谐宽松的环境，才能最大限度地焕发广大文化工作者勇于奋斗、勇于创新的积极性和创造性，才能形成百花齐放、文化繁荣的新局面。

第一，要形成尊重劳动、尊重知识、尊重人才、尊重创造、尊重文化人的良好社会风气，加强与文化人与知识分子的联系沟通，主动听取他们的意见建议。

第二，对文化人和知识分子要理解和尊重他们的个性特点，尊重他们的劳动成果，做到宽容和宽松，多看他们的优点和特长，不搞求全责备。

第三，采取积极的扶持政策，对各方面显露才干的文化人要爱护培养，在政策和资金上给予帮助扶持。

第四，坚持双百方针，发扬艺术民主和学术民主，提倡不同学术观点、不同风格流派之间相互尊重、相互切磋、平等讨论、求同存异，不搞文人相轻，保持和谐氛围。

第五，对优秀作品、优秀人才、优秀文化产品给予奖励。

第六，培养包装推出一批优秀人才和一批文化艺术精品。通过几年的努力，打造和推出一批具有民族特色、时代精神和在省内外，甚至在国外有影响力的各类文化艺术精品。要努力培养和推出一批民族文化研究人才、民族民间艺术人才、民族民间音乐创作和声乐人才、书画艺术人才、文学创作人才、影视艺术人才等。

作者在金山乡调研

试论丽江文化旅游互动发展的几个问题

——经验　做法　挑战　对策

改革开放以来，丽江立足本地实际，努力打造文化旅游品牌，坚持文化旅游互融互动，做大做强做精旅游产业（包含文化产业），推动经济社会全面发展，成效显著，走出一条特色发展之路。丽江经验和做法得到中央的充分肯定，成为全国改革开放30年的18个典型地区之一。《人民日报》在2008年12月1日刊发丽江经验时指出："什么原因使丽江从一个名不见经传的西南边陲小镇变成了经济发展、文化繁荣、社会和谐、民族团结、享誉中外的世界级旅游文化名城？选准符合本地实际的优势特色经济，千方百计地把旅游业做大做强；彰显文化、扩大开放，以民族团结促进社会和谐，这就是其成功之道。"

改革开放以来，丽江在推进文化旅游互动发展的实践中，逐步探索和积累了许多好的经验和做法，对全省乃至全国都产生了很大的影响。一是从认识上理念上和具体的把握上，坚持把文化旅游作为相互融合的一个整体。二是在文化旅游产业的发展上，坚持把文化旅游产业打造成支撑经济社会发展的支柱产业。三是在发挥文化的引领和旅游的先导作用上，坚持着眼于全面带动和推进经济社会的更大发展。四是在文化旅游产业发展过程中，坚持把解放思想、改革创新作为推进产业发展的强大动力。五是在打造文化旅游名市的过程中，坚持品牌战略，打造和推出一系列文化旅游品牌。六是在和谐丽江的建设中，坚持用和谐文化精神促进民族团结社会和谐。

1．发展文化旅游产业是立足实际的战略选择。

改革开放以来，丽江坚持解放思想、实事求是，首先解决的是充分认识区

情，把握区情，立足本地实际，选准发展的产业，实现发展的突破，探索发展的路子。在20世纪80年代中期开始提出“三大优势资源、发展四大产业”的发展思路。即旅游资源，其中包括了底蕴深厚的民族文化资源；生物资源，包括生物多样性及农林等方面的优势；水能资源，金沙江流经丽江615千米，丽江境内还有91条河流，水能资源极其丰富。根据丽江的资源优势，当时丽江地区党委政府（行署）提出，在以抓农业为基础、强农固基的前提下，培植发展四大支柱产业：即旅游业、林果业，以食品为重点的生物资源开发创新产业，到1997年又增加畜牧产业，逐步形成了培植发展四大支柱产业的格局。而旅游产业始终作为优先发展的先导支柱产业，作为几大产业之首。发展文化旅游产业应该说是丽江立足实际的战略选择，是一个符合实际又有远见的战略选择。为什么这样说呢？因为改革开放初期的20世纪80年代、90年代，丽江水资源虽然十分丰富，是所有优势资源之首，但当时条件还不具备，不可能很快着手开发。发展“两烟”虽然下了工夫，但改革开放初期，丽江受“左”的影响和传统习惯势力影响深重，联产承包责任制到1984年才完成，适宜烟区分散，农村整体发展水平低、缺乏技术人才和种植的经验等原因，当时虽经努力，但难以形成支柱。林果产业和以食品为重点的生物资源创新产业，联系千家万户，是个好的产业，但只能是基础性的解决温饱的产业。而选择文化旅游产业的发展，是一个战略性的选择，既可以作为当时丽江经济社会发展的切入点、突破口，又具有长远的多个方面的效益、关联度强，带动性突出，在较短时间能产生产业效益。选择文化旅游产业，在发展初期，地区内外许多人都持怀疑态度，认为在偏僻遥远的地方发展旅游业不可思议。但是丽江历届地县党委对发展旅游文化产业是坚定不移的，是一以贯之的共识。丽江一开始就在观念认识上把文化旅游的资源融为一体，在旅游的宣传和实际的把握上，甚至把优秀民族文化作为最大的旅游资源，在发展的运作上，把民族文化作为最具吸引力的因素。丽江文化旅游资源在20世纪80年代、90年代概括为：“一山、一城、一江、一文化、一风情”。一山即玉龙雪山，北半球纬度最低、处于最南端的一座雪山。一城即丽江古城，保存完好有上千年历史的文化古城。一江即金沙江沿线的众多风景点，有长江第一湾、虎跳峡、宝山石头城等。一文化指纳西族东巴文化，还有纳西古乐等，有很高的历史文化价值。一风情指泸沽湖摩梭母系文化风情。丽江旅游文化资源还以“丽江天下奇”为题概括成为三十多个自然文化和民族风情胜景。还以丽江旅游文化十绝来推介宣传丽江。他们的共同特点是把自然景观和人文景观融为一体，把民族文化和旅游相互交融，这是始终坚持的一个重要理念。丽江在分析把握旅游资源优势时，一开始就把民族文化作为旅游的最突出的资源。除了把自然风光作为资源优势外，把人文资源、民族文化资源作为最具魅力的优势，最大的亮点，最具核心竞争力的因素。

2．坚持把文化旅游融为一体，努力打造文化旅游产业，相互促进、互动发展。

文化和旅游是不同的概念，不同的性质，也是不同的产业，但丽江在改革开放以来的实践中，很自然地把两者相互融合，有机地融为一体，两个产业你中有我，我中有你，相互依托，互动发展，成效显著。丽江文化产业在发展之初是作为旅游产业的一个组成部分，到21世纪初逐步发展为一个重要产业。丽江在发展壮大旅游产业的过程中，民族文化起到特殊重要的作用，丽江旅游的特色概括起来就是文化，尤其是博大精深的优秀纳西民族文化起到了主心骨的作用。在文化与旅游互融、推进文化旅游产业发展过程中，除了大力改善交通、通信、航空、饭店等旅游基础设施外，就文化旅游作出几项重要决策，实施了一系列重要举措。一是成功申报三项世界遗产。丽江古城成功申报世界文化遗产，东巴古籍文献成功申报世界记忆遗产，老君山、黎明风景区进入世界自然遗产。二是打造和推出纳西古乐等一系列民族文化品牌。三是不断提升旅游景区的文化含量，把文化渗透到旅游景区方方面面，贯穿旅游的全过程，使旅游者不仅能领略美丽的自然风光，更能体验到民族文化的魅力，得到精神文化的享受。四是积极开展和推出体验民族民间文化的休闲度假旅游，户外体验旅游等项目。包括成功打造和推出束河古镇民俗文化休闲景区、拉市海乡村民俗旅游项目，还成功举办东巴文化艺术节、东巴婚俗文化节、雪山音乐节等特色文化旅游节庆活动，用文化提升旅游的品质。总之，丽江把优秀民族传统文化、民族风情、历史文化、独特的自然生态文化以及现代的各种时尚文化融入到旅游全过程之中，融入到旅游产业发展的各个环节，不断做强做大文化旅游产业。除了围绕旅游的“吃、住、行、游、购、娱”等六大要素兴起的宾馆酒店业、服务业、饮食业、娱乐业等以外，又推动了歌舞演艺，旅游工艺品加工、博物展览、图书出版、音像制作、影视基地等文化旅游产业群体。2008年，来丽游客达625.5万人，其中海外游客46.6万人，旅游总收入69.5亿元。文化旅游经营户达3100多户，实现文化增加值10.6亿元，旅游文化产业直接间接从业人员超过10万人。文化旅游产业在丽江经济社会发展中举足轻重，已占据半壁江山。实践已经证明：文化提升旅游业的魅力、提升旅游的品位、增加旅游业的内涵，一句话，文化铸就了旅游业的灵魂。反过来旅游业为文化的发展繁荣搭建平台、提供市场、拓宽渠道，为文化产业的发展注入精神动力，开辟了广阔的前景。总之，文化旅游是一对孪生兄弟，相互融合、共为一体、相互依托、互为支撑、互动发展，为丽江的经济社会发展做出了重大贡献。

3．用丽江民族文化精神和文化旅游产业推动跨越发展。丽江文化旅游和经济社会发展关联度高，作用突出。

丽江在文化旅游发展初始阶段，指导思想就十分明确。一是把文化旅游产业定位为先导，也就是把旅游业作为既能推进转变观念，带动全区经济社会发展，又能自成体系的大产业来培植；另一个是高度重视文化旅游产业对经济社会发展的关联带动作用，突出文化旅游产业在经济社会发展中的地位；再一个则重视民族文化精神的支撑推动作用。另外，所谓旅游先导，就是通过旅游自身的开放，通过国内外游客的流动所形成的巨大信息流，各种新认识、新理念的涌进，促进丽江干部群众思想的解放和观念的转变，树立起适应改革开放和市场经济的新观念、新思维，这在改革开放初期和中期是十分重要的，应该说丽江人观念上和认识上的转变和飞跃得益于旅游的开放和发展。同时通过旅游业的兴起和发展，充分利用它所带来的信息流、物流、资金流、技术流、人才流，推动丽江的对外开放，引进国内外众多的资金、项目、技术、人才。利用世界银行贷款恢复重建木府，发展民族文化旅游产业就是一个很典型的例子。通过文化旅游产业的发展，树立丽江良好形象，吸引国内外客商和投资者。再者，所谓先导作用，也就是说还有更高的目标，丽江发展旅游业，绝不是为旅游而旅游，而是着眼于更大的发展。搞旅游既是目的，也是手段，更大的目标是通过旅游的先导作用推动经济社会全面发展。实践已证明，旅游业的发展，带动了丽江农业、工业、商业、交通、建筑、民族工艺品、土特产品等一系列行业的蓬勃发展。把旅游业培植打造成支柱产业，这个指导思想十分明确，而且在实践中付诸实施。玉龙雪山省级旅游开发区的开发建设，省政府给了一千万元的铺垫资金，地区拿不出扶持资金，于是走了市场路子，也只能通过市场运作招商引资，逐步发展成为丽江旅游业的龙头企业。宣科先生的纳西古乐队也是通过市场运作逐步发展起来的，成为全省乃至全国民营文化企业发展的成功典型。民族文化体现一个民族优秀精神和血脉。对一个地方的发展进步起着重要作用，丽江文化旅游在经济社会发展过程中扮演了很特殊很重要的角色，也提供了精神支撑和动力支持。丽江党委政府高度重视并充分发挥了这种作用。比如在1996年“2・3”大地震恢复重建过程中，结合当时开展的解放思想、转变观念的活动，集中进行“弘扬丽江精神、创造丽江速度”的大讨论，极大鼓舞了干部群众的斗志，创造了恢复重建的“丽江速度”，大大推动了丽江经济社会的跨越发展。在改革开放的各个时期，丽江重视旅游先导对思想观念转变的巨大作用，重视优秀民族文化对经济社会发展的引领和支撑作用。所以说，文化旅游不仅成为丽江的支柱产业，占据了社会经济的半壁江山，而且成为推动发展的助推器。

4．把改革创新作为推动文化旅游互动发展的强大动力。

丽江文化旅游产业异军突起，成为丽江经济社会的重要支撑，得益于解放思想、敢于人先、勇于改革创新。没有解放思想就提不出新的发展思路，不敢于开拓创新就走不出好的路子。丽江旅游产业的发展壮大本身就是解放思想的结果，在旅游产业崛起的过程中，丽江有许多方面的创新，为云南乃至全国提供了良好的经验。比如世界遗产丽江古城保护和开发协调发展的“丽江模式”，得到联合国教科文亚太地区组织的充分肯定和推广，认为“丽江模式”为世界遗产保护管理与旅游业开发利用提供了良好典范。束河古镇保护与发展项目，又是一个旅游产业开发和古镇自然生态、人文生态保护相结合的成功范例。它在旅游业反哺农业、城市带动农村发展、农民向市民转变、民间资本参与文化旅游资源保护，推动城市一体化发展方面进行了积极探索，取得了开创性的成果，被中央新闻媒体誉为中国发展经验的典型之一。在旅游行业管理、旅游执法、规范市场等方面创造了许多新鲜经验。比如旅游监理制度、导游培训制度、联合执法制度、实行一卡通收费管理等制度和做法都是改革创新的成果。在文化体制改革、推进文化产业发展方面，丽江勇于开拓创新，在全国全省率先改革、率先突破、成为全国文化体制改革试点中唯一的一个地级市。其特点是坚持改革，努力为改革营造良好的社会环境；理顺体制、改变多头管理，组建文化广播新闻出版综合机构，成立统一的文化市场执法大队；整合文化资源，盘活资产、提高效益，深化内部改革，创新文化单位运行机制，把文化产业推向市场，同时政府着力办好公益文化事业；支持民营文化企业发展，形成政府、企业、民间、社会等投资主体的多元化格局，形成各方共同兴办文化事业，发展文化产业的格局。通过不断改革创新，大大增强了文化旅游产业的生机活力，从而创造了良好的经济社会效益。

5．打造文化旅游品牌为跨越发展服务。丽江最大的成功或亮点或许就是打造了一系列的文化旅游品牌，“丽江”本身就已成为闻名海内外的品牌。

丽江品牌的一大特点就是文化旅游深度融合，既是文化品牌又是旅游品牌。品牌对树立一个地方的形象，提升一个地方的知名度和影响力，推动一个地方的发展都是至关重要的。品牌既是一笔有形的巨大资产，又是一笔无形的巨大资产。改革开放以来，纳西古乐、丽江古城、东巴文化、丽水金沙、印象丽江、玉龙雪山、木府等文化旅游的产品逐步产生了品牌效应。这些品牌的成功打造和推出，对做强做大旅游文化支柱产业，扩大对外开放，广纳海内外资金、技术、人才，促进三次产业发展，增强经济社会发展后劲都起到重要作用。

6．用优秀的和谐民族文化促进民族团结社会和谐。

结合实际，弘扬优秀民族传统文化精神，丽江紧紧抓住了“和谐民族文化”这一精髓。千百年来，丽江主体文化即纳西文化中，这一和谐文化精神深深扎根于丽江这片土地，成为广大老百姓思想道德的遵循，在丽江历史进程中起到了重要作用。改革开放以来，这一文化精神得到大力弘扬和推崇，在和谐社会建设中从三个方面发挥了突出的效应。一个是处理人与人之间，人与社会中间要“和合”的传统文化精神，以及“各民族亲如兄弟”的民族和谐精神，对营造和谐稳定的社会环境，促进各区域各民族和谐共处，做到“和合”为贵、“和合”为上、顾全大局，从而努力维护民族团结和社会和谐。另一个是尊重自然、爱护自然，人与自然是兄弟关系，要和谐共处的精神，从而推动环境保护和生态建设。于是丽江20世纪90年代初开始实行封山育林，停伐天然林、重视保护生态环境，提出保护好青山绿水是成绩的口号。再一个是用和谐文化的精神营造良好旅游环境，形成热情友好、纯朴自然、明礼诚信、和谐温馨的氛围。丽江给海内外游客留下了美好的世外桃源的印象。丽江古城被中央文明办、建设部和国家旅游局评定为全国十大文明风景旅游区及其示范点。

今天，丽江文化旅游产业互动发展处在一个新的历史起点上，挑战与机遇并存，存在的问题不容回避。首先面临着省内外高速发展文化旅游产业的压力。党的十七大以来，根据党的十七大“掀起文化建设新高潮”、“推动文化大发展大繁荣”，以及在省市提出旅游“二次创业”的形势下，省内外许多地方文化旅游产业发展迅猛。比如省内的昆明、玉溪、楚雄、腾冲等地实施大项目、大投入、大建设、大发展的战略，凭借经济实力和交通区位等优势，发展势头强劲；而丽江经济实力不强，财力弱小，自主发展能力受到很大制约。

文化旅游产业提质增效仍然受到整个基础设施滞后的制约和影响。丽江与周边旅游景区、周边大城市连接的高速公路和铁路未建成，市内各大景区之间公路等级低、通达条件差。乡村生态民俗文化旅游覆盖面不广，广大农民受益面窄，对整个农村的带动有待加强。丽江旅游业一体两翼格局中，两翼即老君山和泸沽湖两大景区建设正在起步或提升，文化基础设施建设落后。文化旅游大型骨干产业群还没有形成，其产业仍处于弱小散的状况。文化旅游中高级管理人才、专业骨干人才不足。

金融危机对丽江文化旅游产业发展影响较大，海外游客下滑明显。丽江文化旅游产业占据特殊地位，与经济社会发展关联度很高，旅游业的国际化程度也较高，文化旅游产业占到经济总量的60%以上，海外游客2008年达46万多人，所以产业如何继续发展，如何变被动为主动，已成为当前经济社会发展中面临的一个重要问题。

回顾文化旅游产业发展的历程和经验，针对存在的问题和新的发展形势，丽江人必须保持良好的精神状态，继续解放思想、开拓创新、迎难而上，要更加自觉地把握好文化旅游高度关联，深度融合的态势，尤其要利用好国家实施的扩大内需应对金融危机的政策措施，努力把困难和挑战变成发展机遇，推动文化旅游产业实现新突破，继续推动丽江经济社会发展实现新跨越。

（1）把文化旅游产业放在全局中把握，在全局中提升整体水平，开创二次创业新局面。要跳出文化旅游来考量其产业发展，从经济社会发展的全局上提升产业发展后劲，继续充分发挥文化的引领作用和旅游的先导作用，推动丽江再上一批重大基础设施建设项目和文化旅游骨干项目。尽快完成丽江机场改造扩建、大丽铁路的通车、泸沽湖机场开工建设，老君山国家公园建设，搞好丽攀铁路和丽攀高速公路的论证上报等相关工作，争取早日上马。同时要大力推进金沙江一库八级水能资源的开发。这些项目的实施和建设，将从根本上改变丽江文化旅游发展的局面，文化旅游产业发展将得到质的提升。除了交通、航空、景区建设等重大基础建设项目可以给文化旅游产业带来直接效益外，其他一些重大项目，比如金沙江一库八级水电资源的开发，也将给旅游产业带来很大的发展后劲。随着大坝的建设、水位的上升，崇山峻岭间的金沙江中上游段有可能成为与长江三峡相媲美的旅游新亮点。

（2）充分利用国家出台的文化旅游产业发展的相关政策，提质增效、做强做大文化旅游产业。面对金融危机，丽江文化旅游产业的持续发展面临许多挑战，但丽江文化旅游的良好基础和品牌效应十分突出，国家经济社会平稳较快发展的基本面没有变，国内游客旅游需求和消费预期总体稳定，整体旅游市场没有受到大的冲击。加上国家出台扩大内需，刺激消费和支持文化旅游产业发展的许多好政策，包括国家旅游局应对金融危机的九条政策措施，国家支持公益文化事业和文化产业发展的重大措施，要积极主动地开展工作，掌握加快发展的主动权。尤其要在旅游产业的转型升级，提质增效上下工夫；要在文化休闲旅游上，在乡村民俗文化旅游上，在户外康体体验旅游上有个突破；要在大力培植发展文化旅游产业基地，在发展文化旅游骨干企业和产业群上有个新突破；要在继续推进文化旅游体制改革和机制体制的创新上取得新进展，要推进文化旅游产业优化组合和改革步伐，完善文化旅游投融资机制，吸引和促进社会资本加大产业投入；要搞好争取国家扩大内需支持文化旅游发展资金的工作，在事业的发展、产业的扶持上要和国家的相关政策相衔接。总之，通过一系列应对措施，增强应对危机和持续发展的能力，进一步壮大文化旅游产业的实力，使丽江文化旅游品牌软实力变为经济的硬实力。

（3）加强对两个产业的扶持力度，积极推进文化旅游机制体制的创新和建设，不断增强企业活力和应对风险的能力。要从政策上、法规上、资金上加大对文化旅游这两个产业的扶持力度。要多渠道筹措文化旅游发展资金，建立财政投入、民间资本、社会资本以及国家资本等多元投资体制。要继续解放思想、深化改革、创新机制体制，要通过合作、合资、兼并、股权置换等形式，对企业进行改造重组，改变文化旅游企业弱小散的状况。同时加强与国内外企业单位实行强强联合，组成有实力有影响力的旅行社等企业集团。打破行政界限，加快旅游资源的整合与重组，做到发挥整体资源优势。各级政府及文化旅游主管部门要在体制改革、机制创新、项目服务等方面做好工作。

（4）要着力提升旅游产业的文化含量，推动旅游业转型升级。丽江旅游业的转型升级是丽江旅游可持续发展的必由之路，也是丽江旅游保持强势、保持魅力的关键所在。通过改革开放30年，尤其通过十多年的发展，丽江旅游业必须进入一个新的更高的境界，出路在哪里？关键在于给旅游业注入更多的民族文化的元素，使旅游文化更好地融为一体，使旅游业有个质的提升，同时抓住机遇，深入推进旅游业的转型升级。丽江在这方面有了很好的探索，也积累了很好的经验，又面临着转型升级的一个很大压力和良好的机遇。丽江旅游要由数量粗放型向集约质量型转变；由自然观光型向文化体验、休闲度假的综合型转变；由旅游的目的地向既是目的地又是集散中心转变；由政府主导旅游业向政府引导调控、依法管理转变。丽江旅游业的转型升级要着力在以下几个方面下工夫：一是凭借丽江生态气候文化的优势，把丽江建设成西部休闲度假之都；二是凭借丽江民族文化的底蕴和特色，把丽江建设成为体验民族文化、独特民族风情、少数民族生产生活的体验旅游之都；三是要把丽江打造成为户外康体、山地探险、生态考察的基地；四是还要把丽江建设成为体验乡村、自然生态、民俗文化生态的旅游胜地。丽江与川滇藏交汇区域，也就是所谓的大香格里拉区域有深厚的历史文化渊源，从历史文化角度或者自然地理角度看，丽江都应该是这个大香格里拉区域的中心，应该把丽江建设成这个区域文化旅游的大本营。

（5）大力培养文化旅游各级各类人才，不断提升文化旅游软实力。培养文化旅游方面高素质的各级管理人才，各类业务骨干是丽江旅游发展的当务之急，

也是持续发展的重要支撑。要不断探索和建立完善文化旅游产业各级各类人才培养、引进、使用、奖励的新机制，使优秀人才脱颖而出、不断涌现、后继有人。要努力培养和吸收大批精通民族文化和旅游发展规律，熟练掌握和运用现代经营管理技巧，具备市场运作能力的文化旅游产业优秀人才。要逐步形成在文化旅游创意策划、企业管理、市场营销、资本运营、法律咨询、高级导游等方面的人才体系，为文化旅游产业互动发展提供强有力的人才支撑。

（6）通过文化旅游资源的拓展和整合，进一步提升丽江文化旅游的品位和影响力。丽江一批有特色的文化旅游资源有待进一步拓展和开发，比如丽江红色文化旅游资源有待进一步开发利用，国家把滇西北的丽江纳入12个红色旅游精品线路之一，石鼓还进入国家100个红色经典景区之一，红军长征的纪念馆已建成，红色旅游大有文章可做。另外，永胜他留文化、毛氏文化、边屯文化还有待打造和推出，泸沽湖摩梭文化的开发有待加强，金沙江文化带，包括金沙江古岩画、宝山石头城，沿江特色东巴文化生态村的保护开发也大有可为。老君山国家公园和民俗文化的保护开发正在处于起步建设阶段，前景十分看好。尤其要借助在昆明召开的国际人类学民族大会的契机，办好“纳西学探索新视野”专题，搞好纳西文化大型展览，加大国际文化交流，使丽江文化旅游品牌有个更大的提升。

纳西族传统生态和谐观念及其实践活动探析

纳西族是一个历史悠久，文化底蕴深厚的少数民族。东巴文化是纳西族最具代表性的优秀古代文化。用古老的图画象形文字——东巴文字记录的东巴经书，即我们平常所说的东巴古籍文献，已于2003年8月列入“世界记忆遗产名录”，成为全人类的精神遗产。纳西族自古以来就有着崇尚自然、尊重自然、善待自然，向自然不断忏悔的历史文化传统。它的古老、朴素、睿智的生态和谐观念在东巴文化中占有十分重要的地位。这一生态和谐观念在东巴古籍文献中有系统的论述，在上百卷东巴经书中有完整的记载，今天我们在阅读和研究中也感到惊奇和震撼。我们毫不夸张地说，这是中华民族传统生态文化中的珍贵遗产。

在已经翻译出版的100卷东巴古籍文献全集中，从第四卷到第九卷的共52部东巴经书是专门讲人类与自然界关系这一主题的。而且系统地论述了生态和谐观念的种种观点和基本内容。有各种祭署仪式的程序、要求、具体运作、祭祠供品等方面的记载，有非常原始古朴的人与自然之间的神话故事等。千百年来这一生态和谐观念不仅形成了纳西族独特的生态文化观，同时具有很强的实践意义。在漫长的生产生活的具体实践中，在处理人类与自然界关系和保护生态环境中发挥了极其重要的作用。

笔者认为，东巴古籍文献中关于生态和谐的思想可概括为以下几个方面：

第一，东巴古籍文献中把与人类相对应的自然界万物概括为“署类”，这个署类包括了人类赖以生存的自然界的一切万物。这个署类万物有灵，是有生命的，是自主的、平等的。它不是人类的附属品，也不能由人类随意主宰，随意处置。它们有和人类一样的自主权利，它们有它们自己生活方式和生存方式，它们要和人类经常对话。掌管自然界方方面面权利的是各个方面的“署”，即各个方面的自然神。

第二，东巴古籍文献即东巴经书中认为人类与署类即人类与自然界是同父异母的兄弟，一胞两手足，血脉相通连。在东巴经书《祭署·崇忍利恩·红眼仄若的故事》中说："相传在很古很古的时候，在开天辟地的时代，在产生日、月、星、饶星的时代，人类与署类是同父异母的兄弟，勒周好父亲是一个，补勒好母亲是两个。后来兄弟分家，人类分得肥田和牲畜、分得村寨。署类分得高原、高山、石头、土地、泉水、野兽、鸟类、森林等"。[①]所以纳西族自古以来就把自然界万事万物视为有生命、有灵性的人类的兄弟。既然是兄弟就要讲兄弟亲情，兄弟情义，要和睦以对，和谐相处。破坏自然界的东西，损害自然界的东西，那就是兄弟相残，侵害兄弟的利益，那是家庭的不幸，家人的不幸。

第三，东巴古籍文献中强调，人类要主动讨好署类，友善地对待署类，不要做损害署类的事情，要主动维护好署类的利益。这样署类就会至福于人类，给人类平安和谐的生活。在《祭署·开坛经》中说："署是可以为祸于人，亦可至福于人的精灵。得罪署，署就降祸；讨好署，署就至福。"[②]这部经书中特别讲述了做仪的人家是在安分守已地过日子，很注意同署类的关系，在他们住的寨子里，不去破坏附近的山林；住在大地上，不去破坏草坪；住在水边，不去把水搅浑。他们不去杀红虎，不去捕飞禽，更不去捕杀白鹤，不去惊动吃草的野牛，不挖石头，不去开山、不砍树木和古树，不烧山林。要用水也用木桶木盆量着用，不去浪费。总之，没有去干得罪署家的事情，这样署就高兴，至福于人们。这个生动形象的故事提倡人类要致力于生态环境的保护，多做让自然界高兴的事情。东巴古籍文献中，专门有一部书叫《祭署·不争斗·又和好》[③]，在书中指出，人类和署类发生矛盾是人类引起的。本来在开天辟地的时代，人类和署类出现的时代，人类和署类是不争斗，相安无事和平共处，遵守共同相处的规矩，相互间很理解，很了解各自的来历和情况。

第四，东巴古籍文献的多部经书中都讲述，由于人类得罪了署类，也就是伤

①《纳西东巴古籍译注全集》第8卷，第2—6页。

②《纳西东巴古籍译注全集》第6卷，第2页。

③《纳西东巴古籍译注全集》第9卷，第72—86页。

害了自然界，破坏了自然生态环境，所以人类遭到了自然界的报复。东巴经《祭署·给署供品·给署献活鸡·放五彩鸡》中指出："居住在若罗神山东面的头目久日杨补得罪了东面的署；居住在若罗神山南面的头目郎卡金补得罪了南面的署"[①]，居住在若罗神山西面的头目崇位金补得罪了西面的署；居住在若罗神山北面的头目禾普扩补得罪了北面的署；居住在若罗神山中央的头目权补得罪了中央的署，即这里成千上万的人们在大山上伐木，杀树上的蛇，把树木和石头抛进海中。住在南边的人们毁了七条沟箐的森林，烧了九座山，烧了七条沟箐的树木，蛇被火烧死，雨蛙被石头砸死了。在西方成千上万的人在雪山上挖白路、挖银子，在江中乱淘金、乱捕鱼，射树上的白鹇鸟，射杀黄猪，破坏饮水泉源……于是五方的人们遭到了五方署的报复。署生气发恨了：于是署让人受灾，带来了大的自然灾害，让人得各种疾病，让家畜得各种传染病，让庄稼得各种病虫害，粮食歉收；还让人们没有福泽，女人不能生孩子，让人没有子嗣。

第五，在东巴古籍文献中指出人类是欠了署类（自然界）的债的。所以，要偿还各种欠债，要偿还开天辟地欠的债，偿还建村寨、开肥田山地的债，偿还欠箐沟、山、高原、山巅的债，还要偿还署类其他方面的欠债。人类开展祭署的活动是向自然界表示忏悔，给署类必要的补偿的行为。同时开展祭署活动祈求自然界给人类平平安安，得福泽、得子嗣、得富强、不病不痛、不冷不热、心神安宁、流水满塘。《祭署·用白山羊·白绵羊·白鸡偿还欠署的债》[②]这部经书专门讲这个问题。

第六，东巴古籍文献中认为东巴，即纳西族古代社会中的智者，祭师，颂读吟唱东巴经书的高人，是人类与署类发生矛盾纠纷后的调解人。其中，东巴的最高智者，东巴教主丁巴什罗解决人类与署类之间的矛盾，要求人类与署类要和好，不相争斗，遵守订立的条约和规矩。《祭署·神鹏与署争斗的故事》[③]、《祭署·不争斗·又和好》[④]等几部经书中论述了这个问题。

---

①《纳西东巴古籍译注全集》第8卷，第194—223页。

②《纳西东巴古籍译注全集》第6卷，第224—239页。

③《纳西东巴古籍译注全集》第6卷，第302—332页。

④《纳西东巴古籍译注全集》第9卷，第72—86页。

第七，东巴古籍文献中认为，人类平时要注意自己的行为，要主动营造一个和谐的氛围和环境，要主动排除导致各种矛盾争斗的祸因，做好各个方面的防范工作。在《祭署·开坛经》[①]中指出，这个地方的人们，雨未下来，毡房就事先搭好了。洪水未发，桥就先架好了。未着毒箭，九种十样的药就先找好。还没有发生病痛，东巴就做许愿仪式。祸事没有发生，祸因就排除在前面。夫妻之间未曾吵闹争斗，邻村和本村也未曾吵闹争斗，亲友间也不曾寻仇。与署龙也不曾吵闹争斗，与盘人、纳人、崩人、吴人也未曾吵闹争斗。总之，古老的东巴经书中倡导一种和谐精神，倡导人与自然、人与人之间的和谐，倡导平时做好各种预防措施，处理好各种关系。

以上7个方面就是古老东巴经书中所记载所阐述的一种系统的生态思想、生态意识和生态文化。这种古老朴素的人与自然关系和谐的思想，人类与署类兄弟亲情的观念、和谐共荣的理想追求，在纳西社会漫长的历史长河中，形成了全民族的共识，并上升为民族的传统文化和哲学理念。这些东西千百年来在纳西族地区不断付诸实际行动，不断加以实践，不断加以总结，逐步形成了约定俗成的行为规范。对保护纳西族地区的生态环境起到极其重要的作用。

第一，千百年来在纳西族地区深入持久地开展东巴祭署的活动。这是人类向自然界表示感谢和忏悔的活动，是保护自然环境的活动，是向自然界表示补偿的活动，也是向广大纳西族群众进行生态环境教育的活动。这种活动在各地的东巴主持下进行，覆盖坝区和山区，覆盖村村寨寨，包括丽江古城及集镇，每年都要举行几次隆重的活动。祭署活动是纳西族地区最大最广泛的祭祀活动之一。通过这个活动使广大纳西族地区的群众都受到教育，生态意识深入人心，形成全民族的生态文化意识，增强了保护生态环境的自觉性。

第二，结合生产生活的实践，这种生态的意识和生态和谐的理念逐步演进成为约定俗成的规范，成为村规民约及相关的一些制度。比如在纳西族聚居的地区形成森林管护和护林防火的制度。村村寨寨的山林都由村寨共同管护，即使是私人的森林和林地，也纳入统一管护。村寨都要专门推举护林员、巡山员，随时随地制止乱砍树木、损坏山林、防范森林火灾。

① 《纳西东巴古籍译注全集》第6卷，第2—48页。

保护水源和用水放水的制度。水源神圣不可侵犯，不许动一草一木，不可随意进入水源地，更不可在水源地洗澡、洗衣物、污染水源，在水沟里不能倒垃圾，丢废弃物。比如在丽江古城，晚上和上午都不能在几条河中洗衣物、洗其他东西，下午才能洗衣物和其他东西。丽江古城和大的村镇都有三眼井，即泉水源头的第一眼井是饮用水，上井之水流入的第二眼井是洗菜、洗食物用水，中井之水流入的第三眼井才能洗衣物等，而且在洗菜和洗衣物时不可污染了第一眼井。自古以来在纳西族地区的村寨里都设有水管员，有水班制度，水由水管员统一调度。按照水规放水，充分利用水资源，不浪费，而且有秩序。各村寨还有挖沙取石的制度，村民不允许随意乱挖乱采砂石，村寨都指定采石取砂的区域，按照村规民约有序地进行开采。

第三，对生态环境的保护形成监督、检查、惩处的机制。各个村寨都由德高望重的老东巴和家族老人们组成权威的监督机制，评判村寨里的各种行为，监督检查各种行为。对生态环境的保护等情况进行审议和讨论，对违反规定的行为进行必要的处罚，进行严格的纠正。比如砍树除了处罚还要砍一补十，小孩们对水井水源地的损坏污染都要由大人或家长承担责任，进行补偿。在纳西族社会中对自然生态环境的破坏和损害是最为可耻的事情，会受到全社会的谴责和鄙视，所以破坏生态环境的事情平时都很少发生。此外，纳西族地区还有对各种鸟类动物放生回归大自然的民俗民规传统等。

第四，长期以来在纳西族社会中形成了建设环境、美化环境的良好风气。每年的春天，村寨里的人们都要到水源地、河边或在荒地上种植树木，在房前屋后家家户户都要种上各种各样的果树或绿化树，村寨、寺庙、宗祠等地方都要重点绿化，所以纳西族村寨都在绿树的掩映中，生态环境很优美，庭院里都兴种上一些名贵的树木或花草（一般不能种植柏树、梨树、桃树外），都要种树养花。这个好的传统不仅仅在丽江古城，而且在广大农村都形成了好的传统和风气。

历史和纳西族地区生态环境的状况已经有力地证明，纳西族生态环境和谐的意识，卓有成效的实践活动，以及所形成的机制和相关制度对保护生态环境产生了巨大的影响和作用，产生了极大的生态效益和社会效益。纳西族千百年来主要居住在云贵高原和青藏高原的连接地带，即云南省的滇西北地区和川滇藏交汇

区域的部分地区。这个区域被称为“植物的王国”、“动物的王国”、“生物多样性的王国”。成为中国乃至全球生态环境延续并保护得最好的地区之一。在这个区域里，至今保留着许多古老珍贵的物种，保留着几千年的古树群落，在著名的老君山新主植物园、玉龙山中英植物园，经植物学家在20世纪80年代考证，还发现有3000年左右树龄的铁杉树。这个区域的纳西族村寨都保持着良好的生态环境，流水潺潺，绿树掩映，许多动植物得到很好的保护。在村寨、水源地附近上百年的古树、上千年的古树，一直到20世纪50年代都保持得相当完好。丽江市的森林覆盖率至今还在66%以上。

当今世界，随着工业化、城市化、现代化、全球化进程的加快，人类与自然界的关系问题、生态环境的保护问题、生态环境不断恶化问题越来越引起全世界普遍的关注和忧虑。人类与自然界之间的矛盾和冲突越来越严重，人类为了追求物质的享受和展示无穷的力量，人类中心主义、人类主宰世界一切的思潮泛滥起来。利用现代科技的一切手段，不顾一切，不顾后果，无限度地向自然界榨取，向自然界宣战，企图彻底地征服大自然。于是大片森林被乱砍滥伐，大片的湖泊、水面污染，大批的珍稀动物被捕杀消灭，许多植物物种处于灭绝的境地。空气受到污染，大气层受到破坏，整个自然界和生态平衡受到严重影响。人类对生态环境无情的破坏，导致严重生态危机，正在日益威胁着人类生存发展的基础。

面对日益严重的生态危机，人类正在觉醒，正在日益反省人类自己的行为。20世纪90年代以来，“保护环境、保护生物多样性、保护我们赖以生存的生物圈”已逐步成为全人类的共同认识。在这种形势下，也彰显出纳西族生态和谐的思想观念和实践经验，有着宏大的历史和现实意义，彰显出它的学术研究和生态文化的重要价值。

首先，这是人类古代一个比较系统的古朴睿智、富有哲理的生态文明观，体现了对当今全人类的普遍意义和共同价值。纳西族传统的生态观念与当今人类所追求的生态意识、生态文明观念如出一辙。人们甚至可以怀疑数千年前的古人观念之超前，哲理之深刻，寓意之深远，效益之实在。这是中华民族极其宝贵的精神财富，也是全人类生态文明观念的瑰宝。它不仅是纳西族和中华民族的，也是全人类共同拥有的宝贵精神财富。这些观念虽然是古代传统的，但又极富深刻的现代精神。在当今条件下，深入挖掘研究这一宝贵的生态文化遗产，弘扬这一宝贵的优秀文化传统，对现代生态文明理论的建设和实践具有重要的意义。

其次，弘扬这一优秀传统文化，对当今生态环境的保护、处理好人类与自然界之间的关系，仍然是有重要实践意义，具有很强的借鉴和指导作用。在当今社会条件下，对保护生态环境的实际作用不可低估。纳西族聚居的滇西北地区和川滇藏交汇的区域，由于特殊的地理环境和地质地貌，拥有中国三分之一以上的高等植物和动物种数，是中国和世界物种最为丰富的地区之一，被称为世界级的生物基因库，也是世界新特有物种类群的分化演替中心。正因如此，这个区域被国家列为优先重点保护17个“关键地区”之一，也被多个国际组织列为全球生物多样性的25个“热点地区”之一。正如以上所述，这个地区生态环境在历史上得到有效保护，这和纳西族传统生态和谐的观念和实践是分不开的，甚至可以说起到了主导的作用。这一传统文化在“左”的思想和政策影响下，曾经受到批评和否定，它对生态环境的保护作用受到很大影响和弱化。今天，民族优秀传统文化得到很大的重视，许多纳西族地区正恢复这一传统文化，弘扬这一传统文化。比如在一些纳西族地区恢复祭署祭天等传统的东巴文化活动，这对于保护好这一区域生态环境仍具有十分重要的现实意义。

再次，这一优秀传统文化，独具特色的古代生态文明观，要进一步挖掘研究，加强与国内外广泛传播和交流，融入现代生态文明体系，更好地为全人类保护生态环境服务。1999年9月《纳西东巴古籍译注全集》100卷正式出版发行。古老的东巴经典过去是读不懂的天书，通过一大批老东巴和专家学者20年的艰辛努力，出版了译注全集百卷，而且采用直观的四对照译注体例，现在完全可以读懂了，为研究奠定了坚实的基础。体现人类与署类关系即人类与大自然关系这一重大主题的几十部东巴经书是极其珍贵的历史文献。需要系统地加以挖掘，系统地加以研究，系统地加以新的阐述，这是很有必要的事情。同时与国内各兄弟民族，与世界各个国家进行广泛的学术交流，进行广泛的传播，对实现人与生态的和谐，实现人类之间的和谐也是有意义的事情。

ʂɣ˨ ne˨ be˧ tsʻɿ˨ zɿ˧ ȵi˧ kɣ˥ ， mə˧ æ˨ le˧ dy˨ se˨。
署 与 人类 两 个 不 争斗 又 和好 了

译文：自然神和人类和睦相处，不再纷争。

（纳西东巴古籍译注全集·第6卷·第322页）

pʻər˨ na˥ zɿ˧ be˧ mə˧ æ˨ du˧ me˧，pʻɣ˧ la˨ du˨ nɯ˧ be˧。
盘人 纳人 一辈子 不 争斗 兴 神 卢神 来 作

译文：世间各种族永远没有仇杀，这是因为人们遵循了卢神所制定的古规。

注：盘人、纳人，泛指各种民族。卢神，东巴教造物之神。

（纳西东巴古籍译注全集·第39卷·第67页）

论纳西族和谐传统文化精神与丽江休闲旅游

众多的旅游者来到丽江，总是被这里的和谐文化、和谐环境、和谐氛围所感染，被柔软的时光所打动。于是许多旅游者成为回头客，或者索性住下来休闲度假，享受美好和谐的时光。丽江之所以成为海内外旅游者休闲度假的目的地，这主要缘于多彩的民族文化、美丽的自然风光、宜人的气候环境等优越条件。但是，起主导作用的则是本土的纳西族和谐传统文化和各民族的和谐精神，正是这种源远流长、博大精深的和谐文化和民族团结和睦精神造就了这一方和谐乐土。和谐文化是休闲旅游的灵魂，也是休闲度假的前提和基础。

一　纳西族和谐传统文化精神源远流长、影响深远

纳西族和谐传统文化精神在古老的东巴经典中有了深刻的反映。这一和谐文化精神是一种古老而又朴素的思想理念，是万物有灵、自然崇拜的一个典型。这一思想理念在用象形文字书写记录的东巴经典中作了深刻描述和反映。而且这一思想理念随着东巴文化的传承弘扬在部族和纳西族社会中代代相传，融贯在生产生活和民俗之中，成为民族的主体文化精神。它是中华民族古老的和谐文化思想的重要组成部分，与今天所提倡的和谐精神一脉相承，在现实生活中仍然发挥着重要作用和深刻影响。

第一，天地人和的理念。在东巴经典中记载着：纳西族是先祖崇忍利恩与天地之女衬恒褒白结婚后所生子孙的后代，故纳西族把天奉为始祖父，把地奉为始祖母，把柏奉为衬恒褒白的舅舅。祭天其实是祭这三位。东巴经典中始终坚持天地人和的理念，始终认为人与天地是一家人，要和睦相处。人类要尊重天地、

敬畏天地、感恩天地、祭祀天地。这一天地人和的理念与中华民族古代和谐思想是一致的，这也是东巴文化的精髓和显著特色。东巴经典中对天地与纳西人的关系作了深刻的描述："天是白天出太阳温暖，夜间出月亮皎洁的天，是天神孜劳祖父的天……"；"地是让牛羊成群之地，让人类生育繁衍之地，是金银作被盖的大地，是在石缝都长着药草的大地"。"福泽和吉祥、富裕和强盛、胜利和美好、能干和敏捷、长寿又延年都要靠天地来保佑赐予。祭天祭地后一切平平安安、顺顺当当了"。总之，天地对人类恩泽无限。东巴经典中说：纳西族始祖崇忍利恩与天女成婚后，生下三个儿子都不会说话，找到大天神孜劳祖父，并诚心诚意祭天后才会说话。从以上描述中看出，纳西族对天、地的自然崇拜，同时与祖先的崇拜相结合，把祭天地和祭祖先融在一起，还把尊老、敬老作为祭天活动中的一大规矩和行为准则。家族中的老者、长者在祭祀中备受尊敬。

第二，人与自然是"同父异母兄弟"，要敬畏自然的理念。在东巴经典中强调人与自然和谐相处的理念。说世上的万物、自然界的一切都是有生命的，"人与署（自然）是同父异母的兄弟"，这是东巴文化中人与自然和谐相处的智慧结晶。东巴经典中认为，"署"是自然界的精灵，是人格化的自然神。这些"署"有着人与自然结合的蛙头人体蛇尾的自然神外在形象，是司掌着山、林、湖、河、泉、泽和各种野生动物的大自然神灵。东巴古籍中记载说：自然神"署"与人类是同父异母兄弟，分家时人类分得田地，村庄及饲养的家禽，家畜；"署"分得山野及飞禽走兽，花草果木。起初，人与自然还能和睦相处，向大自然索取有度。后来人类的乱捕滥伐引起"署"神发怒，报复招致了洪水，虫灾等各种自然灾害。于是人类求助于东巴始祖丁巴什罗，通过调解达成协议，限制人类的乱捕滥伐，对人类向大自然索取的部分给予补偿，所以每年都要进行祭"署"活动。在人类与"署"缔结的和约中，署神保证实现佑护人类的诺言，而人类则有向"署"表示崇拜、保护自然，进行补偿的义务。上述理念是纳西先民在长期的生与死、血与火的生产生活实践中得出的警世智慧的思想。在纳西族社会中产生了深远的影响，在自然生态恶化的今天，仍然有着很强的现实意义。

第三，各民族亲如兄弟、和谐相处的理念。在纳西族聚居的滇西北和滇川藏交汇的区域，自古就是多民族杂居的地方，而且在历史长河中，纳西族、白、藏等民族起了主导的作用，渊源关系很深。丽江的北边，历史上是吐蕃的地域，南边是南诏大理之地。如何处理好与周边各民族之间的关系是一个重大而现实的问题。在纳西族东巴经典史诗《创世纪》等经卷里，着重阐述了“亲如兄弟、和谐相处”的重要思想理念。《创世记》里说，纳西族始祖崇忍利恩通过克服种种艰难险阻，与天女衬恒褒白结为夫妻，生下三个儿子，长大了都不会说话，于是派蝙蝠到天上，向天神老祖父请教，在侦知秘密回来后，诚心祭天，果然都会说话了，面对着马匹在地里吃蔓菁，三个儿子说出了三种不同的话，老大说的是藏语，变成了藏族；老二说的是纳西话，变成了纳西族；老三说的是白话，变成了白族。这是东巴经中处理民族关系的重要思想理念。在纳西族聚居和活动的滇川藏交汇区域产生了很大影响。在千百年民族关系的长河中，虽然出现过民族间的冲突乃至战争，但总体来讲，各民族之间是团结和睦的兄弟关系，长期友好往来、相互尊重、相互包容，共同发展进步，“民族团结、亲如兄弟”始终是贯穿纳西族活动区域历史的一条主线。

第四，在纳西族民间和社会处人处事之道——“和合”、“和络”的理念。纳西族认为，“和合”、“和络”是做人处事、处理社会各种关系的基本准则。纳西语的“和合”与古汉语的“和合”、“和谐”的意思一体大致。“合络”则指处理各种关系要与人为善、平和、和谐，还有一层意思是要学会与人和睦相处，处理好各种人际关系。能否做到“和合”、“和络”，也是评价一个人、一个家庭的重要基准，也因此来证明一个人的德行修养。在家庭、社会的教育和舆论中，把“和合”、“和络”作为基本的内容。这也是丽江始终能保持和谐传统、和谐精神、和谐环境氛围的一个重要基础。也是丽江和谐文化的重要特色和传统。

第五，人自身要注重内心的“安逸放松”，做到心理调节平衡的理念。纳西族和谐文化注重人自身心理的平衡、心态的平衡，强调自我约束、自我调节、自我放松、自我平衡。纳西语中说：“奴每毕毕”、“奴每肯”、“喜毕奴每毕”，就是说内心一定要做到安逸平衡，心底一定要放松平和，天大的事情也要放得下拿得起。这样全身心才会健康，也才能应对各种复杂的事情。

二　纳西族和谐传统文化以各种民风民俗为主要载体

纳西族和谐文化精神之所以千百年来从不间断，得以传承、弘扬、发展，关键在于这一种文化已渗透到生产生活的方方面面，成为日常生活的重要组成部分。和谐文化不仅仅是一种观念，而且成为民俗的活动，成为民族强大的精神文化财富。传承这一文化主要以民俗活动为载体，所以教育的功能和潜移默化的作用其效果十分突出。

第一，三大祭祀民俗活动。东巴教作为原始宗教，祭祀活动是其主要载体。历史上东巴教有数十种祭祀活动，但参与面最广、最为隆重，成为民俗活动的则是“祭天”、“祭署”、“祭风”等几大祭祀。这些祭祀活动在历史上十分盛行，而且延绵不断，新中国成立后被禁止了，但改革开放以来，在一些地方逐步得到恢复。其实，三大祭祀活动较好体现了纳西族和谐文化的理念。三大祭祀活动既是原始宗教活动，更是一种民俗活动。

首先是“祭天”。这是纳西族历史上最重要、最隆重的民俗活动，全民参与。纳西族自称是祭天的民族，纳西“木崩得”就是说祭天为大。每年春秋两季都要举行祭天。春祭在春节期间进行，一般以宗族、家族为单位，分散居住的，也有以家庭为单位的。宗族家族有专门的祭天场所，这是一项基本建设，选在村庄附近，往往是一个古树参天、庄严神秘之地。祭天由族长或宗族中的长者主持，由东巴诵读经书。通过祭天，感恩天地、感恩祖先，祈求天地恩泽和风调雨顺；通过祭天，增进天地人和及其和谐文化精神。

其次是“祭署”。一般每年农历2月间进行。祭“署”即祭拜自然神，体现人类对毁坏森林、污染水源、滥捕乱杀野生动物等破坏自然生态的忏悔和补偿，协调人类与自然之间的矛盾。通过祭祀活动，承诺对大自然的保护，检点人类的行为，增进人类与自然界的兄弟关系。祭“署”是全体村民参与的重大祭祀活动。

再次是“祭风”。“祭风”纳西语称为“海拉里肯”，其目的在于超度殉情和战争、自然灾祸造成非正常死亡的亡灵。纳西族相信人死灵魂不死，如果非正常死亡的灵魂得不到超度，那么他们的灵魂会被鬼魔所缠，或者凄惨哀怨，作祟于人，或将人间闹得不得安宁，社会不和谐。通过东巴“祭风”活动，安抚其亡灵，超度亡灵，让他们回到玉龙第三国或到新的美好地方，那么人世间就会平平安安。在纳西族看来，风是大自然神威的象征，它无处不在、无时不有，风的力量是无穷无尽的。人们把对大自然的敬畏和社会和谐平安的愿望也寄托在祭风活动中。

第二，化赊民俗活动。纳西族地区盛行一种叫做“化赊”的活动，这种活动已成为民间普遍的民俗。“化赊”是纳西语，“化”即一群人之意，“赊”为各人拿出东西聚合在一起之意，其初衷是在经济上接济、帮扶遇到困难之人。众人帮助接济天灾人祸等原因造成的困难者，逐步形成在经济上、物质上相互帮助的一种民俗活动。充分体现了纳西人助人为乐、与人为善、相互帮助、解人急难、和惠共济的精神风尚，也体现了社会和谐的人际关系和浓郁的人情味。

“化赊”民俗活动一直延续至今。随着人们经济条件的改善和生活水平的提高，现在的“化赊”除仍具有物质上、经济上的相互帮扶作用外，更多的已成为亲戚之间、朋友同事之间、同学之间、老年人之间相互沟通交流、增进了解、加强友谊的活动。也成为人们放松身心享受改革开放成果、享受休闲生活的好形式。这种活动有益于身心健康，有利于促进社会和谐。

第三，家园庭院绿化美化之民俗。纳西族有着绿化美化家园及庭院良好传统，已成为民俗生活的重要组成部分。重视绿化美化庭院和村寨这一特色，充分体现了纳西族敬畏自然、崇尚自然、热爱自然、热爱生活的文化传统。就丽江古城而言，家家流水、户户垂柳、四时鲜花是一大特色。每个庭院里都植树种绿，养上几盆花或养上几只鸟，没有树没有花的庭院是难以想象的。即使在广大农村，院坝里都种有树，房前屋后都要绿树成阴，田边地角也要种树，山区农村的树则更多一些。总之，植树种绿、美化家园成为纳西族人生活的一部分。当游客们进入丽江，看到周边的村庄都在绿树的掩映中，而古城则无处不飞花，一幅良好生态环境的画卷。许多人家还喜欢养鸟，在丽江古城，早上起来，许多老人提上鸟笼，在狮子山、黑龙潭等地遛鸟散步，其乐融融。纳西人这些喜好和传统，应该说来自对自然生态的亲和观念，来自人与自然是兄弟的理念。

第四，红白事的传统民俗。纳西族民间社会举办红白事传统民俗中，充满了人性及和谐理念。

结婚喜庆是个人的终身大事，是家庭的大喜事，也是村寨的民俗活动。举办喜庆红事按纳西族规矩一定要做到和和美美，讲究规矩礼仪。请客是重要一环，订下结婚日子后，家长或家庭主妇要亲自上门，郑重其事地去请客，或递上请帖，对家族长辈和老人们要专门报告，在公共场所或路上见面请客被认为不懂规矩、不礼貌或者不被认为是正式的行为。办喜事当天，首先要请家族长辈和老人们到场，让他们高高兴兴，让他们祝福说吉利话，这是喜事办好的一个重要标志。婚宴有一个隆重的开席仪式，先请长辈老人们入座，感恩天地祖先，说许多吉利话，长辈们开席吃好后才正式开始待客。红事讲究喜庆祥和、行善、从善，喜庆当天对所有客人都要一视同仁。都要热情有礼，即使非亲非故的外地人来到家里，也要请他们入席，连要饭的来了，也要以礼相待，让他吃好。这些风俗一直延续下来，改革开放之初，在丽江古城办喜事，许多看热闹的外国人被留下来吃喜宴是常有的事。

纳西族地区办白事，亲朋邻居要主动帮忙，这是至今保留了古老和谐的传统，充满了人情味和人世间的温暖。白事和办红事不一样，亲朋邻居要主动上门，不请自到，也不兴专门通知。哪个家庭出了不幸或者死了人，亲戚朋友、街坊邻居、村子里的人都要来凭吊、看望、慰问，尤其要主动帮忙料理后事。就连彻夜守灵这样劳累的事，也会由亲朋好友负责，反而让孝子孝女去休息。这些好的古老风俗，在纳西城镇或乡村至今保存完好，这个风俗也让许多外地人感叹不已。

三　丽江休闲旅游独具特色、魅力无穷

随着我国经济社会的快速发展，人民生活水平的提高，一种以休闲为主要目的的旅游方式，正逐渐发展起来，而且将逐步代替纯粹的观光旅游。丽江的休闲旅游独具特色、魅力无穷，有很强的竞争优势，关键在于和谐文化的深刻内涵和由此铸就的和谐环境氛围。把丽江打造成中国西部休闲旅游之都是旅游业长远发展的重要奋斗目标之一。充分发挥和谐文化的特色优势，不断提升品牌的质量和

内涵，这是当前需要解决的主要问题。

第一，用和谐民族文化营造和谐乐土，精神家园。丽江有着悠久的和谐文化的传统，充满了和谐理念的民俗风情、人文环境以及多年来所开展的和谐社会建设的活动。和谐文化深入人心，和谐举动受人尊重，和谐的人和事不断涌现，丽江成为一片和谐的乐土，精神的家园。丽江要充分发挥这一独特优势，扩大这一独特优势，让国内外旅游者在丽江领略田园牧歌般的诗情画意，感受精神家园的意境；让他们在快节奏、高压力、高效率之余，放松身心、愉悦心情；让他们在丽江美好适宜的环境氛围中远离喧嚣，回归宁静，调养身心；让他们在丽江找到精神的家园，灵魂的栖息地。

第二，用绚丽多彩的民族文化营造多元和谐的文化家园。丽江及滇西北自古以来就是多民族团结和睦的区域，除纳西族千百年来就是这个区域的主体民族外，还有汉、彝、白、藏、傈僳、苗、傣等26个民族。各民族有各自不同的语言文字、不同服饰、神话传说、音乐舞蹈、婚姻、丧葬、节日、饮食等等，多元文化、共荣共存的特点很突出。除了东巴文化，还有毕摩文化、毕扒文化、韩规文化、傈僳文化、他留文化、边屯文化等。就宗教而言，有儒释道家，有东巴原始宗教、有藏传佛教、有汉传佛教、西方的基督教等，有古老的东巴文化、纳西族古乐及众多国家级和世界级的文化遗产。总之，这里是多元的文化、多彩的文化，人们可以体验到和谐的多元文化的特征，绚丽多彩民族文化特色，以及中华传统文化中那种和谐美好的意境。

第三，用良好的气候环境、自然生态环境营造美好的绿色家园。丽江处在中国西南横断山区，其气候垂直分布明显。虽处高原，终年能看见雪山，雨量充沛。年平均气温在12.6℃~19.8℃之间，最热月份气温18.1℃~25.7℃。最冷月份平均气温在4℃~11.7℃。大部分地区只有温凉之更迭，无寒暑之巨变，春秋相连、长春无夏，成了全国良好的越冬过暑的胜地。丽江自然生态良好，森林覆盖率达66.2%，江河纵横、湖泊众多，虽然海拔略高，但由于森林覆盖率高，江河湖泊众多，负氧离子含量高、空气纯净度高，有益于身心健康。当前，全市正通过创建国家级园林城市，加强城市绿化美化工作，提升城市优美生态环境。绿色家园有利于人类休养生息。

第四，用良好的硬件设施和软件服务营造温馨家园。休闲旅游离不开良好的硬件基础和优质的软件服务。近年来，丽江旅游的硬件得到很大改善，但制约因素还比较多，还不尽如人意。所以当前仍然要高度重视改善基础条件，尤其是通达条件、景区基础、高档酒店、文化设施、休闲娱乐场所都要加强改善，都要跟进提升，要让旅游者感到更舒适、更惬意。软件服务是休闲旅游的生命所在，服务质量是企业生存之本。一批高素质的旅游从业人员，一个高质量、高水准的服务水平是丽江休闲旅游的希望所在。旅游发展无止境，休闲旅游要精益求精、锦上添花，不断提升硬件设施和软件质量，努力把丽江营造成为中外游客向往的温馨家园。

论丽江与茶马古道

丽江地处青藏高原和云贵高原的连接地带，在滇川藏交汇区域有着特殊的地位，历史上曾经是西南茶马古道上的枢纽和商品集散地。丽江因商贸而起，以商贸而荣。丽江与茶马古道息息相关、丝丝相连，是茶马古道的繁荣促进了丽江经济社会的发展，造就了丽江古城和丽江历史文化的辉煌。丽江古城是茶马古道生动鲜活的见证，它在茶马古道上曾发挥过举足轻重的作用，是茶马古道上一颗璀璨的明珠。

一　丽江在茶马古道上的重要历史地位

1. 独特的优势造就了特殊的地位。

茶马古道是中国西部民族经济文化交流的走廊。经专家学者们研究普遍认为，茶马古道起始于秦汉，兴于唐宋，盛于明清，二战中后期最为辉煌。茶马古道具有重要的政治、经济、文化意义。茶马古道是中国最具魅力的世界级遗产大道；是历史上各民族开展经贸交流、促进经济社会发展之道；是各民族进行文化交流传播，实现民族文化融合之道；是各民族团结和谐、见证中华民族大团结的历史之道；也是历史上西南地区通往南亚、东南亚诸国的国际大通道。

“茶马古道”这一名称在过去的历史文献中没有使用过，该名称是由木霁弘、陈保亚、李旭、徐涌涛、王晓松、李林六位学者于1990年7月至10月步行考察古代马帮行走路线后，将该条古道命名确认为茶马古道，并在1991年撰写的专著《滇川藏“大三角”文化探秘》中进行了论证。这个名称得到学术界和社会各界普遍的认同。

丽江处在云贵高原和青藏高原的连接地带，属于滇川藏大三角的交汇区域，北边进入雪域高原的藏区，南连大理通往热区，东邻四川，纳藏白等民族之间历史渊源很深，长期有着商贸文化交流的传统，由于特殊地理、气候、区位和民族文化的优势，所以在滇川藏茶马古道上有着特殊的地位。加之丽江历史上是滇西北政治、经济、文化中心，在明代木氏土司兴盛的时期，滇川藏交汇的大片区域曾是他的势力范围，文化影响遍及这个区域，所以丽江被称为是茶马古道上的商贸中心和商品集散地，丽江古城被誉为是活着的茶马古道重镇。

2. 丽江古城是茶马古道上活着的重镇，是茶马古道历史文化的生动见证。

茶马古道的繁荣造就了丽江古城的辉煌。丽江古城以商贸而兴，商贸是丽江古城活力所在。丽江古城曾经是茶马古道上的商贸中心和物资集散地。南来北往的马帮和商客在这里云集，滇南马帮驮来了茶叶、食盐等物资，四川内地来的马帮驮来了百货、丝绸、布匹，藏区来的马帮驮来了山货、药材和印度来的洋货。丽江古城商铺林立，车水马龙，本地加工的皮革制品、铜制品、银制品等特色商品琳琅满目；各民族服饰、各种语言、各种特色文化交融在一起，一派商业繁荣、文化兴旺的景象。今天的丽江古城完整保留了历史上的街巷、铺面、商号、马店、客栈及其他为马帮服务的遗迹遗址。在丽江古城，包括在束河古镇、白沙古镇可以体验到博大精深的纳西族古老文化，品尝到纳西族、白族、藏族、汉族等各民族饮食文化，观赏到马帮用品，民间手工艺、东巴艺苑、民间生产生活用品等。同时四方游客也方便参与本地各种民俗文化活动。

3. 丽江有着丰厚的茶马古道遗迹。

游客除了在大研古城、束河、白沙古镇看到至今保存着各民族多元文化共存共荣的鲜明特征和茶马古道外，历史上茶马古道上的几段遗址也保存得相当完好，是体验茶马古道历史风貌的好去处。

（1）西香格里七十二道弯铺石茶马古道遗址。从拉市指云寺至阿喜10千米路段，其中“博古”（坡头）至阿喜村5千米铺石路段保存相当完好，原汁原味，至今保留有当年的哨卡、“寄疲”场、瞭望台、拴马石、马帮闲息场所等。不仅有很好的茶马古道文物史迹价值，还具有开发旅游、体验茶马古道徒步户外旅游的价值。

（2）从七河乡西关村至邱塘关到丽江古城古道遗址。这里保留着当年进入丽江的邱塘关、玉龙关、觉显复第塔、小长城等遗迹遗址，徐霞客当年就是从这条路进入丽江的。这段遗址在徐霞客游记中有详细的记载，历史遗迹斑斑，生态环境良好，离丽江城区相当近，是体验茶马古道历史文化又一景点。

（3）金龙桥及两端古道遗址。金龙桥是历史上连接丽江、永胜两县金沙江上有名的铁链桥。金龙桥又称梓里铁链桥，桥长131.6米，宽3.5米，有130年历史，是万里长江上现存的最古老的一座铁链桥，两岸古道依存，有很高的历史文化和旅游探险价值。在距丽江古城100多千米的塔城神川铁桥遗址，还有玉龙县九河乡境内的高禾塔遗址，对研究茶马古道和纳藏文化都有很深远的意义。

挖掘和研究茶马古道历史文化，打造茶马古道文化旅游品牌，是关系西部经济社会发展和文化建设的一件大事。丽江只要抓住有利时机，在国家的扶持下，与滇川藏周边区域共同联动、共同打造、共同发展，将取得更好的成效。同时要充分发挥丽江良好的基础和优越的条件。

二　丽江与茶马古道的研究和保护

1. 开展茶马古道研究，推动品牌建设。

丽江在发展文化旅游产业过程中，在历届党委政府的重视下，对茶马古道历史文化的研究起步较早，本土学者尤其对茶马文化的研究方面出了许多成果。在改革开放之初，本土学者对马帮文化、滇藏贸易等多个领域开始进行研究。　同时，在地县党委指导下，开展了一系列有关茶马古道的文化活动。从1999年开始，大研镇党委政府在地县党委政府的支持下，专门组织力量用3年时间完成了《世界文化遗产丽江古城——连接滇川藏茶马古道重镇研究报告》。2002年5月1日至10日，由丽江县和大研镇党委政府组织的“茶马古道之旅——丽江古城民族文化系列活动”隆重推出。6月5日又召开“茶马古道重镇——丽江古城”文化座谈会。2002年5月9日，丽江地区人大工委与丽江县人大常委会组织人大代表和工委委员对“丽江古城茶马古道民俗系列活动”进行视察调研，并组织有关专家学者召开座谈会。在综合有关情况后，向丽江地区行署提出了《关于打造和推出

“茶马古道”旅游品牌的11条建议》，至此地县党委政府把茶马古道品牌建设提到重要议事日程。2002年8月22日，“茶马古道”与丽江古城文化研讨会在北京举行。我国著名社会学民族学大家费孝通、国家图书馆馆长任继愈先生、北京大学世界遗产研究中心主任谢凝高教授、中国社会科学院研究员、中国民族语言学会会长孙开宏等著名专家学者参加研讨会，充分肯定了丽江古城在茶马古道上的重要历史文化地位，丽江古城被誉为是“活着的茶马古道重镇”。

2. 有茶马古道文化研究机构和丰硕的研究成果。

20世纪90年代丽江古城里就挂牌成立了茶马古道民间研究会，布农先生在开发茶马古道民族文化产品的同时，成立研究会，并有广泛的学术文化联系，并取得一定成果。2009年8月在中国文联及民间文艺家协会批准支持下，中国茶文化研究中心、中国茶马古道中心（筹）在丽江挂牌成立，云南省老领导张宝三亲任研究中心主任，并积极推动历史文化研究等相关工作的开展。这两个国字号研究中心的成立对茶马古道文化和茶文化研究将起到重要推动作用。十多年来，丽江出版了一批研究茶马古道历史文化的书刊和论文，民间和企业兴建了茶马古道历史博物馆，从而丰富了茶马古道文化的内涵。

3. 举办高规格的关于丽江与茶马古道文化研讨会，成果丰硕。

2010年7月6日—8日，来自韩国、日本、美国、澳大利亚等国家和国内各省区的300余位专家学者、茶业以及民族文化、旅游界人士云集丽江，就发掘保护和弘扬茶马古道文化进行广泛深入的学术交流、体验茶马古道线路遗址，进行了名优茶叶博览会。通过此次研讨会有以下几方面的成果：

（1）在理论上、学术上成果突出。会议收到90多篇论文，有300多位本地和外地专家学者参加研讨，对茶马古道地位作用、挖掘保护、开发利用、弘扬茶马古道文化精神等方面提出许多真知灼见，开拓出新方向、新领域、达到新高度。

（2）对加快推进茶马古道申报世界遗产达成共识。大家认为茶马古道与丝绸之路、京杭大运河等同属我国历史上最灿烂的线路文化遗产，茶马古道则是涉及西部七个省、自治区的世界级大遗产，由国家文物部门牵头，整体策划统一申报世界文化线路遗产是最好的选择。也有的同志提出，滇藏茶马古道、川藏茶马古道、西部通向东南亚茶马古道是重中之重，也可择其重点线路进行申报。

（3）对茶马古道文化遗址、遗迹遗物、区域各民族文化的保护开发提出多个方面的意见和建议，很有针对性和可操作性，将发挥有效作用。

（4）对丽江如何打造提升茶马古道文化品牌，发挥茶马古道在文化旅游产业发展中的重要作用献计献策，对党委政府决策很有吸纳参考价值。

（5）推出茶马古道旅游线路，推出生态名优茶叶，尤其推出丽江本地的茶叶品牌收到良好经济社会效果。

（6）提升茶马古道文化旅游品牌，推进滇川藏大香格里拉生态旅游区建设。

4．着眼于推动经济社会的发展。

提升茶马古道文化旅游品牌与大香格里拉生态旅游区的建设是一致的，是重要的文化内涵和亮点，也是连接大香格里拉生态旅游区的文化纽带。随着茶马古道申报世界文化线路遗产，茶马古道历史文化价值及现实意义将得到进一步提升。茶马古道区域集中了中国最壮美的自然景观，最神秘的人文景观，最古朴的历史文化遗存，所以把它作为世界级精品旅游线路加以规划，并与大香格里拉生态旅游区融为一体，不断加以提升和推出，这无疑是滇川藏旅游发展的大战略、大手笔，也是丽江和云南旅游二次创业的浓墨重彩之笔。

茶马古道在历史上也是西南地区通向南亚、东南亚的一条国际商贸通道。今天，我们研究茶马古道历史文化，对保护和继承这份珍贵世界遗产，打造和推出茶马古道历史文化品牌有着重大的现实意义。除了对这个区域经贸和旅游发展有着举足轻重的影响和作用外，对再创茶马古道新辉煌，开创西南地区通往国际的大通道建设、桥头堡建设都将产生重大影响。2009年7月，胡锦涛同志在云南考察工作时强调指出，充分发挥云南作为我国通向东南亚、南亚重要陆上通道的优势，深化交流合作，不断提升沿边开放的质量和水平，成为我国面向西南开放的桥头堡。历史和现实有惊人的相似之处，历史和现实之间也有着必然的联系。我们必须把历史文化的研讨和现实的建设发展有机结合起来，把历史的古道和现实大通道建设有机结合起来，大力弘扬“马不停蹄、开拓奋进，民族团结、文化交融，对外开放、合作交流”等茶马古道文化精神。那么，文化研讨将更有现实意义，产生更大的影响和作用。

三　茶马古道的保护与开发要并举，实现双赢

在茶马古道研究保护、开发利用中面临诸多问题，解决存在的问题要有新的认识、新的思路、新的突破、新的成效，关键是努力实现保护开发实现双赢。

1. 茶马古道研究保护、开发利用要更好地为其区域经济社会发展和各族群众脱贫致富服务。

茶马古道文化线路区域其实是我国西部地区，尤其是西南地区仍然是最贫困，发展最滞后、群众生活较为困难的一个区域。在这个区域里世世代代居住着多个少数民族，他们绝大多数都居住在高山峡谷或者雪域高原，由于历史和环境等原因，这个区域里各族群众贫困面大，贫困程度深，对自然的依赖程度高。在党中央、国务院西部大开发战略的指引下，国家对这个区域的扶持力度和政策措施正得到加强，客观上将大大加大保护开发的力度。而搞好保护开发关键在于坚持科学发展观，坚持可持续发展，在挖掘保护与开发发展上实现双赢。在保护与开发上找到切入点和平衡点。丽江改革开放以来的实践证明，这个区域的发展必须坚持保护第一、保护优先的原则，同时在这个前提下必须抓好开发、加大发展，这样才能促进更有效的保护。我们说的保护应该是积极有效的保护、发展中的保护，而不是消极被动的保护，而且要做到以人为本，把这个区域各族人民的利益和民生放在第一位。如果不能使世代居住在这片土地上的各族群众脱贫致富，那么这个保护也是靠不住的。

2. 全力搞好民族特色文化的保护和传承。

民族语言、民族文字、民族服饰、民族习俗、民俗活动等是一个民族的标志，也是代表一个民族的文化符号。千百年来，各民族文化的多样性是茶马古道历史文化的基本特征和最大特色。今天我们保护茶马古道历史文化、传承这个文化、弘扬其文化精神，最基本的目标任务就是搞好各民族文化的保护和传承。如果代表各民族文化的语言、文字、服饰、习俗等特征都消失了，那么茶马古道文化的灵魂也就消失了。今天，茶马古道线路区域面临着外来强势文化的巨大冲击，少数民族语言、文字、服饰面临消亡，民族文化活动的空间越来越小。面对

这个情况，我们必须增强忧患意识，站在保护民族文化多样性的高度，把它作为保护茶马古道历史文化的基础性工作和基本任务。

3．在政府主导下，多渠道保护茶马古道遗址、遗迹和文物。

茶马古道线路区域有着丰富遗址、遗迹和各种文物。包括有着茶马古文化背景的名城、古镇、古村落、驿站、集市、古道遗址、古桥梁、古茶园、古茶厂、古作坊、古寺院、古商号、马店、铺面、马帮器具、物品等等，这是茶马古道的历史见证、文化见证，所以挖掘保护的任务相当繁重。就丽江而言，除丽江古城，包括束河、白沙是茶马古道上活着的重镇外，其他的古村落、古遗址、古文物、古桥梁、古店铺、古商号等遗存众多。比如，这次专家学者实地考察的西香格里七十二道湾铺石古道遗址，七河西关村至邱塘关到丽江古城古道遗址。受到专家学者们的高度评价和肯定，这些古道历史遗迹斑斑，保存相当完好，有些历史文物恢复起来也不难做到，而且意义深远。比如邱塘关、玉龙关、觉香福第塔遗址等等，有很高的历史文化价值，徐霞客游记中都有详细的记载。保护和恢复历史文物，政府必须要主导外，民间社会和企业等都要发挥重要作用，这是一条重要的经验。比如茶马古道上的“高禾塔”，在玉龙县九河乡小阿昌村，经玉龙县文化局审批，村民于2008年恢复重建了“高禾塔”。这说明，通过多渠道保护修复茶马古道文物遗址、遗迹是可行的，也是应该提倡的。

4．认真搞好茶马古道文化理论学术成果和文献的收集整理和积累。

要高度重视茶马古道文化体系建设，要认真收集整理茶马古道有关文献资料和理论上、学术上的研究成果。丽江在改革开放以来，在茶马古道的研究、马帮文化、丽江古城与茶马古道的关系等诸多领域有许多研究成果，奠定了较好的基础，在民族民间也散落有许多珍贵的文献资料，可以说这是重要的基础性工作，一定要扎扎实实地做好这件事情。首先要考虑把2010年7月召开的研讨会的理论学术成果综合编辑出版成书。形成一本有分量的茶马古道文化研讨会的论文集。其次是根据茶马古道协调委员会的安排，协助编撰出版几本茶马古道方面的专著，包括“茶马古道上的东巴文化”、“茶马古道上的马帮商号”、“茶马古道民族民间歌曲舞蹈”等等。另外要认真收集丽江历史上有关茶马古道方面的文献资料、民间史料，还要综合整理改革开放以来丽江在这方面的研究成果，从而扩大宣传影响，使其发挥应有的重要作用。通过实实在在的工作，从文献上、理论上和学术上确立丽江在茶马古道上的重要地位。

5. 努力把丽江打造成生态名优茶的加工销售基地。

丽江虽然不是茶叶的主产地，但历史上曾经是砖茶、坨茶的加工基地，是内地茶叶和销往藏区的一个中转枢纽。改革开放以来，随着丽江知名度的不断提升和游客的大幅度上升，在茶叶的销售方面仍然发挥着重要的作用，现在在丽江古城有1500多家茶叶的经销商户。但是在茶叶的加工销售上还有许多潜力可挖，其规模和作用还有拓展和提升的余地。丽江有很高的知名度，品牌效益突出，每年已达800万人次的游客，这是不小的大市场。当前，丽江在茶产业的发展上，尤其是在加工销售等方面要有新思路、新举措、争取新的成效。这次生态名优茶博览会上，云南省著名的茶产业的实业家和商户云集丽江，推出众多的名优品牌产品，销售情况良好，收到满意的经济效益。丽江在加工和销售方面要继续开拓奋进，加工方面刚起步，要努力打造丽江自己的名优品牌。

6. 携手合作、区域联动，全力推动文化旅游产业发展和大通道建设。

滇川藏交汇区域携手合作、区域联动共同打造和推出茶马古道文化大品牌、全力推动文化旅游产业发展和大通道建设，这是关系到全局的一件大事，也是这个区域各族人民共同的心愿。茶马古道区域和大香格里拉生态旅游区大体上是一致的，这个区域各族群众实现脱贫致富，首先面临着产业的选择问题，而这次研讨会中，许多专家学者认为，加快发展文化旅游产业是一个既切合实际，又有利于可持续发展的正确选择，而且发展文化旅游、条件逐步成熟，时机正在到来。一是这个区域集中了中国最美的自然景观，最古老的人文景观、绚丽多彩的民族文化风情。物华天宝，资源最为富集。二是发展文化旅游产业的基础等条件不断改善，道路、航空、旅游基础设施大为改善，丽江在这个区域的辐射和影响日益加强。三是发展文化旅游产业得到了国家全力扶持、纳入了国家规划。另外发展旅游产业有利于这个区域的自然生态、文化生态的保护，有利于贯彻落实科学发展观。

把打造文化品牌和经济建设相结合，除了抓发展文化旅游产业这件大事外，还要携手共同推进通向南亚、东南亚的大通道和桥头堡建设。这个建设实际上是滇川藏交汇的这个区域对外开放的重大举措，也是落实中央西部大开发战略的实际工程。这个时期正在实施或正在争取实施的一些重大项目，比如丽江航空港的建设、大丽高速公路、大丽铁路、丽香铁路、丽攀高速公路、丽攀铁路，是桥头堡建设、大通道建设的重要组成部分。这批基础设施建设搞好了，这个区域将进一步打破封闭，大大提升对外开放、对外联系的水平，将大大有利于这个区域经济社会的跨越发展。

丽江束河茶马古镇保护与发展项目开工庆典（2003年）

dɯ˧ me˧ zo˧ nɯ˧ sʅ˧ sy˨˩ gv̩˧，
一 母 儿 来 三 种 成
dɯ˧ zo˨˩ ʐʅ˧ nɯ˧ sʅ˧ æ˧ gv̩˧。
一 坛 酒 来 三 味 成

译文：一位母亲的儿子成为三种民族，就像同一缸酒里有三种味道。

注：东巴经载，人类始祖崇仁利恩娶天女“衬赫宝白”，生三子，长子成为藏族，次子成为纳西族，三子成为白族。该传说在纳西族民间亦有广泛流传。

（纳西东巴古籍译注全集·第1卷·第45页）

略论纳藏关系及滇川藏大香格里拉生态旅游区建设[①]

纳西族、藏族关系的研究成为藏学研究和纳西族文化学研究的热门课题。不少国内外专家学者有了丰硕的成果。当前进一步推动纳藏关系的深入研究对促进民族团结进步，社会和谐，以及推动大香格里拉旅游区建设和区域经济发展具有重大的文化学术和现实意义。

一　纳藏之间有着悠久深远的历史文化渊源关系

1. 东巴古籍文献许多经典中用象形文字记载了“三兄弟”的故事，即藏族、纳西族、白族是三兄弟。在《祭天·远祖回归的故事》[②]，《祭胜利神仪式·迎请胜利神·追忆先祖回归的故事》[③]等经典中有几十处关于这方面的内容。远古洪水涤荡大地，世上只剩下崇忍利恩，在天上艰难地娶回天的女儿衬恒褒白命，他们生下三个儿子，开始都不会说话，通过祭天三个儿子才开始说话。有一天他们见到马在地里吃蔓菁，老大用藏语说出“达尼芋玛早”，成了藏族人。二儿子用纳西语说出“软尼阿肯开”，成为纳西族人。三儿子用白语说出“满尼主故尤”，成了白族人。这三兄弟成为三个民族的始祖。

2. 东巴古籍文献经典对藏族本土宗教——本教文化具有重要意义。杨福泉教授在《纳西族与藏族历史关系研究》[④]中认为，东巴教吸收藏族本土古代宗教等文

---

① 本文作者为四川省第六届藏学研讨会提供的论文。

② 《东巴译注全集》，第一卷，第1页。

③ 《东巴译注全集》，第四卷，第1页。

④ 杨福泉，《纳西族与藏族历史关系研究》，云南民族出版社，2005年版。

化因素。东巴原始宗教的形成，为保存藏地原生态的本教内容起了相当重要的作用，至此国内藏学界和东方学界把东巴教视为解开本教和喜马拉雅周边地区前佛教文化的重要依据资料。东巴古籍文献其实就是记载和保存了藏族本教文化的许多东西。

3．纳藏文化交融十分明显。东巴古籍文献中有许多藏语借词，纳藏有许多相同的故事，东巴古籍中有许多的咒语，东巴们不解其意，但结合藏传佛教咒语的研究，即可明白其含义。纳西族东巴画与藏族唐卡在技法等方面也有许多相同的地方，现在传世的东巴教神轴画，有的是藏族僧人的作品。著名的丽江明代壁画，体现了多元文化，多种宗教题材，其中有许多是藏族佛教的内容，有藏文题词，是多个民族艺术家心血的结晶，其中不乏有许多藏族艺术家的心血。

4．纳西族木氏土司在藏区最早刊印了《大藏经》，从明万历四年（1608年）开始，到天启六年（1621年）完成。在康巴藏区普遍尊称为“木天王”的木增主持刊印了《大藏经》，成为了纳藏文化史上的盛事。噶玛噶举红帽系六世活佛却吉旺秋和大司徒曲吉坚参等高僧大德参与了这套藏传佛教权威经典巨著的编撰工作。

5．木氏土司在滇川藏交汇区域广建佛教庙宇（包括鸡足山的主要寺庙）、布施僧众，与藏传佛教各个主要教派建立了良好的关系。几代木氏土司是虔诚的佛教信徒。其中“醉心佛乘”的木增，他起的藏文法名叫噶玛米庞才旺索南饶登，意为噶玛教派无敌福寿永固者。

6．通过茶马古道增进了纳藏商贸的交流和经济的发展。丽江成为内地进入藏区连接内地和藏区的茶马古道的重镇。

纳藏是兄弟，有几千年历史渊源。自然地理把纳藏联系在一起，历史文化把纳藏联系在一起，茶马古道把纳藏联系在一起，维护国家统一和民族团结的优良传统把纳藏联系一起。纳藏民族历史上曾经为开辟这一区域做出重要贡献。著名学者任乃强先生在《西康图经·民俗篇》中指出：“摩些自称诏，创文字、立制度、兴教化，约束了附近诸族，隐然为一帝国。此乃开辟康滇间地第一动力也。”“便此，纵横华夷诸山谷中之复杂民族，渐趋于道一同风之景者，喇嘛教输入之力。此开辟康滇间地第三动力也。”[①]今天大香格里拉生态旅游区的开发建

① 任乃强，《西康图经·民俗篇》，南京新亚细亚学会出版，1934年。

设又一次把纳藏联系在一起。

二　纳藏关系是民族团结和谐的一个典范

1. 东巴古籍文献中关于三兄弟的记载和传说是对各民族之间兄弟关系和纳藏白兄弟关系的最好的概括和总结，是历史的经验和历史的结论。在滇川藏交汇区域纳藏之间和各民族之间始终贯穿了兄弟民族团结和谐这条主线。纳藏起到了典范的作用。

2. 在历史长河中，纳西族和藏族之间，曾几度出现过多事之秋，有过军事冲突和战争。但是，总体上讲两个民族在漫长的历史岁月中，兄弟般地接触和交往，在经济上相互促进发展，在商贸上互通有无，文化上相互吸收和包容，政治上维护国家统一。所以说纳藏关系是团结和谐、共促发展进步的关系，是亲如手足的兄弟关系，也是相互学习、水乳交融的良好关系，你中有我、我中有你，长期共存共荣，相互都离不开。

3. 相互尊重对方的宗教文化。民族之间相互尊重理解，包容对方的宗教文化是团结和谐的一个基础。纳藏之间在长期的交往中相互尊重对方的宗教文化，这也是搞好民族团结的一条重要经验。相互间没有歧视和偏见，始终把理解包容对方的宗教文化作为处理两个民族关系的重要基石。在滇西北地区长期以来东巴教和藏传佛教长期共荣共存，即使在康巴地区历史上藏族的喇嘛和纳西族喇嘛相比较，纳西族的喇嘛还保留了“祭天东巴”的特点，也就是坚持按照东巴教仪式进行祭天。中甸白地东巴大师习阿牛家就是一个例证，他本人是学问高深、声名远播的一代东巴大师，其子翁堆又是藏传佛教的活佛，一家两教，共荣共存。

三　共同推动大香格里拉生态旅游区建设和发展

研究纳藏之间历史文化关系，以史为鉴，着眼于民族团结、和谐，更要着眼于今天纳藏和各民族共同的发展进步。当前携手共同推进大香格里拉生态旅游区的建设和发展，具有重大的政治、经济、文化意义，对进一步增强民族团结和谐也是至关重要的。

1. 要形成区域联动，共同开发建设的理念。

大香格里拉生态旅游区大致包括云南丽江、迪庆、大理、怒江和四川甘孜、凉山、攀枝花，西藏昌都、林芝等地州市，总面积60多万平方千米，1200万人口。这个区域囊括了滇川藏最精华的自然和人文资源要素，是旅游资源最富集，是中国乃至地球上最美丽的地方。这里是著名的西南文化走廊，秦汉以来藏、纳、汉、白、彝、普米、傈僳等兄弟民族在这片土地上繁衍生息，有其独特灿烂的文化；这里又是“南方丝绸之路”的重要通道，也是茶马古道主要经济活动的区域，有许许多多历史文化遗存。通过改革开放30年的发展，大力推动文化旅游的开发是这一区域加快发展的最佳选择，也是科学发展、保护自然文化生态的最佳选择，也是最好时机。根据丽江的经验，充分发挥文化旅游先导作用，也就是用文化旅游带动其他产业的发展，是保持这个区域可持续发展的必然。根据历史的经验，我们必须做到“携手合作、区域联动、共同发展、共享成果”。也就要求我们达成共识，进行多层次、宽领域的区域合作，尤其是研究纳藏历史文化关系，必须落实到共同发展进步上。在新时期通过纳藏和各相关兄弟民族关系的团结和谐，共同推进大香格里拉生态旅游区的建设和发展，把它打造成为世界著名的最有吸引力的生态文化旅游品牌。

2. 要共同建立区域联动共赢发展的机制，夯实基础，形成方便快捷的交通网络。

国家旅游局和滇川藏各省自治区对建设大香格里拉生态旅游区高度重视，已提到议事日程。《中国大香格里拉生态旅游区总体规划》已评审通过。现在关键是要在国家统一部署和协调下，这个区域的毗邻地州市需要积极主动地加强联系，在旅游行政主管部门、交通部门、各旅行社、相关旅游企业之间建立起加强联系合作的有效机制。这就要打破行政区划的界限，以经济发展为纽带，建立推动合作共赢的协作制度。包括相互走访交流，达成友好合作的意向和协议；以旅游行政主管部门牵头，形成联系的网络和制度；区域之间相互扶持，相互提供支持和便利；毗邻地区定期交流对话、协调磋商；民族文化的专家学者之间研讨交流；企业之间合作互惠共赢等方面的机制制度等等。

“交通不畅”、“路途遥远”是制约大香格里拉旅游区发展的最大因素。夯实基础，形成四通八达的、方便快捷的交通网络和航空通道，应该是共同致力于解决的最紧迫的课题，同时也要科学组合形成几个最佳的旅游线路产品等等。

3. 要发挥丽江比较优势，积极推动旅游区的建设发展。

要充分发挥各自特色优势，积极推动大香格里拉生态旅游区的建设和发展。就丽江而言，有两点尤为重要，一个是继续发扬纳藏团结奋进的传统。纳藏在这个区域中曾发挥过重要的作用，今天要继续发扬优良传统，不遗余力地推动发展。另外，就是要充分发挥丽江在旅游发展方面的比较优势，乘势而上，积极主动的推进此项工作。

改革开放以来，尤其最近十多年来，丽江在文化旅游产业发展上走出自己的特色之路，成功打造形成国内外著名的文化旅游品牌，积累了许多成功经验和做法，也有不少的教训。积极推动滇川藏大香格里拉生态旅游的开发建设，是丽江市委市政府的既定方针。2009年12月5日，丽江市委和市人民政府召开了“大香格里拉生态文化旅游发展座谈会”。会议认为，“积极推动大香格里拉生态旅游区建设的战略举措，符合现代旅游业跨区域整合资源、联动发展、提升区域竞争力、实现互惠互利的市场规律，是准确分析丽江资源特性和区域优势、自然优势、城市规模等诸多因素得出的科学结论”。丽江要紧紧抓住国家把旅游业作为战略性支柱产业，国家旅游局主持编制的《中国大香格里拉生态旅游区总体规划》已评审通过，国家关于“加强主要景区连接交通干线的旅游公路建设，加快推进中西部支线机场建设，完善旅游航线网络。加强重点城市游客集散中心建设”等政策机遇，继续做好丽江口岸机场申报建设工作，努力推进大丽高速公路、泸沽湖机场、丽攀高速公路、丽江机场改造、丽香铁路等一批重点项目建设。

通过不懈努力，决心把丽江打造成为中国大香格里拉生态旅游区的门户、枢纽、桥头堡和中心城市，为这个区域的建设发展做出积极的贡献。

滇川藏联手推进大香格里拉生态旅游区经济发展正当其时，迫在眉睫！贵在行动，重在落实！让我们共同行动起来！

略论木增与徐霞客千古友谊及其意义

木徐友谊，感人肺腑。生死之交，千古佳话。

这几年，丽江与江阴市及江苏省三级徐学研究会之间学术交流活动频繁、联系紧密。继2004年10月在丽江举行徐霞客与丽江学术研讨会之后，2009年10月19日至21日，我率丽江文化研究会、纳西文化研究会、丽江徐霞客研究会的10多位专家学者参加了在江苏省江阴市举行的徐霞客国际学术研讨会。2009年、2010年、2011年又分别三次接待江苏、无锡、江阴三级徐学研究会的专家学者并进行了学术交流。

2009年在江阴期间，木增第16代嫡孙木光先生与徐霞客第九代后人徐挺生先生共话先祖当年的友谊，情景感人。93岁高龄的徐挺生先生写下了“游圣归去久，木府情谊长”的字幅，而80岁的木光先生则留下了“木徐友情，民族楷模，世代相传”的墨宝。2011年4月，在玉龙纳西族自治县五十周年县庆之际，玉龙纳西族自治县与江阴市签订了建立友好县市的意向协议。通过参与这些活动，作者对木增与徐霞客千古手足友谊及其深远历史现实意义有了更进一步的认识。这是一份珍贵的历史文化遗产，也是一笔宝贵的精神财富。今天我们继承弘扬这一珍贵历史文化遗产是历史的责任，也是造福两地共同发展进步的必然和使命。

一　木增与徐霞客历史友谊感人肺腑，成为千古佳话

徐霞客在他的晚年，于明崇祯九年（1636年）农历九月十九日开始了西南万里遐征。其壮游“不计程、亦不计年、旅泊岩栖、游行无碍”。[①]他经浙江、

① 陈函辉：《徐霞客墓志铭》。

江西、湖南、广西、贵州，于崇祯十一年（1638年）五月初十进入云南，至崇祯十三年（1640年）一月木增派人送其东归，在云南考察逗留一年零九个月。他在云南考察的时间最长，也是接触了解少数民族最多的一个省，先后经过了彝、布依、壮、仡佬、纳西、白、傣、景颇、回等少数民族地区。徐霞客于明崇祯十二年（1639年）正月二十五日进入丽江，二月十日离开，在丽江考察驻足了16天。留下了8000多字的丽江游记。徐霞客在丽江的壮游历程使他的考察活动达到了一个高峰，获得了丰硕的成果。他与木增结下的手足情谊成为千古佳话。木增徐霞客友谊体现在以下几个方面：

第一，双方都怀有仰慕之情，彼此的理解是友谊的基础。徐霞客对木氏土司热衷中原汉族文化、结交天下名士早有耳闻，经朋友介绍留下了深刻的印象，从考察长江源头角度来讲，丽江也是徐霞客远行的重要目的地之一。加上江南名士陈继儒与木增过从甚密，常有书信来往，倾力促进徐霞客的丽江之行。陈继儒（答徐霞客）书云："丽江木公书遵命附往，并有待扇一柄，《集叙》一通，因此征信。此公好贤若渴，而徐先生又非有求于平原君者，度必把臂恨晚，如涵盖水乳之合矣！"[①]木增崇尚汉文化，对徐霞客早有仰慕之情，欲一窥中原之文脉，对徐霞客求贤若渴，几次寄信到昆明、鸡足山请徐霞客到丽江做客。得知徐霞客到达鸡足山之后，又专门派通事到鸡足山陪同他来到丽江。

第二，徐霞客在丽江期间给予了极高的礼遇，双方增进了解。明末，木氏土司事业达到了一个辉煌的时期。政治上得到朝廷的信任，位列九卿，经济上"富冠诸土郡"，统治地域广阔，又被藏区藏族同胞尊为"木天王"。在这样的背景下，木增极为谦虚，把徐霞客尊为上宾，给予特殊的礼遇，这是极不寻常的事情，也充分体现了木增的真诚，徐霞客颇受感动。这些特殊遇礼包括专门派通事到鸡足山一路陪同徐霞客到丽江：在通事陪同下直接从正门进入邱塘大关正门的特殊礼遇；安排住在白沙芝山解脱林别墅宫苑，这是当时木氏土司最豪华的别墅宫苑，也是木氏土司的家院，不让住客栈而安排住别墅家院是纳西族对家人和亲戚的接待规格；徐霞客到别墅宫苑时，大把事（总管）门外迎候，木增亲自至二门外，迎至其内室；客厅和院内按纳西族规矩铺陈清香的青松毛，"以示重礼

① 见《陈眉公先生集》。

也”；以纳西族最高规格的三叠水宴请徐霞客，“大肴八十品，罗列甚遥，不能辨其孰为异味也。”“下午设宴解脱林东堂，抵暮乃散”；在丽期间，派大把事、二把事等专门联系和侍候；赠与金、银、银杯子、纱锻、土特产等物品；提供各种帮助和方便，安排住在鸡足山悉檀寺，让徐霞客专心著述等。

第三，木增虚心向徐霞客学习求教，双方进行了深入的交流。木增和徐霞客虽然初次见面，但丝毫没有民族间的隔阂，没有感情上语言上的障碍，也不受礼仪上的约束，多次推心置腹、促膝交谈，深入交流。可谓交谈良深，相交甚笃。同时木增非常谦恭，虚心向徐霞客求教，木增和丽江给徐霞客留下了极为深刻的印象。徐霞客热情给予指导和帮助，他为木增重新编校《云过淡墨集》，为木增诗集《山中逸趣集》写跋。徐霞客还为木增第四子辅导学习汉文化。作范文《雅颂各得其所》，连夜“挑灯批文”，“细为批阅”文章。他还应木增之请编写创修《鸡足山志》。徐霞客对纳西地区学习汉文化及汉文化的造诣非常钦佩。徐霞客和木增之间的交流是17世纪30年代汉族与纳西族一次可贵的文化交流。

第四，木增派专人护送徐霞客回到家乡，使木徐友谊成为生死之交。木徐两人的千古手足友情更体现在徐霞客滇西归来之后。当时徐霞客重病在身，“头面四肢俱发疹块，累累丛理间，左耳右足，时时有蠕动状。”后来“足不良行”，仆人顾行见主人瘫痪在床，卷起游资逃走。天灾加人祸，贫病交加，徐霞客心力交瘁而绝望，本想要垂暮于鸡足山了。在这个生死关头，木增土司得知后，竟派8个纳西族强壮汉子用竹滑竿抬着徐霞客从鸡足山送到湖北黄冈，在黄冈县令帮助下，安排乘船平安回到江阴老家。当时交通闭塞、山道崎岖、长途跋涉，历时150多天时间。这是一种何等的情谊！这个传奇般的壮举，体现了木徐友谊的真诚深厚，也体现了纳西族和汉族间的兄弟深情。

二　木增徐霞客友谊的深远意义及其启示

木增徐霞客之间的友谊不仅感天动地，而且给人们以多个方面的启示。

第一，木徐友谊体现了纳西族崇尚汉文化，始终不渝地学习各民族先进文化的精神。在纳西族的文化传统中，既珍视本民族优秀文化精华，坚定不移地保持传承自身优秀文化传统，同时又不满足自身的文化，善于广纳博采，虚心学习，广泛吸收其他各民族先进优秀文化精髓。自元代以来，学习中原汉文化，学习内地先进工艺技术成为一个好的风尚，尤其到了明代末期更为突出。木氏土司在历史上的重大贡献也在于此。他们倡导学习汉文化、崇尚汉文化，不断提升汉文化的功底。木增是其中杰出的代表，他对徐霞客所持的态度，他所表现出来的谦虚好学的精神，他对中原汉文化的尊崇，同时注意培养下一代人才，提高他们汉文化水平，都体现了这个民族的一种精神和文化传统。

第二，木徐友谊是少数民族及汉民族文化交流和民族团结和谐的一个典范。木增和徐霞客之间友谊的基础是相互尊重、相互平等、相互学习、以文会友。徐霞客游记大量记载了少数民族地区的情况，尤其对云南少数民族的分布、居住、生产、生活、习俗、集市、宗教等状况作了客观的描述记载。由于木氏土司和徐霞客交往甚密，所以对丽江社会历史情况有较多记载内容。《滇游日记七》说："其地土人皆为麽些。国初汉之成此者，而今皆从其俗矣。盖国初亦为军民府，而今则不复知有卓也。止分官、民二姓，官姓木、初具姓麦，自汉至国初。太祖乃易为木，民姓和，无他姓者。其北即为古宗。古宗之北，即为吐蕃。""木氏居此二千载，宫室之丽，拟于王者。"历史上对少数民族的歧视在史书中随处可见，许多有偏见的看法也随处可见，但《徐霞客游记》却比较客观地反映了少数民族地区的情况，比较尊重少数民族地区风俗，甚至学习一些少数民族的语言，向少数民族地区群众询问请教一些情况。他与木增之间的交往非常真诚。他是中原文化的一位使者，也是少数民族文化的记录者和传播者。木增是少数民族的一位杰出典型代表，他心向祖国、维护民族团结和睦，真诚地向汉文化学习。所以说，木徐之间铸就了一段千古佳话，谱写了民族文化交流和民族团结的辉煌篇章，也是一件值得永远传颂的典范。

第三，木徐友谊为《徐霞客游记》传世及弘扬广大奠定基础，木增对此做出卓越贡献。徐霞客写就千古奇书《徐霞客游记》，成为中华游圣，树起一座历史文化的丰碑。2007年，在北京举行隆重纪念徐霞客420周年大会，徐霞客塑像荣登中华世纪堂中华名人之列。徐霞客游记中，"滇游日记"占五分之二，加上南方几个少数民族省区，分量就大了。木增对《徐霞客游记》的保存传世、徐学的

形成做出特殊贡献。我们可以这样说，如果没有木增对徐霞客的照顾和护送，徐霞客不能平安回到家乡，那么就没有游记的传世，没有千古奇人的辉煌成就。总之，木徐之间的历史友谊、相知佳话、生死之交为我们提供了宝贵精神财富，很有历史文化和文献的价值，也为丽江人文和自然留下了一份珍贵遗产。

三　彰显历史文化遗产的精神，着力建设木徐文化旅游品牌

今天我们深入研究木增与徐霞客之间这段历史友谊和传奇，就是要珍视和充分彰显这一珍贵历史文化遗产的精神，为文化的繁荣，经济的发展、民族的团结和社会的和谐服务。尤其要打造和建设好木徐文化旅游的品牌。

1．木徐友谊为发展文化旅游注入了文化内涵。

徐霞客游记中对明代丽江历史人文和自然地理作了较为详细的记载，这是不可多得的第一手明代历史资料，也是一笔珍贵的历史文化遗产。它将对提升丽江文化内涵，继续为推动文化旅游发展发挥重要作用。木府的恢复重建从大的方面讲，徐霞客游记中对丽江的记载就是一个依据。对木氏土司和丽江古城的情况，我们也可以在游记中找到历史的依据。“木氏居此二千载，宫室之丽，拟于王者。盖大兵临，则府首受绶，师返则夜郎白雄，故世代无大兵燹，且产（金）独盛，宜其富冠诸土郡云。”[①]这里有着很深的政治智慧和历史文化内涵。徐霞客游记对丽江古城的古道、七河、邱塘关、鹤庆文庙与木增的关系都有记载，对丽江古城及周边生态环境也有详细描述，对白沙福国寺及木氏宫苑情况也有记载。徐霞客从七河进入丽江古城的这条古道现存保存完好，邱塘关、古塔、玉龙关、小长城的遗迹遗址尚存，这些珍贵资源很有开发的价值。

2．木徐友谊要深入研究、大力弘扬、教于后代。

丽江是徐霞客研究很活跃的地方，曾召开全国有影响的研讨会，有一批高质量的研究论文，已出版了《徐霞客与丽江》的研究专著。当前继续要推动对徐霞客游记和木增的深入研究，奠定坚实的学术基础，同时发挥其教育和文化功能的

①《徐霞客游记·卷七》。

作用。

木徐友谊充分体现了纳西族优秀文化传统，是中华民族历史上少数民族与汉族进行文化交流的一个范例，也是民族团结和谐的重要象征。既有历史文化的价值，又有很好的现实意义。要通过对徐霞客游记的深入研究，要大力宣传弘扬，使其成为搞好民族文化交流、加强民族团结、维护国家统一的爱国主义教育的教材和典型生动的范例。尤其要加强对青少年的教育，让他们不断继承和弘扬优秀文化传统。同时可在青少年中广泛开展“学习历史文化名人、热爱家乡、热爱祖国、报效国家”的活动。

3. 建设木增徐霞客友谊传奇人文景观，为他们塑像。

丽江有众多历史文化名人和重大历史文化事件。木增和徐霞客的友谊是其中很好的题材，建设这样的景观，将产生很大的文化旅游的效益。把他们之间生死之交的传奇用雕塑或雕刻形式展现在世人面前，这将是很有特色的人文景观，也将成为民族团结和爱国主义的又一教育场所。要精心策划设计，提高文化内涵，搞好项目的建设。木增与徐霞客友谊传奇的塑像是历史的见证和重要的象征，也是搞好教育的生动教材。此外，还可以建设徐霞客丽江游记纪念墙，把徐霞客对丽江的描绘记载展现在游客面前。

4. 继承木增、徐霞客传统友谊，加强丽江与江阴和江苏省的联系与合作。

丽江和江阴有很深的历史文化渊源。木增和徐霞客两位文化名人把丽江和江阴紧密联系在一起，万里长江把两地紧紧联结在一起，近代历史文化名人刘半农先生（江阴人）和方国瑜先生的师生情缘也增进了两地缘分。江阴市是中国东部最发达的一个典型缩影，给我们树立了一个富裕幸福的榜样，向江阴等东部先进发达地区学习也是木徐友谊给我们的重要启示。也是东西部携手合作、共创美好未来的需要。所以通过玉龙纳西族自治县与江阴市建立友好关系为契机，通过经济文化等多个方面的合作形式，把两地合作发展推向一个新水平。

倾力打造和建设永胜边屯文化特色品牌

边屯文化是云南一大传统特色优势文化，而丽江永胜边屯文化则是其中集中的代表。打造和建设丽江永胜边屯文化品牌，是云南加强民族文化强省建设的需要，是丽江文化旅游产业发展的必然要求，也是建设云南边屯文化示范基地的重要组成部分。打造建设丽江永胜边屯文化品牌对提升丽江文化旅游内涵，推动云南边屯文化的研究开发和塑造新时期云南文化品牌都是很有意义的。

一　边屯文化是一个大文化，是云南一大传统特色优势文化

戍边屯垦是我国历史上普遍存在的一种现象，是秦汉以来中央王朝普遍采取的解决军队给养、稳定边疆、开发边疆的政策措施。我国是多民族的统一国家，自古以来勤劳勇敢智慧的各族人民共同开拓了祖国辽阔的疆土。我国自秦汉以来，逐步把广大边疆民族地区纳入了中央王朝的版图之中，开创了大一统的政治格局。在历史发展的进程中，由于边疆民族地区幅员辽阔、人烟稀少，历代封建王朝在进兵掠地、军事占领的同时，往往大兴屯田制度，开展互市贸易以此作为稳定和开发边疆根本性措施。通过这些措施的实施，客观上大大促进了各民族的大融合，促进了边疆生产力的大发展。屯田又分为军屯、民屯、商屯三种形式，又以军屯民屯为主。边屯文化其实就是历史上戍边屯垦、实行屯田制所形成的一种文化，这种文化以中原汉族为核心，与边疆各少数民族相融合形成的特色文化。

云南边屯历史可以追溯到战国末期楚国庄蹻率数千农民起义军进入滇池地

区，秦蜀郡太守“取笮及其江南地”。笮即历史上纳西族聚居的盐源、盐边、宁蒗一带，“江南地”即指丽江至楚雄一带。以后各个朝代都有边屯和汉族移民内迁的情况，但云南边屯历史中明朝是最为重要，影响最为深刻的时期。方国瑜先生指出：“元代在云南的汉族人口还不会很多，因为从记录来看，那时汉人的活动并不是特别显著，大量汉族人口聚居在云南，是明代的事，现在云南的汉族家谱，追溯始祖说，在明初从沐国公迁徙至滇，大都是有根据的。”①

明洪武十四年（1381年），明王朝派征南将军付友德、副将军蓝玉、沐英率30万大军进军云南，次年消灭云南王梁王势力，平定云南后，实行大规模屯田制，这个时期从内地又来了大批汉族移民，有军屯、民屯和商屯，但以军屯为主。沐英在提议军士垦荒屯田的建议时说：“云南土地甚广，而荒芜居多，宜置屯，令军士开垦，以备储 。”当时云南都指挥使司专管此事，先后设立36至40个卫所，这是与实行屯田制相适应的重要组织保障。全省除丽江、镇元、元江、永宁、广南、乌蒙等大的御夷府土司区域未设置卫所外，都设卫所实行屯田制，规模之大，远非以往所能比拟。“云南是中国西南较为重要的地区，也是明代改变较大的地区，要了解各族人民共同发展的云南历史，对于明代军屯移民应有所认识，因为这是云南历史上最重要的一件事情。”②

为了使屯田制得以顺利推行，明王朝采取相关扶持的政策，比如从内地购来大量耕牛和农具发放给屯种的士兵和农民。边屯对云南经济社会发展起到很大的推动作用，通过屯垦，开辟田土、兴修水利、修治道路、建造村落，开展各种建设，这样云南经济社会状况在原来的基础上又有很大的提高。而且这边屯不是孤立的发展，而是与云南各民族群众紧密联系着，屯田得到各民族群众的支持，而各民族群众也得到屯卫军民的帮助，不仅屯卫的区域，而且对云南各区域都产生了很大的影响，先进的生产工具，生产技术传播开来，房屋建筑、加工工艺技术传播开来。边屯的军士和汉族移民与当地少数民族通婚开亲，娶当地少数民族女子为妻，文化生活、各种风俗相互交融、相互影响。这个时期是中原汉族与云南少数民族大融合的时期。以丽江古城为例，虽然丽江未设置卫所，仍由木氏土司

---

①《明代在云南的军屯制度及汉族移民》，方国瑜文集第三辑，第151页。

②《明代在云南的军屯制度及汉族移民》，方国瑜文集第三辑，第146页。

统治，但是这个时期中原汉族的工匠艺人，文化传播者大量进入，融合到古城纳西族之中。

从以上情形中我们可以看到，边屯文化实质上是中原内地汉族到边疆民族地区实行戍边屯垦所形成的一种文化。这种文化以中原汉族文化为主体，但又融入了边疆少数民族文化，又带有戍边屯兵的特征和地域特点，形成独具特色的文化。屯卫制在云南普遍存在，边屯文化是云南的一大特色文化，是云南汉文化的精髓，也是云南本土文化的源头之一。

永胜边屯文化之所以可以打造建设成为一大特色的文化品牌，这是因为它在边屯文化中极具个性特色，是边屯文化的典型代表。而永胜既保存了众多的边屯文化遗存，又有众多的突出亮点，加上地域特色、历史文物等其他地方难以比拟的优势，比如毛氏文化、边屯时期遗留的古建筑、古文物、古村落、边屯戍守的兵寨遗址，汉族与少数民族融合的典型文化现象，边屯时期依托当地土司的史实等等。

挖掘、研究、保护、开发边屯文化具有深远的历史和现实意义。边屯文化见证了中华民族你中有我、我中有你、大交流、大融合、大发展的史实，见证了各民族共同开发边疆、发展边疆、稳定边疆、维护祖国统一的历程，见证了各民族相互学习、相互帮助、和睦与共、团结奋斗的传统。通过边屯文化的研究开发，鉴古启今，有利于推动边疆民族地区经济社会的发展，有利于各民族文化交流、推动民族文化强省的建设，有利于保护延续优秀文化遗产，有利于各民族的大团结、大繁荣。

二　率先研究和示范基地建设为打造品牌奠定坚实基础

随着丽江文化旅游产业的发展，“文化立市”、“旅游强市”战略的深入实施，各民族优秀文化、各地域特色文化挖掘保护、研究开发工作不断得到加强。十多年来，永胜边屯文化的研究开发也取得了开创性的成果。其主要标志是围绕毛氏文化和他留文化的研究取得一批重大成果，保护和开发已提到更高的层次，并保持了良好的发展势头，永胜边屯文化的研究取得突破，厘清了历史事实，历史上的澜沧卫不是今天的澜沧县，而是如今的丽江永胜县。毛太华是永胜毛氏和韶山毛氏的共同始祖，永胜毛氏和韶山毛氏同源共祖。他留文化又是边屯文化研究中的又一重大课题，他留坟林、他留城堡遗址是中原汉文化和边地少数民族文化融合的历史见证，他留文化既是独特的少数民族文化，又带有边屯文化的特征，可列入边屯文化之列。通过深入研究，他留坟林和城堡已列入国家级重点文物保护单位。

20世纪90年代以来，澜沧卫和毛泽东祖籍研究引起省内外专家学者的关注。简良开等丽江和永胜一些同志深入调查研究，查证史料，多方考察论证，做了大量深入细致研究工作。在县委政府的支持帮助下，简良开等同志组成永胜毛氏研究课题组和毛泽东祖籍研究会，研究取得重大突破，揭开了澜沧卫和毛太华之谜。2000年6月，毛氏课题研究组到湖南韶山，对接永胜毛氏和韶山毛氏的历史，达成了共识，续上了已中断6个世纪之久的血缘亲情。为了见证历史，展示永胜毛氏相关文物、古迹及资料，经过一段时间的筹备，2003年8月30日，永胜县人民政府县长江勇召开现场办公会议，拨出专款，恢复重建毛氏宗祠工程正式启动，于当年竣工。这个建于康熙初年的宗祠1951年改为凤羽小学，当时占地2400平方米，建筑面积800平方米。这次重建，学校搬迁，并扩大了规模，恢复重建的毛氏宗祠占地面积2534平方米，建筑面积900多平方米，随后又扩建为毛泽东祖先纪念园。2005年在永胜县县委宣传部的牵头下，由简良开同志主编的《从永胜到韶山——毛泽东祖先事》正式出版发行，这是毛氏文化研究的一个重大成果，也是边屯文化研究中的一大亮点。在市县党委政府的支持和帮助下，边屯文化研究的队伍不断扩大，得到加强，研究力量也得到整合，2009年以来通过一年多的酝酿和筹备，在一些长期关注和从事边屯文化研究专家学者和有识之士的倡议下于2010年6月9日，丽江边屯文化研究会正式挂牌成立。这对进一步挖掘整理和保护边屯文化遗产，深入搞好研究和开发利用提供了重要保障。

2010年8月21日下午，云南省省长秦光荣、副省长和段琪到永胜程海凤羽毛家湾调研边屯文化，实地考察了毛泽东祖先纪念园，详细询问了解毛太华在永胜的情况和永胜毛氏发展变迁历史状况，并充分肯定丽江成立边屯文化研究会，制定规划，率先开展研究取得成果的做法是一件大好事。并作了“把永胜建设成为云

南边屯文化的示范基地，在永胜程海建设云南边屯文化博物馆，将程海湖的生态环境保护与边屯文化研究建设相结合进行总体开发”的重要指示。

2010年8月23日，市委书记王君正主持召开边屯文化研究建设的专题会议。会上传达了秦光荣省长重要指示精神，听取了与会同志的意见建议，就如何抓好落实作了安排部署。王君正强调要把握好四个关系，即边屯文化与中国历史文化的关系、边屯文化与本土地域文化的关系，边屯文化与毛氏文化的关系、历史史实与民间传说的关系；丽江要在边屯文化研究中抢占先机、掌握主动，要做到科学严谨、实事求是、突出特色、取得成果；边屯文化的研究开发要与程海湖生态环境保护与旅游产业发展、新农村建设、农民增收致富相结合。会议决定成立边屯文化研究开发领导小组，由市委政府领导牵头，市县相关部门、丽江文化研究会、边屯文化研究会等相关人员组成，大大加强了对市县边屯文化研究开发的统一领导。

永胜县委政府抓紧此项工作的落实，着手云南边屯文化博物馆和边屯文化博物园的规划设计。2010年11月4日，在昆明召开了高规格的专家学者咨询论证会，省人民政府副秘书长白庚胜、省文化厅厅长黄峻等参会，大家围绕边屯文化博物馆和博览园建设提出真知灼见和具体意见建议，从而明确了边屯文化示范基地建设的思路，也开阔了设计人员的视野。紧接着，2010年11月5日至8日，由永胜县、设计单位、丽江文化研究会、边屯文化研究会相关人员组成的考察组，在永胜县县委书记陈星元的率队下，到湖南韶山进行学习考察，韶山市委市政府主要领导和专家学者全面介绍了韶山毛泽东故居，其他纪念场馆设施建设的情况，考察组对相关场馆建设和纪念园地认真考察参观，听取韶山相关专家人士的意见。这次考察对搞好云南省边屯博物馆建设有着多个方面的启迪和借鉴意义。在突出毛太华这位两地共同始祖和彰显边屯文化的特色上加深了认识。

丽江市人民政府及和良辉市长多次听取边屯文化博物馆规划设计方案汇报，并提出具体要求。2010年11月24日，和良辉市长向省政府办公厅举行专题汇报，省办公厅要求，一定要把永胜·云南边屯文化博物馆建设成中华文化的一个新亮点，云南文化的一个新特点，丽江发展的一个新增长点，程海生态保护开发新支撑点；一定要把永胜边屯文化定位为全国边屯文化展示基地，民族团结和谐发展的教育基地和丽江特色旅游发展基地。从而明确了云南边屯文化博物馆建设的总体格局和原则。2010年12月13日，和良辉召开专题会议，听取云南边屯博物馆规划建设方案，对设计单位提出的三个方案，与会专家学者进行分析比较，提出了修改意见。和良辉充分肯定大家的修改意见，并对博物馆的展示、建设体量、建筑形态、边屯文化的内涵外延与周边环境协调等提出要求。永胜县及设计单位对博物馆设计方案多方征求意见、反复修正、不断加以提升和完善。根据市人民政府这次专题会议精神，以第一方案为基础，对三个方案进行整合，形成上下较为满意的建设方案。

2010年12月26日，云南边屯文化博物馆开工奠基仪式在程海之滨的毛家湾隆重举行。省人民政府副秘书长白庚胜出席并讲话，和良辉代表市委市政府要求把博物馆建设成为中国唯一充分展示边屯历史文化的精品工程。至此，永胜边屯文化示范基地建设迈出了实质性的步伐，边屯文化的研究、保护、展示、开发进入新的阶段。多年来丽江永胜率先在挖掘、保护、研究、开发边屯文化做了实实在在的工作，取得很大成果，为永胜边屯文化品牌的打造和建设奠定了良好基础。一是有一批研究成果，二是有一批边屯文化历史遗迹得到保护，三是成立边屯文化研究机构，四是云南边屯文化博物馆开工建设，中国·永胜边屯文化博览园建设在筹备之中，其他边屯文化建设项目还将继续论证，这些内容使得边屯文化示范基地建设正得到实实在在地深入和推进。

三　品牌建设要着力抓好几个重要问题

文化品牌的打造建设关键在于它的代表性、个性特色、巨大的影响力和经济社会的效益。永胜边屯文化品牌打造和建设虽然奠定了良好基础，但是现在还没有形成真正意义上的品牌，这就需要我们按照文化品牌建设的客观要求，把握特色、突出亮点、发挥优势、乘势而上，并着力抓好几个重要的问题。

1. 要牢牢把握永胜边屯文化的特点优势。

没有特点就有没有优势，没有特点也就没有品牌。支撑永胜边屯文化的不仅有一些珍贵历史资料和文献，更主要的是有着明清以来边屯历史文物古迹。永胜程海流域的古村落，从建筑形态来讲基本传承了湖南江西一带汉族建筑风格，这和当年澜沧卫军屯士卒来自这一地区有关。永胜汉族语言腔调与云南其他汉族腔调完全不同，保持了比较原始的湖南腔，这也是边屯时期传下来的语言风格。一个以明清时期为主体的建筑群在期纳清水村得以保存，明清时期建筑的书院、寺庙、宗祠、佛堂、民居宅院、城楼、名人故居等就有30余处。这些古村落体现了边屯文化的灵魂，也是边屯文化的历史见证。期纳镇文凤果园村的何家大院，由两院三坊一照壁的院落组成，其房屋建筑和木雕、灰塑、石雕等多种艺术形式也体现中原汉文化的工匠技艺。这些清末民国初建筑既传承了中原汉族传统工艺，又吸纳了少数民族建筑一些特色，实为可贵。程海凤羽毛家湾的毛氏宗祠，最早为澜沧卫百户长毛太华户所，毛太华后裔改为毛氏宗祠，建于清康熙初年，占地2400平方米，建筑面积800平方米。毛太华是永胜毛氏和韶山毛氏共同始祖，伟人毛泽东是第二十代裔孙。2001年毛太华之二子毛清二墓碑在凤羽山沟中出土，已经成为镇祠之宝。毛氏宗祠及其文化是永胜边屯文化突出代表和最大亮点。

永胜六德他留文化又是一大特色文化，这个文化既是民族特色文化，又是边屯文化的历史见证，已进入国宝级文物单位的他留坟林和城堡遗址，就是汉族文化与少数民族文化融合的结晶。永胜边屯文化与当地土司文化相结合又是一大特征，永胜在明代洪武调卫前是少数民族的聚居区，土司是本地各民族的统治者，他们的统治历史悠久、盘根错节，影响巨大，所以当时的边屯活动必然以土司文化作为一个依托。中原汉民族与边疆少数民族的融合，汉文化与少数民族文化的融合是边屯文化的最大特征。这一点在永胜得到最大的印证。永胜把汉族与少数民族的融合形象地称为“夷娘汉老子”，这也就反映了永胜边屯文化特征和本质。在充分认识特色和优势的基础上，就要善于发挥优势、整合资源、突出亮点，彰显品牌的独特魅力。

2. 要努力建设独具特色的边屯文化示范基地。

把永胜建成展示边屯文化的示范基地，就要围绕程海湖畔的毛家湾搞好重点项目的建设，从而达到集中展示、彰显特色、突出亮点的效果。云南边屯文化博物馆已由2010年12月26日正式奠基开工建设，这是国内展示边屯文化的第一个主题博物馆。应该把它建成集历史文献、文物资料、研究成果等为一体，图文并茂、形象生动的新型博物馆。

边屯文化博物馆的建设展示要把握好以下几点：一是这个博物馆要“立足云南、面向全国、突出永胜”。边屯文化是个大文化，这个文化现象遍及全国，从古至今，所以对边屯文化历史脉络及总体情况应该加以概括和说明，使参观者对边屯文化来龙去脉、发展和演进情况有个基本的了解。而云南则是边屯文化最集中的代表地，对云南边屯文化史则要有个全面的展示和说明。永胜边屯文化则是最具有特色的品牌和亮点，有许许多多的边屯历史文化遗存，要系统地集中展示和说明。二是要以边屯文化的历史文物、景点实物、文献资料等取胜。这些东西才是历史的见证，也才是最有说服力的，所以除了目前永胜现存的800多件文物外，要在民间社会大量进行征集、广泛挖掘，丰富历史文化的内容，这样才能提升博物馆的层次、内涵和品位。三是要集中体现民族大融合、大团结、共同创造边疆辉煌的历史。这是边屯文化最大的特色和亮点，边屯文化要充分展示中原内地汉族和边地少数民族共同团结奋斗开发边疆、发展边疆的壮丽史诗。还要充分体现中原内地汉文化与边地各少数民族文化的交流融合，这才是边屯文化的本质所在、特色所在。四是要把搞好展览和实地考察文物景观有机结合。程海流域体现边屯文化的村落和文物景观是最形象最生动的东西，所以要把参观博物馆的展览和参观文物景观放在同等重要的位置。参观古村落、古遗址说服力更强、效果更好。五是要深入研究和集中展示相结合，通过更多的研究成果为展示提供更有力的证据。

毛氏宗祠及毛泽东祖先纪念园要有其特点。毛泽东始祖毛太华屯边传奇和毛氏宗祠是边屯文化最好的历史见证，是一大亮点，正因与伟人毛泽东相关联，从而增加了永胜边屯文化的神秘感和传奇色彩，也就大大增加了其影响力。毛太华是永胜边屯的核心人物，也很有代表性，所以在边屯文化及毛氏文化中要突出他及相关的史实。现在各地为了追求伟人效应，所以毛氏及其宗族历史文化渊源已关联到很多地方，免不了一些地方牵强附会，但永胜不同，其特殊地位坚如磐石，不可动摇。永胜毛氏族谱和韶山毛氏族谱共同记载了毛太华是始祖，在澜沧卫军屯时因军功奉调返湘的史实也清楚，还有文献记载，这就证明了永胜毛氏和韶山毛氏同宗同源，都承认有一个共同的始祖。毛泽东生前也讲过，他的祖先从云南到湖南，而且娶的是当地少数民族女子为妻，他有少数民族血统。经简良开及专家们的研究考证，毛太华避乱西迁，从四川宜宾沿金沙江到盐源，从茶马古道于洪武元年（1368年）进到永胜，洪武十五年（1382年）在永胜投军参加军屯，直至洪武三十三年（1400年）因军功奉调入湘，在永胜生活三十多年。毛太华在永胜娶妻生子、成家立业，为百户长，获得功名，为永胜毛氏和韶山毛氏的后来发展奠定了基础。所以我们2010年11月到韶山考察时，韶山市委书记杨真平同志在座谈会上说：永胜是韶山毛氏的发祥地，这是很恰当的定位。毛氏宗祠、毛泽东祖先纪念园的建设要突出永胜特色，两个方面的建设要融合为一体，要适当扩大建设规模，增加充实内容，比如毛泽东关于民族政策、民族团结、民族和谐方面的内容，这和边屯历史文化也是相衔接的，将是一大特点。总之，永胜纪念园要有自己的特色和亮点，不应该简单地照搬和重复外地的那些内容。永胜毛泽东纪念园要突出毛太华、毛清二等祖先在边屯时期的历史文化。

3．要把程海保护作为品牌建设的结合点。

永胜边屯文化与程海湖有着天然的联系，边屯文化品牌建设与程海保护是一个问题的两个方面，边屯文化品牌建设要寓于程海生态环境保护和生态经济开发区发展的全过程。抓住了这个结合点，就抓住了永胜边屯文化品牌建设的不竭动力，也就抓住了永胜边屯文化赖以生存发展的源头和基础。

程海湖是云南九大高原湖泊之一，是永胜各族人民的母亲湖。也是天然生长螺旋藻的聚宝盆。程海湖流域318.3平方千米，湖面面积77.2平方千米。陆地面积241.1平方千米。程海湖哺育了永胜各族人民，也滋养了永胜边屯文化。永胜许多典型的边屯文化古村落，众多历史文物以及众多旅游景点都在程海流域。是程海养育了戍边屯垦的兵士和老百姓，是程海之水灌溉了开垦的田地，是程海造就了良好生态环境和这片肥沃的土地。所以从某种意义上讲，离开程海这个母亲湖就谈不上永胜的边屯文化。

2010年8月21日秦光荣省长考察调研边屯文化，提出要把永胜建设成云南边屯文化的示范基地，这是源于程海的环境保护和治理，这也是省政府程海水污染防治现场会的重要组成部分。将程海湖的生态环境保护与边屯文化建设相结合进行总体开发也是这次现场会的重要精神。把永胜边屯文化示范基地放在程海湖畔，也体现了程海对边屯文化品牌的特殊作用。由于有了程海的水和周边的山林，示范基地和周边村庄就充满了灵气，也提升了品位。

程海的水污染防治和周边生态环境的保护其实质上也就是边屯文化示范基地建设的重要内容。程海周边面山林业生态的恢复，程海湖滨绿色通道的建设，周边村庄的绿化，截污措施的实施，恢复周边生态系统迫在眉睫。“治湖先治山，治山先种树”，这是程海恢复生态的必由之路。程海最大的创伤应该是周边森林的砍伐和生态的恶化。虽然随着林业生态环境修复工程的实施，程海流域“创伤”得到一些恢复，程海周边森林覆盖率由原来的12.7%上升到36.7%，但是森林覆盖率还大大低于全市的平均水平，决不可满足于现状。

省人民政府现场办公会议召开以后，程海的水污染防治和周边生态环境恢复加大了工作力度，资金投入大幅度增加，而且把程海绿色开发纳入了全省发展大局之中，这就给边屯文化示范基地综合建设提供了更加广阔的天地。程海环境保护和边屯文化建设相结合，互为依托、相互促进，这是推动边屯文化建设的重要路径。

4．要用旅游业带动边屯文化品牌的建设。

边屯文化品牌的建设和成功需要借助相应的平台，需要融入丽江这个旅游大市场。丽江旅游已成为国内外知名的大品牌，永胜边屯文化作为一个新亮点，既可提升丽江文化旅游的内涵，同时通过依托丽江旅游大平台，可以带来大市场，可以带来人气和知名度，这样永胜边屯文化才能鲜活起来。充分发挥旅游业的综合带动效应，依托丽江旅游大平台、大市场，用旅游业带动边屯文化品牌的打造和建设，实现文化旅游结合互利双赢，这是目前永胜边屯文化品牌建设的必然选择和突破点。

丽江旅游已形成一体多翼的格局，永胜旅游蓄势待发，随着边屯文化兴起和程海的开发，它将成为重要的一翼。要把永胜纳入丽江旅游的大格局之中，就永胜而言要创造条件主动融入。在丽江旅游做大、做强、做优转型升级和提质增效的过程中，尤其在开展休闲度假和文化体验旅游的过程中，程海有着独特的气候、光热等有利条件，将成为不可替代的一个好去处。而永胜的旅游资源不是孤立单一的资源，而是形成了众多的较为系统的资源优势。通过旅游可以把边屯文

化的重要人文景点串联成线，使众多边屯文化遗迹、古村落、湖光山色、田园风光形成一个整体。以凤羽毛家湾毛氏宗祠、边屯文化博物馆、毛泽东祖先纪念园作为中心，其南边有清水古村、金江古渡、何家大院，程海以东有他留特色村寨、他留坟林等，北边县城附近有灵源箐古石刻、古地震遗址、三川田园风光等可形成环线景点。这样程海和边屯文化游就有了魅力。

程海边屯文化示范村建设的起步，程海湖周边生态环境的修复、湖滨绿色生态大道的建设，程海休闲度假项目的逐步开发，将形成永胜旅游发展强劲势头。永胜旅游发展中交通是目前最大制约瓶颈，解决交通制约瓶颈应成为发展旅游的突破口。随着丽攀高速公路和铁路建设纳入“十二五”规划，制约因素将逐步得到解决，前景十分看好，那时丽江到程海将十分便捷。连接丽江至永胜程海的旅游线路应该成为近期的发展目标，这样边屯文化和程海旅游就可以进入丽江旅游圈之中，对打造边屯文化品牌带动永胜旅游业发展将是一个突破。就中长期目标而言，形成大理鸡足山、永胜程海、四川攀枝花、宁蒗泸沽湖至丽江的旅游环线，那么永胜旅游景区将成为一个新亮点，永胜旅游产业也才能逐步做大做强。

作者与和自兴等在北京（2008年）

第三辑

丽江文化旅游典型论

世事如烟，恍惚而逝。要记住一个地方或了解一段历史，莫过于去了解这个地方、这段历史中最具代表性的事件和人物。有道是事实胜于雄辩，事实最能说明问题。而典型则是最能体现事实的人或事物，典型具有丰富的社会意义，给人留下难忘的印象，产生深刻的社会认识作用和思想启迪作用。

这些典型案例是丽江文化旅游崛起的生动体现和重要标志，将载入文化旅游发展的史册。同时由于它的实践性、理论性和示范性，因而给人们各个方面的启迪，对文化旅游的可持续发展，仍将继续产生积极的影响。

丽江三个世界遗产评析

1997年至2003年的短短几年期间，丽江成功申报文化、自然、记忆世界遗产，获得了三个世界遗产的殊荣。从而为打造丽江文化旅游名市，打造世界级文化旅游品牌，促进经济社会全面发展奠定了坚实基础。

丽江古城（包括白沙、束河古镇建筑群）是纳西族先民创建的，融汉、白、藏等各民族城市风格和建筑特色为一体，具有纳西族独特城市布局理念、建筑风格和文化特点，以土木建筑和民居为基础，是至今保存相当完好的少数民族古城，完整保留了元、明、清以来形成的历史风貌。它历经风雨，已有800多年历史，而白沙古镇和束河古镇已有1000多年的历史。丽江古城总面积5.7平方千米，其中主体部分的大研古城面积3.8平方千米，1986年2月8日被国务院公布为中国历史文化名城。1994年10月，在丽江召开的云南省滇西北旅游规划会议上，和志强省长正式提出丽江古城要申报世界遗产开始，经过上下几年的共同努力，至1997年12月4日在意大利那布勒斯召开的联合国教科文组织世界遗产委员会第二十一次会议上，以其“保存浓郁的地方民族特色与自然美妙结合的典型，具有特殊价值；历经1996年‘2·3’7.0级大地震，基本格局不变、核心建筑依存、恢复重建如旧，保存了历史真实性”的理由，正式批准把丽江古城列入《世界文化遗产名录》。丽江古城“申遗”的成功，填补了中国历史文化名城没有世界遗产的空白。

在中国云南省西北部的丽江市、迪庆州、怒江州境内，怒江（萨尔温江上游）、澜沧江（湄公河上游）和金沙江（长江上游）自北向南平行奔流170千米，形成了世界上独特的自然奇观，故名“三江并流”。1993年，国家将“三江并流”列入申报世界自然遗产的预备名单。1997年初，云南省政府成立“三江并流”申报世界遗产工作机构，全面启动了申报工作，丽江地县也设立机构并积极参与此项工作。2003年7月2日，在法国巴黎召开的联合国教科文组织世界遗产委员会二十七届会议上，正式批准把“三江并流”区域列入《世界自然遗产名录》。“三江并流”区域近4万平方千米，列入世界自然遗产的面积1.7万平方千米，由8个独立的片区组成。丽江九十九龙潭和黎明片区属于“三江并流”的核心区和最壮美的地方。

东巴古籍文献是用纳西族东巴图画象形文字记载的纳西族原始宗教的典籍，由纳西族智者东巴代代相传承，俗称东巴古籍文献。2001年2月7日，丽江地区行署在专题研究东巴古籍文献申报世界记忆遗产名录的基础上，决定成立丽江地区申报世界记忆遗产机构，正式开展申报世界遗产工作。并在2002年3月，首先入选“中国档案文献遗产名录”，并于同年8月完成了世界记忆遗产申报文本。2003年8月30日，在波兰格但斯克召开的联合国教科文组织世界记忆遗产工程咨询委员会第六次评审会议上，东巴古籍文献正式批准列入《世界记忆遗产名录》。取得丽江获取的第三个世界遗产的殊荣。

1．三项世界遗产具有很高的价值和品位，是人类共有的无价之宝。

世界遗产是人类共同的遗产、共同的财富，体现了世界范围内人类的共有性，具有普遍的价值和突出的意义，是无价之宝。联合国世界遗产公约申明世界遗产不仅存在，而且属于全人类所有，反映了全人类的远大理想，因而是人类共同要保护和继承的遗产。

丽江古城能列入世界文化遗产，是因为它符合世界文化遗产（II）、（IV）、（V）等项标准，具有普遍价值和突出意义。丽江古城在建筑理念、选址、布局、建筑特色等方面独树一帜，有别于中原内地和边地任何一座古城。它的地域特色、民族特色、文化特色十分突出，与周围的自然环境巧妙结合统一，古朴、自然、和谐、不规则、不拘一格。丽江古城历史上虽然是纳西民族创建居住的地方，但又包容了不同民族、不同宗教、不同文化。同时上千年来见证了游牧文化、农耕文化、商贸文化以及茶马古道上的多民族历史文化。丽江古城充分体现了人和自然高度和谐与统一。它充分利用了山川、河流、地形地貌和自然环境，达到了完美的结合和巧妙的利用。古城依山就水、高低错落、河水自然穿巷、街巷沿河自然布局，曲径通幽、四通八达，人与山水完美结合，既有山城之貌，又有水乡之容。丽江古城具有深厚的文化底蕴，元、明、清以来的历史风貌依旧，明清以来的民居建筑保存较完整。东巴文化、民族语言、纳西民居、民间工艺、雕刻绘画以及民族音乐、舞蹈、歌舞等艺术形式古色古香。丽江古城是一座活着的古城，是一幅纳西民族生产生活的画卷，在这里充满了小桥、流水、人家的诗情画意，是人类精神的家园。这座古城还充满了生机活力，保持着发展繁荣的良好势头。

"三江并流"区域成为世界自然遗产，是因为它符合《世界遗产公约》中自然遗产的所有四项标准。"三江并流"反映了地球演变主要阶段的杰出代表地，地球板块挤压造就的高山峡谷和海洋性冰川。"三江并流"是反映不断进化的生态生物过程的杰出代表，成为北半球动植物生态环境的缩影。"三江并流"是生物多样性和濒危物种的栖息地，是珍奇濒危动植物的避难所。"三江并流"区域也是灿烂民族文化的富集地。总之，它具有非同寻常的科学价值和美学价值。联合国教科文组织认定"三江并流"符合世界自然遗产的全部四项标准，给予了高度的评价。这个区域卓越的自然品质和文化内涵，从地学、生物、生态学、自然美学等不同侧面反映了它的神秘奇特和不可思议的震撼力。

世界记忆遗产与列入《世界遗产目录》的具有突出世界价值的遗址一样，同样是世界遗产的组成部分，它们被认为有超越时间和文化疆界的意义。联合国教科文组织意识到应采取紧急行动以确保世界文献记忆不再受到破坏，并于1992年为保护和宣传世界文献遗产开展了一项"世界记忆"计划。东巴古籍文献列入世界记忆遗产是因为它至少符合其中三项（第5、第6、第7）标准及两项辅补性标准。"以特殊方式记载世界史或文化中一个重大主题的文献。"、"文献具有一种风格或形成的典型范例，那它就有世界意义。它也可以为代表某种已消失或正在消失的介质或技术而重要。""如果某文献遗产具有超越民族文化的显著社会、文化和精神价值，那么它就有世界意义。这条尤其适合于与世界上某种主要信仰方式有关的文献遗产。"另外两条辅补性标准：一是"某文献遗产显示出高度的完整性"，二是"某文献遗产是独一无二的特别稀有的"。从重大主题角度来讲，东巴古籍文献称为纳西族古代的百科全书，体现了人类童年时期的一些文化现象，尤其是用东巴图画象形文字这一特殊形式记载了纳西族关于人类起源、人类古代生产生活、人类与自然界关系等重大主题的文献。从形式和风格来讲，东巴古籍文献的语言、图画象形文字、书法绘画风格在世界上都是典型范例，而且正面临着消亡的危险。从文献的社会价值来讲，东巴文化是整个喜马拉雅地区文化的缩影，也是一个典型代表。东巴文献中所反映的文化思想具有普遍价值和突出的世界意义。比如人与自然，人与人之间的古朴的和谐共存的观念等。东巴古籍文献具有很高的完整性和系统性，是目前世界上唯一存活着的象形文字。对东巴古籍文献的价值，我国著名学者季羡林、任继愈、于锦绣、吕大吉等都做了高度评价。

2. 申报成功三项世界遗产对丽江有着特殊重大的意义。

申报成功三项世界遗产对丽江经济发展、社会进步、文化繁荣以及建设社会主义精神文明，提升丽江在国内外的知名度具有重大的现实意义。首先，申报成功三项世界遗产大大提升了丽江文化的品位和影响力。世界遗产本身就是具有世界意义的品牌。由于三项世界遗产的殊荣，使丽江古城、东巴文化、三江并流、纳西古乐、茶马古道等丽江独特文化现象享誉世界。它们的文化内涵充分展示出来，引起国内外高度的关注和认可。这些文化遗产及其价值，过去除了少数专家学者外，普通老百姓很少有人知道，国内外掌握了解的人也不多。通过成功申报，这种情况得到了根本性的改变。丽江文化尤其纳西文化学已成为国内外关注的一门显学，形成了一个庞大的研究丽江文化和纳西文化的学者群，丽江成为世界著名的文化旅游名城。其次，三项世界遗产为代表的纳西民族文化铸就了丽江旅游业的灵魂，为旅游产业的发展作出了重大贡献。旅游产业是丽江的龙头支柱产业，撑起了全市经济的半壁江山。丽江在发展旅游产业、壮大旅游产业过程中依托三个世界遗产、充分发挥三个世界遗产的作用，文化旅游互动发展，推动了经济社会跨越发展。丽江旅游产业发展壮大关键在文化，三个世界遗产为代表的民族文化成为丽江旅游核心竞争力中的决定性因素。围绕三个世界遗产所形成的文化旅游的产业群体已成为引领丽江经济发展的骨干。再次，三个世界遗产对打造文化旅游品牌，提升丽江知名度和影响力有着特殊作用。三个世界遗产本身就是国家的名片，响当当的品牌。比如丽江古城已成为国内外著名的文化旅游的品牌，成为国内外游客向往的旅游胜地。“三江并流”则是云南“动物王国”、“植物王国”的集中代表，多元文化的集中代表，已成为丽江乃至云南旅游二次创业的主战场。东巴古籍文献成为神秘东巴文化的理论基础和锐利武器。“印象丽江”、“丽水金沙”、“泸沽湖摩梭母系文化”、“玉龙雪山”、“束河古镇”等文化旅游品牌，其实都是以三个世界遗产为代表的丽江民族文化提供了厚重的文化内涵。其四，三个世界遗产集中代表了丽江优秀民族文化精神，是人类精神的家园，为丽江精神文明以及和谐社会建设提供了动力支持。搞好丽江精神文明建设和旅游文明景区的建设，提高全社会的文明程度，丽江民族文化是宝贵的财富和资源。而且这种文化符合丽江各民族生活习惯和心理特征。这一民族文化对搞好爱国主义、民族团结、社会和谐、保护环境、感恩报德、诚信友爱等方面的教育和熏陶都是极好的教材和阵地。

3．申报成功三项世界遗产更多的是一份责任。

丽江成功申报三项世界遗产是丽江的荣耀、丽江的光荣、丽江的骄傲，是丽江巨大的财富。但更重要的是给丽江增添了一份责任，成为世界遗产的守护者。三个世界遗产把丽江推向全国、推向全世界，但是与此同时也给丽江提出了更高的标准，更高的要求，要承担起更大的责任。呵护好三项世界遗产不仅是要向丽江人民负责，还要向全国人民、向全人类负责。我们丽江必须有这样的胸怀，实际情况也是如此。丽江怎样才能承担起这份责任呢？根据多年的实践和经验，首先是要增强全民的责任意识和文化自觉。保护世界遗产，人人有责；保护世界文化遗产，要从我做起。多年来在全社会所进行的宣传教育和所开展的一系列活动，比如：“爱我古城，护我家园”、“保护和整治行动”、“保护系列基础工程”等，都起到了良好的效果。1997年12月4日凌晨，在意大利那不勒斯参加丽江古城申报世界遗产活动的丽江代表团和段琪专员、和自兴书记（时任丽江县委书记）等在凌晨2点55分打电话传来这一喜讯，丽江古城各族群众欢歌劲舞彻夜未眠，第二天当时的地委书记段增庆召开大型新闻发布会做了重要讲话。充分肯定申报成功是丽江各族人民、社会各界、各级政府和相关部门共同努力奋斗的结果。申报成功与各族群众广泛参与分不开。同时，搞好保护工作各族群众必然是主力军，他们的文化自觉和责任意识至关重要。其次是在行动上丽江要无怨无悔地承担起责任，勇于克服困难，同时要多渠道筹集资金，这样才能做到不辜负世界人民的重托。丽江地处西南边陲经济欠发达的地区，也是边疆少数民族地区，保护三项世界遗产，任务极其繁重，所承担的责任也特别重大。联合国教科文组织和国家对保护遗产的扶持资金有限，主要靠丽江自身的努力。这几年的实践证明，保护世界遗产资金需求巨大，保护资金困难是个实际问题。作为世界遗产地的丽江各级政府，经济再困难，财政再拮据，也要保证保护资金的投入和到位。但是事实也证明，贫困地区，资金毕竟有限，保护世界遗产要开辟更多的资金渠道，需要得到国家更多的扶持，得到全国各地和各个方面更多的关心，形成更有效的保护的资金来源渠道，要形成良性循环的更好的机制。三是要形成良好的保护遗产的法律法规、机制体制和法制环境，要严格执法、依法管理。要进一步健全完善其相关的规划和实施的计划，要进一步形成上下结合配套的管理体制和工作机制，尤其要建立起保护的责任制和问责制，营造良好法制环境，严格依法办事、依法保护。四是重在实施、重在落实。实施好一系列保护遗产的政策措施和工程项目，在落实上狠下工夫，在落实上取得实际成效。

4. 丽江继续申报世界遗产的展望——潜力巨大，前景看好。

由于丽江处在历史上多种文化的交汇点上，文化的积淀很多很深，再加上自然地理、交通运输等特殊原因，许多历史文化的遗存和独特的民族风情保存得比较完整，甚至中华汉文化的一些古风古韵在丽江还保存得比较好，许多著名专家学者认为，在丽江不仅可以体验到独特的少数民族文化内涵，而且还可以体验到一些中原文化的古风古韵，是一块不可多得的历史文化沃土。从申报世界遗产的角度讲，具备条件的地方和项目还不少，有些东西有待于进一步挖掘。总之，前景可观，还可以大有作为。一是泸沽湖摩梭母系文化具备申报世界文化遗产和世界非物质文化遗产的条件。这里的母系文化在全世界都是绝无仅有的，是一个活化石，而且有很高的科学文化研究价值，引起了国内外的高度关注。二是纳西古乐，这个音乐已蜚声海内外。这个音乐原本是中原汉族的洞经音乐，传入丽江数百年时间，在丽江这片土地上不断传承下来，同时与纳西民族的文化音乐融合在一起，形成了丽江风格和韵味的纳西古乐。这个古乐保存了洞经音乐的古风古韵，甚至保存了唐宋时期的曲调和韵味，同时又具有丽江民族文化特色，是珍贵的遗产，具备了进入世界非物质文化遗产的条件。三是茶马古道。具有悠久历史的这条古道是连接各民族经济社会发展的一条重要大道，既是促进商贸和经济发展的通道，又是连接各民族文化交流的文化走廊。在这条古道上还保存着活着的丽江古城等古镇古村落，有部分古道的遗存和其他历史文化遗存，很有条件申报世界文化遗产或非物质文化遗产。四是金沙江岩画。金沙江流经丽江市500多千米，在金沙江流域的两岸，在丽江市和迪庆州境内已发现了52处古岩画点，据国内外专家初步考察和考证，这些岩画历史悠久，具有很高的考古价值和文化研究价值。五是宝山石头城等一些有典型历史文化意义的，保存原汁原味的民族生态文化古村落。还有东巴古籍中的一些经典或民间古歌古调也有条件申报世界文化遗产或者非物质文化遗产。总之，丽江申报世界遗产的潜力巨大，条件优越，前景看好。

丽江古城及东巴文化保护条例（草案）意见征求会（2005年7月）

世界文化遗产保护的"丽江模式"评析

丽江结合实际创造了世界文化遗产丽江古城保护与旅游业协调发展的"丽江模式"。这一模式得到联合国教科文组织亚太地区文化遗产管理第五届年会的充分肯定和高度评价，并形成了在亚太地区加以推广的年会决议。联合国教科文亚太组织认为，"丽江模式"为世界文化遗产管理与旅游业的发展提供了典范。丽江古城世界遗产保护利用和旅游产业发展实现结合双赢的模式对亚太地区乃至对世界文化遗产管理保护提供了经验。"丽江模式"在探索实践中形成，开始还不完善，在吸收亚太地区第五届年会意见和几个国家经验的基础上，所形成的中国丽江古城保护行动计划（丽江模式）终结报告仍有缺陷和不足，一直到这几年才逐步完善和成熟起来。即使到现在还要根据新情况，不断与时俱进，解决新问题、创造新经验。但丽江创造的模式和经验对国内外都是极其宝贵的，而且将具有长久的借鉴指导意义。

世界文化遗产地和旅游业的发展是一对矛盾，能不能得到内在的统一，找到一个平衡点，使遗产保护和旅游业的发展实现"双赢"？这是世界性的课题，也是一个难题。1996年5月，荷兰政府与世界遗产基金会提供资金，由联合国教科文亚太地区组织选择了文化背景相似的中国丽江、越南惠安、尼泊尔巴克塔普尔、菲律宾维甘等四座古城实施了"协调景区发展与文化遗产保护"国际合作项目。1998年11月，在马来西亚召开的"亚太地区文化遗产管理第三届年会"上，会议总结了4个试点项目的经验。这次会议还把试点的四座古城扩展为8座古城。其项目经费由挪威王国政府与世界遗产基金会共同提供。丽江古城是中国唯一入选的项目点。经过多次磋商和精心准备，2001年10月8日至18日，联合国教科文组织"亚太地区文化遗产管理第五届年会"在丽江举行。来自22个国家的400多位代表聚会丽江，分析、总结、归纳8个世界文化遗产古城的经验和问题，重新修订新的保护行动计划。这8个世界文化遗产古城是：中国丽江、菲律宾维甘、越南惠安、斯里兰卡堪迪、尼泊尔巴克塔普尔、老挝朗勃拉邦、马来西亚迈拉卡、斐济里多卡。“亚太地区文化遗产管理第五届年会”由联合国教科文组织世界中心、联合国教科文组织亚太地区办公室主办，挪威王国政府协办，中国云南丽江地区承办。这次会议的意义在于创建和推出了“丽江模式”。这个模式的内容体现了丽江管理世界遗产的成功做法和经验，当然还有其他亚太地区几个国家古城保护的经验和做法，在这次会议上，丽江县人民政府向大会提交了中国丽江古城保护行动计划（丽江模式）终结报告。通过与会者共同研讨，修订行动计划，确定了最后的行动计划模式。

“丽江模式”的基本点包括：文化遗产资源的财政管理、旅游业对文化遗产资源的兼容和投资，遗产地社会教育、技能培训和就业模式，遗产地居民及文化遗产保护者之间的分歧解决模式，遗产地管理机构及其职责等。会议期间，来自世界各地代表对世界文化遗产丽江古城进行了实地考察，对丽江古城的商贸活动；旅游业带来的经济效益，古城保护中当地社团的建设与参与；振兴当地民族文化，包括当地艺术、手工艺、饮食业等；发展旅游给当地人民生活方式带来的冲击及影响，对历史古迹带来的冲击影响等方面进行调研和评估，提出意见和建议，最后重新定义了“丽江模式”，新增加了五个方面的保护内容。比如，规范和控制古城商业活动；研究制定古城环境容量和旅游承载力的指标，实施控制；加强古城建筑的管理、引导和控制，确保古城建筑风貌的真实性；加强对古城居民和游客进行文化遗产管理和名城意识宣传、教育、引导等内容。

在这次联合国教科文组织亚太地区文化遗产管理第五届年会上，国内外与会者就“文化遗产管理与旅游业、遗产管理者之间的合作”进行了广泛研讨，对“丽江模式”给予了高度的评价。主持这次年会的联合国教科文组织亚太地区文化顾问理查德·恩格哈特先生说：“丽江古城经历了新的发展，这种令人可喜的发展丰富了丽江人民的生活。”“最令人赞赏的是，这种新的发展没有抹去在世界文化遗产地址内的大研镇或者是束河及白沙古镇的历史个性。”“丽江人民和他们的领导者是有远见的。他们认识到长远的、可持续性的经济发展取决于

该地区特有的社会文化结构的保护。”“丽江是一个活见证，它证明旅游业可以给居住在文化遗产地及附近社区的人民带来无可比喻的经济发展机遇。”“丽江可持续性文化旅游发展的合作模式将对整个亚太地区和全世界各国都具有指导意义。”同时理查德先生也提出警告说：“无规划的旅游开发会给最宝贵的文化遗产地造成无可挽回的破坏，尽管这种开发可以带来短期的经济效益，旅游业带有毁灭性，过度的开发致使脆弱的文化自然资源恶化。”“旅游业的发展不可阻挡。鉴于旅游业给当地社区所带来的巨大经济效益，我们也不愿阻挡旅游业的发展。然而，同样清楚的事实是，一旦我们宝贵的遗产资源由于过度使用和滥用而遭到破坏，就再也无法再生。”

“丽江模式”经历了不断地探索实践、不断发展成熟的过程。在这一过程中，不断吸收了国内外的意见和建议，也不断总结了自身的经验教训。有些重要活动对丰富完善“丽江模式”产生了很大影响。2004年5月初，举行了首届“中国·丽江世界遗产论坛”。这届论坛以“世界遗产保护管理与持续发展”为主题，参加这次论坛的有联合国教科文组织亚太地区办公室、美国大自然保护协会、印度、菲律宾、斐济、马来西亚等国家的专家学者，中国26个遗产地及18个遗产预备清单地的相关专家学者共180多人参加大会，会议收到56篇论文，与会者进行了深入的探讨和交流。如何正确处理世界文化遗产保护管理和开发利用的关系？如何实现“双赢”？这是世界性的课题。与会者对丽江古城世界文化遗产保护管理与旅游业开发利用良性互动的“丽江模式”给予肯定的同时，就如何巩固和发展提出了许多意见和建议。“丽江模式”充分吸收了大家的智慧和建议。

在古城民居的保护、保持古城历史原真性上，丽江古城保护管理局与美国全球遗产基金会于2002年10月28日共同签署了《丽江古城传统民居修复协议》。从2003年开始，双方共同筹集资金对古城年久失修的传统民居建筑进行补助修复，到2007年止，双方累计筹集资金231.14万元，完成丽江古城299户居民，236个院落民居修复工作。在2007年8月召开的联合国教科文组织亚太地区曼谷会议上，丽江古城民居修复项目荣获“联合国教科文组织亚太地区2007年遗产保护优秀奖”。2007年10月8日，联合国教科文组织亚太地区办公室在丽江隆重举行了颁奖仪式。

根据遗产公约的规定，联合国教科文组织31届遗产大会决定对世界遗产丽江古城进行例行监测。2008年1月，世界遗产监测中心与国家文物局，中国教科文组织对丽江古城实施了监测，通过监测，在充分肯定保护管理工作的同时，对丽江古城保护提出了具体意见和建议。丽江地方政府和古城保护管理局采取了一系列积极有效的措施，加强了保护工作。2009年6月22日至30日在西班牙举行的第33届遗产大会上，再次充分肯定了丽江古城的保护状况，审议通过了丽江古城提交的《世界文化遗产丽江古城突出价值声明及保护状况报告》，并对世界遗产丽江古城的多元文化、人文气息、民俗风情、遗产资源的管理与开发利用等方面给予高度评价。并高度赞赏丽江积极响应世界遗产大会的态度。对这次大会提出的“丽江古城保护规划”、“古城缓冲区的划地”、“古城管理机构能力建设”等问题将于2010年前完成。联合国教科文组织的这次监测是对“丽江模式”的一次检验和提升。

世界文化遗产丽江古城的保护管理与旅游业持续协调发展相结合，实现保护管理与开发利用双赢是“丽江模式”的基本点。“丽江模式”的意义在于它在保护与发展之间找到了结合点和平衡点。在保护中促进发展，在发展中更好地实现保护。发展是科学的发展，保护是积极有效的保护。通过发展使遗产地的老百姓得到实惠，增强保护遗产的自觉性，同时筹集保护的资金，反哺了遗产的保护，使发展与保护相得益彰。“丽江模式”的做法和经验涵盖了多个方面，但归结起来以下几点尤为重要：

1．坚持保护第一、科学发展、实现共赢的理念和方针。

今天我们处在一个新时代。经济社会飞速发展，科学技术日新月异，文化艺术高度融合，世界遗产的保护面临着这样的大环境。所以丽江古城同其他世界遗产一样，保护中遇到了许多的难题，甚至使人产生困惑。今天的保护不可能是静态的保护，也离不开现代化、全球化的大环境。加之丽江古城是一个开放的活着的古城，不是一个封闭的遗产。人民群众在这里生产生活，开展商贸和经营活动，古城的历史文化传统也是这样，所以在古城发展旅游产业与历史文化传统是一致的，只是形式上有所不同。旅游产业的崛起是改革开放条件下丽江古城遵循传统自然的发展趋势。在旅游产业崛起和不断发展的过程中，丽江始终坚持了科学发展观的理念，着眼于遗产地老百姓的利益、着眼于可持续的发展、着眼于通过发展达到更好保护的目标，而且始终把保护作为前提和基础。所以说科学发展是最好的保护，最积极有效的保护。

在保护和发展的关系上，始终坚持保护第一的方针。在搞好丽江古城保护的探索实践中，形成了“保护为主、抢救第一、合理利用、加强管理”的理念。丽江古城之所以完整的保存下来，成为世界文化遗产关键得益于保护为先的民族文化传统，这一理念深深扎根于古城居民及广大人民群众之中。新中国成立以来，尤其是改革开放以来，完整的保留古城、保护古城历史风貌已形成上下共识。对古城的保护，各级政府高度重视，采取了一系列的措施，广大干部和群众倾注了很大的心血。人民群众的保护主体意识和责任意识是丽江保护世界遗产的宝贵精神财富。

十多年来，通过旅游业的迅速发展，广大人民群众在古城的发展保护中得到了实实在在的利益，地方经济实力也得到了很大的增强。世界遗产的保护管理和旅游业发展与人民群众的利益息息相关，和地方经济社会的发展息息相关。结果使人民群众在实践中增强了保护意识，使遗产地增强了保护的紧迫感，即保护世界文化遗产丽江古城就是保护自身利益，保护遗产就是保护丽江发展的基础，这样的保护才可能是积极有效的保护。

在保护第一的前提下，在丽江古城旅游业的发展中，要实现“双赢”，“多赢”的原则，使丽江古城的保护者、开发者、参与者和当地居民都要成为赢家，发挥各自特长、各得其所，都能得到实惠，同时共同承担起主人翁和守护者的职责，与古城同兴衰、共存亡。

要不断增强忧患意识、居安思危，高度重视旅游业发展带来的负面影响，开拓创新、积极应对，使“丽江模式”在实践中不断发展。

2. 建立一个统一的、强而有力的保护管理机构和高素质的精良队伍。

权威的专门机构和献身世界遗产保护管理的忠诚卫士是重要的组织保障，也是保护管理成败的重要前提。十多年来，世界遗产丽江古城保护管理机构从无到有、从弱到强，不断得到提升、充实、加强和规范。一支高素质的精良队伍始终奋战在保护管理的第一线，在忠实地履行着职责。

改革开放初期，丽江古城由当时的纳西族自治县城建局和大研镇直接管理，未建有单独的保护管理机构。1998年，设立古城管理所，作为大研镇政府保护管理古城的直属机构；2000年6月，丽江纳西族自治县人民政府设立古城保护管理委员会，作为县人民政府议事协调机构，具体由大研镇和城建局管理；2002年设置由地县主要领导、地县相关单位部门领导组成，由地区（后改为市）直接领导的古城管理委员会，并设置县处级的管理办公室作为常设机构；2005年10月，世界遗产丽江古城保护管理局正式挂牌成立，升格为人民政府的工作机构；2006年又根据《云南省丽江古城保护条例》的规定加强了管理机构，增设内部职能机构和科室，追加人员编制，同时成立下属的古城维护费征稽支队和执法大队。

为了使古城保护管理机构更好地履行职能，《云南省丽江古城保护条例》对保护管理机构职能作了明确规定，赋予了七项重要权利职责。同时条例还明确规定“丽江市及其所属古城区、玉龙县纳西族自治县人民政府有关行政主管部门按照各自职责，做好丽江古城的保护工作”。从而形成了“统一权威、上下联动、合理分工、各方配合、重在落实”的管理模式。为了加强古城的经营和项目的建设，2003年2月，在原丽江县古城管理有限责任公司的基础上，成立新的“丽江古城管理有限公司”，直属于市人民政府及世界遗产古城管理机构。

建设一支高素质的精良的保护管理队伍是“丽江模式”的重要组成部分。多年来在队伍的建设和素质的提升上，市、区、县和古城管理机构倾注了极大的心血。“内强素质、外树形象、忠于职守、护卫家园、励精图治、铸就辉煌”是他们的基本思路。他们始终坚持不懈提高队伍的文化素质和文明素质；重视学习和把握丽江民族文化精神及古城文化内涵，传承古城和谐文化传统；要求全面掌握履职的知识技能，增强服务意识；倡导“爱岗敬业、乐于奉献、诚实守信、团结友爱、助人为乐”的精神。通过不懈努力，丽江古城已扬名海内外，成为人们心目中的人类共有精神家园。丽江古城管理机构成为县、区、市、全省乃至全国的先进集体。

3．加强古城法规建设，做到依法保护和管理。

建立健全古城保护的法规体系、依法保护、依法管理，使保护和管理法制化、制度化和规范化，这是丽江古城保护管理的又一条基本经验。为丽江古城保

护管理提供法规保障，从实际出发在全国、全省率先制定遗产保护的法规，这是丽江的一个独到之处，也是丽江的一个创造。20世纪80年代后期，丽江纳西族自治县人大常委会和县人民政府对制定有关古城保护法规进行了大胆探索和实践。从调查研究入手，立足于丽江古城保护的实际情况，逐步形成一批法规和民族自治地方的单行条例。

1988年5月27日，丽江县第九届人大常委会第九次会议审议通过《丽江纳西族自治县古城保护建设管理暂行办法》。1987年4月开始，丽江县城建局与云南省城乡规划研究院联合编制《丽江古城保护规划》。1994年云南省人民政府批准了《丽江历史文化名城保护规划》，在这个基础上，从2002年开始又重新修订完成《世界文化遗产丽江古城保护规划》。1995年省人大常委会批准通过了丽江纳西族自治县提交的《丽江历史文化名城保护管理条例》，2001年省人大批准丽江纳西族自治县人大常委会提出的《丽江纳西族自治县东巴文化保护条例》。在这两个条例的基础上，2003年丽江实现撤地设市后，由市人大常委会牵头，把上述两个基础性自治县单行条例上升为云南省的两个条例，在全国开创了两部保护世界文化遗产和世界记忆遗产的省级地方法规。2005年12月2日，云南省十届人大常委会第十九次会议审议通过了《云南省丽江古城保护条例》，自2006年3月1日起施行。这次会议还审议通过了《云南省纳西族东巴文化保护条例》，自2006年1月1日起施行。

为了配合古城保护条例和东巴文化条例的实施，从20世纪90年代开始，陆续出台了相关管理办法和专题规划。1995年12月颁布《丽江纳西族自治县大研古城消防安全管理暂行办法》，2000年12月经修改充实完善颁布了新的《大研古城消防安全管理办法》。2003年3月在丽江古城实行《云南省风景名胜区准营证》制度。制定了《世界文化遗产丽江古城传统民居保护维修技术手册》，在古城全面实施。这几年正在制定完善丽江古城商业管理、传统文化、旅游资源保护《规划》，开始编制《云南省丽江古城保护条例实施细则》等，丽江古城法制化建设更加完善。

依法保护、依法管理，使丽江古城保护管理走上法治化的轨道。省市人大常委会对两个条例的贯彻实施高度重视，2005年12月20日市人大常委会召开两个条例颁布实施大会，提出了要求，这两年又进行执法检查，督促条例的贯彻实施。市人民政府和古管局把依法保护、依法管理、依法办事作为工作的基本准则，依法管理的能力和水平不断提升，正在走出一条法制化保护、管理、建设世界遗产的新路子。

4．保证正常的资金渠道和保护项目的实施。

丽江古城的保护管理需要大量的资金投入。在旅游业的发展中，开辟一个稳定的资金来源渠道，才能保证保护管理工作的开展和项目的实施。没有正常充足的资金来源和保障，保护只是一句空话。为了使保护资金有一个正常的来源渠道，在丽江古城旅游业发展过程中没有采用收取门票的方法，而是收取古城维护费。这主要基于以下考虑：古城保护管理资金投入巨大，联合国教科文组织和国家相关部门没有专门保护资金的扶持。丽江是一个边疆民族贫困地区，地方财政无力全部承担起这笔巨额费用；古城虽然是世界文化遗产，但它本身是一个高品位的文化旅游景区，加上保护世界遗产是全人类的共同责任，游客在享受和消耗古城文化遗产的同时，收取一定的古城维护费是合理合法的，而且也是非常必要的；另外，许多时候古城人满为患，超过了承载能力，收取适当的古城维护费，对减轻古城旅游承载力，促进古城环境保护也是必要的。鉴于这些情况。在制定《云南省丽江古城保护条例》时，经过反复调研和论证，在条例中做出了由古城管理机构“依法征收丽江古城维护费和管理使用丽江古城保护经费”的规定。并明确了丽江古城保护经费“专项用于丽江古城的保护、不能挪作他用”。所以向游客收取适当古城维护费不能简单地认为是纯粹的行政事业性收费。如果游客买票进入古城，又与古城开放的历史文化传统相违背。

十多年来，丽江古城保护管理前后投资10多亿元，收取的古城维护费仅占三分之一。丽江古城是活着的古城，随着旅游业的发展，对古城加强保护的必要性和紧迫性日趋突出。这些年根据古城的实际情况，先后实施了卫生、通讯、供水、排污、交通、客栈、民居修复等一系列保护建设项目。这些项目包括古城的街道道路、排污管道、电力线路、广电、电信等基础设施改造项目；古城环境整治工程，重点是绿化、亮化、美化、净化的项目；古城住户电气线路改造工程；其他还有玉河、白龙广场建设，北门街道改造，星级厕所改造，郊区环境整治等20多项保护建设工程。通过这些项目的实施，古城管理保护工作取得突破性进展。这些保护建设项目的实施，都严格按照《条例》和相关法规的要求经过反复论证，按照规定和程序进行的。任何保护项目的实施都以保持古城历史文化风貌和保持原真性为前提。

5. 保护古城民族传统文化是个难题，要有新的思路和举措。

民族文化是古城的灵魂，失去文化也就失去了灵魂。如果古城只剩下一个躯壳，那么它的魅力也就消失了。古城民族文化是以纳西文化为主体的一大系统，把优秀民族文化保护好、传承好是一项根本性的任务。

保护和恢复古城优秀民族文化传统有两个基本点，一个是优秀的很有代表性的传统文化一定要保护传承，但也不是说所有传统的东西都要原封不动的保留或传承，那是做不到的，另外，我们也要把民族传统文化和现代文化结合起来，使之有所创新、有所发展，这也是必然的。比如传统文化的保护传承，还不能完全排斥现代的时尚文化、歌舞文化、酒吧文化等，也不能排斥现代的文化创意产业，关键是要把民族文化的许多元素更多地注入其中，使其带有更多的民族文化特色。民族传统文化还要和现代科技文化创意产业结合起来。这样民族文化才能在改革开放的大潮中不断创新，不断发展，跟上时代步伐，使民族文化彰显出蓬勃生机。

在优秀民族文化的保护传承中，民族语言、民族古籍、民族服饰、民俗传统等是最为宝贵的，这些东西体现了一个民族文化的基本特征，应该是保护传承的重点。这几年地方政府和古城保护管理机构做了大量工作，成效突出。比如古城民居的保护和修复，加强对东巴文化、纳西古乐、民间工艺、节庆习俗的收集整理、保护，对具体项目的扶持。启动纳西族名人回落古城项目，打造民族文化示范窗口、恢复民族打跳、用河水冲洗街道、放河灯等传统民俗活动。

当前丽江古城在保护传承民族文化面临的最大问题是：古城原住居民大量外迁，当地人口减少，致使一些纳西民族文化淡化或失传，讲民族语言的人减少了，穿着民族服饰的人也减少了，民族文化的氛围淡了，这些都是值得深思和忧虑的问题。面对新形势、新问题，仅有传统的思维、传统的做法还是不足以解决存在的问题。我们必须与时俱进。要有创新的思维，运用新的思路、新的举措解决新的问题。比如当前基层街道社区党组织和古城管理机构正在探索的传承优秀民族文化的做法是好的思路，好的做法。向外来经营户、外来居住者进行纳西文化的教育传承活动，开办民族文化学习传承培训班，在古城的学校进行“双语”教学，编写民族文化乡土教材等，都收到良好的实际效果。鼓励支持原住民留在古城，使他们成为文化的传承者，成为传承民族文化的骨干，这是必需的。而且还要加大扶持鼓励的政策措施，为留居在古城的原住民创造一个良好的环境条件。同时对外来的经营户、外来的古城居民传承民族文化，使他们学习了解民族文化、热爱民族文化、认同民族文化、接受和运用民族文化。实践已证明，这一做法受到广大外来经营户和居住者的欢迎和支持，是个可行的做法。这种做法与丽江古城的历史文化传统相符合，与外来经营者和居住者的利益和需要相一致。通过多种形式的民族文化传承，通过多渠道的宣传教育，通过长期坚持不懈，把民族文化代代传承下去是大有希望的。培养一代又一代掌握了解优秀民族文化传统的新丽江人是一个新思路。让民族文化之根永远扎根丽江古城，让古城民族文化永远代代相传。

丽江文化研究会、纳西文化研究会理事会（2010年4月）

木府恢复重建评析

木府，即历史上的木氏土司府衙，于1996年丽江“2·3”大地震后得以恢复重建。如今一个巍峨壮观的古建筑群坐落在古城西南狮山东麓，格外引人瞩目。它正成为丽江民族文化的重要象征。木府的恢复重建具有重要的历史文化意义和现实意义。

自元宪宗四年（1254年），阿琮阿良被忽必烈任命为茶罕章管民官，统摄纳西族地区以来，丽江逐步形成了土司土官制度。木氏土司历经元、明、清三个朝代，至清朝雍正元年（1723年）改土归流为止，木氏土司历经22代，统治丽江纳西族地区470年。木氏土司统治的丽江在明代达到鼎盛时期，其“土地广大”、“传世甚远”、“诸夷冠冕”、“富冠诸土郡”，与蒙化、元江并称云南三大土司府。明代地理学家徐霞客于1639年到丽江，遥望木府建筑群感慨地说：“木氏居此两千载，宫室之丽，拟于王者”。清朝以后，木氏土司逐步败落，加上木府经清顺治四年及咸丰、同治年间战乱破坏，木府重要建筑大都被毁，保留完好的大门石牌坊及部分家院在“文革”期间当作“四旧”遭受灭顶之灾。

1996年丽江大地震后恢复重建，为恢复木府提供了一个契机，当时丽江古城作为中国历史文化名城，在恢复重建中坚持“修旧如旧”，保持历史真实面貌的原则，同时注重历史古迹的修复。1996年2月16日，大地震后的第十三天，当时的县委书记解毅、县人民政府县长和自兴到指云寺查看灾情，谈到文化遗址保护等问题时，首次提出恢复重建木府的意向。不久就向地委行署领导汇报取得支持形成恢复重建木府的决策，并任命当时县文化局局长黄乃镇任木府恢复重建总指挥，具体负责实施此项工程，他手下还聚集了一批专攻民族文化方面的专家学者，可谓人才济济。经过一年多深入细致的筹备工作，木府恢复重建工程于1997

年6月28日正式动工，1999年2月3日，即大地震三周年时隆重举行竣工典礼，一座崭新的木府又展现在世人面前。

恢复重建后木府占地46亩，中轴线长369米，恢复衙署区、玉花园区、家院生活区。明代的木府占地100多亩，除上述区域外，还有祭祀区及部分生活区未恢复。木府恢复重建严格按照历史格局和方位进行，整个建筑群坐西朝东，对应“紫气东来”、“迎旭日而得木气”的吉象。石牌坊、议事厅、万卷楼、护法殿、光碧楼、玉音楼、三清殿等重要建筑在主轴线上一字排开。古代建筑很讲究风水，木府更是有讲究，可以说是一块绝好的风水宝地。整个木府建筑背靠玄武，即狮子山（又称黄山），与皇谐音，左青龙、右白虎，左边有玉龙雪山、象山，右边有虎山，正前方及东南东北方向有静寂山、蛇山、龟山、莲花山、金虹山等，犹如层层叠叠的关隘和千军万马守护着木府。

木府气势恢宏，布局严谨，独具匠心，能把丽江纳西等民族建筑风格与内地汉民族建筑特色结合在一起，把南方园林的典雅与北方园林的粗犷相融汇，形成丽江木府的园林特色。整个建筑群构架穿斗、雕梁画栋、雀台悬鱼、彩绘飘逸、亭台楼阁，路桥渠廊相互通联，流水潺潺、绿树掩映、花香鸟语。这与当年府志中所记载的“栋梁斗拱、通体皆石、坚致精工、无与敌者”异曲同工。这些都充分说明木府恢复重建不仅是有远见的决策，也是一个成功的古建筑园林杰作。

木府恢复重建是一个浩大的工程，在恢复重建过程中不断增强创新意识、历史意识、文化意识、精品意识。用世界银行贷款进行民族文化项目的建设本身就是一个创新，是一个敢为人先的重大决策，木府恢复重建的成功被世界银行认为是一个成功的典范。木府恢复重建有以下几个特点：

第一，木府在设计规划上注重还原历史真实面貌。鉴于明代木府的史料比较完整，加上这个时期是木氏土司历史上最辉煌的一个时期，具有很高历史文化价值，恢复这个时期的木府达成共识。经过一批民族文化专家学者和工程技术人员一年多深入细致的工作，查阅大量历史文献资料，翻阅县志、府志等史书典籍有关木府的记载，查看木氏家族相关家庭历史档案资料，走访丽江古城和木府的专家学者和古城居民，实地勘察原木府旧址现场，还踏遍丽江山水或到全国各地考察著名古城和山水园林，在此基础上对相关问题进行认真的研究和论证。通过一年多的努力，恢复重建木府有了历史的依据，统一了对明代木府的认识，设计规划有了突破性进展，为恢复重建奠定了坚实基础。1996年12月26日至28日，丽江古城申报世界遗产办公室邀请省内著名建筑、城市规划设计及文物专家朱良文、顾奇伟、蒋高宸、殷红民、王翠兰、韩先成、邱宣充、张瑛华到丽江考察，鉴定丽江古城重点保护的民居。12月30日，这8位专家参加了“丽江木府重建方案专家评审会”。对丽江古城重建方案进行了全面审查，并提出了许多好的意见建议。

第二，在工程质量上精益求精。为了保证木府工程的质量和历史真实感，木府选用的都是上等材料，尽量用当年木府用过的材料。木材选用老君山的上好木材，石材选用当年木府所用的大具石料场的石材。恢复重建还调集了丽江、鹤庆、剑川等地一流民间工艺技术骨干和工匠艺人，还有纳西族、白族、汉族等各民族的专家。在工程建设中，为了保证质量、搞好整体规划、设计预算及统一管理，使施工能够有条不紊地进行，经过集思广益，创造了古建筑建设的“六段分解模式”，即把每幢古建筑建设分解为“基础、大木作、瓦屋面、墙体、小木作、彩绘”等六部分，使整个施工建设做到有章可循、井然有序。在整个恢复重建中有严格质量要求、技术要求，有严格的管理和监督检查，从而使整个恢复重建做到“严格管理、追求高质、精益求精、一丝不苟”，使整个建筑群品质达到了很高的水准。著名纳西文化专家郭大烈在《重建木府记》中评价“仿明又出于明，拟古又胜于古”。

第三，在施工建设中再现民俗文化。木府恢复重建是一件盛事，整个施工建设工程充满了民族文化的气息。从木府开工、施工、竣工等各个环节都按照纳西族民族文化传统进行，开工前举行祭拜和东巴祈福仪式，竖柱上梁选择黄道吉日，高声吟诵吉利话等民族规矩，竣工仪式坚持各种礼仪，开展城镇社区和乡村基层群众民族打跳等活动。开工前指挥部专门策划，请云南广播电视节目制作中心制作《丽江木府》电视专题片，真实记录了全过程，这是一份民俗传统文化珍贵文献资料。

恢复重建木府以来，从不同的角度审视，我们都深切感到木府恢复重建具有重要的价值和意义：

第一，木府恢复重建彰显了优秀民族文化传统。木氏土司在历史上，在民族文化上都是很有影响力的，对国家、对丽江和川滇藏交汇区域的发展都作出了重要贡献，也代表了优秀的民族文化传统。尤其难为可贵的是在忠于中央王朝维护国家统一方面，历代木氏土司都作出了重要贡献。今天我们在木府里看到的明朝皇帝御赐给木氏的金牌、金带、封诰、御题的部分匾额就是一个证明，“诚心报国”有三块，还有“南国干城”、“西北藩篱”、“辑宁边境”、“益笃忠诚”、“威镇北藩”、“忠义”等。木氏土司在极盛时期其统治区域除滇西北外还包括了滇川藏交汇的一大区域，虽以木天王自居，但始终忠于中央王朝，近代著名学者任乃强指出：“木氏虽建大国于康滇间，称为天王，实未背明，亦未建有国号。其对中国，仍称土府，甚恭顺。屏蔽藏蕃，捍卫滇南，木氏镇滇，深倚畀之。”木府门前的一副对联“凤诏每来红日近，鹤书不到白云闲”，这是木泰汉文诗词中的两句，是对明王朝忠贞不二的真实写照。1999年5月2日，江泽民到木府考察时给予高度的评价，说这位土司很讲政治。木氏土司倡导学习汉文化，请来中原内地老师及各方人才传授汉文化及先进技术，推动了丽江的发展进步，同时也有利于纳西文化内涵的丰富和品位的提升。木氏土司中不少人能用汉文写诗作赋，具有较高造诣和成就，他们的诗作分别入选《明诗别截录》、《滇南诗略》、《四库全书》等古籍文献中。木氏土司对茶马古道的商贸繁荣以及各民族商贸往来，各民族友好交往及民族团结都作出了贡献，木府恢复重建，再现了这段历史，很好地展示了这些优秀的文化传统。

第二，木府恢复重建给丽江古城注入了历史文化的魂魄。木氏家族从汉唐时期逐步崛起，其政治文化中心从白沙古镇逐步移到大研古镇，并逐步统一了丽江和纳西族地区。从历史上看，木氏的兴衰和丽江古城的兴衰是联系在一起的，而且和整个纳西族历史也是联系在一起的，古城博物院（木府）院长黄乃镇说：“一座土司府，半部民族史”，也就是半部民族文化史，从历史文化的角度讲，木府应该说是古城的心脏，古城的灵魂。木府的恢复重建大大提升了古城的文化内涵和文化品位。

第三，木府恢复重建是丽江发展旅游文化的标志性工程。改革开放以来丽江走出一条高度重视文化旅游发展，发挥特色优势，带动经济社会发展的路子，先后提出“旅游先导”、“建设文化大区”和“文化立市”、“建设旅游文化名市”的目标，而木府恢复重建则是其中的重要组成部分和措施，木府已成为推动旅游文化产业发展的一个成功典范，十多年来木府除了安排一百多人就业外，还创造了良好的经济效益和社会效益。

第四，木府恢复重建提供了一个爱国主义教育和优秀民族文化传统教育的基地。十多年来在木府开展了一系列重要文化展示活动。国内外游客纷至沓来，叹为观止。木府成了一个重要的精神文化建设的基地，发挥木府集历史文化、文献资料、园林绿化等为一身的优势，除了发挥游览观光方面的作用外，还对本地的各民族和青少年起到重要教育阵地的作用，建设成爱国主义教育基地、和谐文化教育基地、民族团结和睦教育基地。

研讨丽江太和文化园建设方案（2009年5月）

东巴文化研究院的成立
及《纳西东巴古籍译注全集》出版评析

东巴文化研究院的成立以及《纳西东巴古籍译注全集》（以下简称全集）的出版发行，是丽江改革开放新时期民族文化保护建设的重大典型事件，也是丽江民族文化发展繁荣的重要标志和良好开端。这件大事在丽江文化建设史乃至中华民族文化遗产抢救保护的史册上都有着重大而深远的意义。对丽江文化旅游产业的发展，乃至对整个经济社会的发展都有重大的促进作用。

十一届三中全会后，通过拨乱反正，党的民族政策、干部政策、知识分子及文化政策逐步得到落实。1979年4月9日，中共丽江地委“关于改正和万宝地方民族主义分子”的报告上报省委，1979年5月4日中共云南省委正式批复“同意关于为和万宝错划为地方民族主义分子的改正报告”，恢复名誉、恢复党籍、恢复原工资级别，由地委另行分配工作。和万宝同志原任中共丽江地委委员、丽江专员公署副专员，在1958年9月的“反地方民族主义斗争”和“反右补课”中，经云南省委批准定为“地方民族主义分子”，开除党籍、撤销职务，行政工资由14级降为17级，分配到永胜县中和煤厂任副厂长。实际上就是进行监督劳动改造，受尽了磨难。平反昭雪之后，经当时丽江地委上报，1979年6月被任命为丽江地区行署副专员。和万宝同志重新出来工作后，明确提出了抢救和保护东巴文化的任务，在他的倡导和丽江县委政府的支持下，1979年，在丽江县文化馆组成东巴翻译小组，由李即善、周汝诚、周耀华、和发源、周文光、东巴和九日等人组成，开始翻译东巴经典。1980年6月，在丽江县东巴经翻译小组的基础上，丽江地区行署发文成立“丽江东巴经翻译整理委员会”，经费由行署和丽江县共同负责，充实了人员机构。这个时期，正式设立东巴文化研究机构提到议事日程，在当时省委和

地委的重视下，在和万宝、方国瑜等同志的倡导下，1981年4月28日中共云南省委批复同意成立“云南省社会科学院东巴文化研究室”，由云南省社会科学院和丽江地区行署双重领导，有了人员编制和经费保障。和万宝同志兼任研究室主任，云南大学方国瑜教授，云南民族研究所和志武研究员任研究室顾问。研究室成立后，抽调了研究骨干，1982年后，选拔一批大学本科毕业生充实到研究室，同时还聘请10位学识水平高的老东巴作为识读和讲解东巴经书的老师。从此，开始了对东巴古籍文献系统的、全面的抢救整理和研究工作。

东巴文化研究室成立后，面临的最重大、最紧迫的任务是“抢救”、“保护”、“翻译”东巴经典。数以万计的东巴经卷还需进一步收集整理，需要进一步清理篇目，绝大多数的东巴经书仍是天书，尚待翻译，各种东巴宗教的祭祀仪式没有系统的记录梳理，尤其是当时学问高深的大东巴年事已高，健康活着的大东巴已为数不多。根据这一实际情况，当时和万宝同志和研究室有一个指导思想十分明确，即一是抢救，二是研究。首先把全力抢救、整理、翻译作为研究室的中心工作，为以后的研究奠定一个基础，开创良好的条件。抢救和整理是存亡继绝的工作，是一项宏大的工程。为了这项工作，东巴文化研究机构前后聘请东巴文化学问高深的和日久、和云彩、和征、杨士光、和云章、和士诚、和开祥、和即贵、和成典、和学智、郑玉山等11位老东巴，参加东巴经的释读和仪式的重现记录工作。一批年轻的研究人员把抢救、整理和自身学识水平的提高作为研究的开端和基本功，甘愿默默奉献，甘愿坐20年的冷板凳，承担起了历史性的重任。把学问高深的老东巴和研究人员结合起来，发挥各自优势。尤其是充分发挥各位大师级东巴的集体作用，对东巴经典的翻译整理和保证其高质量、高水平是极为重要的。

为了保证这项工作顺利完成，丽江地县政府和研究机构采取了许多重要的措施。1983年3月29日至4月8日，和万宝同志主持召开了大型的“东巴达巴座谈会”。当时和万宝同志已调任云南省委民族工作部副部长，也是省人大常委会委员，但仍然兼任研究室主任。这次会议对抢救和翻译东巴经典和推动东巴文化的研究是颇具影响的。有61位老东巴和29位来自省内外的著名专家学者参加，应该说是新中国成立以来东巴文化的第一次盛会。为了加快翻译抢救工作的进度，研究室于1982年7月至9月开办了有30多人参加的标音对译东巴经书培训班，培训三个月后筛选一批优秀人员与之签订合同，留在研究室做标音、对译东巴经的工作。当时共有30多名东巴参加这项工作，可见这项抢救翻译工作是一个庞大的工程。

东巴文化研究机构从成立到发展，东巴古籍经典从整理翻译到出版发行都得到各个方面的关心支持和帮助。1990年11月16日，云南省社会科学院东巴文化研究室更名为云南省社会科学院东巴文化研究所。撤地设市后，在市委、市人大、市政府的关心支持下，2004年东巴文化研究所正式更名为“云南省社会科学院东巴文化研究院”，同时挂“云南省社会科学院丽江分院”的牌。研究院机构人员得到很大的充实和发展，在国家和省市的关心下，新的研究院和古籍文献的保护场所正式批准立项建设。在东巴文化研究院的成立、《全集》出版发行、申报世界记忆遗产等方面，中国社会科学院、世界宗教研究所、云南省社会科学院、云南人民出版社给予了极大的支持和帮助。尤其在成立初期，世界宗教研究所和云南社会科学院，在资金上给予了资助和扶持。我国著名学者季羡林、任继愈、王洛林、于锦绣、吕大吉给予了热情的指导和帮助。

1995年9月25日。丽江地区行署与云南人民出版社签订了《纳西东巴古籍译注全集出版协议书》，同时成立了高规格的编撰委员会。1997年10月，两家又补充签订了出版《补充细则》。同时为了筹集出版《全集》的资金，1994年，丽江地区行署就该项目专题报告云南省政府。和万宝同志于1995年3月3日就出版经费问题专门给和志强省长写信。1995年3月29日，云南省人民政府批准安排400万元的周转金作为出版经费，于当年底下拨到丽江。这样出版经费得到了落实。出版《全集》工作全面展开后，经云南人民出版社积极申报，国家新闻出版署批准，《全集》100卷列入国家“九五”重点出版工程。

经过20年的不懈努力和奋斗，整理翻译1000多种东巴经，汇编出版《全集》100卷的宏大工程取得完满结果。同时完成了部分东巴仪式录像资料、录音资料、文字资料的收集工作。《全集》采用大16开本、装帧精美，充分体现了国际文化学术水平及文献收藏价值。《全集》统一采用直观的四对照译注体例：即东巴古籍象形文（含哥巴文）原文、国际音标纳西语读音、汉语直译对注、汉语意译。

古籍原东巴文逐页用电脑扫描实录保持原貌，还附有注释。1999年至2001年，《全集》100卷全部出齐。由云南人民出版社正式出版，向全世界公开发行。

1999年10月17日，《全集》首发仪式在丽江国际民族文化交流中心隆重举行。云南省省长和志强，中国社会科学院副院长王洛林等领导出席首发仪式。《全集》出齐后，丽江地委行署于2001年在北京主办丽江文化周活动。2001年4月15日，在北京自然博物馆正式隆重举行首发仪式活动。著名专家学者、丽江地委行署、东巴文化研究所、云南人民出版社等有关部门、新闻界朋友百余人共聚一堂，向全世界宣布，历经数代人的艰辛努力奋斗的世纪工程《全集》100卷出齐问世。

在2001年12月27日举行的“第五届国家图书奖大会”上，《全集》荣获国家图书出版最高奖——国家图书荣誉奖。这是西南三省出版界第一次获此殊荣。

回顾这段历史，我们有许多感慨，也有许多值得总结的东西。

1. 《全集》的出版发行彰显了东巴文化的重要价值和学术意义。

纳西族东巴文化是中华民族文化宝库中独一无二的一颗灿烂明珠。《全集》的出版是对全世界唯一活着的象形文字撰写的东巴古籍文献经典最权威的译注。《全集》的出版发行彰显了东巴文化的历史文化和学术意义。

东巴文化是纳西族的古代文化。东巴文化以纳西族古老的原始宗教——东巴教为载体，以记录纳西古代社会方方面面，被称为纳西族古代社会百科全书的东巴古籍文献为主要内容，存活于纳西族社会和广大民众之中的独特民族文化。这一文化体现了人类童年时期生产生活宗教文化等一些现象。一般认为东巴文化最迟形成于唐宋时期，至少有千年以上的历史。而东巴象形文字的创制形成则更古老，年代更久远。

纳西族东巴教是一种原始自然宗教，笃信万物有灵，崇拜多神、祈求民族繁荣发展。这种宗教实际上是更多地体现为原始的民间民俗传统文化现象。其祭司东巴集巫、医、学、艺、匠等于一身，是纳西族古代社会的知识分子，也是古代传统文化的传播者、传承者。总之，东巴古籍（东巴经）、东巴象形文字、东巴仪式、东巴绘画、东巴音乐、东巴舞蹈，其他东巴文化遗存等综合构成了灿烂的纳西族东巴文化。

2003年3月8日，东巴古籍文献经“中国档案文献遗产工程”国家咨询委员会批准，成为第一批入选的中国档案文献遗产之一。2003年8月30日，在波兰格但斯克召开的联合国教科文组织世界记忆工程咨询委员会第六次评审会上，东巴古籍文献被正式批准列入《世界记忆遗产名录》，成为中国入选的第三项记忆遗产。这就显示了它的世界意义和突出价值。

东巴文化在历史文化及学术等方面的价值和意义，国内外专家学者从多个方面作了深刻论述。刘半农先生在20世纪30年代就指出：纳西东巴象形文字，在世界通用的文字中所罕见，值得研究。他还认为这种文字至今有人应用，自有一番学问，能深刻了解纳西社会生活，且可研究人类原始文字。著名东巴文化研究专家李霖灿先生指出：东巴文字或称为世界文字进化史上最完备的活标本，象形文字发展成熟了仍在应用，标音文字晚近与起由附庸蔚为大观……仔细留意观察，一定能对古文字学上的各项凝窦，投射一些极珍贵的新光。季羡林先生指出：“东巴文献是用图画象形文字记载了人类起源及人与大自然的关系这一重大主题的文献。这种文献的语言文字、书法绘画风格在当今世界上都独具特点，对研究民族学、宗教学等都有重要的学术意义和现实意义。《全集》已经获得第五届国家图书奖，可见其意义之重要”。①

任继愈先生指出：“东巴文化就是中国众多少数民族文化中的一朵奇葩。它不但是中华民族宝贵遗产，而且是全人类共享的宝贵文化遗产”。东巴文化“对研究宗教、文字等原始文化方面，有着极高的学术价值”。②

世界宗教研究所于锦绣先生指出：“东巴古籍文献世界性意义突出表现在两个方面：（1）它是举世罕见的别具特异形式和风格的原始宗教典型‘活化石’。（2）它是展现人类原始宗教发展史轮廓的一个典型范例，是由一个少数民族独创的富有完整性和自主性的十分珍贵的民族文献。”③

吕大吉先生指出：“研究东巴文化日益成为中外学术界、文化界关注的热点。《全集》是一部具有重要意义的学术巨著，博得社会和学术界的高度赞

①《世界的记忆，人类的遗产》，杨树高主编，第120页。

②《世界的记忆，人类的遗产》，杨树高主编，第122页。

③《世界的记忆，人类的遗产》，杨树高主编，第124页。

誉。”①

总之，东巴文化向全世界展示了一种古老而独特的文化，而《全集》的出版，揭开了这一神秘文化的面纱，为国内外研究东巴文化的专家学者和学习爱好者创造了良好条件。对那些不懂纳西语言和东巴象形文字的专家学者和爱好者提供了显微镜和望远镜，为更多的专家学者从更广领域、更深层次研究东巴文化提供了便利和可能。

2.《全集》出版发行是宏大的工程，是几代研究者奋斗的结晶，同时丽江本地政府和东巴文化研究院的全体研究人员及参加译注的东巴先生们作出了里程碑式的卓越贡献。

东巴古老经典和东巴文化引起国内外的关注和研究，逐步形成以东巴文化为主干的纳西文化学到全集的出版发行，经过100多年艰难历程。19世纪中叶开始，这个文化首先引起了西方学者的注意和研究。1867年法国传教士德斯古丁斯首先在云南收集到11页的《高勒趣招魂》寄回巴黎。数年后，英国的吉尔上尉和梅斯内两人旅居丽江，收集到3本真正的东巴古籍经典，其中一本寄往大英博物馆收藏。以后这一种独特的象形文字和文化现象引起西方学者更多的关注和研究。尤其到20世纪20年代初期，美籍奥地利学者约瑟夫·弗朗西·洛克来到丽江，深入到纳西族社会之中，观察学习纳西人的生活、语言、文化及东巴举行的各种仪式，并能识读东巴象形文字，前后共从事学习研究27年。可以说，没有他做的开拓性、奠基性的研究工作，这块研究领域就不会存在。

西方学者对纳西东巴文化的收集和研究引起了国内外学者的注意。在20世纪30年代开始，当时我国著名学术大师刘半农、章太炎及罗常培等都很重视支持对东巴象形文字及东巴文化的研究。一批学者来到丽江，从田野调查入手，经过艰苦卓绝的努力，取得丰硕的成果。也涌现出一批著名的研究东巴文化的专家学者。这些学者包括杨仲鸿、方国瑜、李霖灿、付懋勣、陆云逵等，也可说这一批人是国内东巴文化研究的开拓者和奠基者。

20世纪五六十年代，从1959年至1964年，在那个艰难时期，在当时丽江县委书记徐振康的主持下，开展了一次收集保护东巴古籍经典的工作，从社会和民间

①《世界的记忆，人类的遗产》，杨树高主编，第130页。

收集了一大批东巴经。与此同时集中了本地一些专家和老东巴在县文化馆翻译整理东巴经典。这个时期初步翻译了一百多本东巴经，为以后的翻译整理打下了一个基础。

党的十一届三中全会后的历史新时期，迎来了东巴文化保护、研究、传承、开发、利用的春天。东巴文化的收集、保护、翻译、整理、传承和研究实现了根本性的转变和飞跃，出现了新的热潮，取得丰硕的成果。突出地表现在以下几点：一是丽江正式成立专门研究机构，系统地全面地开展东巴经的抢救、整理、保护、翻译、传承的工作。二是研究东巴文化成为国内外学术界的一个热点，形成海内外多层次的学者群。三是既有一批学贯中西、知识层次广泛的学者群，又有一批立足于纳西族聚居的本土，有广泛田野调查和民间社会基础的本土学者群。他们之间互为补充、相得益彰。四是国外出现了一批研究东巴文有影响的一些著名学者，包括联邦德国的雅纳特教授、英国爱丁堡大学的安东尼·杰克逊博士等。近十多年来还涌现出一批研究东巴文化的优秀年轻学者，他们中的许多人以东巴文化或纳西族文化作为博士论文，对东巴文化的研究开拓了新视野、新领域。日本在东巴文化的研究方面后来者居上，出现了一批热心于研究的学者。五是国内外出版了一批东巴文化研究的学术专著，硕果累累。

在中国社会科学院和省委政府的关怀下，在云南社会科学院和丽江地方政府的直接领导下，高规格正规的东巴文化研究机构正式成立并发展壮大起来，调配和选拔了一批年轻优秀人才，聘请了仅存的一批东巴大师，有组织、有计划、有领导的翻译整理工作开始了，经过20年全面系统的抢救保护和翻译整理，《全集》终于出版问世了。应该说，省社科院、丽江本地党委政府和东巴文化研究院全体研究人员及参加译注的老东巴们作出了卓越的具有里程碑意义的贡献。这一文化业绩和盛举将永载史册。

3. 东巴文化的抢救、保护、翻译、传承、研究任重而道远，要增强高度的责任意识。

丽江是东巴文化的故土，是纳西族聚居的地区，是世界遗产地，也是东巴文化仍然存活着的地方。对东巴文化的抢救、保护、传承、发展有着特殊的使命，要不断增强一种责任感和使命感。做好这项事业任重道远，对这个文化的研究也

是永久的事情。

对东巴古籍文献的收集整理还不能停顿。按照东巴文化保护条例的要求，除了1966年前出版或手抄的东巴古籍文献外，纳西族东巴语言文字、音乐、舞蹈、曲艺、绘画、雕塑、服饰、器皿、代表性的建筑及设施和场所等，东巴传人的知识和技艺，东巴特色的民族传统活动等都属于保护的范围。在丽江和整个滇、川、藏纳西族聚居的区域，可以抢救的东西、可以采集收购的东西还不少，尤其在边远的原来力所不及的地方，还会有东巴文化的珍品发现。

东巴经典的翻译整理也是长期的任务。保存或者散落在国内外博物馆和大学等机构的东巴经还有不少的数量，根据现有的资料，国外有几十个国家，国内各地和台湾地区也有不少的东巴经，甚至发现了一些丽江没有的珍品，翻译、整理、注释的任务相当繁重。目前，哈佛大学收藏的东巴经，正在由中国社会科学院与东巴文化研究院进行翻译出版。还有法国远东学院收藏的49本东巴经，由北京东巴文化艺术促进会翻拍后，委托丽江方面进行编目和翻译整理，其余许多地方的东巴经典的翻译整理还未提到议事日程，这是一项极其艰巨的长期任务。

全面贯彻落实《云南省纳西族东巴文化条例》，认真做好东巴文化保护、抢救、整理、翻译、传承、规范、发展等项目工作。条例明确规定要坚持“保护为主、抢救第一、合理利用、继承发展”的方针。这个方针经实践证明是正确的、切实有效的方针。

要做到东巴文化后继有人，培养人才是关键。要继续鼓励和支持多层次多形式的传承活动。东巴文化传承点、传承人的传承活动是传统的形式和做法。当前东巴文化传承的基础和氛围较好的民族文化原生态村落的传承点还有不少困难和问题，要全力扶持他们克服困难、创造条件，争取良好的传承效果。举办东巴文化传承的骨干培训班，搞好重点骨干培训是一条好的经验，要形成一支高水平的骨干传承队伍。要扶持民间社会举办的传承机构，办好东巴文化民间传习院，充分发挥民间社会的作用。改革开放以来的经验证明，这种形式的效果好，具有生命力。办好云南民族大学等高等院校纳西语言及东巴文化专业，培养一批具有本科、硕士、博士水平的高素质东巴文化专门人才。

加强东巴文化研究的对外交流与合作。团结更多的国内外研究东巴文化的各层次人才，整合力量，充分发挥丽江在东巴文化研究中的优势，把丽江真正建设成为国内外研究东巴文化的最大基地和中心。东巴文化研究院和东巴文化博物馆要充分发挥其主体作用。

做好东巴文化的规范化、标准化相关工作是当前一项紧迫的任务。现在社会上、市场上出现的东巴文字不规范、不标准的问题比较突出，有的甚至谬误百出，亟待规范。要做好这项工作，关键要建立或者明确相关的机构和人员，切实加强这项工作。东巴文化研究院正在承担“纳西东巴文国际标准化”的国家项目，在这个基础上要做好申报国际标准项目的工作。要建立起监督检查和规范审核的机构和人员。东巴文化研究院和东巴文化博物馆应承担起东巴字画书写、东巴文字翻译、东巴文物及相关艺术品收集鉴定方面的责任。

4．要重视东巴文化的发展与开发。

任何一种文化都有一个与时俱进、不断发展进步的问题。尤其在世界飞速发展的今天，任何一个文化都面临着转型，这是不可避免的。从长远和本质上讲，任何一种文化发展进步则存，停滞不前则亡。作为古老的东巴文化在现代化条件下，也面临着如何继续传承发展的问题。发展就要和现代社会相适应、相结合，使其在现代社会条件下发挥好的效果和作用。改革开放以来的实践证明，在社会主义市场经济的条件下，意想不到的情况是，东巴文化反而得到进一步的传播和普及，东巴象形文字及东巴绘画等艺术引起了广泛的关注，有更多的人爱好和学习这一文化。东巴象形文字从书画艺术的角度或者从生活适用的角度讲，现在有了许多知音和爱好者。丽江本土编著的东巴文化的乡土教材普遍受到欢迎。这些情况说明，东巴文化的传承和发展是有基础、有条件的。

东巴象形文字是活着的象形文字，是仍然在使用着的象形文字。这种文字在一百多年来所出版的字典里，有的收入了几百字，有的收入一千四百多字，有的收入两千多字，在今天的条件下，应该有一本系统的、权威的、收录更多象形文字的字典。随着时代的变迁和科学技术的发展，许多新东西、新名词层出不穷，能否创造一些新的东巴象形文字？能否增加一些新的现代内容呢？应该说是可以做得到的。十多年来东巴艺术参与市场的各种形式的尝试是有成效的，也是有所发展的。我们应该有这种不断创新的思维和气魄，如果创新了，就能不断发展；

如果发展了，那么东巴文化和东巴象形文字就会有更旺盛的生命力。

在社会主义市场经济体制情况下，东巴文化能否进入市场？是否有市场开发的前景？改革开放以来丽江的实践证明，东巴文化开发利用的前景十分广阔，其产品得到许多游客的喜爱。当然这种开发利用现在仍然处在起步的阶段。从长远来讲，东巴文化的开发利用很有可能形成一个产业。现在初步开发的东巴文化民族工艺品、服饰、字帖、雕刻绘画、音乐、舞蹈等已形成一定规模和基础。要继续发展和壮大这个产业就要和现代科技结合起来，与现代文化创意产业结合起来，比如东巴象形文字和经典史诗故事，如果和动漫产业发展结合起来，开发成动漫产品，开拓好市场，那么就有可能取得大的突破。东巴象形文字本身有很高的视觉艺术和工艺美术的欣赏价值，东巴经典史诗故事是极好的动漫素材。总之，东巴象形文字和东巴文化的开发利用要解放思想，勇于进取。

在东巴文化研究所调研（2003年）

东巴文化博物馆的建立和展览展示活动评析

丽江东巴博物馆成立于1984年，原为丽江纳西族自治县博物馆，是云南省第一个县级博物馆。1999年7月正式更名为云南省丽江东巴文化博物馆。2003年随着丽江实现撤地设市，在2004年文化体制改革中为了整合文化资源，丽江东巴文化博物馆和原丽江地区文物管理所合二为一，升格为市属的博物馆，同时组建了新的丽江市博物院，但仍然保留丽江东巴文化博物馆和丽江市文物管理所的建制机构，实行一套班子三块牌子的运作模式，统一管理丽江市文博工作。东巴文化博物馆的作用不仅没有削弱，反而得到加强，成为市级的博物馆。

丽江东巴文化博物馆具有鲜明地方特色和民族特色，是一个全面系统地抢救、保护、展示传承东巴文化的基地，是世界上收藏东巴文化类型最丰富、最全面的博物馆，也是集文物收藏陈列、学术研究、保护传承、信息网络、旅游观光、文化产业开发为一体，与国际接轨，具有标志性民族建筑特色的博物馆。东巴文化的展览展示是它最大的特色和优势，也是与丽江东巴文化研究院最大的区别所在。丽江东巴文化博物馆馆藏文物一万余件，其中国家一级文物43件，并收藏有2500余件东巴文物。

东巴文化博物馆位于丽江黑龙潭公园北侧，主馆占地两公顷，其主体建筑是纳西族民居四合五天井结构。现在的主馆舍于1994年建成投入使用。除主馆舍外，还包括有文物建筑“五凤楼”，以及“四合五天井”、“三坊一照壁”等纳西族民居。建筑面积达4200平方米。丽江东巴文化博物馆的前身是1984年成立的丽江纳西族自治县博物馆。1990年李锡馆长等专家提出：突出东巴文化特色，向东巴文化倾斜的思路，并向地县政府提交东巴文化博物馆建设项目建议书。此举得到了云南省政府和地县政府的高度重视和支持。和志强省长提出“八五”

（1991—1995年）期间云南省要建设的三大博物馆，分别是云南民族博物馆、丽江东巴文化博物馆、楚雄元谋人博物馆。其中东巴文化博物馆的建设纳入“八五”云南省文化重点建设项目工程。东巴文化博物馆一期工程于1993年正式破土动工建设，1994年4月竣工投入使用。通过几年的努力和准备，丽江东巴文化博物馆二期扩建工程筹备就绪，在2010年举行的丽江市第二届人民代表大会第三次会议上，和良辉代市长宣布启动实施二期扩建工程。在不久的将来，一个独具特色、更加完善的，承担系统的抢救、保护、展示、传承、研究东巴文化任务的基地即将建成。东巴文化博物馆也将成为世界最大、最权威的东巴文化展示基地和收藏中心。

1．独树一帜，具有国内外影响的博物馆。

丽江东巴文化博物馆的地域特色、民族文化特色十分突出，有别于国内外任何一个博物馆。由于独树一帜，它在国内外有较高的知名度，也产生了广泛的影响。它与国内外许多博物馆有着广泛的联系和交流，还和加拿大、瑞士等国家的博物馆建立了友好关系。

东巴文化是世界记忆遗产。为了生动展示东巴文化的历史脉络和深刻内涵，东巴文化博物馆通过“东巴故事——纳西东巴文化展”形式，充分展示了纳西族的灿烂文化和文明。展览图文并茂、动静结合、声像相辅，同时辅以视屏导读，用产生视觉、听觉、触觉主题效果的现代色彩，全面展示纳西族丰富多彩的东巴文化，突出东巴文化的丰富实物，展示出东巴文化的深刻内涵。整个展览以东巴文化传承者和学文等经历的故事引领陈列的内容和文物。通过展厅、民俗厅、古籍厅、艺术厅等4个展厅，让参观者了解东巴文化的全貌。

丽江东巴文化博物馆有以下几个特点：一是将传统的封闭的静态陈列与开放的动态展示形式相结合。既有主馆常年的东巴文化陈列展览，又在玉泉公园的西北麓开辟有反映纳西族历史文化演进的传统民居、民俗场景、东巴祭祀仪式、民俗展演场所。二是把东巴文化展览与纳西族历史文化展示相结合。东巴文化作为纳西族古代传统文化的重要组成部分，是纳西族传统文化的主干和基础，但不是它的全部内容。所以东巴文化展览与纳西族各个时期的文化结合起来，包括丽江古城资料展、香格里拉展、丽江革命文物展及民间民俗等展览，从而使观众对东巴文化内涵外延有个更深刻的了解。三是把东巴文化展览和东巴文化保护传承基地建设结合起来。经过东巴文化博物馆的建议，丽江市和玉龙县已将曙明村、吾木村、汝寒坪等古村落列为东巴文化生态村落加以保护和建设。东巴博物馆还于1995年建立了东巴文化学校，以短期培训与长期培训相结合的方式培养东巴文化人才。先后办了8期培训班，共培养了250多名东巴文化传承骨干。

改革开放以来，东巴文化在国际上越来越享有崇高的声誉，东巴文化博物馆在国内外的影响也在不断扩大。20多年来东巴文化博物馆接待了乔石、朱镕基等国家领导人，还接待了挪威国王、法国参议长、吉布提总统、芬兰总理等外国领导人以及国内外文化名人。东巴文化博物馆成为展示中华优秀传统文化的窗口。丽江东巴文化博物馆先后荣获“全国十大地县级优秀博物馆”、“全国文化先进集体”、“爱国主义教育基地”等荣誉称号。多次获得国家和省市的表彰和奖励。

2．开展丰富多彩的展览展示活动，为中华优秀传统文化增添了光彩。

东巴文化博物馆自成立以来，在国内外多次举办丰富多彩的展览展示活动，把东巴文化推向了国内外，古老的东巴文化焕发出蓬勃生机。东巴文化被国内外更多的人所了解，东巴文化产生了广泛影响。以国际化、标志化、个性化、信息化、产业化为重要标志，以全面系统地建设一个集抢救、保护、展示、传承东巴文化于一身的基地为目标，东巴文化博物馆做了许多开创性的工作，办了大量深入细致的实事，博物馆的专家和工作人员功不可没。

1990年9月10日至27日，纳西族东巴文化展在北京民族文化宫隆重举行。这个展览是北京第一届亚运会艺术节期间中国少数民族文化艺术五大展览之一，是第一次全面系统地向国内外介绍神秘东巴文化的一次盛举，产生了很大的影响，获得了很大的成功。展览共分三大内容，第一大内容是东巴文物精品400余件；第二大内容是百年来国内外东巴文化研究成果70余件；第三大内容是东巴文化艺术品。有东巴神像画轴临摹品，现代东巴画和篆刻作品及现代东巴工艺美术品。全国人大副委员长费孝通为展览题字。全国政协副主席钱伟长、程思远、胡绳等为展览剪彩。展览期间，全国人大副委员长阿沛·阿旺晋美、国家民委主任司马义·艾买提等领导前往参观。钱伟长、胡绳、任继愈、钟继文等文化名人和著名

学界大家为展览题词。展览期间，还邀请部分在京专家学者召开东巴文化学术讨论会。这次展览在丽江县委政府的支持下，由丽江县政协牵头，在地县文化馆、博物馆等单位和在京纳西族专家学者组织参与下取得圆满成功。

在京展出结束后，于1990年11月6日至17日在省城昆明进行了汇报展出。11月6日上午9时，开幕式在省博物馆广场隆重举行。大会由李群杰主持，和志强省长致贺词，丽江县政协主席王兆琪介绍了在北京展出的盛况。和志强省长，省政协主席刘树生，纳西族革命老人、著名学者李群杰先生等为展览剪彩。两千多观众参加了开幕式。各方面观众参观踊跃，每天约有三千人参观展览。在昆明产生了轰动效应。

东巴文化展览从国内走向国外。1997年12月4日至1998年2月，纳西族东巴文化展在瑞士苏黎世大学博物馆展出。展品除丽江东巴文化博物馆提供外，还有来自美国哈佛大学、德国柏林图书馆、苏黎世大学博物馆的藏品。这是东巴文化首次在欧洲展出，来自瑞士、德国、意大利、美国、法国、葡萄牙等国民族学、人类学、博物馆学的学者及各界人士两百多人参加开幕式。这期间丽江纳西文化专家学者在苏黎世大学讲学。

1998年11月19日至27日，由丽江东巴文化博物馆牵头，在加拿大夏洛特皇后岛海达格王伊博物馆举行“中国丽江纳西文化展”。展览共展出文物14件，实物资料34件（套），图片102张。展出了东巴仪式、东巴神路图、东巴经书、丽江壁画、民族服饰、民族乐器以及各种图片资料和现代东巴艺术品。展览充分展示古老的纳西东巴文化，展现了纳西族人与自然和谐相处、和谐发展的自然观。通过与加拿大印第安海达文明的对比，找到两种古老文明的渊源。这次出展受到中国驻加拿大温哥华总领事馆的重视，受到加拿大文化学术界的欢迎。

除上述几次重大展览活动外，在国内外还有不少的展出，已成为丽江对外重要文化交流展示活动。1991年12月21日至1992年2月21日，参加在广州举行的中华百绝博览会，在广州体育馆展出，同时开展民族歌舞、纳西古乐展演活动，还举行了纳西族祭天仪式。1997年在上海民族文化大观园举办了“纳西文化展”。2000年在河北石家庄文化艺术节期间，举办“东巴文化展”。2001年在北京世纪坛参加世界文化遗产风情展。2002年在北京中国革命博物馆参加全国28个世界遗产地“神州风采展”。丽江东巴文化博物馆李锡馆长和有关纳西族学者先后到日本、美国、加拿大等国家进行讲学和考察交流，热情介绍和讲解东巴文化。

3．一次展示魅力，有巨大影响的民族文化展。

2009年7月23日至31日，国际人类学、民族学联合会第16届大会在云南昆明举行。云南是我国民族最多，文化多样最丰富的省份。全国56个民族中，云南有26个民族世代居住，其中有15个民族为云南独有。不同的民族、不同的语言、不同的服饰、不同的文化传承和习俗等，使云南成为人类学、民族学研究的一片不可多得的沃土。正因为如此，云南成为这次国际盛会所选择的地方。这次大会以“人类、发展与文化多样性”为主题。云南各兄弟民族文化引起了全世界与会的四千多位学者的关注。“纳西学研究的新视野”成为大会唯一以单一民族研究为专题的分论坛，150多位专家学者参加了分论坛研讨活动。与此同时，同国际人类学大会相呼应，由丽江市人民政府、云南省文化厅主办，丽江古城管理局、丽江市文广局、丽江文化研究会、纳西文化研究会、东巴文化博物馆、云南省博物馆等单位承办的“纳西学研究的新视野——纳西族文化与多彩丽江”展在云南省博物馆举行。这是国际人类学大会期间规模最大，最引人注目的一个大型民族文化展览。

这个展览以展示纳西族五千年历史发展为主线，以神秘博大的东巴文化为内涵，以丽江等纳西族聚居区域的多彩风光、风情为要素，系统地展示了百年来纳西文化学术研究成果和国内外学者进行田野考察、艰辛开拓传播纳西文化的心路历程。

“纳西文化与多彩丽江”大型展览分为A、B两个展区。A展区为“纳西学研究的新视野”展区，分为纳西族简介；纳西族古代——政治、人文、艺术、宗教；人文前贤——忠君爱国，倡导诗书木氏土司的汉文化传承；学苑丰碑——部分中外纳西学研究团体简介；纳西族文学艺术；纳西族音乐歌舞；纳西族宗教及绘画等九个部分，丽江东巴文化博物馆馆藏珍贵文物《神路图》、东巴法器、明清以来纳西族文人字画等。B展区为“纳西族文化与多彩丽江”展区，共展出了“文化、自然、记忆”三大世界遗产壮丽景观图片100余幅；B区“纳西主题生活馆”展示了纳西族服饰、生产生活的器具实物，再现了多彩丽江的人文风貌。

这次展览给人以强烈的震撼力和视觉冲击，产生了广泛的影响。我们可以从四个方面加以认识和分析：

第一，此次展览精心策划、规模大、规格高、影响广泛。

此次展览在过去多年来多次展出的基础上加以总结提升，做了深入研究和充分准备，多次讨论广泛征求意见，精心安排布展。这个展览由丽江市人民政府和省文化厅主办，国际人类学组委会领导、省级领导、著名专家学者出席开幕式，参观者络绎不绝，也引起了参加人类学大会的专家学者们的关注。这次世界人类学民族学大会组委会主任、国家民委杨晶主任等参观了这个展览。7月27 日下午展览开幕式在省博物馆举行。中共丽江市委常委、宣传部部长郭华主持开幕式，云南省文化厅厅长黄峻代表主办单位致辞，纳西学文化学者、云南社科院副院长杨福全、中国社科院副研究员木仕华代表国际人类学民族学联合会《纳西学研究的新视野》组委会作了发言。云南省人大常委会副主任江巴吉才，云南省政协副主席顾伯平，云南省政协原副主席和占钧，中国社科院民族研究所党委书记揣振宇，省人民政府副秘书长卫星，纳西文化研究会会长杨国清，副会长和家修，省民委副主任木桢，省宗教局局长熊胜祥，云南日报副总编何侃，中共昆明市委常委、宣传部部长张红苹，云南民族大学首席科学家、著名学者汪宁生，日本神奈川大学教授、著名国际民族学专家佐野贤治，驻昆明越南领事馆等领导和专家学者出席开幕式。

第二，此次展览图文并茂、脉络清晰、主题突出，与国际人类学大会相呼应，为大会提供了实实在在的例证，是对我国党的民族政策生动的诠释。参加国际人类学大会的不少国外专家参观了这个展览，留下了深刻印象。尤其是这个展览令人信服的事实例证和种种数字集中展示了新中国成立以来党的民族团结、民族平等、民族区域自治和各民族共同发展繁荣的政策在丽江所取得的辉煌成就，使展览不仅具有重要文化学术意义，同时更彰显了其重要的政治意义。

第三，这个展览和大会的纳西学研究的新视野专题充分说明纳西文化学成为国内外学界关注的一个学科。纳西学研究百年来所取得的丰硕成果也充分说明这个学科的价值及其意义。改革开放以来，纳西文化研究的领域不断拓展，国内外研究者们有许多新视野、新领域、新成果。国内外不少知名大学、研究机构加入到这个队伍中来，尤其值得重视的是一批知识层次高的年轻学者正在崭露头角。

第四，展览很吸引人，新闻媒体对展览进行了深入广泛的报道，网络反应很热烈。

展览吸引人，取得良好的效果。展览期间，丽江东巴传习院的“小东巴”、昆明纳西老年艺术团的老人及老东巴等进行民族音乐舞蹈的展演，同时也展销东巴文化等民族工艺品，使展览生动活泼，引人入胜。许多参观者对民族味十足的手工东巴挂毯、条画布、东巴纸、民族服饰、桶包、披肩、方巾、头饰、围脖等产品十分喜爱。参观者不仅有本地专家学者、学生、市民，还有国内外的游客。

香港《文汇报》、新华社、中新社、《人民日报》、《光明日报》、《中国日报》、《法制报》、《云南日报》、《春城晚报》、《丽江日报》、《云南信息报》、中央电视台、中央人民广播电台、云南电视台、新华网、云南网等30多家新闻媒体参加开幕式，进行了报道并发表评论。

东巴文化博物馆的事业要紧跟世界遗产保护和博物馆建设新理念、新趋势，坚持民族文化特色优势，拓展新视野，探索新思路，创造新模式。要紧紧结合正在进行的东巴文化样板国家级生态文化保护区，把东巴生态文化保存完好的古村落，以及东巴文化保护传承的各种机构，民间社会展示东巴文化的各种场馆作为一个重要载体。积极探索和建立以丽江古城为中心，以东巴文化博物馆、东巴文化研究院为核心，以纳西东巴生态文化村落为依托，各种民间东巴文化及民俗博物馆、东巴文化传习院等为重要内容，并积极融入当地经济社会发展和民众生活，建设独具民族文化特色的东巴文化博物馆体系。这个博物馆要成为我国最权威的、最具特色的东巴文化展示中心，也要成为国家的一级博物馆。

宣科及纳西古乐文化品牌评析

2009年3月4日，一个春暖花开的日子里，丽江市郊的宣科庄园宾客云集、高朋满座，丽江市及古城区政府在这里高规格举行纳西古乐公演20周年暨宣科先生80寿诞活动。省委书记白恩培、副书记李纪恒送来蛋糕和鲜花，文化部党组副书记、常务副部长欧阳坚以及张田欣、和段祺等领导发来贺信贺电，原云南省政协副主席和占钧、迪庆州州委书记齐扎拉以及市区县领导出席庆祝活动。丽江市市委书记和自兴在庆祝活动上热情致辞。这个活动其实就是总结表彰、宣传推广宣科及纳西古乐文化品牌的大会，也是继续推进丽江文化旅游发展的促进大会。这也说明了宣科及纳西族古乐文化品牌对丽江文化旅游发展的深刻意义。

纳西古乐一般是指国际公认的纳西族音乐“丽江三宝”，即东巴音乐、白沙细乐以及由中原传入的洞经音乐等流传于纳西族地区的历史悠久的古老音乐。其中主体洞经音乐实际上是汉族道教音乐与佛学相融会后形成的科仪音乐，这种音乐往往是士林阶层举行道教仪式时所用。专家认定流传于丽江纳西族地区的洞经音乐是保存最完整、最古典又最具地方民族特色的一套科仪音乐，是“正宗的雅集型儒家细乐”。这个音乐已流传于丽江纳西族地区数百年，注入了不少纳西文化的特色和韵味，融合了纳西音乐的特点，增加了不少有民族特色的乐器。改革开放以来，宣科先生致力于这个音乐的研究，深入进行了挖掘、整理、加工、提炼，比如宣科先生成功地将南唐后主李煜的《浪淘沙》，元代词人张养浩的《山坡羊·潼关怀古》与原曲谱填配，从而使唐诗宋词风韵得以重现人间，让人们体会到唐宋音乐悠久的旋律和无限的韵味。《浪淘沙》、《山坡羊》等成为纳西古乐中最具有代表性的曲子，演奏到好处，既端庄肃穆，又优雅沁心；既一泻千里，又悠扬如诉。使人感慨“此曲只应天上有，人间能有几回闻”。也正如宣科先生常说的，聆听此音乐，好像让人们的灵魂洗了个澡，涤去了尘埃。

1978年2月，宣科先生得以平反后回到丽江。在丽江地区一中等学校教授英语和音乐的同时，开始积极参加大研纳西古乐的演奏活动，还致力于纳西古乐和民族音乐的研究。1984年开始任丽江大研纳西古乐会会长，2000年改制为丽江宣科纳西古乐文化有限公司，任董事长兼总经理。古乐会在20世纪80年代初期大都是节假日或重大节庆活动免费演出，在反复排练提升的基础上，随着游客的增多和丽江旅游市场的兴起，逐步走上产业发展的道路。1988年7月21日起正式对外开放进行公演。

纳西古乐是中华民族音乐文化璀璨的瑰宝，是深藏在喜马拉雅云岭深处的国宝，是中国古代音乐的“活化石”。纳西古乐的出土和演奏改变了中国音乐史是“无声历史”的论断，终结了令人扼腕不止的遗憾。1993年9月10日到14日，应中国音乐家协会、中央音乐学院、中国艺术研究院音乐研究所、中国音乐学院和中央民族学院等九个单位联合邀请，丽江大研纳西古乐赴京演出。大研纳西古乐会在中央音乐学院、中央党校、海淀剧院、天津音乐学院进行了学术性的演出。1993年9月13日下午，首都音乐界在中央音乐学院学术报告厅举行了“丽江洞经音乐晋京演出学术讨论会”。这次研讨会事实上是对中华古典音乐文化遗产，即“有声音乐文物”丽江洞经音乐的学术鉴定会。其规模和权威性是空前的。研讨会由中央民族学院音乐民族学资深研究员袁炳昌先生主持。与会专家学者72人，无一不是我国著名的音乐学者和权威人士。何昌林、袁炳昌、秦鹏章、赵枫、田联滔、沈洽、修海林、冯光钰等著名学者纷纷发言，对纳西古乐在中国音乐史上的地位，美学、艺术等方面的价值，它的历史源流及传入丽江等情况作了充分论证和分析，作了高度的评价和肯定。

袁炳昌先生说：“流传在丽江玉龙雪山脚下的丽江洞经音乐不仅是我们国家文化的瑰宝，也是全世界人民的文化财富之一。这次丽江洞经音乐终于登上了我国最高的音乐舞台，具有重大的历史和现实意义。以七八十岁的老艺术家为主不远千里来京献艺、取得圆满成功是奇中之奇，在中国音乐史上是空前的。这一史实将无疑载入纳西族的文化史中，也将载入云南和我国音乐文化史中。”他还动情地说：“今天各位专家是放弃午休提前来参加，有的老音乐家是骑自行车来的，有的是挤公共汽车、地铁来的。这就充分说明了北京音乐界的领导和学者们对纳西族艺术家们的感情和谢意是真诚的；对我国民族音乐文化的现状和前景是非常关注的”。我国著名音乐史专家何昌林除了在会上发言外，还专门写了《国宝埋藏在喜马拉雅云岭深处——为丽江纳西古乐团晋京演出而作》的长篇论文刊登在《人民音乐》杂志上。何昌林认为：“就音乐文化创造、发扬、保存而言，已引起当今世界热切关注并足以使中华民族全体成员为之自豪者，是国际公认的中国纳西人之‘丽江三宝’：东巴音乐、白沙细乐、洞经音乐。丽江县府所在地大研镇纳西古乐会所属的‘寿星乐团’在云岭深处演奏的洞经音乐，早已被飞越喜马拉雅雪峰的人造地球卫星所摄收，并及时展现、围绕在全世界的眼球与耳际，因而不仅惊动了联合国音乐理事及各个传统音乐学会与人类文化学会。也激起了地球上数十家通讯社与报纸杂志的热情，乃至引起一位诺贝尔文学奖获奖者彻夜难眠——神驰丽江、笔走玉龙！拈花微笑、菩提正果；了却夙愿、足慰平生。丽江‘寿星乐团’的北京之行，纳西老音乐家们为继续发扬民族音乐所作出的巨大贡献，已经煞青去汗，彪炳史册！”

宣科及纳西古乐异军突起，走向世界的现象，对丽江文化旅游发展而言是密不可分的，其深远意义和作用也是不言而喻的。对这件产生了很大影响，具有典型意义的事件给予正确的评析和肯定也是理所当然的。

1. 宣科及大研古乐会“把这种音乐传遍了全世界”。

1999年5月2日上午10时左右，江泽民主席来到丽江古城，来到古城中心的“纳西古乐宫”，听完了古乐团的演奏后，他高兴地走上台与老艺术家和青年演员们一一握手，并鼓励说：“你们做得很好！”在离开古乐宫时，江泽民主席用英语对宣科先生说：“我们应该把这种音乐传遍全世界！”十多年过去了，宣科和大研纳西古乐会的艺术家们没有辜负江主席的嘱托，把中华民族的这个音乐瑰宝传遍了全世界，纳西古乐成为享誉全世界的音乐文化品牌。大研纳西古乐会公演20年来，接待了海内外数百万观众和旅客，许多海内外游客慕名而来，观赏纳西古乐成为众多游客来丽江必不可少的经典内容。大研纳西古乐会公演以来曾先后到英国、法国、挪威、德国、日本、美国、瑞士、意大利、爱沙尼亚、西班牙、葡萄牙以及中国的香港、台湾等十几个国家和地区访问演出。美英法等西方发达国家的电视广播网在黄金时段播放了纳西古乐。挖掘、整理、弘扬民族传统音乐，让中华民族的优秀传统音乐走向世界，传遍世界，实属不易，功不可没！

2. 种种新论令人耳目一新。

宣科先生致力于挖掘、整理、传承、弘扬民族音乐和纳西古乐，在研究和保护传承优秀民族传统音乐文化中开拓进取，提出许多新论。

1978年的初春，宣科先生历经磨难，在平反回到丽江之后，就开始了对他从小钟爱的民族音乐、纳西古乐的挖掘、整理、研究的工作。他一边在学校讲授音乐和英语，一边跋山涉水，深入到民间社会，一头扎进古老的纳西族原生态文化圈中，在边远山区古老的村寨进行采访和实地考察，或者和民间老艺人切磋探求。他视野开阔，十分注重从文献学、民族学、语言学等多个角度进行探讨和研究。同时反复学习、比较、深入探索和论证，加上他才思敏捷、思维开放又有着深厚的民族音乐基础和国学功底，因而在学术研究上取得突破，提出一系列新论。比如："音乐舞蹈源于恐惧"，"合唱先于齐唱"，"纳西族祖先并非羌族"，"《白沙细乐》乃纳西族故有之《安魂曲》，并非蒙古音乐"，"世界音乐只有四个音态区"等等。他的许多耳目一新的论点被音乐学界称为"民族音乐学中鲜艳多姿的奇葩"。他的种种新论和观点见诸于在这个时期发表的《白沙细乐小议》、《活的音乐化石——纳西族多声民歌"热美磋"的原始状态》、《热美磋的来历之研究》、《白沙细乐探源》等论文中。

对于数百年来流传于丽江纳西族地区的洞经音乐，经宣科先生深入研究、挖掘整理、提炼包装、宣传推介，使它成为名副其实的纳西古乐，走向世界、大放异彩。宣科先生重视纳西古乐和民族传统音乐的传承和教育，他以极大的热情培养了一批批纳西古乐和民族音乐的人才，尤其重视对青少年人才的培养和熏陶，经常组织免费的演奏会，亲自授课讲解，倾注了很大的心血。宣科先生把对艺术的执著追求与求实奋斗有机结合起来，把严谨的科学态度和大胆开拓创新有机结合起来，把对民族音乐文化的深入研究和舞台展演有机结合起来，这也许是他成功的重要秘诀所在。

3. "三个引领"将载入史册。

回顾宣科和大研纳西古乐会走过的历程，我们就会看到他与丽江文化旅游崛

起的历程是相伴相随的。如何评价宣科和大研纳西古乐会所作的重大贡献和巨大影响呢？作者认为可概括为“三个引领的作用”，这个概括提到了相当的高度，但又是实事求是、恰到好处的评价。一是文化旅游有机结合的引领者，从而大大提升了旅游的档次。文化旅游有机结合互动发展是丽江成功的经验，宣科和大研古乐会是引领者，起到了良好的带头示范的作用。十多年实践经验证明，文化是旅游的灵魂，文化旅游相结合，旅游业才能魅力无穷、长盛不衰；反过来有了旅游业的大平台，发展的大空间，文化产业就有了大市场。20世纪80年代以来，成千上万的游客到丽江来，欣赏纳西古乐成为他们的首选。二是打造和推出文化品牌的引领者。文化旅游的发展和经济的发展一样，离不开品牌战略，甚至更需要品牌的引领和带动。宣科和纳西古乐成为丽江最早推出的文化品牌，逐步发展成为享誉国内外的文化旅游品牌，也是丽江乃至全省全国最早最有影响力的文化品牌，从而带动了“丽水金沙”、“印象丽江”等一批文化品牌的蓬勃兴起。市委书记和自兴在纳西族古乐公演20周年暨宣科80寿诞庆祝活动上指出：“宣科先生是七彩丽江一张精致的名片，纳西古乐是民族文化百花园中一朵奇花，他们代表了新时期丽江文化的复兴，代表了丽江广纳开放的现象，也是在党的领导下文化大发展大繁荣的生动写照。”三是文化产业发展的引领者。纳西古乐在改革开放初期就走向市场，大研纳西古乐会既是民族音乐文化的传承者和弘扬者，又是一个经济实体，大胆走向了市场，开启了丽江发展民族文化产业的先河，他对全省全国文化产业的发展也是一个引领者，也是一个成功的范例。

4. 博大的爱心和宽广的情怀。

宣科先生是八十多岁的老人了，但仍然保持着年轻的心态。他一生经历坎坷、历经磨难、饱经忧患，错处劳改21年，但他没有伤感和怨恨，他笑对人生、热爱生活，他豁达开朗、充满爱心，始终保持着振作有为的生活态度和乐观向上的精神状态。他为什么能这样呢？关键是他博大的爱心和宽广的情怀。他始终充满了对祖国的爱、社会的爱、家乡的爱和人民的爱。他深切地感受到党的改革开放的好政策，他有个感恩的情怀，甚至用他特殊的魅力在不同场合释放出这样的情怀。在与宣科先生交往和交流中，有两件事情给我留下很深的印象。一件是1997年2月18日至22日大研纳西古乐团参加香港回归前最后一届艺术节的演出，全世界有37个知名的艺术团参加这一届香港艺术节演出活动。纳西古乐团是唯一安排在港督府演出的艺术团。2月20日晚，古乐团首场演出在港督府隆重举行，港府百余名官员和上流社会人士观看演出。演出开始前，宣科先生请全体人员起立，提议向刚刚去世的中国改革开放和现代化建设的总设计师邓小平默哀，连港督彭定康先生也站起来致哀。宣科先生的机智巧妙和他对邓小平先生的敬仰，当时成为香港回归前的一段佳话。另外一件事是1999年4月大研纳西古乐团献艺台湾，在台湾引起很大的轰动，台湾海基金会董事长辜振甫先生专门到后台看望古乐团全体成员。宣科先生充分发挥了怪杰鬼才和演讲幽默天才的作用，增进两岸同胞心灵交流和认同。宣科先生首先向数百位观看演出的台湾同胞大声问道："我们是不是兄弟姐妹呀？"台下齐声回答："是！"宣科又大声地问："我们应不应该统一起来呀？"观众回答："应该！"宣科先生的真诚和幽默感动了成百上千的台湾同胞，感召了他们对祖国的认同。所以江泽民主席说："宣科先生还是一位宣传鼓动家。"党的改革开放政策成就了宣科先生，宣科先生感恩改革开放、感恩社会、真诚地回报社会。大研纳西古乐会走向市场获得巨大的经济效益后，宣科先生积极扶持公益事业、教育事业、民族文化事业，前后共捐赠730万元款项，这些义举善事体现了宣科先生的情怀和精神境界。

看望宣科先生（2009年春节）

玉龙雪山旅游开发建设起步评析

丽江旅游开发建设从玉龙雪山开始起步，古城和玉龙雪山从一开始就是丽江旅游发展的基础和主体，而玉龙雪山则是大开发大发展的起点。1992年12月23日至24日省人民政府召开的玉龙雪山旅游开发区现场办公会议是丽江旅游起步的重要标志．由此，丽江旅游产业步入实质性发展的阶段。

一

玉龙雪山旅游资源的品位和价值以及开发的优越条件决定了从这里起步是丽江的必然选择。玉龙雪山在丽江坝子北端拔地而起，巍然耸立。雪山离丽江古城直线距离15千米，东西宽约20千米，南北长约35千米，八九十座山峰竞先兀立，最著名的有“玉龙十三峰”，其中最南端峰顶扇子陡海拔5596米，为最高峰。乾隆《丽江府志》对玉龙山作了如下记载：“雪山在城西北三十里，一名玉龙山，又谓之云岭。群峰插天，终年积雪，数百里外，望之俨如削玉，山半有池，融雪飞流，盛夏伏暑，寒冽不可视，蒙氏僭封为北岳。”玉龙雪山山脚最低处在金沙江河谷，海拔在1700米左右，从河谷到山顶依次出现暖性、暖湿性、温凉性、北亚热带和寒湿性等山地垂直立体气候。山上有众多名贵植物、动物、花卉、药材，是有名的“动植物王国”，“药材花卉王国”。从自然景观的角度讲，这里有高山冰雪风光、高原草甸风光、雪山雪域风光、原始森林风光，山脚有亚热带金沙江河谷风光。

玉龙雪山又是一座民族文化的山，人文资源极其丰富。玉龙山是纳西文化的象征，是纳西族保护神三多的化身，玉龙第三国是纳西人心目中最美好、最理想的天堂。玉龙山也是藏族和滇西北各民族心目中的一座神山圣山。历史上南诏王异牟寻封玉龙雪山为北岳，元世祖忽必烈革囊渡江到丽江，玉龙雪山被封为“大圣雪石定国安邦景帝”。玉龙山人文荟萃，有许多的历史文化遗迹和传说故事，同时描绘玉龙雪山的诗书画和著作不计其数，所以玉龙雪山是集独特自然景观和人文景观于一身的地方。加上离中心城市近，可进入性良好，海拔高差适应度好等条件，成为最有底蕴和魅力的旅游资源。也就成为丽江旅游起步阶段首选的开发区。

二

在20世纪80年代和90年代初，也就是丽江旅游的起步阶段，丽江能否发展旅游还有不同看法，还有争议，尤其是省级机关。和志强在《云南经济发展宏观决策回顾》一书中指出：80年代，省政府考虑在90年代开发滇西北旅游资源，但一些同志对滇西北发展旅游持怀疑态度。其实主要对热情很高的丽江旅游还有许多不同意见。当时李树基同志是常务副省长，还任过云南省省委副书记，是和志强省长的主要助手，也是丽江旅游发展的热心支持者。所以当时地委行署主要领导几次当面要求李树基同志到丽江开展调研并召开高规格办公会议。

1992年8月12日至18日，时任云南省委常委、常务副省长的李树基同志带领省经委、省旅游局、昆明水能勘察设计院、云南大学科技处等单位负责人到丽江考察调研，其工作重点是丽江旅游资源和金沙江水能资源及其开发前景。他们深入到丽江旅游景区景点，尤其对玉龙雪山和丽江古城作了深入调研，还到华坪实地察看了观音岩电站初步选址情况。通过调查研究，对丽江发展旅游更是增强了信心，他说：丽江旅游资源很丰富，品位很高，发展潜力很大，可能成为丽江的主要产业，他要求抓紧做好开发前期的相关工作。这次的考察调研活动也促成了省政府办公会议的召开。

1992年12月23日至24日，李树基副省长在丽江主持召开了省政府玉龙雪山旅游开发区现场办公会议。参加会议的有省计委、建委、环保委、外办、财政厅、交通局、林业厅、旅游局、民航局、重点办、中国人民银行云南分行等单位，丽江

地委、行署、军分区以及丽江县委、政府等负责同志参加会议并汇报介绍情况。参会的同志实地考察了玉龙雪山旅游景区景点和建设场址，集中讨论和审定了玉龙雪山旅游开发区（省级旅游度假区）的规划，提出很多意见和建议，还研究确定了实施规划相关重大问题。李树基就这次现场办公会议确定的问题为主要内容作了总结讲话，一共是十个方面的意见。一是旅游业面临极好机遇，丽江决定在“八五”期间重点发展旅游业符合实际，是解放思想，从实际出发贯彻党的十四大精神的具体体现。二是省人民政府原则批准丽江玉龙雪山旅游度假区规划。三是同意建立丽江玉龙雪山省级旅游开发区。四是明确玉龙雪山旅游开发区建设的指导思想，坚持保护开发并重的原则，做到社会效益、经济效益、生态效益相统一。五是全面规划，分期分步实施，突出重点，抓住投资少、见效快、带动性强的项目启动。六是制定省级旅游度假区（含开发区）有关政策规定，省里已责成省旅游局参照国家旅游开发区有关规定结合云南实际拿出方案，要搞好修订。七是要多渠道筹集开发资金，省政府给予适当资金扶持。八是在玉龙雪山旅游度假区规划的基础上，继续做好“四区一线”景区规划工作。九是开发区建设要坚持“两个文明”一起抓的方针。十是加强领导，开发区要建立有权威的管理机构，赋予相适应的职权。这次会议和李树基的讲话让艰难起步的丽江旅游如沐春风。

三

玉龙雪山旅游开发起步是丽江旅游发展的标志性重要事件。这次省政府现场办公会议鼓舞了丽江各族人民发展旅游的积极性和热情，也坚定了地区和县领导班子发展旅游的信心和决心。

1. 玉龙雪山旅游开发正式启动，丽江旅游产业发展由此拉开序幕。

经过20世纪80年代的酝酿和准备，丽江旅游面临着如何起步，如何突破的问题？同时这个时期对丽江旅游发展而言，处在艰难的起步阶段，一方面丽江干部群众热情高涨，对开发旅游充满信心和希望，另一方面省地一些人对丽江旅游发展仍有不少质疑和忧虑。省政府玉龙雪山现场办公会的召开，所采取的有力措施对丽江各族干部群众无疑是巨大的鼓舞和推动，无疑是旅游发展起步阶段影响很大的重要事件。玉龙雪山旅游开发区规划的通过，开发区正式建立、管理机构的设立、省级资金的扶持，这些举措很及时，也很解决问题，对旅游产业的起步和发展意义非同寻常。可以说是这次会议正式拉开了丽江旅游产业发展的序幕。

2．提出了正确的开发建设指导思想。

玉龙雪山的旅游开发始终坚持了正确的指导思想，这与本次会议一开始就提出的正确指导原则和意见是分不开的，这次会议强调要坚持保护发展并重的原则，做到社会效益，经济效益、生态效益相统一。玉龙雪山旅游度假区之所以有特点，是因为这里没有地上、地下和空中的污染，具有良好的生态环境，是滇川藏高原上的一块净土。要十分珍惜这块净土，在开发建设中始终要把环境保护和自然保护区的保护工作放在重要位置，对新建的项目，要进行环境质量的评价分析，对开发区和周边景点的森林资源、生物资源，要制定保护的办法和措施，对有可能造成生态破坏的项目要严加控制。要把玉龙雪山旅游开发区建设成为面向全省、全国乃至面向全世界的旅游景区，要建成在国内外都有影响的旅游胜地。要做到高标准、高起点，具有国际水平，既要有民族特色和地方特色，又要达到国际的水准。要按照社会主义市场经济的思路进行开发建设，除部分基础设施和保护作必要投入外，其他经营项目可通过招商引进资金，建设经营性项目，要讲求经济效益。这些观点和理念在现在看来也都是很有远见、很正确的。

3．始终坚持“开拓创新、干事创业”的可贵精神。

从1992年玉龙雪山旅游开发起步至今，玉龙雪山终于开花结果。玉龙雪山已成为国内著名的旅游景区，成为我国第一批五A级景区，成为云南省文明风景旅游区，成为全国创建文明景区先进单位，还获得了许多荣誉。玉龙雪山旅游景区共有2500名员工，2010年综合收入达7亿元，上缴税金3900万元，为丽江经济社会发展作出了重大贡献，是丽江旅游业的一面旗帜。近20年来，玉龙雪山走出了一条开拓之路、创业之路、成功之路、辉煌之路。我们始终不能忘记开拓者们的身影，不能忘记创业者们的脚印，他们始终保持了不断开拓创新和埋头干事创业的精神状态，这是他们最可宝贵的精神财富。正因为有了这种精神状态，他们才能以人民群众利益为重，以丽江发展进步为重，不怕困难、不怕挫折、迎难而上，不断攀登高峰，不断创造新的业绩和辉煌。

丽江机场建设通航评析

丽江机场的建设通航是20世纪80—90年代丽江各族人民解放思想、实事求是、开拓创新、真抓实干的产物，是打破封闭、对外开放、走向世界的历史性事件，也是旅游业崛起的奠基性工程。

丽江机场位于古城区七河乡三义村，离市区28千米。1995年7月正式通航以来，经过1998年、2001年、2007年以来的三次改造扩建，综合保障能力大为提高，硬件设施大为改善，机场等级由4C提升至4D。丽江机场已成为现代化的中型干线机场，成为云南第二航空枢纽和国际口岸机场。丽江机场已成为省内最繁忙的航空港之一，成为空中旅游走廊，对旅游业带动明显，经济效益和社会效益显著，在全国中小机场中也名列前茅。丽江各族人民将永远铭记开拓者、建设者们的业绩。

一　通航历史悠久，白沙机场曾创辉煌

丽江虽然地处偏僻，但通航的历史还是较早的，早在1929年，当时的云南省政府就派人到丽江筹建机场，由于征地等问题与当地老百姓发生冲突受到影响，中间有过停顿，直至1933年续建，这就是最早在丽江坝子里修建的中济机场，曾有飞机起降，但中济机场因土层松软、跑道质量差等原因，没有继续使用。1940年太平洋战争爆发后在白沙纳朵课修建机场，这就是二战期间著名的丽江白沙机场。随着当时二战战局的发展，1944年，陈纳德将军的美军第14航空队在白沙太平村设立航空站，有14名地勤人员，同时在古城兴文小学设立无线电台。白沙机场在二战期间发挥了重要作用，这个西南边陲边远的机场曾有过辉煌。白沙机场

是抗战后期昆明、成都、重庆等地至印度、缅甸航线的中转站，军用飞机经常在此加油和补给，成为驼峰航线的一个后勤保障基地，为抗战胜利作出重大贡献。白沙机场一直到解放后才被废弃。1966年云南省人民政府开始修复白沙机场，1967年8月曾开通丽江至昆明航线。但白沙机场在玉龙雪山、象山等附近，入口处是风口，净空条件差，飞机起降受到很大限制，至1975年停航。

二　打破封闭，发展旅游的战略举措

20世纪80年代后期至90年代初，丽江仍然是一个遥不可及的地方。丽江到昆明坐汽车仍需两至三天的时间，途中崇山峻岭、崎岖的山区公路、尘土飞扬、行程艰难。人们被山水无情地阻隔和封闭，这是丽江发展旅游业的最大障碍和制约。这个时期丽江地委行署结合实际、把握区情、深化认识、统一思想，根据丽江独特的人文景观和自然景观，确立大力发展旅游业的指导思想。与此同时作出了打破封闭、对外开放的重大决策。而大力发展旅游业，全面实现对外开放，突破口就是交通。但是根据当时的条件，道路交通只能逐步改善，修建高速公路、修筑铁路条件还不具备，航空的突破则是最佳的选择，修建机场是最好的突破口。于是1987年底丽江就向省政府提交了修建机场的项目建议报告。丽江各族人民的心愿和领导的决策正符合省政府的发展规划与和志强省长的战略思维，所以一开始就得到省政府的全力支持。和志强在《构建云南航空网络》一文中回忆说："80年代末，省政府在考虑云南旅游发展时，拟在90年代中期适时开发滇西北地区的旅游资源。于是在编制'八五'计划时，把建设大理、丽江机场列入建设的重点项目，并开展了前期工作。但是在建设大理、丽江、迪庆机场过程中，就不是一帆风顺了。由于一些同志对滇西北发展旅游持怀疑态度，因此对建设机场的必要性提出质疑，但是省政府坚定不移地推动滇西北旅游的发展。"1990年8月28日至9月5日，和志强省长到丽江调研考察工作，在听取地委行署工作汇报后很赞赏丽江修建机场的决心，强调指出：围绕把丽江从死角变通道，要修建丽江机场。大家受到很大的鼓舞。此后于1990年9月8日丽江地委研究决定：一定要实现"八五"期间机场建设通航，并成立机场建设领导小组，下设指挥部。由此开

展了更加积极主动的各项筹备工作。

三　解放思想，求真务实的结晶

丽江机场建成通航是丽江各族人民解放思想、更新观念、开拓创新的产物，也是团结奋斗、艰苦创业、真抓实干的结晶。在机场筹建和建设过程中所表现出来的那种热情、真诚、执著、务实的精神至今令人难忘。机场建设是一件牵动全局的大事，也是那个时期丽江最大的工程建设项目，冲破各种思想障碍和阻力，冲破“左”的和习惯势力的影响是一项重要的任务。当时以下四个方面的思想障碍比较突出：一是有些人对丽江发展旅游业持怀疑态度。那个时候人们的思想观念里追求的是大城市、高楼大厦、车水马龙等现代化的东西，丽江地处边远偏僻，又有个永不化的雪山，能搞旅游吗？二是修建机场哪里有这么多人坐飞机，不就是地县机关那几个干部吗？三是个别的老同志对投入巨资修建机场不理解。说“花几亿修机场，不如投入搞扶贫”。四是省民航部门的一些同志也说：“丽江修建机场，每周顶多开两个航班”。针对这些思想和认识，丽江开展解放思想大讨论，尤其在1992年邓小平南方谈话发表后，掀起了解放思想、更新观念的一个高潮。在实践中，思想认识逐步得到统一。机场建设涉及方方面面，机场项目从提出、论证、选址、预科研到科研、上报、审批等过程环节很多，最终还要经国务院和中央军委审批。这样的重大项目难就难在开工前的各项工作。丽江各级领导、干部和群众，尤其是机场指挥部的人们以高度的使命感和责任感，勇于奉献、乐于奉献、求真务实、真抓实干，就是这样一种精神状态和作风感动了“上帝”，使这项工程得以顺利完成。1986年5月，国家民航局一个专家组到云南，还去了临沧，听到消息后地委行署领导与专家组联系，并请省领导协调，专程到大理接他们到丽江考察，咨询机场建设相关问题。在给省政府提交报告的同时，跑昆明、跑成都、跑北京，并委托西南航管局、国家民航局、空军等搞论证、搞设计、搞科研等工作。1988年4至5月间，邀请省民航局、西南民航局、国家民航局等单位13位专家云集丽江，从原来8个机场选址中选出太安、白沙、三义等3个选址地点，在实地踏勘、反复比较论证的基础上，1991年2月3日最终选定在七河三义修建机场。开工前后的一个时期，行署专员木荣相夜不能寐，为修建机场费尽心血，他前后6次跑北京，到国家计委、国家民航局等单位，10多次跑省计委等部门，于是国家民航局和省计委等部门都跑熟了，一见到木荣相到来，大家经常诙谐地说："丽江的木老爷又来了，今天我们的木老爷是一位为民办实事的木老爷啊！"（元明时期为"辑宁边境"、"诚心报国"作出历史性贡献，名震西南边陲的丽江木氏土司被老百姓称为"木老爷"。木荣相虽然不是木氏嫡系，但毕竟是正宗后裔，所以民间有时风趣幽默地称呼"木老爷"也是有些来历的。）从木荣相专员的身上体现了丽江干部求真务实的精神和作风。1992年2月26日国务院、中央军委正式批复同意兴建丽江民用机场。通过前后5年的努力，1992年12月22日举行开工奠基仪式，云南省副省长李树基同志在讲话中说："丽江机场的修建对丽江、对云南而言都是具有战略眼光的重大工程。"那天下午2点钟在民主广场举行了改革开放以来最为隆重的开工庆典仪式，各族群众载歌载舞，充分表达了人民群众的喜悦和企盼。经过近3年的努力和奋斗，1995年5月18日，丽江民航站正式成立，6月6日首航，7月13日正式通航，丽江从此插上双翼。丽江机场建设工程在云南乃至全国都是一个投资省、质量好、经得起检验的工程项目，机场建设总投资1.49355亿元，比概算节省800多万元，并荣获国家建设工程质量最高奖——鲁班奖。

四　插上翅膀，效益突出

丽江机场建成通航，犹如给丽江经济社会跨越发展，尤其为旅游业腾飞插上翅膀。丽江机场成为云南乃至全国中小机场中最繁忙的机场，经济效益最好的机场之一。机场的建成通航在丽江最为关键的时刻发挥了特殊的作用。1996年2月3日，丽江发生了7级大地震，地动山摇、房倒屋塌，机场却在这场大地震中经受住了考验，见证了工程的高质量。大地震发生后机场除了短暂的停电外，没有受到大的影响，并很快恢复了正常。2月4日，即地震后的第二天，当时国务院副总理吴邦国就是乘飞机来丽江视察灾情的，地震后许多重伤员由飞机及时送往昆明等地救治，全国各地救灾人员、救灾物资源源不断送往丽江，丽江机场为此立了一大功。为此丽江人说：蒙受灾难才深刻理解了修建机场的意义啊！丽江机场对旅游业发展的作用非同寻常，丽江旅游业从此插上双翼，丽江与国内外的距离大大缩短了。丽江至昆明才用40分钟。经过十多年的经营和发展，丽江开通了至北京、上海、深圳、成都、重庆、广州、郑州、西安、南京、贵阳、昆明、版纳等10余个重点旅游城市的航线。飞行丽江航线的有：中国国际航空公司、中国南方航空公司、中国东方航空公司、上海航空公司、深圳航空公司、海南航空公司、四川航空公司、厦门航空公司、祥鹏航空公司、金鹿航空公司、重庆航空公司等。现在多条国际航线正在筹备中，国内旅游城市航线还在拓展中。丽江航线从最初每周几个航班发展到最繁忙时达到一天89个航班，旅客吞吐量从1995年的1.8万人次到2009年的220万人次，增加了10多倍。丽江机场由一个小型支线机场发展为中型的干线机场，机场注重安全生产，加强精神文明建设，提高服务质量，先后荣获“国家文明机场”、“全国创建文明行业先进单位”、“全国青年文明号”、“全国巾帼文明岗”、“全国民航先进基层党组织”、“集团公司航空安全先进单位”等荣誉称号。

五　让丽江飞得更高更远

机场发展进入新时期，丽江经济社会和旅游业的发展面临着新的更大机遇。从2007年底开始的第三次改扩建工程全面竣工验收。这次工程建设被列为云南省“十一五”重点基础设施建设项目，也是云南省“5+1”机场扩建核心项目之一，投入10亿元巨资、新征机场用地1350亩，新建航站楼、新建4、5号站坪、跑道延长加固、新建3000米平行滑行道、国际机场航站楼改造工程、新建双向盲降系统、新建八级消防站，还有货运楼、办公楼等附属配套设施。机场由4C级提升到4D级，其保障能力提升到新水平。丽江机场的改扩建和提升将为旅游业二次创业、转型升级和提质增效发挥重要作用。丽江处在滇西北旅游的核心区，面向大香格里拉生态旅游区，随着航空铁路等交通设施的改善，大丽高速、丽攀高速、丽攀铁路等项目的建设，将领跑云南乃至滇川藏交汇区域旅游业的大发展。云南省提出建设面向西南桥头堡战略，丽江将成为重要门户和窗口，丽江机场将成为对外开放、面向东南亚和南亚的航空港之一，它的作用和地位将进一步得到加强。发挥机场的新优势将为丽江带来更大的发展空间，目前机场国际航空综合保税区建设、新的物流中心和临空产业区建设正提上议事日程。以丽江航空港为中心的铁路、高速公路方便快捷的交通网络正在形成。展望未来，前景无限宽阔，插上翅膀的丽江将飞得更高更远！

作者在北京与欧阳坚在一起（2008年）

滇西北旅游规划会评析

1994年10月，经过较长时间的酝酿和准备，和志强省长在大理、丽江主持召开了滇西北旅游规划会。这次会议把滇西北旅游规划和开发建设结合在一起，从云南经济社会发展的战略高度，推动了滇西北，尤其是丽江旅游产业的发展。这对全省旅游产业的突破，云南旅游品牌的打造，旅游业的可持续发展都产生了巨大影响，在丽江和云南旅游发展史上具有里程碑式的深远意义。

一

在20世纪80—90年代，云南旅游资源优势和特色被越来越多的人所认识，全省上下对发展旅游产业逐步形成了共识。围绕优势资源培植支柱产业是当时一个重要的指导思想，旅游产业是当时云南着力打造的四大支柱产业之一。在发展昆明石林、西双版纳旅游的基础上，滇西北旅游资源特色优势逐步显现出来，全省旅游开发的重点也逐步转移到滇西北区域上来。时任云南省省长的和志强在《二十世纪八九岁年代云南经济发展宏观决策回顾》一书中对当时的情况作了真实而深刻的回忆。他说：云南的旅游业虽然起步较晚，但一开始就作为一大产业加以培育，经过10年的努力，已发展成为云南的四大支柱产业之一。他还说：从1956年至1982年26年间，我在云南从事地质工作，走遍了云南的山山水水，跑遍了云南的大江大河。因此通过对云南的自然风光、民族风情、历史文化、名胜古迹的了解研究，在思想上形成了一个重要的认识，即旅游资源是云南四大资源之一。他还认为，云南省旅游资源遍及全省，发展中必须突出重点，带动一般，必须有自己的特色和品牌，实行品牌战略，才能推动全省旅游业的快速发展。经过考察分析和实践，省委、省政府认为云南旅游要打石林、西双版纳、滇西北三个品牌，借此使云南走向全国、走向全世界。而滇西北是一个古老而神奇的胜地，具有很大的开发潜力，这里不仅有壮丽的自然风光，还有深厚的文化底蕴以及丰富多彩的民族风情，是全国古老、神奇，还未被大多数人所认识的一块宝地，再加上滇西北的立体气候形成的丰富资源，使滇西北的旅游业具有巨大潜力。这就是滇西北旅游规划会召开的一个背景。

滇西北旅游规划会是当时云南省规格最高、规模较大的旅游规划发展会议，会议分成两个阶段，于大理开幕，在丽江闭幕，会期6天。省长和志强自始至终主持会议并多次作重要讲话。省委副书记梁金泉、省人大副主任李树基，副省长牛绍尧、刘京出席了会议。省级35个委办厅局，云南武警边防总队主要负责人，大理、丽江、迪庆、怒江等地州及12个县市的领导共200多人参加会议。滇西北旅游区含大理、丽江、迪庆、怒江4个地州，与四川、西藏和缅甸接壤。会议确定的主题为：抢抓机遇，加快滇西北旅游资源开发。以昆明为依托，以大理为前沿，以丽江为重点，统一规划、分期实施，逐步向迪庆梅里雪山、宁蒗泸沽湖和怒江峡谷延伸，重点建设“一个拳头（即开发玉龙雪山），两块基地（即大理市、丽江县建成旅游产业基地和旅游接待、经营、集散中心），三层网络（即发展建设滇西北与省内、国内、国际三层网络），四片区域（即苍山洱海与大理古城、玉龙雪山与丽江古城、泸沽湖风光风情、迪庆藏族高原风光）”。

二

滇西北旅游规划会议会期6天，分别在大理和丽江召开，这个安排本身说明大理丽江在滇西北旅游业中的地位，也是在大理丽江分别强烈争取要求在本地召开会议的一种平衡结果。但这次会议的重头戏的确在丽江，开花结果也在丽江。1994年10月19日，云南省政府滇西北旅游规划会议在大理开幕，和志强省长主持会议并作讲话。21日从大理到丽江，下午继续开会。22日与会人员考察玉龙雪山甘海子、云杉坪、白水河等景点，有的还到鸣音、下虎跳峡等区域，给与会者留下了很深刻的印象。10月23日，省级各部门和各地州参会者围绕《滇西北旅游业发展纲要》及和志强讲话进行审议讨论。10月24日会议闭幕，会议批准了规划纲要，省委副书记梁金泉、省人大常委会副主任李树基、副省长牛绍尧、刘京等领导在会上讲话。和志强作了总结讲话，宣布了省政府的12项决定。

会议提出了开发滇西北旅游资源的原则和目标。开发滇西北旅游资源要坚持以下6条原则：统筹规划、逐步推进的原则；市场导向的原则；少投入、多产出、快产出的经济效益原则；突出地方、民族特色的原则；在保护的前提下进行开发和建设的原则；谁投资谁开发谁受益的原则。到2000年的目标是国外游客达35万人次，国内游客600万人次，旅游收入达25亿元，使旅游业成为带动滇西北地区经济的产业。实际情况大大超过了原来规划的预期目标。和志强提出这次会议主要收获有6点：一是认识了滇西北是一个待开发的旅游资源“富集区”，潜力巨大；二是确立了滇西北旅游资源的开发在建设云南旅游大省中的战略地位，抓住时机开发滇西北旅游资源，将成为推动云南旅游业新高潮的关键；三是增强了把旅游业建成仅次于“两烟”的全省支柱产业的信心；四是认为有条件把滇西北旅游区作为云南走向世界旅游市场的拳头打出去；五是认为开发滇西北旅游资源也是一项重要扶贫工程；六是大规模开发滇西北旅游资源的条件基本具备，时机已经成熟。

和志强在会上宣布了省政府的12项决定：一是同意建立泸沽湖省级旅游区和中甸省级旅游区；二是批准实施大研古城“五四三二一”工程；三是今冬明春内建成高水平的大理—丽江旅游线，其中包括建成大理至丽江准二级公路干线，丽江飞机场到玉龙雪山白水河的柏油路，新建或改造大理至鸡足山、白水河至虎跳峡的游路，建成相应的旅游配套设施等；四是抓紧丽江古城为世界文化遗产和“三江并流”区为世界自然遗产的申报工作，同时积极申报丽江古城为世界卫生城市；五是批准玉龙雪山省级旅游区的发展规划；六是同意委托地州行使引进300万美元的内外资的审批权；七是争取1995年内成立丽江、迪庆、怒江有进出口权的外贸公司；八是允许4地州以风景资源作为中方合资部分；九是抓紧对旅游规划建设的用地审批工作；十是争取把大理、丽江机场审核为口岸机场；十一是采取有力措施，恢复保护玉龙雪山及周围生态环境；十二是继续抓紧滇西北风景资源的普查工作，首先搞好老君山的普查和开发规划工作。

和志强还强调抓好当前的几项重要工作：

1. 继续抓好基础设施建设，争取用二级路把丽江机场和大理机场连接起来，把丽江建成滇西北交通枢纽。

2. 开发与保护要有机结合起来，特别要抓好泸沽湖水质的保护工作。

3. 开发旅游业与扶贫相结合，搞好扶贫攻坚计划。

4. 制定和完善各项优惠政策，大力引进资金促进开发。

5. 高度重视和做好旅游业的“软件”建设，次年要在全省开展“旅游管理质量年”活动。

6. 大力发展有特色的旅游商品。

7. 加强旅游人才的培养。

8. 必须加强精神文明建设，提高思想文化道德素质，抵制精神污染，创建良好的旅游环境。

9. 加大旅游宣传力度。

10. 采取切实可行措施，把安全旅游放在重要位置。

这次会议始终强调要进一步解放思想、深化改革、扩大开放，以市场为导向，抓住机遇、推进滇西北旅游业的发展，迎接云南旅游业新高潮的到来。

三

滇西北旅游规划会议对云南旅游业的发展，尤其对丽江文化旅游的崛起至关重要，作用巨大，影响深远，具有里程碑意义的评价也不为过，的确开启了云南旅游发展的一个新时代。

1. 确立了滇西北旅游的战略地位，丽江进入了全面重点开发的时期。

和志强在回忆滇西北旅游规划会议时评价说，这一次会议统一了全省上下抓紧机遇、发展旅游业、带动经济发展的战略思想，认识了滇西北是有待开发的旅游资源的“富集区”，潜力巨大。可以作为云南旅游的拳头打到世界。这次会议还确立了“发展大理、开发丽江、启动迪庆、带动怒江”的发展步骤。这次会议把丽江推到了滇西北旅游发展的中心地位，其战略地位得以确立和突出。大理旅游发展起步较早，全省上下对大理的认识比较到位，当时大理的知名度也远远高于丽江。而丽江旅游则处在初创时期，对丽江旅游的前景认识上也不完全统一，在这种情况下，省级领导班子，省级机关和滇西北各地州领导聚集丽江，亲眼目睹丽江旅游资源，感受独特而深厚的民族文化底蕴，给与会人员以极大的震撼。这次会议提出的“开发丽江”旅游的政策措施也很具体、很实在，解决了当时丽江旅游发展中亟待解决的一系列突出问题，从此丽江旅游业步入了大开发大发展的时期。

2. 几项重大战略决策为旅游业持续发展奠定基础。

这次会议所做出的几项重大战略决策很有前瞻性，也有很大的气魄。这些决策对云南、对丽江旅游发展都是至关重要的，而且产生了深刻的影响。一个是确定丽江古城、三江并流区申报世界遗产，这对文化遗产、自然遗产的保护，提升丽江乃至云南旅游品位和知名度都是很重要的。通过申报世界遗产，加大了保护力度，落实了各项保护措施，同时申报获得成功。另一个是制定了保护丽江古城、大理古城等历史文物的政策措施。会议认真讨论了丽江古城保护问题，批准实施《丽江大研古城保护方案》，简称为“五四三二一工程”：五是新建和完善五个系统，即新建设古城排污管网系统和街巷照明系统，修缮和完善道路网、消防网系统、电力与电信系统；四是四个增加，即增加环卫设施、增加绿化用地、增加文化和活动设施，增加旅游接待设施；三是改造三条街道，即四方街、七一街、新华街在保持原有风貌的基础上，进行内部改造；二是实现两个的降低，即降低古城建筑群密度与人口密度；一是一个提高，即通过上述建设，从根本上改变古城内部环境质量不高的状况，使古城的内部环境和水体洁净度有较大的提高。再一个是为了保护滇西北的生态环境，为了保护金沙江上游的森林资源、保护良好的自然生态环境，决定全面禁伐天然林，决定撤销丽江黑白水林业局，在滇西北的森工企业逐步转产。上述重大决策的实施，从根本上奠定了滇西北乃至云南旅游业持续发展的基础。

3. 实施品牌战略，着力打造文化旅游特色品牌。

实施品牌战略，推动全省旅游业的发展，是这次会议的一个宗旨，也是一大特色。这次会议强调，大规模开发滇西北旅游资源的条件基本具备、时机已成熟，要把滇西北作为云南走向世界旅游市场的拳头打出去。1994年以后的事实证明，这个决策是非常正确的，今天丽江、大理、香格里拉、怒江大峡谷不仅走向全国，也走向世界，成为国内外知名的旅游品牌。旅游资源遍及全省全国各地，各地都有按照实际情况和各自特点发展旅游的问题，但资源状况和品位总是有差异的，所以在发展过程中，总得要突出重点，打造和建设品牌，由因此来带动面上的发展。如果没有重点，只是平推，那么就失去了旅游的魅力。丽江的一个经验，就是根据自身的资源优势和特点，牢牢把握住滇西北旅游规划会的良好机遇，始终坚持品牌发展战略，打造和推出一批文化旅游的品牌。丽江古城、东巴文化、玉龙雪山、纳西古乐等品牌的建设和推出，极大地带动了丽江旅游业的快速发展。

4．抓住机遇，真抓实干、狠抓落实。

这次会议对丽江来讲是一次重大的机遇，但机遇从来只是留给那些善于抓住机遇、善于抓落实的地方和人们。丽江抓住了这次难得的历史性机遇，而且以极大的工作热情和真抓实干的作风推进各项工作的落实。这次会议涉及丽江的重大事项以及思路创造性地得以贯彻落实。1994年11月，地委行署召开全区三级干部会议，贯彻这次会议的精神，由此来统一全区干部群众的认识，提出“旅游带动战略”，吹响了丽江旅游大发展的号角。经过深入讨论和广泛征求意见，1994年11月，丽江地委行署作出《关于加快旅游业发展的决定》，明确了16项的工作目标任务，提出4个方面的保障措施。加强组织领导和人才培养，成立地区旅游开发协调领导小组，加强丽江旅游管理委员会和玉龙雪山管委会机构和人员，着手在大专院校培养一批旅游专业人才。

丽江“2·3”大地震香港同胞捐赠纪念碑评析

——一座铭刻着感恩情怀的纪念碑

丽江1996年“2·3”大地震香港同胞捐赠纪念碑位于市区北郊一处风景秀丽的地方，在通往玉龙雪山旅游风景区公路旁，在绿树红花的簇拥下屹立在玉龙雪山下。现在这里已辟为紫荆花园。这是一座铭刻着丽江地震灾区各族同胞感恩情怀的永久纪念碑，寄托着各族同胞的心声和意愿。这又是一座有着深刻民族文化内涵的纪念碑，它已成为改革开放以来文化建设的一件典型事例，具有深刻的民族文化意义。但愿这座纪念碑在丽江各族人民心中永存！

1997年7月1日，对中华民族来讲是具有历史意义的日子。雪百年民族耻辱，迎东方明珠回归。在这个扬眉吐气的日子里，丽江香港同胞捐赠纪念碑正式落成对外开放。在之前一天的6月30日上午，民主路体育场彩旗飘舞、人潮如流、歌声似海，丽江各民族儿女欢聚一堂，隆重举行喜迎香港回归的大型庆典。6月30日下午3时，丽江香港同胞捐赠纪念碑落成典礼在北郊纪念碑园隆重举行。丽江地震灾区，包括大理、迪庆、怒江党政领导及各族群众代表参加了揭碑仪式，并栽下了具有纪念意义的藏柏树。时任云南省副省长戴光禄等领导发表了充满感情的讲话。

纪念碑园占地10亩，由碑体、碑墙、广场、绿化地等部分组成。碑体高7.1米，碑体周长19.97米，碑墙高2.3米、碑墙长19.96米。碑墙上用中英文铭刻着香港同胞捐赠的情形，共计139家机构和人员名单，其中捐款50万元港币以上人员6人，捐款100万元港币以上25家机构。纪念碑设计别具匠心，主题结构象征着双手捧起紫荆花，在碑体的中间两侧刻着象形文的日和月，明志香港同胞的功德和爱心与日月同辉。碑体造型意寓“万众一心、抗震救灾”和“各民族同胞虔诚感恩”的情怀。碑体的高度和周长，碑墙高度和长度体现了1996年2月3日这个特殊日子和1997年7月1日纪念碑落成的日子。纪念碑落成的日子特别选定在香港回归纪念日。

公元1996年2月3日19时14分，是一个大灾难的时刻，丽江及其邻近地州发生了里氏7.0级大地震，以丽江为中心的丽江地区丽江县、永胜县、宁蒗县、华坪县，大理白族自治州鹤庆县、剑川县、洱源县，迪庆藏族自治州中甸县，怒江傈僳族自治州兰坪县等4地州9县遭受了巨大财产损失和惨重的人员伤亡，100万人口受灾，32万人无家可归，309人遇难，其中丽江地区遇难294人，17000余人受伤，大量公共建筑物，重要基础设施和大批民宅、民房毁于一旦，灾区房屋倒塌共损失90多万间，直接经济损失40.31亿元人民币。按照国务院办公厅《国内破坏性地震应急反应预案》规定划类，丽江“2·3”大地震属于经济损失超过30亿元的特大破坏性地震。

灾情就是命令，时间就是生命。大地震发生后仅10多分钟，丽江地委行署的多数领导聚集在一辆中巴车上迅速做出抗震救灾的重要决定，中共丽江县委、县政府也迅速启动了抗震救灾预案。丽江灾区各族人民震不倒、压不垮、不屈服，以大无畏的精神，万众一心抗震救灾，恢复重建，涌现了许多可歌可泣的事迹。党中央、国务院十分关心抗震救灾工作，震后不到两个小时，国务院总理李鹏便委托副总理吴邦国同志组团前往灾区，还特别指出这是一个少数民族地区，一定要搞好救灾工作。吴邦国副总理率领国家各部委有关人员于2月4日下午抵达重灾区视察灾情，慰问灾民，指导抗震救灾工作。省委和省政府直接领导抗震救灾工作，并迅速做出一系列重要决策，奔赴抗震救灾第一线。在抗震救灾中，人民解放军立下了汗马功劳。地震发生后，部队立即奔赴灾区，于2月4日凌晨到达灾区便投入抢险救灾，夜以继日地奋战在第一线，灾民们感动不已，说一夜间来了这么多解放军，真是神兵天降，我们有救了！

丽江“2·3”大地震发生后，引起国际社会前所未有的关注，创造了国内接受国际救灾援助的多个方面先河。先后有80多个国家元首、政府首脑以及联合国秘书长致电我国领导人表示慰问，许多国家政府和国际组织迅速开展救援行动，

多个国家派专机将救灾物资运抵昆明机场，开创了我们国家接受国际救援和民航史上的新纪录。联邦德国政府对丽江地震灾区给予了500万马克的援助，其救助数额在国际社会位居提供援助的首位。援助资金主要用于农村民房、校舍、卫生、环保等项目。

面对突然降临的大灾难，一方有难、八方援助，国内外和社会各界纷纷献出爱心，伸出救援之手，尤其是香港同胞为抗震救灾做出了重大贡献。纪念碑文作了这样的记载：在党中央、国务院和中央军委的亲切关怀下，在中共云南省委、云南省人民政府的直接领导下，灾区各界人民奋起抗震救灾。国内外社会各界也纷纷伸出援助之手，香港同胞更是心系灾区，踊跃捐款捐物，共捐款港币166017839.99元，人民币52244369.01元，美元103323.05元，物资3288.3吨。仅香港烟草集团公司何英杰先生及亲属就捐港币7500万元。香港同胞的深深爱心、浓浓情意，充分体现了炎黄子孙血浓于水的骨肉之情。

香港同胞的爱心和赈灾行动在地震灾区和各族人民心中留下了永不磨灭的印象。一是援助金额巨大，物资数量可观，为国内外之冠。在整个救灾过程中，共收到20多个国家和地区及国内社会各界捐款折合人民币43760万元；捐款物资8400多吨，价值人民币9000多万元。而香港同胞捐赠的款项和物资已占到了绝大多数。二是香港各机构、各界人士和广大市民学生广泛参与救灾，覆盖了香港社会各个阶层。三是香港各报刊和各种新闻媒体对抗震救灾进行了深入的报道、广泛呼吁和宣传，掀起了香港历史上规模最大的救灾行动。四是许多香港救灾机构及人员深入到灾区和灾民之中，做了大量深入细致的救助工作，成效显著、事迹感人。

香港同胞对抗震救灾反应迅速。2月5日，香港财政司陈方安先生宣布由香港特区政府拨款800万元用于赈灾。与此同时，香港红十字会、香港乐施会、香港宣明会、香港佛教联合会、香港救世军、香港基督教协会、中华基督教青年会、香港交通运输业总工会、香港青年协会、香港教育工作者联合会以及嘉里集团、联发集团、香港电视广播有限公司、香港《文汇报》、香港《大公报》、香港侨友会、香港云南同乡会等机构踊跃捐款捐物，或者发起募捐活动。《文汇报》、《大公报》等多家报刊和香港凤凰卫视等新闻媒体发表社论社评呼吁援助、奉献爱心。《新报》2月6日刊发社论说："面对巨大的地震灾害威胁，丧失的是中国同胞的生命，流淌的是炎黄子孙的血。作为中华民族一分子的香港市民，实不应吝啬袋中分毫，应刻不容缓伸出同情之手，以集腋成裘的方法筹集善款，迅速购买应用之物品运送灾区协助救援重建工作。"香港广播电视有限公司为赈灾专门开办"城市出击"节目，在观众中开展"温暖送云南"捐款活动，募集到上百万吨救援物资，第一批物资于2月14日运抵昆明。香港各界人士广泛参与赈灾活动，送温暖、献爱心。香港红十字会到2月8日收到赈灾募捐款970万港元，2月9日香港《大公报》转交读者捐献的第一批救灾款150万港元，2月10日香港《文汇报》读者及报社员工的第一批捐款200万港元送到云南。2月9日止，新华社香港分社收到善款13000多万港元。最令人感动的是，许多小学生踊跃捐款，奉献爱心。嘉灵小学同学纷纷把买零食的钱投入捐款箱，至2月8日，这所小学筹到6000多港元。

香港红十字会、香港乐施会、香港宣明会等机构和救助人员深入到丽江地震灾区，走村串寨，慰问救助灾民，他们的志愿和义举，播撒着同胞之爱，他们把人与人之间的和谐与爱心展现得那么真诚，那么自然。香港红十字会对丽江县大研、黄山、金山、白沙、拉市、鸣音、太安、奉科等8个严重受灾乡镇分类定点援助。大体为每两户一顶帐篷，每人一件衣服，每两人一床棉被，人均50千克大米，每户一套炊具，人均12千克化肥、2千克地膜的救助，并负责地震受伤灾民的医疗费，定点援助实施3个月。地震之后十多天，这一年的春节来临，这些乡镇的灾民们扛着粮食、篮筐装着新衣裳、鱼肉菜、红糖等年货，衣、食、住、医、盖得到了解决。红十字会救灾人员则在乡村监督定点救助工作的落实。香港乐施会对遭受重灾的民族贫困地区进行赈灾援助，对玉湖、文海、大东、白水、甲子、龙山等民族贫困地区灾民的救助落实到村、到户。同时恢复输电线路、修建人畜饮水工程、修筑人马驿道，还对部分小学恢复重建给予资金的援助。香港著名人士邵逸夫先生捐款1370万元人民币用于学校的恢复重建，其中1270万元援助丽江境内30所学校的重建，许多学校将设施命名为"逸夫楼"、"逸夫小学"。总之，香港同胞的援助涉及方方面面，深入到灾民的心坎。

香港同胞捐赠纪念碑的兴建表达了丽江地震灾区各族人民的心愿，体现了丽江民族文化的传统和内涵，随着时间的迁移和岁月的逝去，越将焕发出它的光辉。

第一，纪念碑昭示了香港同胞和国内外各界人士对丽江地震灾区各族人民的大恩大德和灾区各族人民无限的感恩情怀。大恩大德千古铭记，感恩情怀永世相传。纪念碑文满怀深情地指出：历史将永远记住1996年2月3日17时14分这一不幸时刻！灾区各族同胞将永远铭记在遭受灾难时与自己心连心共患难的香港同胞！玉龙山高，金沙江水长！骨肉情深，血脉相连！同胞厚谊，光照日月！德泽千秋，立碑永志。在大灾难降临的时刻，在抗震救灾的日日夜夜，一个个不眠之夜，一桩桩动人事迹，一幕幕感人画面，彰显了丽江各族人民不屈不挠、自强不息的民族奋斗精神。而这一精神背后则是有党的领导和国内外无私大力援助，尤其是香港同胞作出了特殊的贡献，没有他们，战胜灾难，迅速恢复重建是不可能的。他们以强烈的爱心和责任，有钱出钱、有力出力、有智献智，他们的丰功伟绩永远铭刻在丽江各族人民心中。丽江各民族是知恩图报的民族，滴水之恩，涌泉相报。感恩报德是丽江民族文化的基点，是丽江各族人民的情怀和传统美德。这座纪念碑就是一座感恩的丰碑，感恩的见证！

第二，纪念碑昭示了人间的真情和永恒的爱心。一场大灾难突然降临，山崩地裂、房倒屋塌、天地混沌、黄尘滚滚，许多村庄夷为平地，美好的家园一片瓦砾，惨不忍睹。地震无情，人间有爱。大灾难面前最能见真情，大灾难时刻最能感受真爱的宝贵。人间的真情和同胞的爱心像一股暖流流淌在灾区各族人民的心田，温援平复了一颗颗因灾难而破碎的心灵。在巨大的灾难面前，在灾民的绝望时刻，即使是一句温暖的话语，都会产生一种力量，何况香港同胞的巨大援助和献出的真诚爱心，这无疑给灾区人民提供了急需的物质财富和战胜困难的勇气。丽江地震灾区各族人民不幸中有幸，在云南救灾史上，这次救灾最快最及时！在中国救灾史上，国际援助最多，其中香港同胞援助名冠国内外。香港救灾机构和人员深入到灾民之中，工作细致入微，充满爱心，效率很高，在灾民中有口皆碑。在丽江抗震救灾的整个过程中，人与人心灵相通，人与人大爱无限，这是最可宝贵的，是可以战胜任何困难的力量源泉。

第三，纪念碑将永远激励和鞭策丽江各族人民弘扬感恩报德、感恩从善的精神。灾难始终伴随人类前进的脚步。灾难往往突然降临，但只要人间真情不灭，灾难就不可怕。我们丽江地震灾区各族人民不仅要永远铭记香港同胞这份真情，使之代代相传，同时要不断激励和鞭策各族人民感恩报德、感恩从善。要随时随地传递爱的星火，奉献一片爱的真情。2008年5月12日发生在四川汶川的特大地震，使丽江各族人民也沉浸在极其悲痛之中，经历过“2·3”大地震的丽江各族人民，最了解四川灾区人民的悲痛心情和迫切需要，丽江各族人民立即行动起来投入到抗震救灾的行动之中，市委、市人民政府代表丽江各族人民以最快的速度致电慰问四川灾区各族人民群众。丽江各界各民族同胞怀着前所未有的激情和真诚踊跃捐款捐物，用虔诚的民族文化形式为灾区人民祈福，爱心人士相继奔赴灾区。丽江虽然是一个经济欠发达的地区，但各族群众捐款捐物位居全省之冠。感恩报德、感恩从善，人人有责，关键要见诸行动。纪念碑将永远激励和鞭策我们这一代以及我们的子孙后代！我们的后代将用报德和从善的实际行动来证明爱心和真情。

第四，纪念碑将成为宣示丽江感恩文化，激励和教育后代的一个重要载体。感恩是一种情怀、一种品德、一种境界，更是一种民族的文化。这一文化要世代相传，延绵子孙后代。只要心存感恩，就会常怀仁爱之心、慈悲之心、从善之心。没有爱就没有感恩，反过来没有感恩就没有爱。感恩是丽江民族文化的优良传统，纪念碑园要成为感恩文化传承教育的阵地，成为教育的生动教材，让我们的子孙后代永远铭记这份恩情，不断来感受这份情怀，传承这一传统、弘扬这一文化。

当前丽江正在开展“加强感恩、促进和谐”的教育活动，这是很有意义、很实在的事情。心存感恩、学会感恩是做人的基本要义，也是做人的道义所在。不知感恩，人心就会失落，私欲就会膨胀，德行就会丧失，心灵就会失去平衡，怨气就会产生。心存感激，天地就会宽阔，心情就会舒畅，心灵就会得到净化，全身就会获得力量，对人生就会充满自信。让我们和我们的子孙后代做一个心存感恩的人，做一个德行高尚的人。

束河古镇保护发展模式评析

束河古镇于2003年5月正式实施“保护与发展”项目，推进旅游特色小镇开发建设以来，短短7年时间，走出了一条以人为本，保护为先，以保护促发展，以发展促保护，保护与开发并重双赢，全面推动旅游小镇开发建设的新路子。束河的保护发展模式被中央电视台经济频道于2005年列入《中国经验》节目并加以介绍。短短几年时间里，束河古镇取得长足发展，由一个鲜为人知的边陲小镇变为全国人居环境最佳魅力名镇，全国特色景观旅游名镇，全国4A级景区，云南十大名镇。日平均游客超过8000人次，黄金周超过1.5万人次。居民人均收入由2002年的800元跃升至2009年6300多元。束河古镇的发展是丽江文化旅游崛起的又一典型代表。

束河古镇位于大研古城西北4千米外，坐落在聚宝山、龙泉山和莲花山脚下，九鼎河、束河、青龙河穿过古镇村落街巷。这里依山傍水、山清水秀、绿树掩映。束河是一座千年古镇，起始于唐代，比大研古城还要早200多年。1997年12月4日，束河古镇建筑群作为丽江古城重要组成部分列入世界文化遗产。束河古镇主要指龙泉社区和开文社区的几个自然村，束河古镇原住民1000户，5000人口，2平方千米区域。束河办事处的范围则大得多，人口也多得多。

进入新世纪，束河古镇的开发建设水到渠成，已提到丽江市委市政府重要议事日程。一个是古镇的群众迫切要求开发建设，欲改变端着金饭碗讨饭吃的局面。束河古镇离丽江古城和市区4千米，又有丰富的历史文化和自然生态资源，还被列入世界文化遗产，但这里还是一个典型的农村，到了晚上八九点钟，黑灯瞎火，家家户户关门闭户，老百姓生活还很贫困，人均收入仅为800元。有的居民儿子讨媳妇还得到信用社贷款操办，与丽江古城有天地之差。另外，束河古镇建筑群已列入世界文化遗产，古镇保护面临资金短缺，任务繁重，有些建筑破败不堪，急需修缮保护，但政府能给予的保护资金很有限，这个矛盾日益突出。再者，随着丽江旅游业的大发展，丽江古城等景区人满为患，疏散游客，需要建设新的景区景点，束河古镇是资源条件最优越的地方。鉴于这些原因，束河古镇保护开发建设势在必行，怎样搞好有效的保护？怎样搞好开发建设？束河古镇从实际出发，走出了一条保护发展并重双赢的成功之路。

一　坚持保护发展新理念

束河古镇作为世界文化遗产的重要组成部分，它的价值和作用无疑是具有世界意义的。重在保护、保护为先是基本的原则和要求，也是丽江市区县形成的共识和开发建设的前提。

丽江是边疆民族地区，束河古镇的保护和开发一直受到资金的困扰。引进资金、技术、人才进行保护开发是丽江的必然选择，也是束河古镇的必然选择。关键是选择什么样的投资商，以及他们的文化层次。当年许多投资商和企业都看好束河古镇，愿意投资开发的客商很多。但是在众多的投资商中，丽江选择了昆明鼎业集团，这家企业符合市委领导提出的各项要求和条件。其特点是，既有较强的经济实力，又有相当的文化层次，还有立足于中长期发展的目标。鼎业集团在丽江考察投资环境和项目3年时间，对束河古镇更是作了详细的调研考察，尤其看好束河古镇发展前景。企业领导集团有文化档次，集团负责人说：企业看重的是束河古镇的古朴原始和作为世界文化遗产的价值，而这一文化价值一旦挖掘和打造出来，它的商业价值不可估量。我们注重长期效益，我们的回报计划是10年。当时的市委书记和自兴则说：束河古镇的开发建设，我们需要一个既有经济实力，又有文化层次，又要作为中长期发展来做的客商，而不是短平快，今天投资了明天就想赚一把的人来做。“保护第一、适度开发”，“在保护的前提下发展，以发展促进保护”，这是鼎业集团具有战略眼光和文化层次的新理念，这个理念与政府一再坚持的指导思想不谋而合。正是丽江政府始终坚持了这一理念，才使束河在众多抛来橄榄枝，但又以利益最大化为目标的投资商未能得手，因而

束河一直深锁闺中待嫁。

“为民造福、惠民古镇”，这才能体现以人为本。束河古镇老百姓不能端着金饭碗讨饭吃，让古镇百姓成为保护开发的参与者，受益的主体、保护的主体，这是成功的关键所在。束河古镇的原住民千百年来是古镇的守护者、文化的保护传承人。今天他们仍然是古镇的主人，他们必须受惠于世界遗产，他们必须是项目开发的受益者，只有这样他们才能承担起继承保护古镇的历史责任。如果古镇的老百姓端着金饭碗讨饭吃，那么，对原住民来讲，保护只是一种奢望，心有余而力不足。

在统一思想认识的基础上，丽江政府与企业多次协商磨合之后，丽江市人民政府和鼎业集团达成一致协议，并制定了“统一规划、独家开发、整体推进、分步实施”的开发思路。这个思路应该说是保护发展新理念的具体成果。鼎业集团与政府规划建设部门合作，首先聘请国内外一流的规划专家，对束河古镇进行详尽的调查研究和论证规划，邀请专家学者深入到束河实地进行考察，还多次邀请本土纳西族专家参与其中，进行座谈，提出意见和建议，经过反复论证和多次修改，在2002年初提出了“束河古镇保护与开发规划设计方案”。规划方案获得“云南省村镇规划一等奖”。规划成为束河保护发展的基础。

二　实施保护发展新举措

地方政府和鼎业集团在实践中全力保护、科学开发，在实施项目过程中有许多好的经验和创新的做法：

1. 开辟新区，保护古镇。

古镇完整保护，新区为保护古镇服务。开辟的新区与古镇既分开又联系。所谓分开则是新区与古镇是截然分开的不同区域。在古镇的东边开辟建设一个新区域，为保护古镇服务，成为一个新的旅游商业服务区，也作为外来投资商和客户的住宅和生活区。同时这个新区的开辟为企业投资回报找到了一个支点，为旅游发展提供了平台。所谓联系就是说这个新区和古镇又连成一片，建筑风貌、道路设施、生态环境等与古镇是一个风格，是一个仿古镇的街区，与古镇形成和谐的整体。对古镇村落的一草一木，一瓦一石则进行完整保护，使古镇、村落、街巷、建筑、道路、桥梁、水系、树木保留完好。对束河古镇具有代表性的几种文化，即生态文化、农耕文化、茶马文化、纳西民族文化，包括建筑文化等进行完整的保护。不砍一棵树、不拆一栋房，不搞破坏性建设，保留了原汁原味的古镇村落和田园风光。公司将古镇内零星菜地田园一次性征用后，无偿返还原住民种植经营，古镇内的树木统一购买后，交由专人保护管理。

2. 加大投入、夯实基础。

鼎业集团在基础设施建设和新区开发、文化保护等方面共投入资金5.6亿元，其中在改善古镇基础设施方面投入1.2亿元。重点实施了村道改造，全面铺设五花石路面；“三线入地”，修建排污管网、消防、公厕、垃圾场等建设工程；改造完善居民供水、供电设施，拆除改造与古镇风貌不协调的建筑和门面；保护民居建筑、扶持修缮保护重点民居建筑，使其修旧如旧，保存了古镇古朴、典雅风貌和历史真实性。还进行了生态绿化建设，植树种绿，建成公共绿地和园林20多公顷，绿化率达60%以上。

3. 着力保护、提升古镇文化内涵。

束河在历史上是茶马古道上的重镇，是茶马文化的历史见证，也是茶马古道上的皮革业加工基地。鼎业集团花钱收集散落在民间的文物资料，将保存有大觉宫壁画等众多文物古籍的原束河完小置换过来，修葺后建成茶马古道博物馆，充分展示了茶马古道的历史辉煌。束河皮革皮匠历经600年风风雨雨，束河皮匠是一份珍贵遗产，现在，束河皮匠历史展览馆已对外开放。

在鼎业集团的支持下，束河街道工委、办事处根据《云南省丽江古城保护条例》的要求，对古镇划为三级保护区进行保护，并聘请专职城建助理员进行管理。一级保护区是古镇的核心保护区，在此保护区内，所有建筑、街道、河流都严格按照修旧如旧的原则进行整治保护。二级保护区属于核心区的外围保护区，在此区域内，所有建筑控制标高，保持原始的风貌，对混合结构建筑进行改造，即穿衣戴帽，瓦屋面覆盖。三级保护区为新开辟区域与古镇的结合地带，此区域内所有建筑控制标高、保持古镇建筑风格和历史风貌，使整个古镇与外界自然衔接延伸。

4. 保护生态和水系、保护高原生态水乡风貌。

束河古镇和大研古城的最大区别在于，束河古镇更具有自然生态的世界文化遗产特点，它的田园风光，它的依山傍水特色，它的自然生态优势更为突出。束河古镇把自然生态以及植物花卉、水系河道的保护放在更加突出的位置。有专人管理河道和水系，管理树木花卉。束河办事处还在古镇修建了9口三眼井，恢复历史风貌，方便群众生活和保护水系，同时建设了连接白沙、长水、黄山等区域的西山生态游路。

三　创新保护发展新机制

束河古镇实施保护发展项目工程中形成一个新的联动机制，即把政府、企业、群众三者有机结合，形成一个共同体，这既是保护世界遗产的共同体，也是责任利益的共同体，更是命运相连的共同体。曾任束河古镇街道工委书记的和堂感慨地说，束河古镇保护发展经验可用三句话和三满意来概括：一是政府掌舵；二是企业划桨；三是群众推舟；最终做到政府、企业、群众三者都满意。这是三者和谐联动、三者都满意的一个新机制。

1. 政府掌舵。

对世界文化遗产束河古镇保护建设中，在旅游小镇打造开发过程中，政府始终是主导者、掌舵者，扮演着把握方向，履行保护职责的崇高使命。由于财政困难，实施开发建设力不从心，但政府对保护世界遗产负有义不容辞的主体责任。所以，当开发建设的时机还不成熟，或未找到适合的开发商时，政府宁可采取先保护、不开发，保护现状，做不好则宁可不做。要开发建设也要以保护为前提，不图一时之利，而求长远之策，开发建设必须要与世界遗产相匹配。实施开发建设后，政府在规划、管理、监督方面放权不放手，始终把握住古镇发展的方向和原则。同时保证广大群众融入到发展建设进程中，广泛参与旅游发展，保证人民群众得到实实在在的利益。

2. 企业划桨。

企业是束河古镇保护开发建设的业主，是具体项目的实施者。企业把保护世界遗产作为首要任务，把古镇的保护和企业的持续发展及长远利益结合起来，不追求一时的利益，着眼于中长期发展和长远目标。在保护方面真心实意，花大气力采取有力措施，把保护世界遗产作为企业长远发展的前提和基础，把古镇保护与企业命运连接起来。企业始终坚持规划的严肃性，严格按照规划的要求、整体推进、分步实施，在施工中精益求精，努力建设成精品工程。

3. 百姓推舟。

世代居住在古镇的原住民是活着的民族文化的载体，如果失去了这些活着的文化载体，那么古镇就失去了灵魂。在束河古镇保护开发建设中，束河老百姓成为建设者、参与者、直接受益者和守护者。从某种意义上讲，老百姓的整体融入是古镇保护发展项目成功的最大保证。在束河开发建设中，老百姓实现了三大转变，即思想观念的转变、主体地位的转变、整体生活水平的转变。从思想观念上由原来的“不理解、不支持、冷眼旁观”到理解、支持、积极参与，从原来的“要我保护”到“我要保护”。项目实施一开始，有的群众以为那是企业的事，不是我们的事、事不关己，之后在实践中体会到企业和群众谁也离不开谁，是利益共同体，企业是古镇发展的一大平台，也是老百姓致富的帮手，所以说老百姓由被动转变为主动，在行动上从消极到积极。古镇老百姓收入和生活水平得到大的改善，这是束河古镇最实质的改变。老百姓的保护意识和责任意识也得到很大增强。通过项目实施，老百姓真正成为受益的主体，据统计，目前已有60多户本地居民从事旅游和餐饮业，有350多户本地居民出租房屋参与商铺经营，仅此项每年就有1500多万元的收入。共有300多匹马和80多辆马车参与旅游骑马和营运，在古镇从事旅游服务业的老百姓增至700多人，在辖区企业中就业的还有326人，从而使古镇居民年人均纯收入从过去800元增至2009年的6300多元。居民的幸福指数也得到很大的提升。

四　打造保护发展新亮点

束河古镇在全面保护文化遗产、弘扬民族文化的同时，与时俱进、注重创新、吸纳中外优秀文化精华，结合当代各种时尚文化元素，增添了很有文化创意

的新亮点。束河古镇成为传统文化与时尚文化相结合，民族文化与国内外多元文化相结合，山水田园生态文化与现代城市商业文化相结合的多元和谐文化的典范，成为旅游休闲和文化体验之都。

束河依山傍水，新区到古镇的酒吧一条街别具风味，既有古色古香的传统民居酒吧、茶吧，也有“小巴黎”这样西方风格的酒吧。许多游客在这里找到归宿，悠闲宁静、放松身心，或发呆、或梦幻、或闲聊、或打牌……根据束河古镇的特色优势，目前正打造建设中的“哈里谷”乡村国际酒吧区将成为古镇的一大亮点。“哈里谷”占地70多亩，建筑面积2万多平方米，民居式两层建筑。这里一开始规划就有宏大的目标：建成中国旅游休闲新地标，成为国内外原生态地域体验民族文化风情和多元文化特色酒吧区，欲与“北京新三里屯”和“上海新天地”两家国内最知名的酒吧区比肩，力争跻身中国酒吧街前三甲。“哈里谷”酒吧区位于青龙河畔，古镇边缘，与开辟的新区相连成片，与周围山水和自然村落相生共融，还匠心设计了“白天放水冲街，夜晚汇水成湖”的景观，民间歌手对歌吟唱.游客可参与其中，这里将成为最原始古朴、最生态、最具有民族文化特色的酒吧景观。现在国内外著名酒吧品牌开始入驻“哈里谷”，休闲类酒吧、文化体验类酒吧、音乐演艺酒吧、名人艺术中心、中西餐、民族餐，各种西式红酒、洋酒、啤酒吧等将应有尽有，满足不同游客的需求。

丽江户外雪山音乐节落户束河古镇，使古镇增添了新的文化亮点，继而成为丽江又一文化品牌。雪山音乐节除了2002年在玉龙雪山甘海子举办外，2007年、2008年、2010年度在束河古镇举行。丽江雪山音乐节是中国最早的大型户外音乐节，通过成功举办4届后，其知名度和影响力不断扩大。音乐节期间束河古镇成为音乐的海洋、欢乐的大舞台。2010年音乐节分为多个露天和室内舞台，不同门类的音乐和艺术形式打破界限，展示各自魅力，广大游客置身其中，参与各种音乐和艺术活动，增添了许多风趣和惊喜。这期间，束河古镇成为名副其实的“音乐小镇”和“艺术古镇”。

束河古镇又是我国天然的影视拍摄基地。2004年3月28日，束河古镇影视拍摄基地正式挂牌，省委副书记丹增、我国著名导演谢晋等参加活动，并就云南发展文化产业、打造影视基地进行座谈。丹增提出要把云南建成中国最好、最美、最有特色的影视拍摄基地，建成中国最大的天然摄影棚，打造成“东方好莱坞”。束河以其优美的自然生态、世界遗产品牌、深厚的历史文化、民族风情等特色，在众多的影视基地中独领风骚。基地挂牌以来吸引众多国内外影视剧组到丽江拍摄影视作品，其中《千里走单骑》、《一米阳光》等数十部影视片在这里拍摄。丽江束河已成为国内最美、最好、最大的天然摄影棚之一。

作者与丽江文艺工作者在一起

纳西语言文学及东巴文化方向本科班建设发展评析

从2002年秋季开始，在云南民族大学民族文化学院开设的纳西语言文学及东巴文化方向本科班正式招生。经过8年的建设和发展，这个班逐步走向科学规范、高质量、高水准培养民族语文化人才的轨道，并开创了地方政府和院校合作订单式培养民族文化人才的新模式，这个做法被称为"丽江人才培养模式"。

中国少数民族语言文学是云南民族大学独具特色的一个专业，也是云南大专院校中唯一设有少数民族语言文学本科专业的办学单位。这个专业于1973年开办，这之前有7个跨境居住少数民族语言文学设置有专业，到1973年统一合并为一个专业，到1980年正式招收本科班。这个专业现在已成为国家教育部遴选的第一批国家级一类特色专业，也是云南省普通高校重点建设专业和重点学科，1984年就获得了硕士学位授予权，现在正申报博士学位授予权。

设立纳西语言文学及东巴文化方向本科班于2001年提出，到2002年秋季正式招生开办，并逐步巩固发展成熟起来，当时有几个方面的背景因素。一是进入21世纪初，云南正在实施建设旅游大省和民族文化大省的战略，全省急需民族文化、旅游文化方面的人才，尤其急需一批通过高等教育，有较高素质的民族文化应用型人才。二是就丽江而言，文化旅游产业异军突起，文化在旅游中的地位作用逐步显现，以纳西文化为代表的民族文化已成为旅游业的灵魂，成为旅游业发展中竞争力的一大优势。与此同时旅游业的二次创业、提质增效，文化产业的蓬勃发展急需一批懂民族文化、了解本地实际情况的专业人才。三是丽江古城和纳西族东巴文化申报世界遗产获得成功。纳西文化，尤其是作为纳西族古代文化的东巴文化成为国内外关注的一门学科，保护传承纳西文化和东巴文化已成为一项当务之急。丽江地县政府急需通过高等院校系统地培养一批专门人才。四是就云南民族大学而言，学校的根本任务是为云南经济社会发展服务，提供适用合格的人才和智力支持。根据建设发展的需要，培养一批应用型、适用性的急需人才，缩小人才培养和社会需求之间的矛盾，尤其为各少数民族培养文化保护传承方面的人才已成为教育改革的重要目标。五是民族语言和民族文化是云南民族大学的优势和强项。发挥优势和强项就能增强核心竞争力，学校也就能办出特色。上述这些因素增强了丽江地区和云南民族大学合作的基础，很快形成了合作的共识和方案。

2002年3月，丽江地县政府与云南民族大学达成共识，双方就共同开办纳西语言文学及东巴文化方向本科班上报云南省教育厅，4月27日教育厅正式下达云教2002年16号文件，同意联合开办这个班，并强调指出，“我省是一个多民族的边疆省份，多姿多彩的民族文化是中华民族文化有机组成部分，纳西族东巴文字是世界上唯一活着的象形文字。目前学院在开设课程和开办本科班的过程中，一定要着眼于建设民族文化大省的高度，深入研究，着力办好。学院要加强与丽江行署和东巴文化研究所的合作，使其办出特色，办出水平。”为了办好这个班，当时的丽江纳西自治县人民政府给予多个方面的支持和帮助。云南民族学院下属民族文化学院杨光远院长和丽江县和良辉县长正式签订合作开办本科班的协议书，丽江纳西族自治县人民政府一次性给予学院50万元的开办经费，提供《纳西东巴古籍译注全集》100卷一套，把东巴文化研究所作为实习基地和联合办学的单位，提供专业课的师资和教材的支持帮助。丽江实现撤地设市后，为了进一步办好这个班，丽江市古城区委、区政府从2006年起，每年给予5万元人民币的资助，作为“纳西语言文学及东巴文化”方向本科班丽江籍学生的奖励基金及教学活动经费。

东巴文化研究院是东巴文化研究方面的权威学术机构，也是纳西语言文学及东巴文化方向本科班办学和实践的基地。2005年12月7日，云南民族大学教学实践基地在丽江东巴文化研究院正式挂牌。丽江市代市长张祖林，丽江市人大主任杨国清，市委常委、宣传部部长李世碧，古城区委书记和良辉，云南民族大学副校长和少英等领导参加挂牌仪式。这个教学实践基地与教育教学相互结合，紧密联系，实习效果十分理想，为保质保量培养人才 打下了良好的基础。

云南民族大学和民族文化学院高度重视这个班的教育教学工作，为了形成“专业+学科”两者间互动机制，在办学实践中不断探索、不断总结、不断积累经验，同时加强与省内外的联系。2006年9月，丽江市相关单位和部门出资10多万元，由丽江东巴文化研究院、云南民族大学民族文化学院、中国社会科学院民族学人类学研究所《民族语文》编辑部联合在丽江举办“中国少数民族语言结构与类型学研究”国际学术活动，受到国内外学者的高度赞赏，大大提升了纳西语言文学及东巴文化的影响力。

纳西语言文学及东巴文化方向的本科班自2002年开始招生以来，已经开办近10年，共招收学生136名，其中纳西族学生113名，外地学生23名。其中已毕业42名。这两年这个班有较大的发展，对本民族学生加试纳西口语，在录取分数上给予适当照顾。2009年加试纳西语，招收24名学生，2010年加试纳西语，招收22名学生.2011年招收40名学生，经过10年发展，民族文化人才的培养初见成效。这个班的毕业生受到地方欢迎，除今年毕业的学生外，之前的已全部就业。

为了继续推进丽江民族文化人才培养力度，2010年8月7日，丽江市和良辉市长，纳西文化研究会杨国清会长，丽江市古城区金光闪区长，玉龙县纳西族自治县和慧军县长与云南民族大学文化学院院长刘继荣、党委书记罗海麟座谈协商，双方决心继续加强合作，加大扶持力度，完善办学措施，把纳西语班办学水平提升到新的高度。今后每年招纳西族学生30名，逐步发展为一个本科专业。丽江市与云南民族大学的合作办学获得成功，开创了培养民族地区人才的新模式，意义巨大、影响深远，值得认真总结推广。

1. 文化立市的必然选择。

文化立市是丽江市委提出的六大战略之首。文化立市战略说明文化在丽江经济社会发展中所处的重要性、特殊性以及它的重要战略地位。文化立市关键在于文化人才，尤其是各民族的文化人才。如果没有成百上千人才的支撑，文化立市将是一句空话。所以培养一批多层次文化人才是文化立市基础性的重要战略选择。丽江有着丰富的民族文化，各民族文化多姿多彩，但改革开放以来的实践证明，纳西文化尤其是东巴文化是其中的精品、亮点，在文化产业的发展中有很强的竞争优势。在这种情况下，纳西语言文学及东巴文化方向本科班应运而生。丽江在培养纳西文化及东巴文化人才方面进行了多个方面的探索和实践，还积累了多个方面的做法和经验。比如开办骨干培训班进行强化培养，开办东巴文化学校和传习院，建立传承基地进行民间的传承等。但是随着丽江文化旅游的快速发展，急需一批高层次的民族文化人才，这样的人才必须通过大专院校进行系统学习培养，能全面掌握纳西文化及东巴文化知识，既要培养本科生，还要有硕士生、博士生，使他们成为保护传承东巴文化的高级人才，成为丽江文化旅游产业发展中的骨干，成为文化立市的中坚力量。

2．开创民族文化人才培养新模式。

改革创新是一个民族、一个区域不断发展的根本动力。各行各业都有个创新的问题，人才培养也要勇于改革创新。纳西语言文字及东巴文化方向本科班的开办，为丽江地方政府与民族大学合作办学，建立起了“学校+政府”两个办学单位协作订单式培养人才的新型模式，这个模式被云南民族大学总结概括为“丽江人才培养模式”。这个模式已成为中国少数民族专业人才培养改革模式，产生了很大的影响。这个模式的好处在于既满足了地方政府和社会急需适用人才的需求。又能充分发挥大专院校优势，使院校培养人才更加符合实际情况和社会需求，同时解决了院校在资金等方面的困难，是一个使地方政府、院校和社会等多个方面都受益的模式。以此为基础，2009年云南民族大学和少英副校长，民族文化学院刘继荣院长领衔申报的“中国少数民族语言文学专业人才培养模式改革、探索与实践”获得“云南省第六届高等教育教学成果”一等奖。受到这个模式的启发和影响，云南大学民族文化学院与迪庆自治州、西双版纳傣族自治州、德宏傣族景颇族自治州、景东彝族自治县、澜沧江拉祜族自治县、耿马傣族佤族自治县、西盟佤族自治县签订了合作培养人才的协议，拟签订合作培养人才协议的还有其他几个自治州和自治县。这说明，“丽江人才培养模式”是成功的，其影响和带动作用也是实实在在的。

3．关键在于教师和教材。

培养高素质的民族文化适用人才关键在于高素质的教师和高质量的教材。民族文化学院围绕纳西语言文学和东巴文化专业人才培养目标，坚持“加强汉语、提高纳西语、把握东巴文化重点，强化外语和计算机教学”的原则，制定全面培养人才的计划方案。在师资力量上，民族文化学院形成了一支素质较高、结构相对优化的教师队伍。同时在学习好中国少数民族语言文学基础课程的前提下，学院根据丽江对这个本科班应用型人才培养的要求，选聘了一批纳西语言文学及东巴文化专业高素质教师。这些教师有的是东巴文化研究院的专家，有的是多年从事纳西语言文学及东巴文化研究的学者，他们亲自为这个班的学生上课。学院还经常邀请纳西文化及东巴文化方面的研究者开展专题讲座，开设相关特色课程，为提高学生专业水平提供了坚实的基础。通过多年的努力，专业教材建设取得突破。形成了一套较高质量水准的专业教材。比如和少英著的《纳西文化史》、李静生编著的《东巴文字概论》、和学光编著的《纳西族语言基础》、李丽芬编著的《纳西族文学概论》、和品正编著的《东巴艺术》、李英编著的《纳西语翻译理论与实践》等，为保证教学质量、提高专业水平夯实了基础。

4．提升拓宽双方合作平台。

8年来，双方在合作办学、培养人才方面取得突破性的进展。认真回顾8年走过的历程，充分肯定成功的做法和经验，进一步拓展思路，使双方合作更上一层楼，让“丽江人才培养模式更加完善成熟”，这是双方值得认真考虑的问题。可喜的是双方在拓展合作的许多问题上进一步达成共识，前景十分光明。一是鉴于纳西语言文学及东巴文化专业的影响力和社会需求，适当扩大招生规模，使这个班每年招生达到30个名额左右。二是在办好本科班的基础上，考虑举办纳西语言文学及东巴文化的硕士研究生班，除招收纳西族学生外，适当招收全国各地有志于学习研究纳西文化的学生，进一步培养高素质的研究人才。三是加强民族文化学院与东巴文化研究院的合作，在东巴文化研究院建立中国少数民族语言专业博士点研究基地，为民族文化学院申报博士点服务。四是建立研究机构，加强师资队伍建设，考虑在民族文化学院设立纳西语言文学及东巴文化研究室或研究所，增加固定的专业教师。五是争取国家对这个人才培养模式的扶持，使纳西语言文学及东巴文化发展成为一个专业。争取省教育行政部门、民族部门、财政部门的支持和帮助，为专业的发展和人才的培养提供必要的经费保障。

《云之南》评析

由世界著名纪录片导演，英国独立制片人菲尔·艾格兰执导的《云之南》是丽江对外开放、开展对外文化交流的一项重大成果，在丽江对外文化交流史和丽江文化建设史上都将熠熠生辉，产生重大的影响。

1989年下半年，菲尔·艾格兰来到中国，选定西南边陲的美丽神奇的丽江，拍摄一部纪实性系列纪录片《云天之外》，后改名为《云之南》。拍摄这部片子前后历经5年时间，于1994年3月起在全世界80多个国家和地区发行播出，在世界范围内获得了巨大的成功，尤其在西方国家引起了极大的轰动。凡是看过这部纪录片的人无不为之倾倒，无不为丽江所感动。许多西方人竟然不相信影片中的这些故事和情景是真实的。

艾格兰来到丽江后，不是马上投入拍摄，而是不停地寻找、不停地观察和思索。通过半年多的深入的体验和精心的准备，1990年10月，经国家广播电视部批准，由中国电影合作公司和英国利佛电影合作公司合作拍摄的《云之南》，在丽江外事部门和文化部门的全力协助下，正式开始投入拍摄。菲尔·艾格兰和他的制作团队在丽江古城“阿溢灿”附近租了李家一院民房，经过丽江古城民居建筑风格的装修，“安心”地居住下来。他们融入了丽江古城，融入了丽江社会生活之中，与丽江古城的纳西人家和美丽的丽江自然风光相依相伴，朝夕相处，脚踏实地的开展拍摄工作。直到1994年3月在英国电视4频道播出，前后共花了5年时间，拍摄制作完成了这部片子。

这部在中国云南丽江拍摄的《云之南》（Beyond The Gouds）共7集，每集60分钟。它以自然真实和故事性的艺术手法，真实地记录了丽江美丽的自然风光、历史文化风情，尤其真实记录和反映了5个具有典型意义的各民族普通家庭的故

事。这些普通家庭的人和事是那样真实，那样感人肺腑，以至于一些西方人竟然不相信影片中的那些故事是真实的。中国纪录片导演郝跃骏讲述了一个有趣的故事。他说他仔细看了长达7个小时的英文版的《云之南》后，为之倾倒，怀着崇敬的心情来到丽江，通过唐医生找到了几个主要人物，与他们交谈，确信菲尔·艾格兰拍摄的《云之南》的故事有90%以上是真实的。他碰到在许多真实场合“揭露”这部片子虚假的法国老太太，建议她亲自到云南丽江看看。

《云之南》是纪实性系列纪录片，也是一部文化考察和影视人类学专题片。该片真实反映丽江各民族生活、历史、文化、习俗、自然风光、人与自然关系等。主要讲述了丽江古城为中心的5家人的故事。老木是该片的主角，用大量镜头反映的主要人物，是一个屠夫，纳西族，当年42岁，他和妻子是丽江县食品公司的职工，当时和妻子一起承包了铺面，杀猪卖肉。老木是一个真诚质朴、生性豪爽充满人情味的人。他和小女儿之间父女亲情十分感人。唐医生，纳西族，在古城开了个诊所，善于中医针灸。他妻子是街道办事处的主任。唐医生祖上是中原的汉族，祖传的中医世家，祖上是当年木氏土司请来的科技人才之一。几百年来早已融入丽江古城的纳西族社会，已成为地地道道的纳西人。他富有爱心、医术精湛，对病人特富有同情心、对人热诚，在古城很有名气，深受古城普通老百姓的信任和喜爱。卢老师家住玉龙雪山云杉坪附近的甲子村，属大东乡，彝族，是木地村小的老师，他非常纯朴，心地善良，献身山区彝族村寨的教育事业，在木板搭建的简陋教室里给十几个彝族小孩授课，这些场面非常感人。卢老师有个女儿阿芝姑娘，那时才8岁，天真可爱。在丽江骡马物资交流会期间，卢老师带着女儿及一家人来到丽江古城，赶骡马物资交流会，这是丽江传统的每年举行两次的骡马物资交流大会，热闹非凡，这些镜头展示了改革开放初期丽江的生活和变化。在丽江古城做木匠活的赵木匠，家住离丽江古城40多千米的鹤庆县城附近的康富村，是一户白族人家，到了5月农忙季节他回家乡帮忙。老母亲已74岁还在操劳，妻子和两个女儿都要下田栽秧，反映了很有人情味的家庭生活，白族村寨的民俗，农忙季节一家人的劳作情况，自然而真实。周老师是丽江教育学院的青年教师，她们家是汉族。她带着患有脑瘫病的女儿燕儿求医的情况在影片中多次出现，故事情节感人。她对幼小患病女儿的爱心，体现了人性和心灵之美。她带着小燕儿到唐医生诊所进行针灸治疗，甚至请气功师进行气功的治疗。她们从未放弃对燕儿的治疗，从未放弃对美好未来生活的信心。

《云之南》在世界范围内获得巨大成功，在国外产生了深远的影响。包括中国台湾在内的全世界80多个国家和地区购买了这部纪录片的播映权。根据有关资料，这部影片于1994年3月开始在世界各地播出。在英国其收视率超过了同期播出的电视剧。在英国第4频道播出的时候，伦敦街头曾经突然一连7天在晚上9点钟的时候人少了许多。可见这部片子的吸引力和影响力。在20世纪90年代中期，正面反映我们国家情况的系列纪录片在西方国家播映还不多见，这部片子的热播是个例外，当年我曾参加中国人民对外友协组织的访问团两次出访欧洲，在几个欧洲国家看到过播放《云之南》以及纳西古乐的画面。《云之南》的成功不仅在艺术上，而且反映在经济效益上。这部电视纪录片在1994年获得了英国电影学会格列逊大奖，获得了英国广播行业公会最佳纪录片奖，英国皇家电视学会年度教育类最佳成人教育奖，美国The Ped body 奖，1995年又获得了英国独立制片人大奖中的最佳纪录片和最佳最全面作品奖，1995年度英国影视艺术大奖（BAFTA）中的最佳摄影奖，后来又获得美国电视艾美奖。有台湾人为艾格兰做过统计，他获得的最低利润是投资回报的200倍。

在丽江本地，丽江电视台曾播放了《云之南》的中文版本，虽然是精简本，但也反映了这部电视纪录片的精彩主题。观众对大自然真实地再现丽江本色的评论是一致的。丽江市影视文化中心和昆明视景影视创作公司在市外宣办的支持下，从英国第4频道购买了该片在中国大陆的出版和播映权。我曾几次观看了这部纪录片。最近在丽江市电视台的帮助下，两次仔细观赏了这部纪录片。由于我是丽江本地人，熟悉纳西语、白族语等民族语言，对片中的民族语言对白非常熟悉，也熟悉丽江各民族的风情和文化，所以从本地人的角度观赏这部片子，我也被深深地感动和折服。这些熟悉的自然风光、民族文化、熟悉的人和事是那样地贴近人物和生活本身。我感到像是身临其境与纪录片中的人物一起生活，一起在古城的大街小巷，一起相互交流一样，人物的语言对白亲切自然。总之，这些人、这些事，这些语言的对白，这些故事的场景都是真实可信，无可挑剔的。同时我走访的当年协助艾格兰拍片的外事文化部门的几位亲历者，都被艾格兰及其团队的敬业精神和纪录片的真实可信所感染，至今还赞不绝口。

《云之南》这部电视纪录片，从丽江和国内的角度来讲，它的意义和特点是十分突出的，尤其对丽江的宣传作用，对丽江民族文化的展示，对外文化的交流都具有划时代意义。

其一，这部系列纪录片，对丽江、对云南、对中国、对改革开放是一次最有说服力的，完全免费的义务宣传。它正面宣传的效果和所带来的世界影响是无法用金钱来估量的。通过《云之南》，让全世界成千上万的人认识了丽江，也认识了中国。尤其是丽江的自然风光、民族文化、民族风情、人性之美、人与人、人与自然之间的那种自然的统一和谐十分感人。从而让世界上成千上万的人看到了真实的可敬可爱的一个丽江和中国，这个地方充满了西方人所说的人性之美和人类之爱。这是西方人想象不到的一个地方，在这里所展现的画面也不是西方媒体所宣传的那些东西，而是恰恰相反。同时这部片子客观地反映了中国改革开放的历史性进程和巨大变化。通过许多镜头和画面使人看到即使是西南边陲的丽江，通过改革开放，经济社会得到快速发展，普通老百姓的生活也得到很大改善。

《云之南》对促进丽江旅游业的发展，尤其对提升丽江在西方世界的知名度，其作用也是巨大的。全世界成千上万的人沿着影片所揭示的如此美丽的地方，为寻找如此感人的故事来到丽江，丽江荣获的三个世界遗产的殊荣和这个纪录片有着一定的联系。丽江几次被评选为欧洲人最喜爱的旅游城市，挪威国王和王后、德国总统、加拿大总理、法国参议长、世界银行行长、国际奥委会主席、美国议会代表团、联合国官员，还有几十个国家的元首、政府首脑、议会议长等客人不断进入丽江，一个重要的原因是得益于《云之南》的宣传。

艾咯兰来到丽江，被这里的民族文化和世外桃源般的精神家园所感动。所以他对丽江，对中国怀着一种崇敬和深厚的情意。同时他追求艺术的真实性和感染力，对东方文化有着独到的理解和诠释。1996年2月3日，丽江发生里氏7级大地震，艾咯兰关心丽江，牵挂《云之南》中众多人物的命运，他再次来到丽江。面对大灾难，他说感到十分欣慰的是“他们还是积极面对生活，他们有了机场，饭店，还因为旅游业变得富足了，他们的生活态度很积极。”

其二，《云之南》让人看到了一个真实而美好的丽江，客观反映了这里的人和事。艾格兰说："纪录片就是关于人性的故事，我来中国，不想展现很宏大的东西，我所有的电影片都是仰视人们的生活。"影片产生如此巨大的吸引力和感染力，也许在于它客观真实地反映了人们普遍追求的人性最美好的东西，而且在艺术上达到了很高的境界。巴金先生曾经说过，文学和艺术的最高境界在于无技巧。我反复看这部纪录片，最大的感受是它的真实性和感染力，好像没有什么人为的痕迹和戏剧性的东西。使我感到我在和丽江的老百姓一道喜怒哀乐，一道共同生活。在我看来，影片中的那些人和事不是编造出来的，也不是导演的创作，而是丽江真实的生活画面。这些人和事是我非常熟悉的，经常在身边发生的，他们的语言对白、他们的行为处事都是真实可信的。比如慈祥的唐医生，他的眼神和他的言行都充满了慈爱。那位质朴豪爽的大嗓门老木和他可爱的小女儿，那个充满着期待和爱心的周老师，闪烁着好奇眼神的阿支姑娘，赵木匠两个女儿搭木梯在鸡窝里掏鸡蛋，集市上两位满嘴胡子的老人用大烟锅斗着点火等，影片中许多细节都反映了20世纪90年代丽江普通老百姓的真实生活。

用真实可信来打动人是菲尔·艾格兰拍摄这部纪录片的最大追求。为了做到真实感人，许多镜头都是非常自然地拍摄下来的，影片中的人物不是简单地按照导演的摆设和要求进行演戏和对白的。艾格兰说："当人们聊天的时候，他们说什么我是不懂的，他们也觉得我不明白他们讲的东西，所以他们就不会有所戒备，聊天可能变得更加轻松，更加自然。" 艾格兰在拍片的时候，也不直视被拍摄者，摄影机很隐蔽，对被拍摄者不会产生什么干扰和影响。他说，"我只是拿着我的摄像机，我的眼睛盯着的是镜头，尽管镜头对准他们，但是他们不会感觉到是我在看着他们。"

《云之南》也反映了丽江在改革开放进程中存在的一些突出问题。比如开展"严打"，惩治罪犯的情况，罪犯被捆绑着，在街上走过，还有召开审判大会的情景。其中最具戏剧性的情节，莫过于老木的年轻侄子被杀害的一案，老木侄子才16岁，在1991年儿童节，被几个青少年砍伤，送到医院不治而亡，展示了生活中残酷的一面。也说明即使在丽江这样和谐美妙的地方，少数犯罪的情况，尤其是青少年犯罪也是避免不了的，即使这个地方犯罪比例很小。艾格兰一路跟随警方，见证了调查取证、审讯的整个过程，也触及了事件背后的社会问题，比如

青少年犯罪的问题。当时社会上普通老百姓对这件事的反映和心态也被镜头忠实记录下来。其实这些东西对丽江对中国来讲也是真实的。在改革开放初期，邓小平就提出要“两手抓”，一手抓经济发展，一手抓打击犯罪。而且强调要“严打”，即从重从快严厉打击刑事犯罪。这么大一个国家搞改革开放，历史上又没有法治的传统，我们说严厉打击刑事犯罪是从中国国情出发的正确决策。

其三，这部片子最感人之处在于丽江独特的民族文化。《云之南》的成功在于它展示了深厚的丽江民族文化底蕴。我们甚至可以说，这部纪录片其实是一部民族文化的纪录片，是一部生动反映民族学人类学的系列考察片。一是充分展示了20世纪90年代初期，当时丽江古城没有遭到地震的破坏，它的街道、民居、建筑更为原始古朴，正如影片中所说的，是中国土木结构建筑保存最完整、最古老的一座古城。这座古城同时是一座活着的古城，纳西人家和他们的生活，纳西服饰、纳西人的民俗、纳西人的语言等在片中得到充分展示，尤其是片中着重反映了四位纳西老奶奶的生活情趣和居民的人性之美真实感人。二是充分展示了丽江古城人与自然高度和谐的统一。片中反映的人和事与古城周围的村庄、河流、玉龙雪山紧密相连、遥相呼应。流经古城的几条河的水来自玉龙雪山，是从雪山经古城附近黑龙潭等地山脚涌流而出所形成的。古城与周边的山、河流和村庄那样和谐，古城中的纳西人家与小河、柳树、拾级而上的狮子山自然的融为一体。三是充分展示了几个民族的普通老百姓团结和睦、和谐相处的社会状况。影片中不同民族五家人的故事以丽江古城为中心来展开，除了居住在丽江古城的老木和唐医生这两个纳西家庭外，鹤庆的赵木匠也是古城的建设者，长期在古城做木匠活，他是一个白族家庭。卢老师居住的甲子村在玉龙雪山附近，是一个彝族家庭，到了七月骡马交流会期间，一家人都来赶交流会，体现了茶马古道上的一种独特文化。周老师是汉族，居住在新城区。这五个家庭虽然是不同的民族，但不分彼此、相互包容、和睦与共。于是充分展示了这里老百姓心地善良，充满爱心。古城充满了人情味，他们相互关爱、相互帮助。唐医生对病人倾注了爱心，像在自己身上有病痛一样理解病人，像对亲人一样关爱别人，唐医生爱的眼神、爱的情感可以说感人肺腑。还有老木小女儿那种深深的爱心，周老师对患脑瘫病女儿的关爱和深情等，彰显了这里普通老百姓美好的心灵。总之，丽江民族文化铸就了这部纪录片的魅力，也是菲尔·艾格兰先生深入丽江、理解丽江文化的深刻独到之处。

作者在丽江古城与雕刻绘画研究会成员座谈

丽江高美古天文观测基地及“丽江星”评析

2007年5月12日对丽江来讲是一个不平凡的日子。一颗“丽江星”冉冉升起，我国及东南亚地区最大通用光学天文望远镜在丽江高美古落户。高美古天文观测基地成为我国和东亚地区最重要的地面天文观测基地。这将具有重要的科学和文化意义。

2007年5月12日上午，在丽江大港旺宝国际酒店隆重举行了“丽江星”的命名仪式。下午又在高美古隆重举行了2.4米口径的通用天文光学望远镜落成典礼。丽江用多彩多姿的民族文化形式庆祝“丽江星”的升起和中科院国家天文台丽江高美古天文观测基地正式投入使用。

这次活动引起了各个方面的高度关注。全国人大常委会副委员长司马义·艾买提，中科院常务副院长、院士白春礼，国家自然科学基金会副主任、院士沈文庆，九三学社中央副主席、全国政协常委邵鸿，云南省人大常委会副主任丹增、梁公卿、王义明，副省长高峰，省政协副主席和占钧、曾华，中国文联书记处书记白庚胜，省长助理李恩，中科院院士朱能鸿、周文元、陆埮、黄润乾以及丽江市委、市人大、市政府主要领导等出席上述活动。中科院常务副院长白春礼向丽江市委书记和自兴颁发了“丽江星”的命名证书和“丽江星”轨道运行图。我有幸参加了这项活动及高美古天文观测基地奠基开工仪式等活动，见证了整个过程。

鉴于丽江历史文化的影响和知名度的不断提高，同时为了表彰和感谢丽江各族人民对中国天文事业无私奉献和有力支持，经中国科学院批准，国家天文台决定将14656号小行星命名为“丽江星”，并向国际天文学联合会小行星中心提出申请。国际小行星中心于2004年5月4日发布了第51980号《小行星通报》正式公告国际社会，第14656号小行星被永久命名为“丽江星”。

高美古天文观测基地被国家列为“知识创新工程重大项目”。2000年12月4日经国家科技部、中科院和云南省人民政府共同组织有关专家进行实施方案科学技术指标论证后，由中国科学院基础科学局审核批准这项建设。2001年4月10日举行奠基典礼，开始进行前期工作。2003年9月正式开始动工兴建，2005年2月竣工。自2005年10月正式安装2.4米口径天文光学望远镜，到2007年5月正式投入使用。

丽江高美古天文观测基地的建成对我国基础科学的建设和天文学研究领域尽快赶上世界先进水平具有重要意义。据国家天文台有关资料介绍，现已安装在高美古天文观测基地的2.4米望远镜称为“中国第一镜”，也是东亚地区最大口径的通用光学天文望远镜之一。它的控制系统能够支持远程操作和自动操作，一旦预订好计划，即可自动执行，大大提高了望远镜的工作效率。2.4米望远镜的终端包括：（1）6k×6k的拼接CCD相机；（2）中国和丹麦合作的暗弱天体光谱仪照相机。由于采用了若干新技术，其综合性能在国际望远镜中处于国际中上水平，投入使用后每年能为数十项具有国际先进水平的天体物理课题的观测和研究工作提供服务，提供先进硬件条件，可以得到具有国际水平的研究成果。这个观测基地将加强我国在实测天体物理方面参与国际合作和交流的能力，促进我国天体物理和实际工作更好结合。还将为天文学研究和我国航天计划等方面发挥重要作用，同时高美古也将成为培养天文高级人才的基地。“丽江星”的命名和高美古天文观测基地的建成对丽江的发展进步，对丽江文化旅游的提升，把丽江建设成为天文学研究和实测基地的大本营将产生重大影响。也给了我们许多联想的空间。

1．高美古是历尽艰辛，科学选择的优良台址。

选择优良台址是最基础、最复杂、最关键的工作之一。一个优良天文台址的选择往往要经历一个漫长而艰难的过程。寻找建设我国南方优良天文观测基地是我国几代天文学家的夙愿。在20世纪70年代国家天文台就委托云南天文台开始了选址工作，曾分别在宾川和禄劝轿子雪山开展选址工作。1992年初云南天文台滇西选址组正式成立，“根据卫星气象资料分析地形图。先后在姚安、大姚、祥云、宾川、永胜、宁蒗等县选出20多个山头逐个实地踏勘，考察地形、交通、水电、白天和夜晚的天空质量，收集当地的气象资料进行综合评价筛选，必要时进行复查'[①]。

高美古的选址有个插曲。1993年春天，选址队来到永胜县，在当时的张金孔县长的陪同下踏勘预选的山头。一天中午选址队在县招待所食堂吃中午饭，刚好当时任丽江地区行署专员的木荣相同志前往攀枝花路过此地，选址队的同志简要汇报了情况。木荣相专员很支持此事，说也请你们到丽江来选址，我会给你们作推荐。选址工作队的同志们回到昆明后郑重其事地向选址组组长张柏荣同志汇报永胜情况及木专员的邀请。当时张柏荣同志从云南天文台台长调任中科院昆明分院院长。不久张柏荣院长带领选址组来到丽江，木专员推荐了高美古，经过实地踏勘考察，因非常符合条件而进入候选观测点之一。通过普查筛选，在20多个山头中选定永胜、宁蒗（两个点），姚安（牦牛坪），丽江（高美古）等为候选点。然后采用随机轮流观测的办法，对5个点进行了对比观测。在10轮的对比观测结果中，丽江高美古的天文气象条件最好。通过对比筛选后，云南天文台于1994年 7 月在高美古开始定点观测。

经过3年多的定点选址观测，中科院于1998年4月6日至8日以中科院院士、北京天文台科学家艾国祥为组长，王绶绾、叶叔华、苏定强、熊大闰等院士及来自全国各地的13位权威专家组成的国家天文台选址验收专家组在丽江对高美古台址进行了验收。验收组认为“综合定点观测取得的云量及气象参数、视宁度、夜天光、消光、水汽等有关天文观测条件的资料表明，丽江高美古是我国南方的优良台址，特别是宁视度达到世界优良台址的水平”。这片海拔3250米的宁静高原，没有缭乱的灯光和沙尘，空气透明，每年平均有254天晴夜。让许多天文学家十分激动。他们感叹：“干了一辈子天文，从未见过这么好的夜空，这么好的观测条件。”高美古给人以美感和想象。她的脱颖而出，给我国天文科学带来了无限的前景。

2. “丽江星”和“高美古”的脱颖而出是丽江古老民族文化的延续。

在远古的时代，人类的童年时期，无限的宇宙、太阳、月亮和星星是极为神秘的东西，也是人类最先观察研究的对象。纳西族是一个祭天的民族，纳西族的先民早就对天文历法有了不断的深入的研究。特别是用古老的东巴象形文字把

① 《玉龙山》，2007年，第7、8期，第36页。

天文学知识记载在经典之中，这是非常难得的。许多天文知识还大量存在于群众的日常生产生活中。在《祭天仪式·祭星》这部东巴经典中就可以看出纳西族先民较早就掌握了通过观测星象以测定时日，尤其是通过被纳西族先民当作值星的二十八宿确定时日和年月。祭星是因为家屋不顺或疾病等原因，认为冲犯了星神，所以主人祭星消灾。东巴经典中对纳西族的历法及其来历也作了记载，以十二生肖纪年、纪月、纪日、纪时。一年分为12个月，每月有30天，一年以360天为基数，再加上有余年余月数天时间进行调节。同时还形成了一套完备的推算六十甲子的方法。总之古代天文历法在纳西族文化中占有很重要的分量。

“丽江星”的命名和高美古天文观测基地的建成正是民族文化的延续和现代条件下天文科学的重大发展。植根于这片古代天文学的沃土，加上丽江各族人民对高美古观测基地建设无私奉献和全力支持，我想这是高美古成功的重要前提和基础。

也许是丽江悠久的天文历史文化的影响，丽江领导和当地纳西族群众对建设高美古天文台表现出异于寻常的热情和支持。亲自参加选址并见证了建设全过程的云南天文台研究员吴铭蟾回忆这段历史，他在文章中说：“在丽江高美古选址，丽江行署专员木相荣和地委副书记阿苏达岭亲临现场，视察选址的进度及解决选址队的困难。高美古的修路等基建都是在地方政府大力支持下才得以在短期建成并开展实地观测任务的”[①]。

“说实在的，天文选址或建天文台对当地经济发展并没有太大的直接效益，而当地政府又在财政相当困难情况下，那么重视和帮助天文台选址工作，包括笔者在内的选址队员至今都怀着深深的感激之情，也钦佩当地党委政府的远见卓识。他们早就身体力行着科学发展观”[②]。

3．精心呵护良好的生态环境，永远保持高美古的自然和宁静。

高美古天生丽质，是一块净土。高美古也是一个可以与国际水平的天文台相媲美的我国优秀名址，具有纬度低、海拔高、无沙尘污染、空气透明、大气宁静度好等优良条件。在白天天气晴朗的时候用肉眼可以看到100多千米外的群山。特别是在夜晚，满天繁星闪烁，银河清晰透明、浩渺夜空非常宁静。这样的环境和

①②《玉龙山》，2007年，第7、8期，第36页。

条件应该说是天文台的生命所在，也是天文台持续发展的关键所在。

我们丽江人都有责任呵护好这块风水宝地的自然生态环境，保持好这种神秘而宁静的夜空。如果高美古周围的生态植被环境遭到破坏，如果周围的水源和森林遭到破坏，如果丽江的生态环境恶化，那么，不仅高美古会遭到灭顶之灾，而且周围广大群众的利益也会遭到灭顶之灾。今天我们赖以生存的地球面临种种的灾难和威胁。丽江的环境也面临着严峻的挑战。此时此刻，我们最需要在科学发展观的引领下，弘扬我们民族文化中尊重自然、善待自然、保护生态、爱护生态那种人与自然和谐的精神。焕发起保护生态的良知，以高度的社会责任感，从我们自身做起，从一件件保护生态环境的实事做起。让这里的树更多、山更绿、水更清，天更蓝。

作者体验茶马古道（2009年8月）

丽江官房大酒店——云南省第一家五星级酒店评析

2010年6月17日至18日，云南省酒店业发展大会在丽江召开，这是一次由省人民政府召开的高规格的会议。会议由刘平副省长主持，秦光荣省长作了重要讲话。他强调指出，要以发展休闲度假酒店为抓手，促进旅游业优化结构、转型升级、提质增效。他要求力争到2012年全省要素齐全的高档度假酒店达到30家；到2015年，全省引进、新建和改造管理的国际知名品牌酒店不少于20家。省政府旅游酒店发展大会在丽江召开有着重要的象征意义和实际意义。由此也让人们想到云南第一家五星级酒店诞在丽江。1999年4月8日，国家旅游局正式评定丽江官房大酒店为五星级涉外饭店，云南由此实现了五星级酒店零的突破。这在丽江和云南旅游酒店业的发展史上是具有里程碑意义的。

丽江官房大酒店位于市中心区香格里拉大道黄金地段，是丽江市区一座标志性建筑和民居式建筑群。酒店由丽江官房大酒店旗舰店和丽江官房大酒店“花园别墅”产权式酒店两大主体组成。

丽江官房大酒店旗舰店于1996年4月28日破土动工，1998年1月18日开业，2004年又进行局部装修，是一座具有现代化综合服务设施，又有民族风格的五星级大酒店。该酒店占地面积2.5万平方米，建筑面积4.7万平方米，拥有288间高档客房。其中还有体现民族建筑风格三坊一照壁、四合五天井、小桥流水人家的纳西民居贵宾楼；有总统套房、豪华套房、标准间、残疾人房、行政楼层、国际会议厅、旋转餐厅、中西餐厅、商务中心、书画廊、健身中心等设施要素俱全的高端酒店。先后接待江泽民、乔石、朱镕基等国家领导人、国际政要和知名人士。曾作为“国际七星越野赛”等赛事活动的接待单位。

丽江官房大酒店花园别墅产权式酒店位于束河古镇东侧，北眺玉龙雪山，南依丽江古城、占地300多亩，以纳西民居风格小院组成，有联排别墅和单体院落。小区绿化面积达50%，配套有完善的水环境工程系统，形成小桥流水、绿树掩映、青草铺地、四季鲜花的风景，同时体现了天人合一的人文环境和丽江纳西文化精神。

花园别墅区由A、B两大经营功能区构成。A区为“花园别墅”，有三大高级接待院落（泊梦居、丽江苑、闲云阁）及各组群标准客房院落组成，拥有12间套间、28间单间，其余还有332间标套。B区为“酒店别墅”，由纳西民居风格的联排别墅147栋组成，共有607间客房，每幢别墅设计3个双标间。整个产权式酒店还有西餐厅、医务室及吸氧吧、美容健身房、桑拿房、会议室、多功能商务厅、大型停车场等配套服务设施。花园别墅又称为滇西明珠，是滇西北高原上一颗璀璨的明珠。

丽江官房大酒店从1995年开始筹建，1996年春天破土动工，1998年1月开业至今，已走过了十多年的风雨历程，它不仅为丽江旅游业的发展开启了一个时代，也成为云南酒店业发展的一个重要标志。丽江官房大酒店的建设和发展充分体现了勇于创意、创新、创造的可贵精神。

1. “三不变”的气魄和远见。

丽江官房大酒店于1995年开始筹建，1995年10月在昆明举行项目用地仪式。时隔几个月，1996年2月3日，一次突如其来的大地震重创丽江，顿时美丽的丽江成为一片废墟，满目疮痍、惨不忍睹。官房集团丽江筹备组的人们连夜参加了抢险救灾工作。2月4日早晨，筹备组的同志带着官房集团的一片心意给丽江县送来10万元的救灾款，这是丽江收到的最早的救灾款项之一。2月8日，官房集团总经理刘承玮打电话给丽江纳西族自治县县长和自兴，表达了官房集团与丽江一道战胜灾难的信心和决心。他说：“官房集团对丽江的投资决心不变，投资额度不变，投资项目不变。已决定投资上亿元资金建设的官房大酒店项目，将按原计划抓紧实施。”在丽江最艰难的日子里，官房集团表达的“三不变”的铿锵有力的声音对灾难中的丽江各族人民是莫大的鼓舞，多少人曾经奔走相告。当时官房大酒店的投资项目是丽江招商引资中的最大项目。时至今日，丽江也将由衷地感佩官房集团决策者的远见卓识和巨大气魄。正是官房等一大批有识之士在丽江最艰难的日子里相信丽江、相信丽江人民战胜灾难的大无畏精神和重建美好家园的能力，对丽江无限广阔的发展前景矢志不移，丽江才有了今天的成就。官房大酒店也见证了丽江各族人民在抗震救灾、恢复重建中大无畏的“丽江精神”。官房酒店也领跑了丽江酒店业乃至云南酒店业的大发展。

2．官房大酒店是丽江旅游跨越发展的产物。

官房大酒店是20世纪90年代以来丽江旅游迅速崛起、跨越发展的产物，也是那个时期旅游业发展的一个重要标志。那是丽江旅游的创业时期，发生了几件对丽江旅游有着举足轻重影响的大事：一件是1994年10月，云南省人民政府在丽江召开“滇西北旅游规划会议”。这次会议以丽江为中心，作出了“开发丽江”、“丽江古城申报世界遗产”等一系列重要决策，丽江旅游开发被推到了云南的中心位置。另外一件是1995年6月9日，丽江机场正式建成通航。丽江与全国各地之间的距离大大缩短、旅游业犹如插上了翅膀。再一件事是1995年8月，时任国务院常务副总理的朱镕基同志到丽江考察。他明确指出：这个地方有点文化，丽江很有可能成为国际旅游景区，来丽江投资回报率将是很高的。这些讲话极大地鼓舞了丽江各族人民，极大地提高了丽江的知名度，也极大地推动了丽江旅游业的发展。第四件事是1996年“2・3”大地震。在党中央、国务院和全国人民的关心支持下，坏事变好事，丽江人民把大灾难变为大发展的机遇，以极大的勇气打造丽江、建设丽江，一个崭新的丽江出现在世人面前，使海内外真正认识到丽江的“庐山真面目”。在这些背景和条件下，丽江抢抓机遇，乘势而上，着力培植和打造旅游产业。同时面向国内外招商引资，抢占云南旅游业发展的制高点，与泰国企业合作建设格兰酒店，与昆明官房集团合作建设五星级酒店。引进资金建设高端酒店是丽江推动旅游业快捷发展的重大举措。

3．开拓创新、彰显文化、精益求精、争创一流。

丽江官房大酒店旗舰店和官房花园别墅区的建设颇具特色，充分体现了企业开拓创新、精益求精、争创一流的精神，同时注重结合当地民族文化。这个酒店的建设是官房集团的一次追梦之旅，也彰显了企业创意、创新、创造三部曲和不断追求卓越的思想境界。官房集团在丽江最为困难的时刻，不惜冒着风险，决心把官房大酒店建设成为丽江一座标志性建筑和云南省第一家五星级酒店。在酒店的建设过程中，从设计规划到施工都在不断追求卓越，做到精益求精，以质量作为生命，努力打造精品工程，从而使官房大酒店荣获1999年度中国建筑工程质量最高奖——鲁班奖（国家优质工程奖）。官房花园别墅是一个产权式五星级分时度假酒店，官房集团引进并创新了国外著名“产权式酒店”经营理念，同时坚持求新、求变、求发展，把新型的地产项目与丽江旅游发展有机结合起来，取得了很大的成功。丽江官房大酒店的建设提炼了纳西族建筑文化特色、追求现代建筑与民族文化艺术融通、达到现代建筑与丽江传统建筑风格的统一协调。旗舰店有纳西民居建筑贵宾楼、花园别墅则清一色的民居式建筑、采用粉墙灰瓦斜屋面、勾勒窗框做图案、屋脊挠角做重檐、注重方头做脸面、色彩明快淡雅。“花园别墅”还充分利用自然坡地和水系体现丽江古城小桥流水人家的意境。官房大酒店还引进国外高级管理人才和现代酒店管理新理念，力求使管理与国际接轨。

4. 招商引资，引进品牌，领跑酒店业的发展。

20世纪90年代以来，丽江向国内外招商引资，在官房大酒店、格兰大酒店等的引领下，在引进高端品牌，建设高档酒店，突出文化特色等方面取得很大的突破，丽江高端品牌酒店将得到很大的发展。一批高端休闲度假酒店不断崛起在玉龙山下、古城周边。丽江悦榕庄、大港旺宝国际饭店、丽江和府皇冠假日酒店、铂尔曼度假酒店、福国大酒店等相继开业。阿曼国际度假酒店、红树林综合度假酒店、全茂君悦度假酒店、翔鹭酒店、泸沽湖女儿国酒店、泸沽湖银湖岛酒店等一批高端酒店正在建设中。丽江高端品牌酒店发展为云南酒店业的发展起到了很好的领跑示范作用。解放思想、立意高远、瞄准先进、招商引资、引进品牌是丽江发展旅游酒店的一条重要经验，为旅游业转型升级奠定了良好的基础。

5. 与时俱进、全面提升软件服务水平。

丽江酒店的发展面临着机遇，也面临着挑战，过去的辉煌只能说明过去。当前丽江酒店业要围绕旅游业的转型升级，围绕推动休闲度假旅游的发展，不仅要全面提升硬件设施的建设，而且要更全面地提升软件服务的水平。首先要提升认识的层次。实现酒店建设和经营管理理念的突破才能带来酒店业全面的提升。旅游酒店是旅游业发展的重要基础，是为游客提供食宿、购物和综合服务的载体，对休闲度假者而言，更应该是温馨的家外之家。休闲度假，游客首先需要一个舒适的温馨的家。酒店不仅仅是满足游客临时吃饭睡觉的地方，而应该满足更深层次的精神文化需求。旅游酒店要体现多方面的功能，但总体来讲要让游客置身于温馨愉悦之中，感受“宾至如归、家外之家”的温暖；要让游客置身于优美的自然生态环境之中，感受自然与快乐；要让游客置身于优质服务之中，感受舒适与安逸；也要让游客置身于民族文化特色之中，感受特色文化的底蕴。二是要提升文化的品位。丽江旅游酒店成功的诀窍在于它的民族文化特色，这是包括悦榕庄、和府皇冠大酒店、官房酒店花园别墅、丽江古城一些特色酒店的共同点。提升旅游酒店的文化和品位，要体现在多个方面，尤其要营造一个综合的文化氛围。从酒店的规划设计、外观造型、内部装修、环境的营造、园林的建设、餐饮娱乐到各个服务环节都要体现文化底蕴，尤其要突出地域和民族文化的特色。文化也要寓于服务的各个环节。体验和享受文化应该是酒店品位的主要标志。三是要提升软件服务的水平。酒店的宗旨就是服务，它涉及酒店经营的方方面面，渗透到各个环节。酒店服务要坚持做到宾至如归、宾客至上、服务至上、以情感人，让宾客满意、让宾客舒适、让宾客温馨。酒店服务要规范化、标准化，还要个性化、艺术化，要不断探索和创新服务的模式。提升软件服务，离不开管理，管理关键又着眼于人才和员工的素质。引进高级管理人才，加强人才的培养，全面提升酒店员工的整体素质，这是丽江全面提升软件服务水平的当务之急，也是一件长期的基础性工作。

丽江撤地设市评析

2002年12月26日，国务院正式批准丽江撤地设市，撤销丽江地区和丽江纳西族自治县，设立地级丽江市。丽江纳西族自治县一分为二，成为一区一县，设立古城区和玉龙纳西族自治县。丽江市辖新设立的古城区、玉龙纳西族自治县，辖原丽江地区的永胜县、华坪县、宁蒗彝族自治县。撤地设市是丽江划时代的大事，对政治、经济、社会、文化产生重大影响，尤其对确立国际精品旅游城市、建设面向大香格里拉生态旅游区的中心城市奠定重要基础。丽江各族人民实现了多年的夙愿，有了一个圆满的结果，丽江历史从此翻开了新的一页。

一　来之不易的圆满结果

丽江撤地设市走过了艰难的历程，经过几届领导班子和各族人民的不懈努力，克服重重困难，才有了一个圆满的结果，实现了多年的夙愿。撤地设市经过较长时间的酝酿，1997年前是一个酝酿的阶段。20世纪90年代初曾酝酿考虑成立民族自治州，但时过境迁，新成立自治州当时国家从大政策上已封死。随着国家对城镇化的高度重视，撤地设市普遍展开，20世纪90年代中期，内地省市基本撤销地区建制设立市。丽江地区从1997年7月开始正式着手撤地设市相关工作，1999年9月26日，地委正式下发通知成立“建制改革领导小组”，由和段琪专员任组长，杨文彬、汤克仁任副组长，和瑶任办公室主任。后又增补杨廷仁、尹兴福、和作宽为副组长。紧接着开展了学习考察、拟订方案等项工作，并于1999年10月19日以行署名义向省人民政府上报了撤地设市的请示。由于我区情况十分特殊，地改市面临重重困难，其中有两个主要难点，一是地区所在地的县是全国唯一的纳西族自治县；二是经济发展滞后，撤地设市的一些指标没有达标。关于经济发展的一些指标还有灵活的余地，但最大的难点是民族自治县的问题。按照其他地方的做法，地区所在地的县改设为一个区，但丽江如果照搬其他地方的做法，那么自治县就不能保留了，这一点当地各族人民群众都不答应，如果增设一个区，又同国务院关于撤地设市不增加建制的要求不符，处于两难的境地。正因为情况特殊，所以好事多磨，我区曾先后上报5套撤地设市方案，数易其稿，反复汇报，几经周折。省政府曾给国务院上报丽江不设区、辖四个县的方案，但因违背撤地设市基本原则而被否定。为了既实现撤地设市的目标，又能保留纳西族自治县，地县领导上下奔走，反映实情，反复说明情况，表达各族人民群众的强烈意愿。丽江行署专员和段琪以九届全国人大代表的角度给朱镕基总理，司马义·艾买提国务委员写了汇报材料，张荫林代表在全国人代会期间写了提案。还请来丽江考察文物保护工作和参加世界遗产研究委员会成立大会的著名专家郑孝燮、罗哲文、谢辰生三位老先生给朱镕基总理写信反映报告情况，支持丽江撤地设市工作。2001年9月18日，地委行署为了加强对撤地设市工作的领导，新组成撤地设市领导小组，由地委书记欧阳坚任组长、行署专员和段琪、人大工委主任杨国清、行署常务副专员和自兴、主持政协工委工作的副主席和作宽，丽江县委书记杨廷仁任副组长，行署秘书长奚丽宏任办公室主任，为了做到实事求是、特事特办，当时地县领导做了不懈努力。2001年9月5日，地委书记欧阳坚、人大工委主任杨国清、行署常务副专员和自兴、政协工委副主任和作宽率地县相关部门人员到省政府汇报撤地设市相关工作，经详细汇报和说明，听取汇报分管此项工作的李汉柏副省长原则上同意增设古城区，撤地设市工作取得突破性进展。2002年4月2日，省政府召开常务会议，同意丽江一区四县方案，并于6月1日正式上报国务院。此后，欧阳坚、和自兴、杨国清等又到北京向民政部专题汇报，同时专门向司马义·艾买提国务委员、国务院秘书长王忠禹等领导当面汇报。中央领导同志和国家相关部委非常理解丽江各族人民的心愿，最终实事求是地把握政策解决问题，使丽江撤地设市画上一个圆满的句号，这是党中央、国务院对丽江特殊照顾关怀的结果。

二　夯实世界精品旅游城市之基

撤地设市是丽江经济社会发展的结果，也是国家加大推进城市化进程的必然，是具有划时代意义的大事。原来的丽江地区作为省的派出机构，不是一级政权机关，也不是一个规范的行政区划。撤地设市使行政区划和建制与宪法法律的规定相接轨，与国内外城市的发展进程相衔接，做到名正言顺、名至实归。撤地设市后建立本地人民代表大会制度和中国共产党领导的多党合作、政治协商制度、实现人民当家做主，这是政权建设的大事，也是民主法制建设的大事。撤地设市也是国家管理体制的重大改革和完善，理顺了国家权力机关、行政机关、审判机关、检察机关之间的关系。撤地设市对发展文化旅游产业更是有着重大意义，为把丽江建设成为国际精品旅游城市和滇川藏大香格里拉生态旅游区中心奠定了良好的基础。如果丽江仅仅是一座县城，那么它不可能撑起一座世界文化旅游的名城，这是显而易见的。撤地设市也进一步增强了丽江在区域经济社会发展中的地位。如果不能实现撤地设市，那么丽江难以继续历史的辉煌成为滇西北乃至滇川藏交汇区域的枢纽和中心，也不可能发挥旅游集散地的功能。如果按照国务院撤地设市文件的精神，甚至有可能撤销丽江地区归并到其他地州，这是丽江各族人民所不愿意看到的情况。总之，撤地设市给丽江开辟了新的天地，带来了更大的发展前景和美好未来。

三　传承根基　全面延续

丽江在撤地设市的整个过程中，始终坚持的一个前提和原则就是保留全国唯一的纳西族自治县，这是当时地委行署和县委政府反复讨论和统一的一个重大问题。如果照搬其他地方的做法，那么就要撤销民族自治县，这就违背了党的民族区域自治政策，也违背了纳西族等各民族群众的心愿，也必然会留下许多后遗症。鉴于丽江在撤地设市中的特殊情况，国务院在批复中同意将原丽江纳西族自治县分设为玉龙纳西族自治县和古城区。在实施过程中，处理好原丽江纳西族自治县与玉龙纳西族自治县之间的关系是个关键，这个关系就是由玉龙纳西族自治县全面传承延续原丽江纳西族自治县。县名虽然改变了，但实质上是一脉相承，全面延续。为了使这种传承和延续具有法律效力和法制保障，当时作了很周全的考虑。在地委研究统一的基础上，由我主持起草地区人大工委的两个文件材料，即《丽江地区撤地设市人大相关工作汇报提纲》、《关于请求批准玉龙纳西族自治县延续原丽江纳西族自治县第十三届人民代表大会的请示》，这两个材料文件于2003年2月14日定稿后，由我带领一个工作汇报组代表撤地设市领导小组和地区人大工委到省人大专题汇报。2月17日下午，省人大常委会专门召开主任会议，由牛绍尧常务副主任主持，听取丽江撤地设市中人大相关工作的汇报，在我的汇报中关于区县分设中的几个问题是个重点。其中第一个问题中说“丽江撤地设市情况比较特殊，国务院批复丽江纳西族自治县分设为玉龙纳西族自治县和古城区，保留了全国唯一的纳西族自治县。玉龙纳西族自治县是原丽江纳西族自治县当然的继承和延续。因此，请求省人大同意批准由玉龙纳西族自治县继承原丽江纳西族自治县的第十三届人民代表大会及其常务委员会。古城区建立第一届人民代表大会及其常务委员会。玉龙纳西族自治县实质上只是更名，所以，玉龙纳西族自治县的县庆日仍沿用原丽江纳西族自治县的县庆日”。省人大常委会同意丽江的意见，这次主任会议纪要记载了这次活动的情况。同时为了慎重起见，省人大将情况向全国人大办公厅联络局作了报告。2003年3月26日全国人大办公厅联络局回复同意。这些决定和做法既考虑了丽江撤地设市和长远发展的需要，又照顾丽江各族人民的民族感情，尊重了客观的历史事实，是很有远见并切实可行的。2003年3月28日云南省人大常委会举行的省第二次会议上，审议通过了《云南省人大常委会关于丽江撤地设市有关事项的决定》和梁福祥作的《关于（云南省人民代表大会常务委员会关于丽江撤地设市有关事项的决定草案的说明）》。也体现了上述精神和实际运作，前后衔接是好的。

四　让民族文化更加绚丽多彩

撤地设市有利于民族文化的弘扬发展吗？有利于纳西文化的保护传承吗？这

是撤地设市之初有些专家学者担忧的问题，当然这种担忧不无道理。但是通过撤地设市7年多的实践证明，这种担忧是没有必要的，其实撤地设市反而加强了民族文化的保护、传承、弘扬、发展等各项工作。纳西文化保护传承力度更大、措施更加有力，从体制机制角度来讲，其正面作用也是明显的。现在看来原来已考虑到但还没有实现的，即古城区享受民族自治待遇问题还要继续努力争取。

丽江地处滇西北高原，是滇川藏三省的交汇区域，是古代“南方丝绸之路”和“茶马古道”的必经之地，是重要的文化走廊。这里居住着26个民族，各民族千百年来团结和睦、相互交融，并各自创造了灿烂的民族文化。东巴文化、毕摩文化、毕扒文化、韩规文化、边屯文化等都是古老而优秀的代表。其中纳西族的东巴文化、丽江古城等民族特色文化，已成为世界珍贵文化遗产。撤地设市为民族文化建设提供了可靠的保障，有力地促进了各民族文化的繁荣。

第一，纳西文化的保护传承得到加强。丽江纳西族自治县一分为二，成为一区一县后，纳西文化的保护传承不仅没有受到削弱，反过来得到加强了，古城区和玉龙县都成为纳西文化为主题的区县，实践证明，随着经济实力的逐步增强，对纳西文化保护传承利用的力度在加大，保护传承措施更加有力，说明两个积极性比一个积极性好，两手抓比一手抓好。加上纳西文化作为丽江全市特色主体文化，通过撤地设市，其保护、传承、利用、发展提到了一个新的高度。

第二，文化事业和旅游产业获得更大发展。这几年文化事业硬件设施建设上了许多新项目，包括多年来未解决的东巴古籍文献保护、市图书馆、青少年活动中心等建设项目得到落实。民族文化产业示范基地建设和文化产业人才培训基地等建设项目取得突破。

第三，世界遗产保护力度得到提升。通过撤地设市，制定省级保护条例，开展遗产日活动。增加资金投入、实施保护传承项目，保护力度得到提升，成效更加明显。

第四，对外文化交流得到拓展。由于市是与国内外接轨的一级政权组织，对外文化交流有了更大、更规范的平台，也拓展了对外文化交流的领域，增强了丽江在国内外的影响力。

第五，民间社团参与文化建设的积极性得到更好的发挥。撤地设市有利于充分发挥市区县一级政权组织的作用，民间文化社团工作得到加强，有利于调动民间社会各方面的积极性。

丽江对文化旅游资源进行立法保护评析

丽江在文化旅游崛起过程中，以积极主动的姿态，推进地方民族立法工作，依托省人大常委会开展地方立法，实施对文化旅游资源的保护，尤其是对民族文化遗产、湖泊、湿地、生态环境的保护且取得明显成效。改革开放以来，丽江前后制定11个条例（包括民族自治条例、单行条例以及省级条例），为文化旅游的可持续发展提供法制保障。实践证明，立法保护、依法保护，通过加强法制建设为文化旅游发展保驾护航，这是一条宝贵的经验，值得认真加以总结。

丽江结合市情和发展战略，高度重视对民族文化遗产、自然生态环境等文化旅游资源进行立法保护主要从以下三个方面进行。

第一，立法保护民族文化遗产。丽江悠久的历史、厚重的民族文化、弥足珍贵的风景名胜引起国内外的高度关注，尤其是丽江古城、三江并流区域、东巴古籍文献受到国家的重视，并先后被联合国教科文组织列入《世界文化遗产名录》、《世界自然遗产名录》和《世界记忆遗产名录》。对珍贵民族文化遗产的保护，丽江地县政府从20世纪改革开放以来，就采取一系列保护措施，在总结经验的基础上，上升到地方民族立法加以保护。1994年3月26日，丽江纳西族自治县第十一届人民代表大会第二次会议通过了《云南省丽江历史文化名城保护管理条例》，并由1994年6月2日云南省第八届人民代表大会常务委员会第七次会议批准实施。对东巴文化的保护和研究，除设立专门机构、核定编制、保障经费等措施外，2001年3月10日，丽江纳西族自治县第十二届人民代表大会第四次会议通过了《云南省丽江纳西族自治县东巴文化保护条例》，并由2001年6月1日云南省第九届人民代表大会常务委员会第二十二次会议批准后施行。

随着2002年12月国务院同意丽江撤地设市，原丽江纳西族自治县分设为古城区和玉龙纳西族自治县，丽江纳西族自治县作为立法主体已不存在，原制定的上述条例自然废止。加上丽江经济社会的快速发展，世界遗产的保护管理面临着不少新情况、新问题。2003年6月，随着丽江市第一届人民代表大会的召开，由市人大常委会牵头，从人大法工委、市政府法制办、古城管理办公室、古城区及玉龙县抽调力量，在原条例的基础上，专门成立了两个条例起草小组开展工作，并由市人大主任、市人民政府市长主持召开相关座谈会，统一思想认识、明确指导思想、部署安排工作。起草小组深入调查研究，广泛听取各方意见，请本土专家学者积极参与，前后召开5次座谈会举行讨论。在条例起草过程中，于2004年9月10日至16日通过《丽江日报》向广大市民征求意见，六易其稿，不断修改充实完善，形成“条例”（草案）稿。经丽江市人民政府常务会议、人大常委会主任会议、中共丽江市委常委会讨论后，上报云南省人大常委会。省人大常委会把两个条例纳入了2004年的立法计划，成立起草小组，由省人大财经委、教科文委员会、法制委等负责调研论证起草等工作。《云南省丽江古城保护条例》于2005年12月2日云南省第十届人民代表大会常务委员会第十九次会议通过，2006年3月1日起施行。《云南省纳西族东巴文化保护条例》也由上述会议通过，2006年1月1日起施行。上述两个由民族自治单行条例上升为云南省的两个条例，是云南省率先在全国制定的两个保护世界遗产的重要地方性法规。

第二，立法保护湖泊、湿地、森林等自然生态环境。丽江市境内的泸沽湖、程海、拉市海是著名的高原湖泊，拉市海又被列入国际高原湿地名录。这些湖泊和湿地是丽江宝贵的旅游资源，对旅游业乃至全市生态环境有着举足轻重的影响。1994年4月19日，宁蒗彝族自治县第十二届人民代表大会第二次会议通过了《云南省宁蒗彝族自治县泸沽湖风景名胜管理条例》，1994年11月30日云南省第八届人民代表大会常务委员会第十次会议批准施行。上述条例于2008年进行修改，修改完善后的条例2009年1月15日经宁蒗彝族自治县第十届人民代表大会第二次会议通过，2009年3月27日经省人大常委会议批准施行。

《云南省程海保护条例》在省人大常委会的领导下，经永胜县和丽江地区提出草案和初稿，多次论证、修改、充实、完善，1995年5月31日云南省第八届人民代表大会第十三次会议通过，1995年10月1日起施行。丽江撤地设市后，在省人大

常委会领导下，由市及永胜县人大常委会牵头，对该条例进行了修改充实完善，于2006年7月28日云南省第十届人民代表大会第十四次会议通过，2007年1月1日起施行。

拉市海是国际著名的高原湿地，是丽江城市景观用水的主要水源地之一，也是丽江坝、七河坝农业灌溉的主要水源，为了搞好对拉市海的保护，经玉龙纳西族自治县进行立法调研和论证，着手制定拉市海高原湿地保护条例，这是一部属于民族自治地方的单行条例。《云南省玉龙纳西族自治县拉市海高原湿地保护条例》于2003年5月13日玉龙纳西族自治县第十三届人民代表大会第一次会议通过，2003年9月28日云南省第十届人民代表大会常务委员会第五次会议批准施行。

丽江森林资源丰富，是发展旅游业的生态基础。丽江纳西族自治县和宁蒗彝族自治县制定了林业管理条例和玉龙雪山管理条例，对森林资源进行了有效保护和管理。《云南省丽江纳西族自治县林业管理条例》于1993年3月19日经丽江纳西族自治县第十一届人民代表大会第一次会议通过，1993年4月7日云南省第七届人民代表大会常务委员会第二十九次会议批准施行。《云南省丽江纳西族自治县玉龙雪山管理条例》于1993年3月19日丽江纳西族自治县第十届人民代表大会第一次会议通过，1993年4月7日云南省第七届人民代表大会第二十九次会议批准施行。撤地设市后，这个条例修改后成为《云南省玉龙纳西族自治县玉龙雪山保护管理条例》，于2006年3月13日玉龙纳西族自治县第十三届人民代表大会第四次会议通过，2006年7月28日云南省第十届人民代表大会常务委员会第二十三次会议批准后施行。《云南省宁蒗彝族自治县林业管理条例》于1994年4月19日宁蒗彝族自治县第十二届人民代表大会第二次会议通过，1994年7月27日由云南省第八届人民代表大会常务委员会第八次会议批准后施行。

第三，以市人大常委会重大事项决定形式开展世界遗产日，保护水资源和城市周边生态环境。文化遗产是永久的宝贵财富，水体现了丽江的灵气，城市周边面山、森林植被则是丽江坝优美生态环境的依托。丽江市人大常委会行使法律赋予的重大事项决定权，对丽江城市和周边水系和生态环境的保护做出相关决定。2005年初召开的丽江市第一届人民代表大会第三次会议上，17位市人大代表提出《关于开展丽江“世界遗产日”活动的议案》，经市人大常委会深入调查研究并广泛征求各方意见，2005年8月30日，丽江市第一届人民代表大会常委会第十四次会议通过《开展世界遗产日活动的决定》，确定每年公历12月4日为丽江市“世界遗产日”，并要求市人民政府围绕保护世界遗产为主题，组织开展遗产日的活动。丽江是我国率先组织开展“世界遗产日”活动的城市之一。开展遗产日活动是国际社会公认的一项有效的保护措施，多年来，在市人民政府的主持下，它已成为广大群众积极参与的宣传保护措施，开展保护活动的一道风景。每次活动围绕主题，多方参与、形式多样、丰富多彩，取得良好的效果。

2006年下半年，根据人大代表和有关群众的反映，丽江市人大常委对丽江市区以及周边生态环境，尤其是乱采滥挖周边面山砂石和擅自打深井开采地下水情况进行视察和调研，广泛听取市民和各族群众意见，在此基础上，市人大常委会听取审议市人民政府关于市区和周边生态环境情况、保护措施等工作的报告，并于2006年10月31日在第一届人民代表大会常委会第二十次会议上做出了《关于加强丽江市区和周边生态环境保护的决定》，此决定共六个方面的内容：进一步统一思想认识，坚决贯彻有关法律法规；市人民政府要继续加强市区和周边生态环境的整治和保护工作，要求对擅自开采地下水的承压水井限期填封，提出有关禁止事项；高度重视水环境和水污染防治工作；严禁在城市规划区、自然保护区、风景名胜区、饮用水源地及坝区和周边面山采挖砂石资源；切实做好砂石资源开采的各项整治工作；要求市人民政府制定相关配套措施。这项工作在市人大的监督支持下，市人民政府采取了多项措施，包括填封擅自开采地下水的深井，治理丽江坝区周边砂石场，查处乱砍滥挖等破坏生态环境的违法行为，取得了明显的成效。

开展民族立法和地方立法，依法保护民族文化和旅游生态环境，是促进丽江科学发展，造福人民群众的根本性措施，也是丽江文化旅游产业持续快速发展的锐利武器和法制保障。经过多年实践证明，这是一条行之有效的好经验。

1．把立法保护、依法保护作为推进文化旅游持续发展的根本措施。

丽江在实施 “文化立市”、“旅游兴市”发展战略，打造文化、生态、旅游名市，建设和谐丽江的进程中，始终把保护文化生态资源作为一项基础性的工作，作为治本之策，作为可持续发展的根本性措施。在多年实践中主要重视抓三

个关键环节。首先是认识的环节。依法治国是根本的方略，丽江在实践中始终重视法制、崇尚法治，把法律作为最有力的武器，最可靠的保障。同时把保护丽江文化旅游资源和生态环境作为科学发展、持续发展的基石。其次是立法的环节。多年实践证明。丽江所制定的条例法规发挥了重大作用，效果十分突出。这就说明，立法一定要从实际出发，广泛听取人民群众的意见，还要有很强的针对性、实用性、可操作性。再次是抓好执法的环节。法律重在贯彻实施，重在严格执法，重在实际效果。依法办事是基本的原则，同时要加大监督检查的力度。

2. 在党委统一领导下，充分发挥各自的积极性、主动性，推动立法工作健康发展。

丽江在民族文化立法和地方立法方面卓有成效，主要特点是发挥优势，发挥积极性、主动性，在党委统一领导下，人大主导、政府主持、各方协调配合，齐心协力推进工作。丽江有两个民族自治县，民族自治地方根据国家有关法律规定，可以制定自治条例和单行条例，有民族立法权是丽江一大优势。除民族自治县外，原来的地区、现在的市县都没有立法权，但是丽江的市县不是消极被动，而是积极主动地推进立法工作。丽江善于结合实际，通过反复调研论证，积极提出立法建议或提出建议草案稿报省人大常委会，争取省人大的帮助支持，比如《程海保护条例》是由地县提出来，世界遗产保护的两个条例也是地县提出来，列入省人大立法计划，上下结合共同完成的。丽江在立法中紧紧结合文化旅游主导产业发展这一特点，把保护自然生态、文化生态，尤其是把保护世界遗产始终作为一个重点。

3. 高度重视条例及法规的贯彻实施。

法律的贯彻实施是一个系统工程，要努力营造一个学法、用法、执法的社会环境。立法是一个基础，通过立法做到有法可依，但关键在于贯彻实施，做到有法必依、执法必严、违法必究。丽江在条例法规的贯彻实施方面，首先抓宣传教育，使重要条例法规做到家喻户晓、人人皆知，丽江古城保护条例和东巴文化保护条例就是一个例证。其次是各方协调配合，完善执法机制，做到严格执法。条例贯彻实施涉及多个方面，要在党委统一领导下，发挥各自职能、搞好协同配合，认真搞好贯彻实施。要创新完善执法机制，在丽江古城所形成的综合执法机制就是一个创新，也是协同配合的一个有效形式。再次就是搞好监督检查，尤其要发挥好人大常委会法律监督的职能，在市县人大常委会的组织下，开展好执法检查，从而推动条例和法规的有效实施。

4．立法保护任重道远。

通过推进法制建设，为丽江文化旅游持续发展保驾护航是长期而艰巨的任务，现在仍然面临着诸多的问题，这项工作任重道远，一定要不懈努力，深入推进。比如老君山国家公园的保护管理，水资源的保护管理、摩梭文化等民族文化保护传承等方面，有必要继续加大立法力度，制定单行条例或省级保护条例，这是当前丽江文化旅游继续发展的必然要求。要高度重视解决目前在贯彻实施条例法规中的薄弱环节，在程海、泸沽湖、拉市海以及生态环境保护方面还存在一些不容忽视的问题，尤其是老君山、玉龙山森林资源保护方面，有法不依、执法不严，或者林政管理不到位等问题依然存在。这些问题的解决也是一个长期的任务，我们必须保持清醒的头脑，一定要有长期的思想准备。

在北京中山音乐堂为联合国成立庆典举行纳西古乐音乐会（2007年10月）

泸沽湖环境保护整治行动评析

2004年10月至2007年底，为了切实保护泸沽湖生态环境和独特摩梭民族生态文化，由省市县共同组织实施了泸沽湖生态环境保护整治工程，掀起了大规模环境保护整治行动。经过三年多的扎实工作和努力奋斗，圆满完成了所确定的“八大工程”任务。泸沽湖生态环境保护工作取得重大进展，提升到一个新的水平。保护工作受到广大中外游客和当地群众的充分肯定。

泸沽湖被誉为“高原明珠”、“东方第一奇境”，是中外游客向往的一块美丽神秘的净土。这颗明珠镶嵌在滇川之间的崇山峻岭之中，其主要景点和湖面位于丽江市宁蒗县永宁乡境内。泸沽湖湖面海拔为2680米，面积约50多平方千米，平均水深45米，最深处达93.5米。水深最大能见度达12米。是我国最深最洁净的淡水湖之一。泸沽湖像一幅美妙绝伦的山水画。如此湛蓝的湖水，其他地方很难见到，每逢晴天，蓝天白云倒映湖中，水天一色，加上周围青山绿树，湖中岛屿，宛如仙境。湖水如此清澈湛蓝，关键在于泸沽湖不是死水而是活水，湖中有大股泉水涌流，湖面东部有大股湖水流出，使湖水始终保持鲜活清亮。这是其他高原湖泊难以与泸沽湖相媲美的地方，而泸沽湖水所养育的纳西族摩梭人，其民族文化则是独树一帜，国内外绝无仅有。被称为人类母系社会“活化石”的摩梭母系文化，以其独特的“母系大家庭”和“男不娶、女不嫁”的阿注婚姻为特征，具有很高的历史文化价值。游客往往被泸沽湖的自然风光和民族文化所吸引。

20世纪90年代初，泸沽湖被列为国家级风景名胜区和省级旅游开发区。旅游业逐步发展起来，环境保护问题引起各个方面的高度重视，也引起了媒体的高度关注。2004年6月5日，世界环境日到来之际，中央电视台新闻频道“共同关注”

栏目以《谁在污染泸沽湖》为题，对泸沽湖环境受污染的相关情况进行了报道。与仙境般美丽的泸沽湖形成极大反差的画面引起很大的反响。比如泸沽湖边垃圾露天堆放，当地环保部门修建的污水处理系统存在不少问题，一些部门和领导干部在湖边违规修建酒店和客栈，并违规排放污水，污染泸沽湖生态环境等情况，中央电视台的报道揭露了泸沽湖生态环境存在的问题。央视报道后，整个泸沽湖的保护、管理、开发、建设进一步引起了省市县各级党委政府的高度重视。丽江市委市政府甚至把央视的报道作为搞好泸沽湖环境保护和整治的一次难得机遇，作为推进泸沽湖生态环境建设的一个动力，开展了卓有成效的保护整治行动。

2004年6月6日，云南省委副书记、省长徐荣凯作出重要批示，要求严肃认真进行整治，同时决定由省委督查室立项督查。6月7日，丽江市委、政府召开泸沽湖环境整治专题会议，会议由市委书记欧阳坚主持，对进一步加快泸沽湖景区环境综合整治工作做出六项重要决定，并成立了督查组和调查组前往泸沽湖开展工作。6月22日，省环保局副局长率领省政府督查组一行到泸沽湖实地进行督促检查。8月7日，由省政府副秘书长钱恒义率领省政府调研组一行到泸沽湖进行了调研，并指导环保整治工作。2004年10月26日至27日，云南省人民政府泸沽湖环境保护现场办公会召开，副省长吴晓青主持会议，专题研究解决泸沽湖环境保护整治工作。会议确定实施以环境整治为主，以保护泸沽湖为整体目标的环境整治八大工程。总投资8000多万元，用3年时间完成整治任务。八大工程包括：泸沽湖流域环境保护综合规划；环湖截污和垃圾处理工程；拆迁改造工程；泸沽湖生态环境整治工程；环湖道路建设工程；竹地服务中心建设工程；沿湖污染源治理工程，包括里格村整体后移搬迁；“禁磷”、“禁白”工程等。这次会议还确定把里格村建成泸沽湖环湖文化旅游的示范社区。泸沽湖环境保护整治工作按照省政府现场办公会议的决定认真进行落实。市人民政府专门成立了泸沽湖环境整治工作协调领导小组。市人大常委会于2005年8月组织市县部分人大代表对泸沽湖环境保护整治工作进行视察，推进这项工作的落实。

5年过去了。泸沽湖环境保护整治工作究竟搞得怎么样，有什么变化？2009年5月1日，中央电视台“共同关注”栏目的记者再次来到泸沽湖畔。他们用《泸沽湖之秀》回答了这个问题。向全国电视观众展示了泸沽湖的健康和美丽。展示

了其诱人的更加靓丽的风采。短短5年间，一个国家级的贫困县，人民群众生活水平还比较困难，但在省市的大力支持帮助下，面对环境污染治理的难题，积极采取有效措施，以高度负责的精神，全力以赴开展保护和整治，基本实现了一滴污水不进泸沽湖的目标。天更蓝、水更清、山更绿，摩梭村民们保护环境的自觉性大大增强了。乱堆乱放的垃圾不见了，村民在政府的帮助下修建了沼气池，废水得到了利用，垃圾车每周三次收集清运垃圾到垃圾场进行处理，新建成的污水处理厂开始运行，排放已达到国家一级A标，冒着黑烟的烟囱不见了，饭店、客栈全都换上了太阳能或热水器，湖边建筑已拆迁或后退，里格村已成为名副其实的民族文化和环境保护的示范村，一系列环保规章制度已形成。国内外游客对泸沽湖的环境保护给予了充分肯定和很高评价。近两年来泸沽湖被评为“中国十大优秀生态旅游景区”，“中国最佳文化生态旅游目的地”，“中国十大生态名湖”等。泸沽湖的水体始终保持了一类水的水质，泸沽湖的生态保护与旅游开发得到了较好的统一。泸沽湖为国内外其他湖泊的保护与开发积累了许多宝贵的经验和做法。

启示之一，虚心接受监督，才能促进科学发展。在央视《共同关注》栏目对泸沽湖生态环境存在问题曝光之前，泸沽湖生态环境恶化情况就引起了丽江市和宁蒗县政府的重视，并且着手进行了环境整治。2003年10月，丽江市委决定理顺泸沽湖管理体制，成立由市政府直属管理的泸沽湖省级旅游区管理委员会。2004年2月9日市政府召开泸沽湖保护管理专题会议，3月份委托云南环境研究所完成了《泸沽湖旅游区总体规划环境影响评价大纲》、《泸沽湖摩梭文化生态旅游区影响评价报告表》的编制工作。4月15日和自兴市长在泸沽湖景区召开了环境现场办公会，对泸沽湖景区的旅游开发和环境整治进行了全面部署，决定实施保护环境和民族文化的相关项目。这些整治项目和工作思路为以后管理保护工作奠定了基础。中央电视台《共同关注》栏目播出后，丽江市、县都面临着很大的压力。对新闻媒体的监督应该怎样正确看待？是好事还是坏事？泸沽湖环境保护从何入手？丽江市、县党委政府没有怨天尤人，没有掩饰存在的问题，而是坦诚面对、虚心接受监督。甚至把央视的监督看成是推动泸沽湖生态环境建设的东风，搞好整治工作的良好条件和前进的动力。更加深入地发动当地干部群众继续认真查找和梳理存在的问题，寻找解决的思路、措施、办法。回顾这几年生态环境的保护和整治工作，地、县党委政府以极大的气魄推进了各项工作的落实，取得了良好的生态、社会和经济效益。

接受人民群众的监督。接受新闻媒体的监督，接受专门机关的监督，这是我们党和政府的性质所决定的。我们的政府是人民的政府，我们所有的工作都要向人民负责。接受监督、纠正错误、改进工作，是各级政府和领导分内的事情，也是义不容辞的责任。监督像一面镜子，监督像一副良药，监督也是前进的动力和推手。有了监督才能纠正错误、改进工作，使之不断前进。监督使干部头脑清醒、保持谨慎，监督给人前进的力量和信心。

启示之二，环境保护整治是硬任务，必须采取切实而过硬的措施。泸沽湖环境保护整治工作是一项硬任务，涉及方方面面的利益关系，难度很大，阻力不小。但市、县党委政府下定决心，以很大的气魄，从思想上、政策上、体制上、机制上和项目的落实上，采取切实可行的措施不断推进，决心之大、工作力度之大，可以说是前所未有的。

首先做到规划先行，科学规范。开展泸沽湖保护整治工作，指挥部有一个明确的指导思想，就是要规划先行，科学规范，这样就避免了打乱仗。他们提出，泸沽湖的保护管理与开发建设：规划是前提，保护是核心，管理是关键。投资1000多万元，委托国内一流的规划设计单位和科研院所，先后完成了《泸沽湖景区综合规划》、《泸沽湖景区摩梭文化生态区基础设施建设可行研究报告》及其他7个专项规划，还完成了《泸沽湖景区发展战略》、《泸沽湖创意产业开发方案》、《泸沽湖女儿国镇修建性详规》等20多个项目的科研报告。为保护和整治工作的开展提供科学依据。

其次是深入开展保护生态环境的教育，统一和提高干部群众的思想认识。把整治的过程变为教育的过程，提高思想认识的过程。通过结合实际，用生动的事实，进行保护泸沽湖就是保护母亲湖、保护自我发展的教育，提高对整治工作重要性、必要性、迫切性的认识。把整治的目的意义、措施办法交给群众，争取广大干部群众的理解和支持，营造良好的整治舆论氛围和环境。通过大规模的宣传教育和思想政治工作，使群众从不理解、不支持，甚至抵触、抵制到理解支持，到最后积极配合整治工作，为顺利完成整治任务奠定了广泛的群众基础。

再次是严格执法、严肃纪律、取信于民。这是整治取得成效的一个关键。结合实际、严格执法、严肃执纪，对违规违纪的少数党员干部，严肃查处，使其迅速改正错误。对景区内存在的违规占地、乱盖乱建、污染湖水、盗卖和非法收购木材等行为，采取果断措施，给予严肃处理和纠正。并组织政法、民宗、旅游、工商、文化等部门深入到景区，取缔各种违规违纪行为，理顺关系，建立健全各种规章制度。在市县政府的领导下，整治指挥部成员顶着压力，排除干扰，认真落实各项整治措施。

另外，奋战在保护整治工作第一线的干部群众以高度的事业心和责任感，认真贯彻落实科学发展观，发扬团结协作、求真务实、艰苦奋斗、无私奉献的创业精神，想方设法筹集资金，勇于克服困难，这又是保护整治工作取得成效的重要法宝。

启示之三，不仅要努力保护好自然生态环境，还要认真保护好人文生态环境。泸沽湖旅游业的可持续发展，生态是基础，文化是灵魂，保护是根本，落实是关键。在泸沽湖景区摩梭文化是竞争力中的决定性因素。当前摩梭母系文化的保护面临着严峻的挑战和诸多的问题。保护摩梭母系文化是一个难点，也是一个重点。面临的最大问题是通过旅游业多年的发展，随着现代化进程的加快，母系文化生存的历史文化生态环境受到巨大冲击，母系文化存活的一些载体，包括母系大家庭、阿注婚姻、祖母房、祖母为中心的制度等受到影响。同时，由于认识等方面存在的问题，保护的一些措施也难以到位。比如在摩梭母系文化的保护上，进行立法的保护，纳入法制轨道的保护应该是最重要、最有效的保护措施，但是认识上有偏差，按部就班，目光短浅，思想上难以达到统一。泸沽湖畔摩梭人“母系大家庭”和“男不娶、女不嫁”的阿注婚姻是世界上绝无仅有的人类文化遗存，被称为“人类母系社会的活化石”，具有很高的历史文化和学术研究的价值。党和政府历来都非常关心和保护这一文化遗存。几年前，市、县人大常委会，在广泛调查研究的基础上，着手制定《云南省宁蒗县摩梭母系文化保护条例》，但由于认识不一致，尤其对阿注婚姻的形式和意义认识不到位或存在一些偏差，致使保护条例受阻。如果从多个方面进行认真分析，尤其从保护人类文化遗存的高度认识这个问题，制定条例不仅完全是必需的，而且也是迫切需要的。当前对泸沽湖民族文化的保护，还要继续提高认识、统一思想。

在泸沽湖景区可持续发展问题上，在如何全面实施保护的问题上，有一个重要的指导思想一定要明确和统一，就是不仅要保护好自然生态环境，还要保护好人文生态环境，两个方面同等重要，相互关联、缺一不可。即使保护好了自然生态环境，如果摩梭母系大家庭和阿注婚姻遭到破坏，那么泸沽湖旅游也就失去了灵魂，也就失去了魅力。对摩梭母系文化的保护，市、县政府和相关部门做了大量有效的工作，但必须正视存在的问题，增强忧患意识，多方协同配合。要实实在在地抓落实，尤其要在体制机制和法制建设上取得突破。在实际工作中，要真正把自然生态和人文生态的保护放在同等重要的位置，共同规划、共同部署、共同落实，从而实现可持续发展的目标。

启示之四，泸沽湖的保护不能一劳永逸，要长期坚持不懈。保护是永恒的主题，要常抓不懈，不可能搞几次整治就能解决所有问题，更不可能一劳永逸。保护和发展是一对孪生兄弟。发展必须以保护为前提，保护也必须促进发展。2004年以来，泸沽湖环境的整治建设和民族文化的保护工作取得显著成效。作为一个国家级的少数民族贫困地区，下这么大的决心，采取这样过硬的措施开展保护整治工作，是难能可贵的。正如香港凤凰卫视《社会能见度》栏目评论中所说的：云南泸沽湖保护的实践，为我国高原湖泊保护治理树立了一个典范。从保护的成效上讲，从云南乃至全国高原湖泊情况看，泸沽湖也是属于最好的，始终保持了Ⅰ类型的水质，水体的透明度达到12.1米，真可谓是清澈透明、一尘不染。但是集中整治仅仅是解决突出问题的阶段性措施，它不能一劳永逸。泸沽湖旅游业要做到可持续发展，关键在于常抓不懈。从根本上讲，问题多了再来集中整治不是好办法，更不是一个好的路子。一定要树立起保护第一、防范为先的理念，一定要做到防患于未然，要永久保持不让一滴污水进入泸沽湖的承诺，也不能让外来文化冲垮了当地民族文化，让现代化破坏了母系文化的“活化石”。

怎样保持保护工作的持续性和长期性，做到长久坚持不懈呢？首先要时时刻刻紧绷保护这根“弦”。坚定不移地坚持保护第一的方针，把保护生态环境和民族文化放在最重要的位置。其次要做到依法管理、依法保护，使保护纳入法制化

轨道。要按照相关的条例、法规、制度的规定，一丝不苟、一分不让。对各种违法违规的行为要严格依法办事。再次就是抓好监督，发挥各方面的监督作用。欢迎新闻媒体和各族群众继续实施监督，由人民群众对保护的各项工作进行评价。

省市领导在泸沽湖开展生态环境保护调研（2011年10月31日）

玉龙雪山与瑞士马特宏峰喜结姊妹山峰评析

相隔万水千山的两座山有缘走到一起，结为姊妹山峰，谱写了友谊的篇章，留下千古的佳话。同时见证了丽江对外开放和走向世界的历程。

2001年11月8日，中国丽江玉龙雪山与瑞士的象征马特宏峰正式建立友好姊妹山峰签字仪式在昆明国际旅游博览会上举行。中共丽江地委委员、行署常务副专员和自兴率领丽江地区代表团出席签字仪式。和自兴代表丽江地区行署在协议书上签字。瑞士联邦旅游局副局长米歇尔·费拉、瑞士瓦莱州议会议长玛丽·丝维瑞率代表团出席签字仪式。玛丽·丝维瑞议长、瓦莱州旅游局局长岑浩森、采尔马特市副市长克里斯托夫·布根、采尔马特市旅游局局长罗兰德·英姆波登代表瑞士一方在协议上签字。云南省副省长邵琪伟出席签字仪式并致贺词。从此玉龙雪山和瑞士马特宏峰正式结为姊妹山峰，为中国和瑞士人民之间的友谊架起了一座桥梁。

在21世纪到来之际，瑞士联邦旅游局为了拓展中国市场，加强与中国人民的友谊，委托联邦旅游局驻北京办事处在中国寻找一个具有典型象征意义的著名雪山与马特宏峰建立友好山峰。此消息一经传出，国内许多省份积极与瑞士联邦旅游局驻北京办事处联系，都表示了与马特宏峰建立友好山峰关系的积极意愿。瑞士旅游局驻北京办事处通过多个渠道了解情况，并征求了瑞士国内旅游界一批知名人士的看法，通过多个方面论证，认为丽江玉龙雪山是最适合的选择。于是，瑞士联邦旅游局北京办事处首席代表张雯佳女士于2001年6月1日就这一初步设想致电云南省外办，省外办于7月26日就此事呈文报告了省政府。同时丽江地区行署与瑞士联邦旅游局驻北京办事处开展了卓有成效的交流磋商工作，双方还组织开展了考察访问活动。

2001年8月10日至11日，瑞士联邦旅游局驻北京办事处首席代表张雯佳女士陪同瑞士联邦旅游局亚洲区主任安德森·威兰德对丽江进行了工作访问。在丽期间与张红苹副专员等领导开展了非正式的工作会谈。双方对玉龙雪山和马特宏峰结好一事持积极态度，经过双方磋商达成一个初步的工作框架，与此同时决定加强双方的考察交流，增进双方相互之间的了解。

2001年9月8日至10日，瑞士瓦莱州旅游局局长岑浩森、采尔马特市旅游局局长罗兰德·英姆波登、采尔马特地区官员克里斯托夫·布根在张雯佳女士陪同下对丽江进行了正式的工作访问，并留下了极为深刻的印象。瑞士方面两次到丽江进行了实地考察，认为丽江有着独特的地理位置、优秀的自然景观、良好的生态环境、悠久的历史、多姿多彩的民族文化；玉龙雪山气势雄伟，景色壮观；丽江地区与马特宏峰所在地采尔马特地区极富鲜明的旅游特色，能满足21世纪人类社会崇尚自然生态旅游这一发展趋势的要求，两地都有着很多相似之处，为结好奠定了良好基础。在深入考察的基础上，瑞士联邦旅游局驻北京办事处分别征求了中国国家旅游局、云南省人民政府、省外事办、省旅游局、丽江地区行政公署以及瑞士联邦驻华大使馆、瑞士联邦旅游局、瑞士瓦莱州旅游局、瑞士采尔马特地区政府的意见，得出了通过积极有效工作，早日结成两国友好山峰的意向。

2001年9月23日至29日，应瑞士联邦政府旅游局的邀请，经省人民政府批准，以丽江地区行署专员和段琪为团长，地区行署常务副专员和自兴为副团长的丽江地区政府代表团一行6人，在瑞士联邦旅游局驻北京办事处首席代表张雯佳女士的陪同下，赴瑞士瓦莱州采尔马特地区进行了为期一周的公务访问，对马特宏峰所在地区进行了实地考察。这次访问受到瑞士方的高度重视，并给予了高规格的接待。代表团先后拜访了瑞士联邦旅游局局长金格·恩密德先生、副局长范敏哲先生，瓦莱州州长雷尼·法尼尔先生，采尔马特地区主席罗伯特·古特恩先生等瑞士有关政府官员，与他们进行了座谈，磋商相关事宜。为拓展丽江旅游的国际客源和寻找国家旅游局对丽江玉龙雪山与马特宏峰建立友好姊妹山峰上的支持，代表团在瑞士联邦旅游局的精心安排下，专程拜访了中国驻苏黎世旅游办事处，该办事处于开发副主任热情接待了代表团一行。于开发副主任曾多次到过丽江，认为丽江是中国西部发展潜力巨大的新兴旅游城市，丽江玉龙雪山与马特宏峰建立友好关系将极大地提高丽江在瑞士，乃至在欧洲的国际知名度，两峰建立友好关系是双方最为明智的选择，中国驻苏黎世旅游办事处将积极向瑞士和欧洲宣传促销丽江，丽江方面可以向办事处提供有关宣传的资料。

瑞士发展现代旅游业有近200年的历史，有许多宝贵的经验，值得丽江学习和借鉴。通过考察学习、受益匪浅。瑞士旅游业着眼长远、思路清晰、规划先行、环保优先，提出旅游景区的环境保护比赚钱更重要的口号，这一点在瑞士著名旅游胜地瓦莱州及采尔马特地区尤为突出。瓦莱州只有27万人口，却拥有8000多千米长配备安全保障系统的爬山、徒步旅游线路，2500千米的滑雪道，2000年接待游客1600万人次，旅游总收入55亿法郎，占GDP的25.4%。采尔马特地区是欧洲最著名的滑雪胜地，人口只有5000多人，80%的人口直接间接从事旅游业，拥有1.7万张床位，冬季滑雪旅游期间，最多每天接待3万多人，但环境搞得非常好，给代表团留下极为深刻的印象。为了保护环境，凡到采尔马特地区旅游的游客，必须将车停放在离该区数千米以外的城镇，然后乘电气火车前往采尔马特的马特宏峰景区；市内观光均乘电瓶车，以尽量减少环境污染；对经营酒店的业主，按其排放垃圾的数量的多少来收取垃圾处理费用，要求酒店尽量减少使用一次性用品，避免对环境造成污染和破坏。虽然历经百年多的开发利用，但采尔马特和马特宏峰地区自然环境秀美，这不能不说是个奇迹。丽江玉龙雪山旅游发展中从多个方面借鉴了瑞士的经验。代表团还到世界著名的洛桑酒店管理学院进行考察，希望通过学习洛桑酒店管理学院办学经验，把丽江旅游文化学院建成中国西部一流的学院。在培养旅游人才方面，吸取洛桑管理学院的经验，重点培养学生的综合知识和技能，为丽江乃至全国输送高素质的旅游业管理人才。通过双方的共同努力，2001年11月在昆明国际旅游交易博览会上实现了正式签署协议的目标。

瑞士瓦莱州和丽江之间在人员、文化、环保、旅游等方面的交流与合作逐步深化，并形成常态化的机制。2003年签定了《丽江玉龙雪山“瑞士马特宏风情园”合作谅解备忘录》，双方就在丽江玉龙雪山合作修建“瑞士马特宏风情园”相关事宜达成了协议。在双方的紧密合作及共同努力下，2004年5月瑞士马特宏风情园开工建设，并于2005年6月顺利竣工。2005年6月22日，瑞士瓦莱州经济部长让迈克辛纳先生、瑞士驻华大使丹特马帝内里先生、瑞士国家旅游局局长史密

德、瓦莱州旅游局主席岑浩森、瑞士国家旅游局亚洲区主任罗杰·宾登、采尔马特旅游局主任罗兰德·伊姆勃登等，以及丽江市委和自兴书记、丽江市人大杨国清主任、丽江市委何金平副书记等领导和嘉宾得以相聚在玉龙雪山脚下收获双方合作的三硕成果，共同见证了马特宏风情园落成的历史时刻。

瑞士马特宏风情园由三个部分构成，第一部分是室内展示区，以采尔马特地区牧场建筑风格，展示了瑞士阿尔卑斯雪山，滑雪设备，瑞士军刀，户外登山用品，用图片和多媒体方式展示该地区的民族风情。第二部分是户外展示区，绿草地上插有瑞士国家旅游局的旗帜；旗帜下展示着来自马特宏峰脚下象征两国友好的巨石；四头纸制的欧洲奶牛在草地上的场景。第三部分是一栋两层的瑞士农场木屋，第一层放着各种农具，第二层放着草料。三个部分有机地组合，户内户外，一静一动展现了马特宏峰地区的风情，在玉龙雪山就可以感受到中瑞两国人民的美好感情和珍贵的友谊。

丽江方面也是多次组团前往瑞士学习考察，开展交流合作的项目。2006年5月18日至22日，时任丽江市市长张祖林率丽江政府代表团应邀出访瑞士，并出席“日内瓦国际市长论坛”。5月20日，张祖林市长率代表团抵达瓦莱州采尔马特地区，出席丽江玉龙雪山友好纪念石落成典礼仪式。在海拔3800米的马特宏峰冰川公园举行了丽江玉龙雪山友好纪念石落成典礼。这是一尊采自玉龙雪山，重达560千克的青石。纪念碑落户在马特宏冰川乐园，很有象征意义。可以让更多的来自世界各地的游客了解中国、了解丽江。5月22日，张祖林市长率领的代表团与瑞士国家旅游局副局长英伯哈特、瓦莱州旅游局局长罗宾、采尔马特地区政府主席克里斯托夫、采尔马特旅游局局长罗兰等举行了工作会谈，就玉龙雪山—马特宏峰的长远合作进行磋商。会议中瑞士瓦莱州环保官员，冰川、教育等方面专家向张祖林一行详细介绍了冰川及环保等方面的经验和做法，给丽江提供了可借鉴的经验和做法。双方还以务实的态度围绕长远合作规划框架进行了商讨，并达成共识。明确了在市场营销、合作开发、友好联谊交流等方面合作的意向。在面对国内众多的竞争对手中，丽江脱颖而出，瑞士联邦国家旅游局最终选择丽江玉龙雪山与象征瑞士的马特宏峰结成友好关系，玉龙雪山代表了国家的形象，丽江也为国家赢得了一种荣耀，这是丽江和玉龙雪山的光荣。

丽江玉龙雪山与瑞士马特宏峰结成友好关系，对丽江走向世界，建设世界级精品旅游胜地和国际旅游目的地有着十分重要的意义。

1. 姊妹山峰、相得益彰。

位于瑞士瓦莱州采尔马特地区的马特宏峰，海拔4478米，是欧洲阿尔卑斯山最险峻的山峰，是瑞士的象征，一颗明珠，也是世界上镜率最高的山峰。采尔马特因拥有瑞士原汁原味的山间小镇和原始自然环境而享誉世界。远足、高山游览和滑雪是这里最受欢迎的活动。乘坐齿轨列车可以前往海拔3089米的戈尔内格拉特，欣赏马特宏峰和众多冰川的壮丽美景。中国境内有成千上万座终年积雪的雪山，但丽江玉龙雪山有其独特的魅力和特色。这座雪山是北半球离赤道最近，也是北半球最南端的一座终年积雪的雪山，玉龙雪山扇子陡峰也是中国长江以南最高的山峰，海拔5596米。玉龙雪山最低处海拔仅1000多米，是亚热带风光，再往上则是温带、寒带风光，自然植被垂直分布，是生物多样性的宝库，也是奇花异草的宝库。这里的山川、河流、植被、山峰组成壮丽的画卷，加上神秘而深厚的民族文化，使丽江玉龙雪山成为融自然文化为一体的最具代表性的一座雪山。这座雪山倾倒了无数的中外游客。马特宏峰和玉龙雪山结为姊妹山峰，相得益彰、联结友谊、交流文化，将成为中瑞友好史上的一段佳话。

2. 从改革开放末端走向前沿。

玉龙雪山与马特宏峰结为姊妹山峰是丽江改革开放的丰硕成果，也证明了丽江从改革开放的末端走向前沿，成为国内游客向往的世界级旅游胜地。丽江是一个古老而年轻的地方，它既有古老而灿烂的历史文化，又有壮丽的自然风光，但几千年来深藏于深山峡谷中。随着改革开放的春风，丽江走出大山，走出中国，走向世界。丽江成为改革开放30年来中国西部跨越发展的一个典型，一个缩影。丽江以其独特的自然景观和历史文化赢得了国内游客的喜爱，提高了在国际上的知名度。同时在国内外得到了许多殊荣和桂冠。联合国国际交流合作与协调委员会选择在中国深圳举办“全球人居环境论坛”，在论坛上，丽江被评为“全球人居环境优秀城市”。2005年8月，在欧洲瑞士举行的第二届欧中旅游论坛上，丽江被评为“欧洲人喜爱的旅游城市”。从20世纪90年代以来，丽江的国外游客大量增加，对外开放和交流大大加强。数十位外国国家元首、政府首脑、议会议长访

问丽江，还有世界银行行长、联合国重要官员等客人慕名来访。除瑞士马特宏峰外，丽江与日本崎阜县高山市、加拿大新西敏市、俄罗斯喀山市等结成友好城市关系。丽江成为国际旅游胜地和著名的对外友好旅游城市。

3. 他山之石，可以攻玉。

与瑞士马特宏峰结成友好关系给丽江提供了一个向世界先进水平学习的平台。瑞士代表了世界先进的旅游管理的理念和水准。瑞士有着最完美的本色的自然资源和众多人类文明资源，是世界上旅游业最发达的国家之一。现代旅游业起步早，有近200年现代旅游业发展的经验，有世界上最发达最便捷的交通服务网络，有国际高水准的酒店和旅游服务的水平，有很发达的旅游教育和研究的基地，在环境保护、自然文化遗产保护、可持续发展等领域都积累了宝贵经验。这一切都是丽江学习借鉴的一个榜样。实际上丽江在旅游业发展的过程中向瑞士学到了不少的东西，受益匪浅。比如玉龙雪山旅游开发的许多理念和做法，瑞士的经验给了我们许多启示。改革开放以来，丽江在经济社会发展过程中，一条很重要的经验就是瞄准国际先进水平，虚心的学习和借鉴。所以瑞士、法国、日本等旅游业发达的国家成为我们学习的对象，也是丽江旅游发展的一个参照物。他山之石，可以攻玉，这不就是结好带来的最大好处吗？

向法国参议长克里斯蒂昂·蓬斯莱赠送东巴象形文条幅（1999年9月18日）

小凉山两件文化变革意义典型事件评析

什么是文化？文化是一个地域或一个民族生存发展的一种方式。从这个意义上回顾和考察改革开放以来，在小凉山所发生的两件具有典型意义的事件是很有代表性的。第一件事情是在丽江市宁蒗县小凉山地区开展的大规模的“三定”活动，即实施定居、定业、定心的工作。第二件事情是开展大规模的实用人才培训和教育新政。

宁蒗彝族自治县地处小凉山地区，在全国所有县份中，也是很典型的一个县。它在历史上社会发育晚，发育程度低，在新中国成立前小凉山彝族聚居的地区仍然处在奴隶制阶段，坝区属封建领主制，在泸沽湖畔的纳西族摩梭人还保留着母系氏族社会的形态，实行男不娶、女不嫁的阿注婚姻。新中国成立后，尤其1956年实行民主改革后，发生了很大的变化，但由于“左”的影响，小凉山彝族聚居地区仍然处在极度贫困的状态下。

党的十一届三中全会后，实行改革开放政策，党的工作重点已转移到经济建设上来，给小凉山带来了千载难逢的历史性机遇。宁蒗县委政府从实际出发，不是照搬照抄外地的做法，而是创造性地贯彻执行实事求是的思想路线。真正做到实事求是，走特色发展之路，针对性的解决宁蒗自身存在的问题，其中以上所说的两件典型意义的事情是在这样的历史背景下提出来的。这两件事情可以说是在小凉山地区实现跨越发展，改变各族群众命运的两件大事。在小凉山发展史上具有里程碑的意义，从文化角度讲，也将是具有历史文化意义的事件，今天我们这样客观地看待和评价这些事情，我觉得也是很有意义的。

第一件事情，开展大规模的“定居、定业、定心”工作。

由于历史的种种原因，小凉山彝族聚居的地区，尤其在山区，彝族群众过着游耕游牧、刀耕火种、居无定所的生活，搬家频繁，居住的条件十分简陋。人们缺乏建设的观念，由此引起一系列恶性习俗的循环，造形成了富裕文明的重大障碍。当时的县委书记阿苏大岭同志，于1987年1月6日在区委书记、区长会议上总结民房建设的成绩时深刻指出，“如果不改变生活方式，不定居，不改变居住条件，那么也就根本谈不上任何的富裕和文明。实施这项民房建设将带来一系列的良性循环”。

1983年5月27日，宁蒗县人民政府下发《关于改善山区民居条件、扶持山区社员建房有关问题的通知》。这个文件首先强调要充分认识改善山区群众居住条件，实行建房定居的重要性。通知说：“由于各种原因，主要是历史原因和落后习惯的影响，解放三十年来，山区社员群众居住条件虽有改善，但没有得到根本改善，绝大多数的彝族社员群众，仍然居住在十分简陋的木板房里，条件很差，人蓄不分，吃住不分，有碍于山区人民的身心健康，直接影响到山区两个文明建设，解决这个问题已历史性地摆在县委政府面前”。根据小凉山的实际情况，提出“以自筹自建为主、亲友帮助、政府适当补助”的政策措施。国家每户补助700元，主要用于买瓦片及支付技术工匠的报酬。对建造的民房也提出了要求，即一般建土木结构瓦屋面的房子，做到人畜分开、吃住分开。而且明确规定，坚决实行定居，不得随意搬迁，凡随意搬迁者，国家收回补助款项。

民房建设工作，得到广大群众的极大拥护和支持。1985年初在县人民政府《关于民房建设经费的通知》中对这项工作进行了总结，说已取得积极的成果，据不完全统计已有一千多户农户建了新房，共5.6万平方米，有的是砖木结构，有的是土木结构，其中战河乡一年就有500多农户建了新房，有的村瓦房连成片，焕然一新，一改过去落后的状况。这一年在县财政极其困难的情况下，县委政府决定在木材留成利润中又拔出52万元补助民房建设，并认真总结推广战河等区乡的经验。至1991年底，县委政府前后共安排民房建设资金436万元，这在小凉山是一笔数目巨大的资金，当时大都是在县木材停留款中安排的。到这一年总共有14121户山区彝族群众建盖了新房。

为了推动山区民房建设，同时为了有组织、有计划地解决县城干部职工的住房问题，县委政府深入调查研究，制定出台了符合宁蒗县实际情况的政策措施，即鼓励县城的干部职工自行集资修建私房，并于1997年2月正式发出了文件。建房者向城建部门提出申请，按程序和条件进行审批，国家给予适当补助。宅基地统一由政府征用，道路和水电统一由城建部门安排。这个政策在内地和发达地区是不可想象的，但是很切合宁蒗的实际情况。地处小凉山的宁蒗县是全国有名的贫困县，1976年，宁蒗县城遭受6.9级和5.6级两次强烈地震，房屋遭受严重破坏。许多干部职工居住在临时搭建的油毛毡房和旧木料围栏的房子里，而且一住多年，当时国家还很困难，县财政就更困难了，没有资金修建住房，也没有可以出售的公房，行政事业单位房改政策难以实行。但宁蒗也有自身好的条件，即县城边上有荒山荒坡、干部职工在农村都有自留山，既有木材，又有在县城建房的积极性。由此从1997年开始至1999年共有491家干部职工在县城修建了住房，这是一个巨大的发展和变化，宁蒗县委政府总结了八个方面的好处。其中一个重要作用，就是给山区农民建房起到了示范作用。应该说这在小凉山是一个具有开创意义的举措。

在建房的同时，为了适应这种新的生活方式，宁蒗县组织对广大村民深入开展当家理财的培训。从基本的怎样安排生产生活，怎样过好日子等问题入手，这是定居的一个基础。同时在生产上开展“洋芋革命”，地膜覆盖的“白色革命”、“良种种法”等，开展生产技术，基本科技知识的培训，由此作为定业的基础。宁蒗县在广大农村实行的“三三五八”工程，就是叫山区农民定业的配套工程。即在广大农村种植3万亩花椒，3万亩青梅，5万亩苹果，8万亩绿肥。实践证明，安居才能乐业，乐业才能定心。

小凉山开展“三定”工作，到20世纪末，已大见成效，加上对改善山区农村居住条件，省委政府20世纪90年代也作为扶贫的重要内容，因而在改革开放30年的时候，宁蒗小凉山广大彝族群众基本实现了“定居、定业、定心”的历史性转变。

第二件事情，开展大规模实用人才培训和教育的新政。

宁蒗是一个高寒贫困落后的山区民族自治县，经过60年尤其是改革开放30年的发展，有了翻天覆地的变化。今天的小凉山经济大发展，基础大变化，广大群众已经解决温饱，住上新瓦房。甚至有不少群众已经脱贫致富。各民族团结和谐，正向全面建设小康社会目标前进。小凉山在改变贫困落后的进程中走出了一条独具特色的路子。即解放思想、实事求是，坚持以经济建设为中心，扎扎实实搞好基础建设，同时依靠教育科技的进步，大规模培训实用人才。扶贫先扶志，治穷先治愚，千方百计提高民族干部群众的素质，走经济开发与智力开发相结合的路子。县委政府认真分析了宁蒗贫困落后的主要原因：一是历史的原因，主要是新中国成立前各民族社会发育程度低；二是自然的原因，高寒贫瘠、灾害频繁、偏僻闭塞；三是政策的原因，“左”的干扰和影响很大；四是干部的原因，大批当地民族干部的成长需要一个过程，文化科技素质很低；五是生产力水平低下，长期以来宁蒗县大量存在着游耕游牧、刀耕火种，不事定居、毁林开荒，各方面的基础建设处于“原始”状态。从而使县委认识到，宁蒗的贫困落后是全方位的，不仅是经济上的贫困落后，更主要是智力的贫困落后，人的素质不提高，基础建设搞不上去，宁蒗就没有希望。

解决宁蒗县贫困落后，必须立足长远，从根本上解决问题，不能有短期行为。于是针对上述实际提出了“艰苦奋斗、团结建设、跨越发展、脱贫致富”的思路。而且认为，关键在于千方百计提高人民群众的素质，大规模培养实用人才，增强内在的发展活力。于是他们把提高人民群众的素质作为一项系统工程进行综合治理。围绕着脱贫致富这个总体目标，紧紧抓住物质基础建设和提高人的素质这两个基本任务，把两者有机结合起来。培训覆盖城乡，从三个方面进行：一是实用技术培训。包括涉及全县的有关粮、畜、禽、林果等实用技术培训，把科技文化知识普及、科技知识推广普及到千家万户。二是经营管理培训。小凉山历史上没有工业，随着改革开放的兴起，县办企业、乡镇企业、私营个体户发展起来，所以对经营管理人才进行培训是十分紧迫的任务。培训从商品知识、经营管理基础知识普及做起，进行大规模的经营管理和企业基础知识教育。三是当家理财培训。这是根据宁蒗实际出发，涉及所有农户和广大农民群众的培训。这种培训在其他地方是不可想象的事情。小凉山历史上处于奴隶制社会，民主改革后又搞集体化，所以实行以家庭为基础的联产责任制后，许多山区农户缺乏当家理财的知识和技能，一般是吃光喝光，不会做计划安排和长远打算。根据这些实际搞的培训很有针对性和实用性，受到广大村民的欢迎。这些培训对改变小凉山千百年来落后的生活方式、生产方式、习惯势力以及陈旧观念起到了决定性的作用。

宁蒗县把大规模人才培训作为基础性、全局性的重要工作，也是20世纪80—90年代在全县集中开展的一项重要工作。在县委政府直接领导下，专门成立县、乡、村人才培训领导小组，由党政主要领导挂帅，成立培训中心，发挥科协、农业、林业、经委、科委、教委、人事等相关机构的职能作用，同时实行县、区、乡、企业分级培训。农村培训的重点包括初高中毕业生、复员退伍军人、乡村干部、各户家长及青壮年劳动力，据不完全统计，1986年至1990年，全县举办各类培训班2728期，有186150人次受训，农村群众实用技术培训1809期，参训129356人次；行政、企业管理培训97期，参训5837人次；农户与当家理财培训822期，参训50957人次，送外地培训338人。通过培训，在各族农民群众中涌现出各类乡土技术人才7952人，科技类示范农户1200户，从而使农村实用技术得到推广和普及。县级事业单位在这个时期举办培训班152期，参训4987人次，送外地培训干部103人。1988年有由县人才办和科协到全县乡镇开展巡回培训活动，对1047个自然村村长及行政村干部2801人进行了全面培训。

宁蒗县在大规模开展各类人才培训的同时，以极大的气魄和胆识发展教育事业。对发展教育实行一系列特殊政策措施。教育的发展应该说是小凉山改革开放30年的最大变化所在。解放前在小凉山彝族聚居地区还没有学校，解放后丽江等地教师到宁蒗开办学校、发展教育、培养人才，但直到改革开放初期，教育仍然十分落后。1981年适龄儿童入学率48%，小学287所，在校学生13000人，中学6所，在校学生2700人。在20世纪80—90年代宁蒗教育新政体现在以下几个方面：一是把发展教育放在改变宁蒗县贫困面貌的基础地位，作为提高人的素质的主要途径，摆在战略发展的重要地位和发展的优先位置。二是采取特殊政策措施。用特殊优惠政策招聘中学教师，包括直系亲属农转非，增加工资和补助。其中第三条规定，应聘教师在当地辞职到我县任教，如当地政府不办理手续，到我县后可以承认其连续工龄，有关部门同样办给户口等手续。这是1983年8月县人民政府的决定。1987年11月县人民政府做出引进高中教师等技术人员的决定。这个文件提出八个方面的具体优惠条件。三是建立教育的激励机制，尊师重教，表彰先进，奖励优秀教师。四是整体引进江苏海安宁海中学。用木材换人才，搞智力投资，引进先进教育思想和教育机制。1988年4月28日江苏海安县与宁蒗县正式会谈达成协议，由海安县在宁蒗县举办一所中学，33名教师由海安到宁蒗任教，之后又解决了这些教师的后顾之忧，比如民办教师转为公办教师等措施。到1990年以后，宁蒗整体教育水平长足发展，有了很大的提高，成效十分显著。1990年适龄儿童入学率上升到76.38%，小学校增加到401所，在校学生达到23536人；中学增加到14所，在校学生4938人，新办县农职业学校、农业广播学校、农机培训学校、师训学校等。宁蒗县教育教学质量得到质的飞跃。高考成绩一年上一个台阶，1994年至1997年高考升学率为全区第一，高考上线率超过全区平均水平的7.76个百分点。2007年，全县1619名高三毕业生参加高考，上录取线人数达1418人，上线率达87.6%。中考成绩在20世纪90年代中期连续获得五连冠。这是小凉山地区历史性的跨越。

回顾改革开放以来小凉山发生的巨变和走过的这一段不平凡的历程，典型的事件很多，可以总结的经验也很多，但我认为最具代表性的是以上所述的两件事情。对这两件事情进行认真回顾总结，我想对宁蒗乃至整个丽江今后的发展进步也是很有意义的。

1. 小凉山生活方式和发展方式的一次深刻变革。

在20世纪80—90年代发生在小凉山的两件大事是小凉山发展史上具有里程碑意义的事件，尤其对小凉山地区民族文化的变迁和跨越产生重大影响。小凉山的变革是具有深刻文化意义的变革。易中天先生说：“什么是文化？在我看来，文化非他也，乃是人类生存发展的方式。任何民族在任何时代，都要生存，都要发展，这是没有疑义的。”在小凉山地区开展的“定居、定业、定心”是改变生存发展方式的深刻变革。从此改变了居无定所，随意搬迁、游耕游牧的状况，改变了毁林开荒、刀耕火种的生产方式，生态得到了保护；通过大规模培训和教育，提高人的素质，掌握先进的理念和生产技能，发挥人的主观能动作用，提高生产力水平，使小凉山地区出现一次质的飞跃，即实现了生产力的解放，整体文化素质的提升和社会的进步。

2. 一切为了小凉山广大群众脱贫致富。

党的十一届三中全会以来，实现工作重点的转变，实行改革开放政策，在农村实行家庭承包联产责任制。而在小凉山地区则创造性地贯彻执行党的路线方针政策，放开搞活，其出发点和立足点都是为了人民群众尽快脱贫致富，落实好党的富民政策。开展“三定”工作，大规模培训人才和发展教育，都是为了小凉山群众脱贫致富服务的，做的是为小凉山各族群众脱贫致富的基础性工作，本身也是脱贫致富的大实事。通过举办这些实事，使小凉山地区人民群众得到实惠，享受到改革开放的具体成果。小凉山的党组织和广大党员干部始终坚持了这样一个指导思想。

3. 求实、求真、务实的可贵精神。

党的三中全会后，我们党恢复了实事求是的思想路线。在西南边陲的小凉山地区就是一个好的典范，是一个缩影，很有说服力。1987年1月6日，当时的县委书记阿苏大岭同志在区委书记区长会议上这样说：“实事求是，一切从实际出发的思想路线，是我们搞好物质文明和精神文明的基础。三中全会以来，我们坚持了这条路线，一切从小凉山的特殊情况出发，制定我们的工作方针，使各项工作出现了前所未有过的好形势、好局面。今后我们不管在任何时候都要坚定不移的贯彻执行这一条路线。一切工作领域都有一个实事求是，一切从实际出发的问题。”他的讲话代表了一个贫困落后地方党组织站在一个很自觉的高度，体现了解放思想、实事求是、开拓进取的一种境界，也代表了小凉山地区干部求真务实的可贵精神。

在玉龙县鲁甸乡新主村参加东巴祭天仪式

丽江东巴文化传习院创办10年评析

一

郭大烈先生及其夫人黄琳娜女士创办的东巴文化传习院在风雨中走过10年历程。10年来，他们致力于纳西母语和东巴文化的传承教育，同时以传习院为阵地，广泛联系国内外研究纳西文化的专家学者，推动纳西文化的保护传承和研究工作，已取得丰硕的成果。他们在各级党委政府领导的支持帮助下，在各个方面的关心配合下，为民间开展传承民族文化创出了一条路子：即政府支持，学校参与，学者策划，民间运作。传习院已成为“守护精神家园，传承民族文化”的一个典范，为丽江民族文化的发展繁荣作出了积极贡献。

郭大烈先生1941年出生在丽江纳西族一个农民家庭，1964年从中央民族大学毕业后，分配到楚雄彝族自治州禄丰县政府工作。虽受到当时政治环境的影响，但即使在“文革”期间，他也从未放弃对专业的学习研究，他重视对历史文化资料的点滴积累，注重深入到彝、苗、回、傈僳民族村寨进行调查研究。改革开放初迎来科学的春天，他于1980年考入刚组建的云南省社会科学院，多年来研究成果迭出，职称从助理研究员到研究员，成为云南民族学和纳西文化研究的著名学者，并先后任历史研究所民族研究室副主任，民族研究所副所长、所长职务。还先后兼任中国民族学会常务理事，中国民族史学会、民族理论学会理事，中国西南民族研究会副会长，云南民族学会会长等10多个职务。曾先后到云南各个民族地方以及川、黔、桂、吉、青、藏、海南、内蒙古、新疆等省区进行调查，并到加拿大、日本、泰国、越南等国家和中国台湾等地区考察和交流，承担过国家和省多个社科重点项目及研究课题。

郭大烈先生通过长期历史文献资料的积累，深入广泛的田野调查，综合研究前人的成果，与著名历史学家和志武合作，由他主撰完成了50万字的《纳西族史》。这是一部体系完整、资料全面、观点精辟、研究深入的历史学专著。1994年出版，1999年再版，受到学界和读者的普遍好评，荣获1993—1995年度云南省哲学社会科学优秀著作一等奖。他还主编了《纳西族文化史》、《纳西族文化大观》、《东巴文化论集》、《东巴文化论》、《纳西族研究论文集》、《纳西东巴文化要籍及传承概览》、《纳西族社会历史调查》（2、3辑）等几百万字的纳西族基础性资料。他还积极从事民族问题和民族学的研究，主撰了《当代中国民族问题》，探索民族问题发展规律，在这一领域也有不少成果和自己的见解。在整理出版纳西族前辈遗著方面还做了许多具体实在的工作。1988年郭大烈荣获“全国民族团结进步先进个人”称号，1995年获国务院特殊津贴，1996年被评为云南省优秀共产党员。2009年获丽江市宣传文化突出贡献奖，并与云南各民族代表一起受到胡锦涛的接见。

二

在长期民族学和民族文化的研究中，郭大烈对民族语言和民族文化的历史文化价值，保护传承所面临的严峻形势和种种挑战都有着深刻的认识，对民族文化面临断代失传的危机有切肤之痛。当东巴文化日益成为国际“显学”的时候，“东巴”这一文化传承人的智者越来越少，以至于有断代失传的危险。郭大烈为了搞好东巴文化的传承，不遗余力地奔走呼吁，与此同时，他义无反顾地肩负起一种历史的责任。他甘愿做铺路石，做一些实事。退休后他没有去颐养天年，而是和夫人黄琳娜拿出多年积蓄，在丽江古城区黄山宏文村老家，在一座民居院落里办起了东巴文化传习院。传习院于1999年初创办，10年来主要做了以下工作：

首先依托学校开展东巴文化的教学传承。经过郭大烈反复调研考察，征询各方的意见后认为，东巴文化进入学校是行之有效、传承面广、社会影响大的传承方式。这种传承方式有许多好处：生源保证、组织保证、时间保证、纪律保证。通过与乡镇、行政村、学校等几个方面的协调，在各方的大力支持下，郭大烈和学校校长签订了协议书。明确规定了双方的责任、经费的使用、教学的方式等内容，并逐步形成制度。传习院依托黄山小学、兴仁小学举办纳西母语和东巴文化的教学班。黄山小学班于1999年4月开班。兴仁小学班于1999年11月开班。每周利用星期四下午两节兴趣课时间进行学习。每期选择从3年级开始，到6年级毕业为止，保证了教学时间和学习内容。教学班主要传授东巴文化基本知识，增强对传承东巴文化的认识。教学和学习内容有东巴象形文字、纳西语、东巴舞蹈、纳西音乐歌舞等。两个学校前后已举办了四期，2007年6月15日举行了第三期结业典礼，随后举行了第四期的开学典礼。至此，黄山小学有150人结业，兴仁小学有200人结业，结业生中除纳西族学生外，还有汉族、藏族等学生。经过10年的教学传承，实践证明：教学传承的效果明显，许多学生喜爱上了东巴文化，多数学生掌握了400个左右的东巴象形文字，能读能写，了解基本含意。能背诵几段东巴经典中的经文，能了解东巴和纳西语中的几句格言警句，能唱几首东巴唱腔和纳西歌曲，能跳几段东巴舞蹈。为了巩固教学成果，第一期毕业生升入中学后，又跟踪到中学进行了两年的教学。传承教学的老师，除郭大烈先生有时亲自登台授课外，主要选聘东巴文化研究院、东巴文化博物馆的老东巴和研究人员。主要有和力民、和宝林、和虹、秦国华、木琛、和文光、和继全、和丽芳、李秀香等老师。一开始教材靠授课老师自编。通过几年努力，已形成一套成形配套的教材，并且由出版社出版。主要选用郭大烈、郑卫东编的《纳西族象形文字英、日、汉对照》、《纳西谚语——科空》。还有2006年出版的《纳西文化诵读本》、《纳西象形东巴文》、《纳西象形东巴文字应用》、《纳西东巴古籍选读》、《通俗东巴文》（和力民）。2008年出版了诵读本CD，2009年诵读本经修订再版。

其次是推动面上学校开展普遍教学传承。郭大烈倾注大量心血在黄山小学和兴仁小学开展东巴文化教育传承活动。经几年的实践证明是可行的，受到学生们的喜爱。郭大烈夫妇及时加以总结，及时向地县有关领导和教育文化部门汇报，引起党委政府的重视和社会的关注，对传习院工作充分肯定，加以总结予以支持和帮助，并把纳西母语和东巴文化的民间传承上升为政府行为。2003年1月29日，由当时丽江纳西族自治县第12届人大常委会32次会议通过《关于在全县小学教育中开设纳西语言传承和普及教育的决议》。根据县人大常委会的决议，2月12日，丽江县人民政府印发了贯彻执行的通知，并于2003年秋季着手示范试行。当年撤地设市，丽江县一分为二成立古城区和玉龙纳西族自治县后，这项工作继续得到落实。2003年8月古城区和玉龙县教育局分别培训了88名教师，纳西母语和民族文化教学传承全面开展起来。2004年6月21日，古城区教育局举办纳西族母语及东巴文化教师培训班，先后到黄山小学、大研中心校进行观摩。根据教育部门调查，黄山小学、白马龙潭小学、兴仁小学、大研中心校、福慧学校、大东中心校、七河中心校等学校都是搞得好的，积累了一些经验。黄山小学教学点的东巴舞广泛受到好评。在1999年、2003年10月丽江国际东巴文化艺术节和2009年7月在昆明召开的国际人类学民族学联合会第十六届世界大会期间，黄山小学的东巴舞格外引人注目，受到中外专家学者的赞扬，中央省市媒体广为报道。

三是举办短期培训班和接待海内外民族文化专家学者。传习院通过多种形式传承民族文化，比如开展纳西古乐培训（每星期两次）、纳西族母语培训、东巴文化知识培训，同时成为海内外东巴文化专家学者们的家园和研习场所。2010年春节期间，在古城区委政府和宣传文化部门的关心支持下开展了三项文化活动，在社会上引起了很大的反响。

第一项是开办大学生民族传统文化培训班，向回家乡过春节的大学生们讲授纳西拼音、东巴文化知识、纳西族民族歌舞等。参加学习的大学生说："走出丽江，才知道民族文化的宝贵，才知道我们是民族的代表，但对民族文化懂得太少，有时叫你唱一首纳西歌，写几个东巴象形文字都应付不了。回乡加以培训学习很有必要，学到不少东西，继承民族文化是我们的责任。"

第二项是开展祭天及其文化研讨活动。纳西族的祭天倡导天人合一，人与自然和谐等理念，凭借古老东巴经典的记载，祭天文化完整保存至今。在民族文化浓郁的边地山村，祭天活动得以恢复。为了使祭天这一古文化奇葩得以传承，春节期间在传习院开展了祭天活动，两百多人参与观看了这一活动。2月8日下午，又举行了祭天文化研讨会，对纳西祭天文化达成许多共识。

第三项是配合古城区教育局于2月21日在玉河广场举办"国际母语日"活动，广泛宣传保护纳西母语，约有万人参加活动，另外，东巴文化传习院成为海内外研究纳西文化、东巴文化的重要联系点及短期学习研究的接待场所。为海内外专家、学者和新闻媒体提供服务，起到了民间文化大使的作用。据统计，2000年7月23日至2009年3月29日，共接待52批973人次。

三

东巴文化传习院10年的历程，其成功的做法和经验，所产生的广泛影响给我们一些启迪：

1. 对东巴文化的保护传承要依托平台和相应组织。

郭大烈先生对纳西文化的保护传承和研究的贡献是多个方面的，但创办东巴文化传习院则是一个亮点。他的带动和引领作用，其社会效果都是有目共睹的。在他的传习院的带动下，整个纳西族地区从城镇到乡村，民间社会东巴文化传承组织机构雨后春笋般地发展起来。到目前为止，已有15个民间传习点，其中有和长虹主持的玉水寨和塔城署明传习协会及学校，杨树高支持的玉龙县新主东巴传习学校、和力民主持的三元村传习馆，和学光主持的古城纳西文化传习馆，玉龙县吾母村东巴文化传习院等。在市县区党委政府建设文化大区、文化强县及文化立市战略的指导下，把东巴文化的保护传承作为重要工作，采取了许多积极有效的措施，同时鼓励和支持民间社会文化传承活动。从而形成了政府主导、民间社会组织积极参与、形式多种多样的格局。郭大烈先生东巴文化传习院的工作受到海内外学者的充分肯定。2005年5月24日，第10届日本经济新闻社亚洲奖颁奖仪式在日本东京举行。纳西族学者郭大烈获得了文化类的奖项，成为日经亚洲奖第五位中国获奖者，在文化类则是第一个。他身着纳西族服装上台领奖时，更引起了日本学者和媒体的好奇。日本的颁奖词中说："郭大烈先生为保存纳西族东巴文化作出很大贡献，此外用自己的财产投入对纳西子弟教育做出了很大成绩。今后希望作出更好的贡献，特此给予日经亚洲文化奖。"时任丽江市委书记和自兴代表市委市政府和全市各族人民表示热烈祝贺，并指出："郭大烈先生和夫人黄琳娜开展纳西文化传承工作，促使纳西语言、东巴文化、纳西歌舞等优秀民族文化进入学校课堂。他不计名利，默默奉献，是当代研究纳西文化中的'老黄牛'、'拓荒者'，成为一座丰碑。"

2. 民族文化的保护传承离不开一大批文化自觉意识和执著的奉献者。

在现代化、全球化迅猛发展的今天，民族语言、民族服饰、民族建筑、民族艺术等受到越来越大的冲击，面临着生存的危机。就纳西古代东巴文化传承者东巴而言，在20世纪50年代初期，丽江纳西族自治县境内还有300多人，到1983年改革开放初期只剩下112人，1999年只剩下25人，1981年丽江东巴研究院聘请的10个大东巴已全部去世，进入新世纪真正意义上的东巴所剩无几。就纳西语而言，在中小学读书的年轻一代只有20%的人基本掌握，而且还有下降的趋势。据联合国教科文组织濒危语言问题特别专家组披露，世界上6000多种语言，其一半将在百年内消亡。而东巴文化作为世界遗产、古代文化的奇葩，保护传承这一文化和作为其载体的纳西语言是很有意义的事情。最近几年笔者在接待海内外来访者时，许多人提出一个共同的问题，即悠久的东巴和纳西文化为什么传承至今，保存得较好？这是很值得深思的问题。应该说这一古代灿烂文化得以传承当然有多方面的因素，但笔者认为，纳西族在历史发展长河中始终有一个“文化自觉的阶层”，而且这个阶层遍布城乡，东巴就是这个阶层中的优秀代表，他们在传承民族文化中起到了重要作用。今天纳西族东巴文化的传承需要本民族和其他民族一批文化自觉者，一批奉献者。只有这样一批中坚力量承担起历史的责任，民族传统文化传承才有希望。郭大烈先生是民族文化自觉的代表者、奉献者、实践者之一。我们希望能有更多的自觉者加入到这个行列中来，他们的前瞻意识、引领作用，是不可缺的。但是文化传承是广大人民群众的事业。只有通过引领者的带动，通过深入的教育，政府的主导，人民群众成为文化的主体，成为积极的参与者、实践者，民族文化的保护传承才能取得更大的成效。

3. 东巴文化保护传承是一个需要长期持续实施的系统工程。

郭大烈先生等民间社会组织对东巴文化的保护传承所做出的成绩对社会产生了很大的影响。但以东巴文化为代表的纳西文化保护传承涉及方方面面，是一个系统的工程，需要在党委政府的领导下，齐心协力、各方配合、多管齐下，才能取得大的成效。改革开放以来，东巴文化保护传承取得了可喜成就，尤其是民间社会组织积极性高涨，关心和参与的人数很多。党委政府在东巴文化保护传承方面也做了许多实事，包括申报世界遗产，制定保护体系，开展大型骨干培训活动，东巴文化进入大学课堂，培养纳西文化方面硕士、博士等高级人才等。要把这项系统工程长期不懈地坚持下去，取得更大成效，党委政府加强领导是根本，各方面协同配合是前提，资金保障是基础，落实措施是关键。当前尤其要解决好三个方面的问题。一是要纳入经济社会发展规划和工作计划之中；二是要有一定资金投入作保障；三是发挥多个方面的积极性，各方配合、多管齐下；四是争取申报建立国家东巴生态文化保护区，使东巴文化的保护传承上升到国家层面。

4. 要大力提倡“做学问要甘于寂寞，为民族要敢于呐喊”的精神。

这是郭大烈先生的治学格言，其实也是他的治学精神。一个学者的治学精神折射了学者的思想境界、道德风范和人生追求。郭大烈创办传习院则体现了他的治学精神。郭大烈作为一个共产党员，他始终坚持正确的政治方向，有着强烈的爱国主义精神。他深入学习和研究马克思主义民族理论，学习党的民族政策，热情宣传党的民族工作方针，对违背党的民族政策的理论和观点从政治上学术上给予坚决的抵制。他做事低调、脚踏实地、不计较个人名利，甘于坐冷板凳。在改革开放初期，他走遍滇、川、藏纳西族聚居和历史上活动的区域，脚踏实地奋斗十年，才有了《纳西族史》的丰硕成果。作为云南民族学会的会长，他十分关注云南民族问题和民族政策的落实。还不遗余力的四处呐喊、讲真话。郭大烈为了民族、为了学术，个人和家庭做了许多牺牲，他甘做老黄牛，辛勤耕耘和劳作。

郭大烈的夫人黄琳娜女士是一个内地的汉族，生长于丽江，对纳西文化的认识和感悟达到了很高的境界，她于2000年退休后与长子、儿媳一起来到丽江，具体践行运作东巴文化传习和大量事务性工作，成为郭大烈的得力助手，多次得到市、区有关部门的表彰，2010年4月丽江市古城区委区政府授予她“文化工作先进个人”称号，中央、省市媒体多次加以报道。

“丽水金沙”评析

大型民族音乐舞蹈诗画“丽水金沙”，自2002年5月1日公演以来，已成为全国知名的文化品牌，成为文化体制改革和演艺产业发展的一个成功典范。“丽水金沙”诞生于丽江旅游业蓬勃发展的年代，她在率先进行文化体制改革中，在文化与旅游相结合的商业运作中取得了许多成功的经验，得到社会广泛的认可，并创造了良好的旅游经济效益和社会效益。

进入21世纪初，丽江旅游业进入一个新的发展时期。丽江地委行署及时提出，旅游业要二次创业，通过不断提质增效，要对经济社会发展作出更大贡献。文化旅游相结合，大力推动文化旅游产业的发展是当时的重要思路，尤其把加快文化产业的发展提到议事日程。在“纳西古乐”、“东巴乐舞”的基础上，丽江地委行署决定大胆吸纳外地有实力的企业落户丽江，投资文化产业项目，打造文化旅游的精品。2001年10月，丽江地委书记欧阳坚与深圳市能量实业有限公司就该公司投资旅游演出项目进行商谈，经过双方调研考察达成共识。一个是鉴于丽江旅游业的蓬勃发展，对国内外游客的巨大吸引力，丽江丰富多彩的民族文化资源和大批民族文化艺术人才资源，党委政府高度重视文化旅游产业发展，以正在实施的旅游业二次创业发展的目标等为机遇，深圳能量有限公司看好丽江发展前景。而丽江地委行署领导认为，深圳能量有限公司有一定的经济实力，并有文化演艺市场运作的经验，周志强经理又有志于开拓民族文化演艺产业的发展。于是双方于2001年11月达成投资意向。

2001年12月3日，丽江地委书记欧阳坚召集地委、行署相关领导，宣传部、文化局、旅游局等部门领导召开专题会议，这也是一次高层次的决策会议，决定着“丽水金沙”的命运。这次会议达成许多共识，并作出一系列重要的决定。一是由深圳能量有限公司最终确定投资民族文化演艺项目；二是必须打造一台精品文艺晚会；三是必须具有丽江独有的民族文化特色；四是必须面向广大游客，满足不同层次游客精神文化需求；五是演员队伍以丽江民族歌舞团为主，再吸收一批优秀演员；六是同意选用民族文化交流中心为演出场地等。周志强说这是他永远难忘的一天，地委书记欧阳坚富有远见、掷地有声的表态：出了问题，由我承担！至今仍然让人印象深刻。这次会议对“丽水金沙”的运作机制、合作方式、节目策划、市场营销、演员队伍构成、演出场地等相关事宜提出了明确要求。

2002年2月28日，60名演员正式到位。2002年3月丽江丽水金沙演艺公司正式挂牌成立。深圳能量有限公司投资800万元。由于领导重视，齐心协力、相互配合、狠抓落实，“丽水金沙”超常规开始顺利运作。演出的质量和水平决定着一台节目的命运。打造一个民族文艺精品关键在于策划和创造的团队和人才。于是就聘请了省内和国内一批一流专家人才。聘请云南省著名民族歌舞编导周培武任总导演，中国歌剧院著名舞蹈设计师鞠毅担任舞美、灯光设计，还有吴毅、凌淳等一批专家，并购买装置了在国内堪称一流的高科技演出设备。以丽江地区民族歌舞团为基本演出阵容，请了省歌舞团的几位演员，还招聘了部分农民演员参演。经过半年多的独特创意和精心编排，2002年4月23日正式接受地委行署审查。从5月1日开始定点在民族文化交流中心正式对外演出。为了搞好市场运作，在张红苹副专员的主持下，专门研究了市场营销、广告宣传与旅行社和导游的配合等问题。由于在市场中不断探索前进，不断拓展宣传渠道，很快得到广大观众和游客的认可，票房收入不断上升。

“丽水金沙”在机制体制上进行了重大的创新。在成立丽水金沙演艺公司，成功推出这台演出的基础上，2003年底实现彻底的改制，组建了按现代企业模式运作的“民族文化演艺有限责任公司”，公司性质为股份制企业。深圳能量有限公司现金入股占股金的55%，原丽江地区民族歌舞团演职人员个人入股占股金的45%。原民族歌舞团的演员成为公司的股东在医疗、养老、住房等方面享受社会保障，而原来的身份已经被置换。原民族歌舞团的事业编制依法注销，公司按现代企业制度运行，自主经营、自负盈亏、自我约束、自我发展、依法纳税。

“丽水金沙”自2002年5月1日投入市场后，至2009年底共演出4000多场，接待观众200多万人，营业收入2亿元。这台演出对观众和游客产生了强烈的震撼力和艺术冲击力，受到广泛的好评和赞誉。留言本上留下了用几十种文字书写的赞美之词和真诚的祝福。观众称赞"丽水金沙""精彩绝伦"、"高原奇葩"、"比欧洲红磨坊更棒"。一个来自西班牙巴塞罗那东方艺术中心的华人题词："美丽的土地、神奇的传说、惊艳的服饰、精湛的演艺。"LYNNE·CHA留言："这场演出非常的棒。我在纽约的百老汇和拉斯维加斯看过很多演出，但这场演出给我留下更特别深刻的印象。太棒了！""丽水金沙"轰动了云南，红遍了全国，获得了许多殊荣：

2004年被文化部授予"全国文化产业示范基地"称号；

2004年9月中国第七届艺术节评为"全国百家优秀文艺团体"；

2004年10月评为"中国文化产业10佳成长型企业"；

2005年10月获得中国第五届荷花奖表演金奖和创作铜奖；

2005年11月获得云南省著名商标称号；

2007年2月获得 第五届文学艺术创作荣誉奖；

2007年6月获丽江市2003—2006年度"优秀私营企业"称号；

2007年11月被文化部评为"中国创意产业100强"；

2008年2月被中宣部评为"中国文化产业30强"；

2008年4月荣获中央宣传部、文化部、国家广电总局、新闻出版总署四部委联合评选的优秀企业称号。

近年来，公司在继续发展、继续前进。目前在昆明市投资2亿元，正在兴建大型文化体育度假村；在苏州成立了苏州丽水金沙演艺公司，投资创作新的大型中华民族舞蹈剧目，2009年起在苏州进行常年定点商业演出。

1. 这是解放思想、敢为人先、勇于改革创新的产物。

"丽水金沙"是旅游业发展的产物，是文化产业发展的产物，更是解放思想、敢为人先、勇于改革创新的产物。她的成功为文化体制改革树立起一个良好的典范。2003年4月中共中央政治局常委李长春视察丽江时，观看了"丽水金沙"的演出，听取文化体制改革情况汇报，对"丽水金沙"给予高度评价，他指出："'丽水金沙'是目前国内艺术院团最好的改革模式。"艺术院团的改革是文化

体制改革中公认的重点和难点。结合丽江的实际，地委行署站在全局的高度，以跨世纪的战略眼光，勇于解放思想、更新观念、锐意改革，率先在云南古老的世界遗产地取得重大的突破。

进入新世纪，丽江旅游业的发展继续取得持续发展，随着旅游业的跨越发展，在巨大的游客市场面前，民营文艺表演团体如雨后春笋般发展起来。“纳西古乐”、“东巴乐舞”等按市场化模式运作，闯入市场受到广大游客的欢迎，创造了良好的经济效益。但是这还远远不能满足广大游客的需求，旅游业的快速发展呼唤着更多更美的各类产业文化演艺节目。旅游业的发展也为演艺产业提供了广阔的舞台。这个时候云南省和丽江地区又适时提出旅游业二次创业的更高发展目标。

丽江是旅游演艺产业发展得天独厚的富矿，这里是10多个民族聚居的区域。各民族文化多姿多彩，文化底蕴深厚，民族民间文艺人才荟萃，同时已申报成功三项世界遗产，在这种形势下，丽江地委行署审时度势，响亮提出文化是财富，文化也是生产力，是新的经济增长点的理念。不失时机地推进文化体制改革，发展文化产业。在当时地委书记欧阳坚同志的主持下，通过深入调研，决心选择丽江地区歌舞团作为试点，尝试着将具有经营性特点的文化事业单位推向市场。

丽江地区民族歌舞团成立于1955年，曾是云南省成立早、有实力、人才济济的民族歌舞团。建团以来，曾创作和演出了一批优秀民族音乐歌舞节目，在全省屡屡得奖。但是和所有国有艺术院团一样，丽江地区民族歌舞团在旧体制的束缚下，没有生机活力，靠财政养演员、演节目，加上丽江财力弱小，经费越来越困难，民族歌舞团面临着生存困境。当时歌舞团演出很少，没有商业性演出，一年只有在“文化下乡”时有10多场演出。60多个演职人员人浮于事、无所事事。许多青年演员没有机会施展才干，实现自己的理想。这就大大浪费了资源和人才。地委行署领导到歌舞团进行调研时，演职人员说了感人肺腑的意见，表示了施展才干的愿望。

民族歌舞团的出路在哪里？增加一点经费能解决问题吗？地委书记欧阳坚和其他领导通过调研、思索、研究，决心闯出一条新的路子来。国有歌舞团改革没有榜样、没有现成模式，但丽江有了民营的“纳西古乐”、“东巴乐舞”等演艺实体闯市场的经验。于是地委行署以很大的气魄和胆识，下决心把民族歌舞团搞活，以此作为一个重要的突破口。为了面向市场求生存、谋发展，开始寻求战略合作伙伴。欧阳坚等地委行署的领导们以战略眼光，通过深入考察、精心挑选、反复比较，最终选择深圳能量有限公司作为合作伙伴。这个公司有较强的实力，有丰富的演出市场的运作经验，又有志于发展民族文化演艺产业。于是一场前所未有的“改革体制、市场运作、打造精品”的硬仗打响了。周志强总经理在文化体制改革经验交流会上总结说：“丽水金沙”作为丽江市文化体制改革的排头兵和先遣队，它的成功实践使得那些原来对文化体制改革存在担忧的人消除了顾虑，使那些想改革、愿改革的人们坚定了信心，使那些想学习的人找到了目标。为丽江文化体制改革综合试点工作地推开创造了条件和基础，为文化旅游结合提供了一个成功的模式，也为全国全省文艺院团的改革发展，提供了借鉴，发挥了示范带头作用。

2. 彰显民族文化要不断创新，要借助市场，与现代科技手段相结合。

“丽水金沙”是反映纳西等多民族文化艺术和民族风情，荟萃滇西北高原奇山丽水、人文民俗的音乐舞蹈诗画。亘古深厚的古纳西文化宝藏，突出的丽江各民族代表性文化意象，全方位艺术地展现了丽江民族文化中广纳、开放、包容、和谐、美好的民族性格。“一个美丽的夜晚，一个神奇的世界”。观看这场演出，把人们带进了滇西北高原一个神奇的世界。这台演出对民族文化进行了深度的挖掘和开发，充分展示了民族文化的无穷魅力。

“丽水金沙”分为：序、水、山、情四场。“序”展示了一个历史悠久的古纳西王国，古老的东巴象形文字，古老的东巴经卷、古老的城市、神秘的东巴祭祀，等等，以及显示着深厚民族文化底蕴的玉龙雪山。“水”带你走进如诗如画的大自然奇妙世界，水孕育着神秘和灵气，大象与孔雀、小普帽与小普少、傣族轻盈如水的舞蹈，奇妙的蜡烛光亮的闪烁，给人以和谐美好的祝福；“山”以民族风俗画的形式，展示几个民族的生产生活及民俗，把纳西族的“棒棒会”，花傈僳的“赶猪调”、藏族的“织氆氇”，各民族婚恋风俗“找姑娘”，彝族“火把节”等诗情画意地珠串起来，令人耳目一新；“情”则取材于摩梭人的“阿夏走婚”习俗和纳西族的殉情故事，讲述了一种奇异爱情婚姻形式，赞美了对美好

的追求和生生死死的挚爱恋情。整台晚会，如诗如画，感人至深。

“丽水金沙”充分展示了民族文化艺术的神韵和魅力，给人以民族文化的艺术享受，收到了很好的艺术效果。这台晚会立足于丽江旅游市场和游客的需求。旅游的核心是文化，游客需要从文化的角度更深的感受丽江，感受丽江民族文化的精神。编导从为游客服务的定位，有独特的创意和策划，而且进行了深刻的挖掘，找到不少的闪光点。这台晚会具有欢乐和谐的基调，浓郁的生活气息，深厚的民族文化内涵。这台演出把民族文化与现代科技手段有机结合起来，大大提升了民族文化的表现力。它充分运用现代科技手段，让现代的舞台、声、光、舞美等多个方面凸现民族文化的内涵。通过既古老又现代的优美动人的舞蹈语汇，扣人心弦的音乐曲调，设计新颖丰富绚丽的民族服饰，立体恢宏的阵容和舞蹈场面，出神入化的灯光效果，展示出一幅丽江各民族浪漫、淳朴、美好、动人的生活画卷。对观众产生了强烈的视觉冲击。

3. 努力开拓市场，不断接受市场的检验。

“丽水金沙”对外公演已进入第8个年头，在实践中探索出一套市场化运作的做法和经验，接受了市场的考验。今后也将进一步接受市场的检验。演艺公司总经理周志强说：“‘丽水金沙’源于市场，同时也要接受市场的考验。从客观上看，市场无处不在，但要真正进入市场，占据市场的一席之地，却是一个极其严峻的课题。”

一是以市场需求作为立足点和出发点。紧紧结合丽江旅游业发展的需要，面向客源市场，满足人们日益增长的精神文化的需求，休闲娱乐的需求，这是演艺生存发展的基础。客观上讲，丽江旅游业在快速发展，有广阔的游客市场，民族文化演艺业可以大有作为。

二是离不开党委政府的重视、支持和服务。通过改革，“丽水金沙”以新的体制机制闯入市场，但党委政府还要扶上马送一程，从长远来讲也要为文化企业的发展提供良好的服务，营造一个良好的环境。“丽水金沙”公演后，当时的行署副专员等领导主持召开促销会，地委宣传部、地委文化局、地区广电局、地区旅游局、丽江县委政府领导参加宣传促销会，积极推动这项工作。在进入市场后的几年间，相关部门热情搞好服务，为新单位新机制的运作排忧解难。

三是与旅行社等单位联动对接、合作推销、利润分成，建立起风险共担、利益共享的机制。这样使“丽水金沙”这个演艺产品顺利进入旅游市场。文化产业和旅游产业发展相互结合，共创双赢共进的格局。

四是建立和完善激励、约束和监管机制。实行严格管理，打破大锅饭，竞争上岗，绩效挂钩，多劳多得，从而充分调动了演职人员的积极性和创造性。

当前丽江演艺市场不断发展繁荣，继“纳西古乐”、“东巴乐舞”、“丽水金沙”等品牌后，“印象丽江”异军突起，同时其他形式的演艺业也还在发展，因此，市场竞争是不可避免的，优胜劣汰也是一个规律。“丽水金沙”不进则退，我们相信只有在竞争中不断创新、不断提升，才能够在激烈的市场竞争中立于不败之地。

4. 坚持以人为本，始终把职工的利益放在首位。

在丽江市民族歌舞团的改革与“丽水金沙”品牌打造过程中，坚持以人为本，把职工放在改革发展的中心地位，切实保障他们的切身利益，让他们得到实惠，这是改革成功的决定性因素，也是改革的重要指导思想。

第一，在形成改革方案过程中坚持这一指导思想。如果改革不能保障干部职工的切身利益，就得不到全体干部职工的支持拥护。所以方案形成后，深入调查研究、广泛征求意见，形成切实可行的方案。方案形成后，自下而上，逐条逐项交予干部职工讨论修改，最后形成实施方案。

第二，在制定具体政策过程中，坚持在认真贯彻中央、省市相关政策的前提下，确保职工既得利益。用足、用强、用好改革的各项政策，优惠政策就高不就低，从而得到全体干部职工的拥护。在改革期间，做到没有一人下岗，没有一人上访，良好的改革效果得到全国演艺界的好评。

第三，根据不同情况，制定不同政策和配套措施，使大家各得其所。对干部职工实行分流或使用：达到条件的按优惠政策提前退休，部分人员自愿置换身份后自谋职业、自行发展，不再适应演出的人员被安置到相关文化单位工作，其余年轻演职人员成为演艺公司的职工和股东。制定了配套的政策措施，利益有可靠保障，而且采用老人老办法，新人新办法，确保既得利益。

第四，通过改革各种效益明显，尤其是改制进入演艺公司的演职人员。这些

人员通过自身的辛勤劳动获得了应有的报酬，月收入从过去平均700元左右，提高到2500元，最高的收入达到8000元。新的身份、新的岗位、新的机制，激发了新的活力。许多员工创造并实现了新的人生价值。

这几年，公司在加速发展，积极延伸产业链，扩大品牌效应。其业务已拓展到休闲、会展等领域，演艺业正向苏州等地发展，总体呈现出良好发展势头。

在进行纪念方国瑜先生与民族文化活动中，
作者与参会专家学者到方国瑜墓前祭拜并发表祭奠礼文（2007年5月）

“印象丽江”评析

“印象丽江·雪山篇”是丽江与张艺谋、王潮歌、樊跃创作团队合作推出的大型原生态实景演出项目。“印象丽江·雪山篇”被誉为是雪山灵魂之作，一场荡涤灵魂的盛宴，民族文化的艺术精品。这场原生态实景演出创造了多个全国第一乃至世界第一，深受国内外游客的欢迎，创造了良好的经济效益、民族文化效益和社会效益，成为丽江民族文化的又一大亮丽品牌。

2004年至2005年，张艺谋与日本著名影星高仓健合作在丽江拍摄电影《千里走单骑》时，他被丽江壮美的山水、原始的自然生态环境，尤其是深厚的民族文化所震撼、所折服。他深深地爱上了这片神奇的土地。在当时的云南省省长徐荣凯、省委副书记丹增等省领导的关心帮助下，以此为契机，促成了丽江品牌与张艺谋品牌的强强联合。2005年6月10日，丽江玉龙雪山印象丽江旅游文化产业公司注册正式成立。由张艺谋、王潮歌、樊跃创作团队导演的大型原生态实景演出“印象丽江·雪山篇”正式开始运作。经过近两年的筹备和两个多月的试演，2006年7月23日，在玉龙雪山旅游景区3100米海拔的甘海子蓝月谷剧场正式对外公演。云南省省长徐荣凯，省委副书记丹增，省委常委、省委宣传部部长晏友琼，四川省副省长杨志文，以及丽江市四套班子主要领导为“印象丽江·雪山篇”公演揭幕。“印象丽江·雪山篇”公演三年多以来，通过精心打造，不断修改提升，产生了巨大的品牌效应，产生了良好的经济、社会、文化效益。截至2009年底，累计演出2000多场，受到广大游客的喜爱和好评。尤其在2009年取得突破性的发展，1至12月份共演出923场，接待游客138万人，比去年同期增长132%，实现收入1.5亿元，净利润7300万元。2010年1月份演出收入又比去年同期增长70%，继续保持良好发展势头。

“印象丽江”把文化与旅游结合起来，实现文化与旅游的双赢，经济效益和社会效益突出，尤其对带动广大农村脱贫致富发挥了重要作用。“印象丽江”演出团队500多人，来自农村的农民演员400多人，其中不少是来自全市16个乡的边远山区。2009年演员的平均工资达到2500元，一批主要演员工资4000元，远远高于当地平均工资水平。对家庭收入一两千元的山区农村来讲，一个演员的年收入可以解决或带动一个家庭脱贫致富。喂养演出的一百多匹马的几十户农户一举实现了脱贫致富。

鉴于“印象丽江”的优异成绩，中共丽江市委、市人民政府于2009年12月12日正式通报表彰奖励“印象丽江”创作团队。

1. 民族文化精品之作，人与自然和谐融合之作，涤荡净化灵魂之作。

看印象丽江这场盛大的演出，使许许多多的观众激动不已，情不自禁地流下热泪。它带给观众的震撼力足以证明其魄力和感染力。它首先源于博大精深的以纳西族文化为代表的民族文化。这台演出由“古道马帮”、“对酒雪山”、“天上人间”、“打跳组歌”、“鼓舞祭天”和“祈福仪式”六个部分组成，充分展示了古老东巴文化、悠悠茶马古道、行走天上的马帮、悲壮的殉情、美好的玉龙第三国、民族打跳、祭天和祈福仪式等纳西族文化及民族优秀传统文化。而且以很大的气魄和宏大的场面展示民族文化的内涵和主题，极大地震撼了观众的心灵，使其成为民族文化的艺术精品。这台演出在海拔3100米的玉龙雪山甘海子举行，使观众置身于白雪皑皑的大雪山怀抱之中。蓝天白云的天空，周围无尽的原始森林和草甸，四时盛开的各种高山花卉，高原的阳光，汲天地之灵气，取大自然之精华。使人的生命无限地贴近大自然，让大自然净化人们的心灵。这台演出没有华丽的舞台背景，没有灿烂的灯光效果，也没有采用最先进的科技手段。这是一台原生态的演出，那种原生态的动作，从心间流淌出的歌声，是真诚的心灵的坦露。总之与天地共舞、与大自然同声，实现了心灵之间的交流和共鸣，涤荡了心灵上的尘埃。这是一个净化心灵、荡涤灵魂的盛宴。

2. 文化旅游结合的精品，为新时期弘扬民族文化和文化产业发展提供了一个典范。

云南省省委副书记丹增在“印象丽江·雪山篇”正式公演时代表省委指出：

“这是我省充分借助旅游品牌和名人效应，精心打造的又一个文化和旅游的精品，为云南文化产业发展增添了新的亮点。”“由张艺谋、王潮歌、樊跃总导演的大型实景演出‘印象丽江·雪山篇’，是云南文化产业绽放的艳丽花朵。美丽的玉龙雪山、神秘的东巴文化、原生态的农民演员和著名导演的独特创意策划，演绎了生命与自然的对话，彰显了云南民族文化的特色和魅力。”“印象丽江·雪山篇”的成功证明了民族传统文化有着无限的魅力，是个丰富的宝库，是取之不竭的源泉。只有民族的才是世界的。唯有独特的民族文化才是最有生命力和吸引力的瑰宝。事物总要与时俱进，在今天这个新的形势下，保护弘扬民族文化必须要适应社会主义市场经济这个大环境，必须要和文化产业发展结合起来。只有这样，民族文化才能更好地传承发展，同时在不断创新和发展中搞好保护和弘扬。

3．特殊演员和特殊风格彰显特殊魅力。

这是一支400多人的演出团队，他们原来是农民，来自丽江市一区四县的十多个民族，成为民族团结和睦的一个集体。2009年，印象丽江公司被国务院评为“全国民族团结模范先进集体”。400多个演员和100多匹马成为印象丽江壮观的演出阵容。他们中有纳西、彝、汉、普米、傈僳、白、苗、藏等民族以及摩梭人、他留人的演员，少数民族演员比例占到88.76%。他们生长在农村，他们从小受到民族文化的熏陶。他们从小是民族文化的爱好者，不少人是民族文化的传人，或者是民族民间音乐舞蹈的骨干。这批演员各有所长，不少人有很好的民族文化禀赋和悟性，尤其对民族传统文化有较好的认识和理解。他们是没有雕琢过的璞玉，他们朴质真诚，有着良好的精神状态，能吃苦耐劳，从而演绎出了返璞归真、真实自然的境界。他们好像不是在表演，而是在生活。他们没有更多的掩饰和做作，他们的情感是从心灵深处自然地流露，他们的演出折服了成千上万的观众。印象丽江导演组和党支部非常重视演员素质的提高和演出水平的提升。不断提升印象丽江的魅力始终是他们工作的着力点。一是导演组抓住了丽江纳西族文化等民族文化中最能吸引视角的精华，抓住了最能震撼人们心灵的东西。二是着力提高演员的民族文化素养，着力进行民族音乐舞蹈知识和基本功的培训。用请进来的办法，请来丽江民族民间艺术家、老艺人、文化传人和专家传授知

识，解析民族文化的内涵。三是走出去进行考察观摩、增加知识、开阔眼界、吸收营养。公司专门组织学习考察小组到“印象刘三姐”、“印象西湖”、“印象海南”等地进行考察观摩，与他们交流学习，学人之长、补己之短。四是加强管理，培养作风优良、努力奋进的团队精神。为了加强领导，2006年4月正式建立了印象丽江党支部，吸收各民族党员28人，2009年又培养入党积极分子33人。公司对艺术团进行半军事化的严格管理，下辖4个连，一个新演员培训排，形成了良好的管理机制和规章制度。

4. 精益求精，着力打造民族文化品牌。

“印象丽江·雪山篇”的成功归结到一点，就是张艺谋创作导演团队在艺术上精益求精，努力把它打造成为民族文化的艺术品牌。它的艺术感染力、所产生的震撼力充分说明了这场实景演出的水平和魅力。首先是张艺谋创作团队对丽江民族文化的深刻感悟和把握。2004年至2005年张艺谋在丽江拍摄《千里走单骑》期间，对丽江民族文化逐步有了深刻的认识和理解。他曾经满怀深情地说：“对丽江的深刻印象来自拍摄《千里走单骑》的时候。当时最吸引我最感动我的是这里的民俗、这里深厚的民族文化底蕴，还有这里本土演员的敬业精神。让我对丽江流连忘返，除了民族文化的感染，还有心与心之间的交流和感动。”在这个基础上，对丽江独特的东巴文化、茶马古道、殉情文化、民族打跳等进行了深入的挖掘、整理、提炼，注重与神奇的玉龙雪山大自然景观融为一体，在海拔3100米的地方，造就演出了历史上无与伦比的大气和神奇的一台节目。其次是精益求精，不断充实、不断修改、不断提炼、不断提升。公演三年多来，从演出的场景到表演的每个细节，从大的策划到每一句台词，导演组都反复琢磨、反复切磋，多次加以修改完善。同时对剧场的建设和实景的打造，对演员素质的提高，公司和导演组都付出了很大的心血。经过三年多的努力，“印象丽江·雪山篇”成为中外游客喜爱的一台民族文化的艺术精品。再次，这台演出对民族文化产业的发展，对民族文化的传承弘扬都作出了重要的贡献，为全国树立了一个样榜。“印象丽江”这几年产生了广泛的影响，创造了许多宝贵的经验。2009年世界瞩目的北京奥运会开幕式演出，张艺谋导演的许多灵感就来自“印象丽江”，让人体味到不少“印象丽江”的痕迹。由于张艺谋创作团队的突出贡献。2009年12月12日丽江市委、市政府发出通报特别给予表彰奖励。2006年7月19日，丽江市人大常委会正式做出决定，授予张艺谋丽江荣誉市民称号。

大型实景演出“印象丽江·雪山篇”

滇西北生物多样性保护《丽江宣言》评析

2008年2月20日至21日，为期两天的云南省政府滇西北生物多样性保护工作会及相关大型主题活动在丽江隆重举行。省委副书记、省长秦光荣，省委常委、常务副省长罗正富、副省长和段琪，以及丽江、保山、大理、怒江、迪庆5州市政府主要领导与国内外民间环保组织代表、全国知名专家、学者欢聚一堂，围绕着滇西北生物多样性保护主题畅所欲言、献计献策，制定措施，共同发布具有里程碑意义的《丽江宣言》。

2月20日，滇西北生物多样性保护工作会议上，秦光荣省长发表重要讲话，就加强滇西北生物多样性保护作重要部署，同时讨论审定《云南省人民政府关于加强滇西北生物多样性保护的若干意见》，面对面地征求国内外环保组织和专家学者的意见。秦光荣省长诚恳地表示，大家的建议意见很有见解，对省政府的工作很有帮助，我们将予以充分吸收，在滇西北生物多样性保护工作中，政府要建立起一种与专家学者，国内国外民间组织的沟通机制，充分发挥他们的专业和信息优势，加强合作，推进滇西北生物多样性保护工作又快又好地发展。

2月21日上午，在丽江世界遗产公园开展的“魅力三江·七彩云南”——滇西北生物多样性大型主题活动更是气氛热烈，激发了滇西北各族干部群众守护生物多样性美好家园的热情和信心，把这次会议和活动推向高潮。在大型主题活动上，央视《焦点访谈》节目知名主持人张羽和云视新闻节目主持人耿嘉一起宣读了《丽江宣言》。省委副书记、省长秦光荣亲自为立在世界遗产公园广场上的《丽江宣言》纪念碑揭幕，这是一块篆刻着宣言全文的石碑。“丽江宣言”四个大字特别鲜红厚重。这是一个里程碑，也是丽江和云南各族人民铿锵的誓言。秦光荣省长在活动现场向滇西北五州市人民政府授予保护旗帜。同样是在这天的上午，滇西北五州市的上百万各族群众在滇西北香格里拉雪域高原、怒江大峡谷、丽江古城、洱海之滨、高黎贡山山麓举行了盛大的万人签名活动，宣布“五州市在行动”。

在世界遗产公园广场，滇西北生物多样性保护形象代言人，著名纳西族青年歌手和文军等共同演唱《永远的香格里拉》等歌曲，把丽江和滇西北各族人民热爱自然、保护环境的情感表达得淋漓尽致。旅居丽江的美国歌手李婉君在现场深情演唱的歌曲表达了对丽江的热爱以及对滇西北的向往。

《丽江宣言》首先向世人宣告：地处青藏高原与云贵之间的滇西北地区，山峦高耸、峡谷深嵌、江河跌宕，源远流长。这里有中国1/3以上的高等植物和动物种类，是世界上分布海拔最高的珍稀灵长类动物——滇金丝猴的主要栖息地，也是全球景观类型、生态系统类型和生物物种最丰富、特有物种最集中的地区。这里有风俗各异的民族兄弟和丰富多彩的民族文化，有“三江并流”世界自然遗产和丽江古城和世界文化遗产，这是全人类共同的绿色家园。

宣言有五个方面的内容，其要点是：科学制定滇西北生物多样性保护规划，引导生物多样性资源向可持续利用的方向发展，努力构建滇西北科学、高效的生态安全体系。合理有效地利用有限的自然资源，严格控制和尽量减少对滇西北生物多样性生存和延续的影响。启动生态功能保护区建设，加强自然保护区、世界遗产地、高原湿地等自然资源管护体系建设，继续推进“国家公园”保护模式。广泛开展国际交流与合作、鼓励企业和民间环保组织投入保护与建设。高擎七彩云南保护行动的旗帜，用智慧和力量精心呵护，为当代人和子孙后代留下一片永远的生态绿洲。

滇西北生物多样性保护的重点区域是指：在自然区域上属于喜马拉雅山系东部的横断山脉纵谷区，行政区域包括迪庆州的德钦、香格里拉、维西县，怒江州的贡山、福贡、泸水、兰坪县，大理州的大理市和宾川、剑川、鹤庆、洱源、云龙县，丽江市的古城区和宁蒗、玉龙县，保山市的隆阳区和腾冲县，共五州市18个县（市、区）。面积约8万3千多平方千米，占全省总面积21.2%，辖区人口共492.76万人，占全省总人口的10.99%。

两年的时间过去了，丽江宣言和滇西北生物多样性保护行动的影响和意义

正日益显现出来，从某种意义上讲，它是云南生态文明建设的宣言书和行动的纲领，也是落实科学发展观的重大举措。

1. 增强忧患意识，直面存在的问题和矛盾。

随着人类活动的加剧和经济的高速发展，滇西北地区生物多样性面临着前所未有的威胁，这是不容回避的问题。直面存在的问题和矛盾，增强忧患意识，才能担负起历史的责任。同时，面对严峻的形势和挑战，增强信心，保护生物多样性才会有希望。滇西北地区生物多样性保护任务极其艰巨。一是这一地区生态环境脆弱。原始森林大为减少，水土流失严重，草场退化、动物栖息地面积缩小。这一地区地质结构不稳定，是生物多样性演化脆弱的地区，而且该区域海拔高，气候冷凉，植被更替过程缓慢，一旦破坏，植被难以恢复。生物种群地理分布范围狭窄，环境适应范围狭小，分布也不均匀。二是这一地区经济社会发展相对滞后，贫困面大，生产方式粗放落后，对资源依赖程度高，保护与发展之间矛盾依然突出。由于受到利益的驱动和生活所迫，乱砍滥伐森林、盲目采集、猎杀野生动物资源现象时有发生。三是由于历史和地理的原因，这一区域水土流失较为严重，经常引发泥石流，山体滑坡等地质灾害，导致生态系统不时遭到损毁。据丽江市统计，全市水土流失面积5479平方千米，占到全市总面积26.7%，其中中度侵蚀面积9.46%，且大多数区域至今未得到综合有效治理。四是保护投入资金严重不足，缺乏有效补偿机制。长期以来的生存和发展需求对自然生态环境造成很大影响。由于地方财政困难，保护、治理、恢复工作需要依靠国家、省政府的支持和帮助。由于地方财力有限，生态补偿机制没有形成，许多治理恢复项目工程都难以实施。

2. 具有里程碑意义的保护生物多样性宣言书。

滇西北生物多样性会议和《丽江宣言》的发布，是云南实现科学发展观，加强生态文明建设具有里程碑意义的事件。《丽江宣言》提出许多新理念、新举措，这些新东西对国内外都产生了很大的影响，产生了广泛的好评和共鸣。宣言承载着云南尤其是滇西北各族人民热爱美丽故土、守望人类共同家园、呵护永远生态绿洲的庄严承诺，彰显了云南各族儿女构筑生态屏障、建设生态文明、实现可持续发展的豪迈气概。这次会议和宣言有许多开创性成果和做法，在生物多样性保护的理念、思路、举措上有了很大的突破。比如，省人民政府第一次在丽江召开滇西北生物多样性保护工作会议。第一次召开民间环境组织参加的座谈会，由省长面对面与国内外环境组织进行沟通，广泛听取专家学者意见，充分发挥和肯定民间社会环境保护组织的作用。第一次出台了比较系统地保护生物多样性的若干政策措施的意见。第一次明确宣告要继续推进“国家公园”建设模式，鼓励企业和民间环境保护组织投入保护建设等举措。两年多的实践证明，这些思路和举措是切实可行的，大力推进了生物多样性保护的进程。

3. 宣言对丽江既是鼓励和肯定，又是一种责任。

丽江是滇西北生物多样性最富集的地区之一。这里是全球景观类型、生态系统类型和生物物种最丰富、特有物种最集中的地区之一；同时也是长江中下游地区生态安全的重要屏障；这里不仅有生物的多样性，而且有着民族和民族文化的多样性，是中国唯一拥有三个世界遗产的地级市。改革开放以来，丽江从实际出发，进行积极的探索和实践，走出了一条以保护生态、保护民族文化，坚持保护优先，由文化旅游带动经济社会跨越发展的一条路子，成为中国改革开放30年来的典型地区之一。丽江的生态环境保护和生物多样性保护围绕“一江”（金沙江流域）、“一城”（丽江古城）、“两山”（玉龙雪山、老君山）、“三湖”（泸沽湖、程海、拉市海）这些事关经济社会发展的重点区域和重点生态区域开展治理工作。1985年，木材市场放开后，丽江一度成为木头经济、木头财政。随着旅游业的兴起，到1994年云南省政府滇西北旅游现场会议开始，毅然决然地实行“禁伐”和“封山育林”，森林企业开始“转产”。1998年国家“天保”、“退耕还林”政策出台后，更是加大生态保护建设的力度，实现了从木头经济向“旅游支柱”和“长江生态屏障”建设的转变。此外，丽江在切实加强生态环境法制建设，治理水土流失、开展国际合作，探索建立生态补偿机制等方面做了大量的工作，加上植树种绿、开展国家园林城市建设等活动，环境状况得到较大改善，森林覆盖率从48%上升到66%，泸沽湖保持一类水，拉市海保持二类水，程海保持了三类水。今天宣言对丽江提出了更高的要求。丽江要勇于承担起更大的历史责任，按照宣言的精神，把丽江建设成为生态良好、环境优美、民族团结、社会和谐的美好家园。

4. 《丽江宣言》正在有效地推进云南生态文明建设。

以滇西北生物多样性保护工作会议和《丽江宣言》为契机，云南生态环境的保护力度在加强，保护措施在落实，生态文明建设展现出美好前景。2008年11月底，和段琪副省长在大理召开了滇西北生物多样性第一次联席会议。这次会议讨论了《滇西北生物多样性保护规划纲要》等3个文件，建立了联席会议工作制度，专家咨询委员会工作制度。和段琪提出，要以对国家、对人民、对子孙后代高度负责的精神，牢固树立生态文明观念，一步一个脚印地把滇西北生物多样性保护不断推向深入，努力争当全国生态文明建设的排头兵。2010年5月26日，省政府在腾冲举行了滇西北生物多样性保护第二次联席会议，秦光荣省长提出，云南要成为世界生物多样性保护最好的地区。这次会议决定把保护区域扩大到滇西南的德宏、西双版纳、临沧、普洱4个州市，在滇西北和滇西南各建一个区域性生物多样性保护的教育基地，免费向公众开放。“十二五”期间，基本建立云南生物多样性保护和开发利用的生态补偿机制。凡是保护重点区域内举行重大开发利用的规划和建设项目，必须通过生物多样性专家的评估。建立了云南生物多样性保护基金会，现场筹集资金3800万元。这次会议发布了《云南行动腾冲纲领》，同时提出，加大滇池和云南九大高原湖泊的治理力度是云南加强生态文明建设又一着力点。当前，各项治理措施得到空前的落实，其治理的成效正在进一步显现出来。

丽江古城和志刚书斋

和志刚书斋评析

在世界文化遗产的丽江古城东大街，在翠竹绿柳的掩映中，一处艺术气息浓郁的地方，“和志刚书斋”几个字十分引人注目。门面一副对联颇有恢宏气势：志在翰墨观华夏，刚纳奇书扬神州。这些都是和志刚本人的创作和书法。书斋成为古城一道亮丽的文化风景。来到古城，品赏和志刚的口书书法艺术，让人们能触摸到这座世界遗产名城的文化艺术魅力。

一

和志刚，纳西族，乳名阿六七，1968年12月27日出生在云南丽江纳西族自治县（现为玉龙纳西族自治县）白沙古镇向阳村。由于白沙古镇是世界文化遗产丽江古城的一个组成部分，是纳西族历史文化的一片重要沃土，也是当年木氏土司的重要发祥地，和志刚的传奇和成功与这片土地有着历史文化的渊源。1978年2月，在和志刚11岁的时候，不幸遭到高压电击，几经手术治疗和病痛的百般折磨，他失去了双臂。一个失去双臂的残疾儿童成长为著名的口书书法艺术家，成为中国青年人的楷模，一代名人，这本身就是一个传奇。追寻这段传奇，寻找他人生不屈奋斗的轨迹，无疑对青少年乃至对社会都是有意义的。

和志刚是我熟悉的人，是我一直关注着的在不断成长、不断创造着不平凡业绩的人。他是我儿子的伙伴和同学。1978年和志刚电击双臂致残出院后随其父亲和文铎来到丽江县七河粮管所，虽然失去双臂，但他给我的印象是聪明、顽皮、淘气，而且脾气也很倔犟，他很快成为这里的娃娃头，经常带领着娃娃们闹天闹地，且无忧无虑。看着和志刚天真无邪的样子，他父亲和文铎心头的确压着一块

大石头，心情很沉重，他反复谋划着和志刚的未来。这个阶段是和志刚人生的转折时期，在他父亲和文铎的精心呵护下，和志刚实现了基础性的两个方面的跨越，为他后来的成功奠定了坚实的基础。一个是实现身体的适应和生活的自理。失去双臂，出院后走起路来趔趔趄趄，站不稳，找不到自然的平衡，更不用说跑步。双臂没有了，生活怎样自理？怎样穿衣、吃饭，吃喝拉撒？和文铎带着儿子从头做起，进行了实实在在的摸索和训练，从走路入手，然后慢跑、逐步加快，找到身体平衡的要领。生活自理更是个艰难的跨越，一次次的练习、一次次的失败、再一次次的奋起，直到取得完全满意的效果。没有双臂则借助脚、头、颈、嘴等方面的功力，这里有多少艰难困苦，也有不少成功的欢乐，于是奇迹出现了，和志刚自己学会了穿衣、吃饭、上厕所，甚至做家务。

另一个难题是怎样写字？写字是读书上学的基础。辍学一年多，如果要再走进学校，写字无疑是个关键。对于写字则进行了多种方式的摸索，第一种方法是把笔拴在臂上练习写字，这个办法控制不住笔，不能把握住写字的主动权，难以成功；第二种方法是用脚练习写字，这个办法遭到其父和文铎的坚决反对和制止，认为这是对孔夫子和汉字的不敬，有辱斯文。经过反复摸索和比较，最后才确定用嘴衔着笔写字这种方式。七河对和志刚来讲是个重要的转折和起点。1978年9月，在辍学一年后，和志刚神奇般地在七河东红完小复学。直到1983年10月和文铎退休他才随父亲回到白沙乡老家的新尚小学就读，之后以优异成绩考入白沙中学。

1984年对和志刚的人生来讲是具有转折意义的一年。云南省举办残疾人运动会，我作为地区民政的负责人主管这项工作，我想到和志刚是很有希望的重要人选，并把他作为运动员中的“秘密武器”，委托主管残疾人工作的杨寿荣一定要找到他，此后我和民政局的几个同志到白沙中学看了他的训练情况。我作为丽江地区残疾人体育代表团的领队和总负责人率队赴省城参加比赛。在这次运动会上，他一举获得100米、400米跑步和跳远三枚金牌，而且打破了全国残运会纪录，为丽江争得了很大的荣誉，他本人也被云南省列为当年全国和南亚的希望之星。这一年的10月份，在全国首届残疾人运动会上，和志刚又获得400米、800米、1500米跑步三枚金牌，以及跳远的银牌。他前后获得过全国和省市32枚金牌。1984年省残运动会上和志刚夺金的意义在于，他第一次看到了更大的世界，更加坚定了人生的信心和拼搏的勇气。

二

1988年高中毕业后，和志刚从此步入社会，开始了新的人生。他决心到外面去发展，闯世界。在民政部门的帮助下，他先是来到省残联下属的昆明工艺美术厂工作，1989年又转到残联下属的由英国一家慈善机构援助创办的“济世之家”工作，被任命为书法教员。1989年11月3日在“济世之家”成立开业的庆典上，他有幸遇到了中国残联主席邓朴方，而且邓主席为他题词：“不要失去勇气和信心，勇于面对人生，我们会成功的。”和志刚说，这是他永远难忘的一天，他又一次获得了信心和力量。

1992年邓小平南方讲话后，随着市场经济大潮的兴起，和志刚再次挑战人生。他下海了，作为一个残疾人，他放弃了稳定的工作，开始艰苦创业。他先是在昆明街头写字卖字，克服了一个又一个的困难，抗住了一个又一个的挫折。1997年春天，他分析形势、权衡利弊，回到家乡丽江开始创办“和志刚书斋”。他的回归是民族文化的回归，情感的回归，也是事业的回归。他和父亲和文铎认定，家乡的文化底蕴更深厚，天地更加广阔。他的书斋逐步发展，有经纪人、助手等一批人，并为十多个健全人提供了就业机会，成为丽江文化产业中的重要一环，也成为民族文化事业的引领者和建设者。

俗话说，只要功夫深，铁棒磨成绣花针。和志刚以超人的毅力，常人难以忍受的困苦，十多年如一日的勤学苦练，琢磨口书书法。口衔毛笔怎样使其自如，做到随心所欲，他说这是需要很深功力的，同时他说要掌握好中华书法艺术的精髓，功夫要扎实，训练要有素。他读了不少书法名家的著述，他还四处拜师求艺，请名师指点，吸纳各书法流派的精华。同时他认为必须注重综合创新，形成自己的风格、自己的特点、自己的优势。现在和志刚的口书书法艺术已达到炉火纯青的境界，已经相当成熟、自成一家，行家们给予高度的评价和肯定。和志刚的口书作品曾在日本举行的世界残疾人书画展上获得金奖，中国“大重九杯”书法大赛上获奖，参加了“中国国际书画博览会”和“全国获奖艺术家精品博览会”，在上海举办了个人书法展。2005年10月8日，他应邀参加北京故宫博物院建院80周年庆典，他的书法成为庆典参展作品。国内外许多名家收藏有他的作品。和志刚获得的成功和创造的业绩，得到党和政府以及社会的充分肯定。2004年1月4日，他被授予第十四届“中国十大杰出青年”称号。他也是“全国五一劳动奖章”获得者。2008年6月9日，他在春城昆明成为奥运会的火炬手，参与了奥运圣火的传递。

三

和志刚作为无臂的残疾人，除了创办实业为健全人提供就业机会外，他还怀着爱心，不忘回报社会，不忘慈善事业，他先后为慈善事业捐款二十多万元。和志刚书斋的意义不仅在于所创造的业绩贡献了社会，它还有着更深的文化和精神的启示。

1．书斋承载着民族文化的精神。

书斋是丽江古城一道亮丽的文化风景，是许多游客必去的地方。南来北往的游客们或慕名而来，或要亲眼目睹奇人奇事，或观看书法表演购买书法作品。和志刚的事迹和书法作品感动了许多人，折服了许多人，也激励了许多人。就许多游客而言，在这个书斋里所感受到的是丽江一种特殊的民族文化精神。这种精神与古城一道沁入人们的内心。

“天雨流芳”是纳西族的文化传统，读书求学始终是纳西人的不懈追求。当和志刚失去双臂后，他的父亲、他的家庭、他本人所不能舍弃的是读书写字。人可以残疾，但不能残废，残疾和残废不能画等号。人活着就要学习，就要读书写字、掌握知识，成为对社会有用的、有贡献的人。和志刚书斋正是传承着这样一种民族文化精神。纳西族是30多万人的小民族，但是这个小民族却有着大文化，这个小民族有着敢自立于世界各民族之林的精神气概和文化传统。

《假如上帝还我一双手》是和志刚向读者敞开心扉的著作。在这本书里和志刚写道："灾难并不可怕，可怕的是对生活失去勇气；身残并不可怕，可怕的是对人生失去目标。""勇气"和"目标"是一个人安身立命之本，也是一个民族的优秀民族文化精神，和志刚书斋彰显了这样一种可贵的文化精神。在重视学习汉文化及其他民族文化艺术精华的同时，不断学习和扎根本民族文化沃土，这是纳西族一大特色。和志刚潜心学习汉字书法艺术，显示他对这一文化的追求和造诣，但他对本民族文化传统有着很深的感情和追求。他的口书书法艺术中，纳西族东巴象形文字和书法也是他的一个闪光点。

2. 敢于自我超越和超越极限。

超越自我、战胜自我，超越极限、突破极限，这是和志刚成功的秘诀所在。有些违背生活常理的事，有些不可想象的事，和志刚做到了，这是他的一种精神和毅力所致。战胜自我首先是要避免心理上的残疾，成为心理上完整的人。和志刚说："我的不完整首先是心理上的不完整，这种不完整的心理，来自我自己，也来自世俗的社会。"他又说："即使失去双臂，我也不能接受'残疾'这个词。残疾，其实只是一个人的一次重生。""我大胆地走进了正常人群中，与正常人相识相处。"失去双臂后，和志刚克服了一个又一个的难题，战胜了种种艰难困苦和障碍，他像正常人一样穿衣、烧火、切菜、煮饭、放牛、拴马、挑水、打猪草、喂牛、打树上的果子，甚至自己上厕所。他坚持体育锻炼，搞好身体平衡，从走路到跳跃，到慢跑、奔跑、长跑，又稳又快，最终夺得全国的冠军。用嘴衔着笔写字，这笔在和志刚嘴里运用得极为自如，甚至比手里的笔还自如，这就是他口书书法艺术的基本功力。

和志刚对自身的超越，对极限的超越有着深切的体会和独到的理念。他说："身上的残疾，使生命中增加了新的元素。残疾让我的生存压力增大，然而仔细想来，由于残疾，我面对的一切，我得有更大的勇气、更多的付出。付出的过程，奋斗的过程，往往也是快乐的过程。""生活给我增加了压力，同时也给我增加了动力，这让我喜欢挑战，挑战自我的同时，战胜自我。挑战的过程中，生命焕发出一种别样的异彩。""不屈服于命运，我敢做常人认为是不能做的事情。我做的许多事，让人们感觉到我从来都不相信命运。我的所做所为，与正常人相比，总是让人觉得有些'出格'。"

3．父爱大如山。

母爱是爱的海洋，无限的宽、无限的深。和志刚说他的母亲对他倾注了最伟大的母爱，献出了最伟大的劳动和心血。与母爱相比父爱如大山，有着无限的重量和深厚的根基。和志刚的父亲和文铎是他成功的导师和引领者，也是他成功的守护者。父亲的爱大如山，父亲的爱也许感动了上帝，没有这位非凡的有雄心远见的父亲，和志刚的成功也许是不可能的事情。和志刚失去双臂时，和文铎夜不能寐，但他没有更多外表的流露。他反复考虑着儿子的未来，一开始他最大的担忧是如何让儿子实现生活自理、自食其力，进而考虑他的成才，培养成杰出的人才。父爱大如山，父爱深似海。但父爱更多的是一种威严、一种远见、一种坚毅、一种刚强。

和志刚回忆失去双臂后来到七河时的情景：父亲带着他来到七河，在粮管所里他与父亲同睡一张床，相互插着脚睡，这时候父亲把他的脚抱在胸口，他感到非常激动和温暖，他说闻到温馨的味道、父亲的味道，父亲对他的影响特别巨大。和文铎总是教育儿子自强不息。他常说，创造奇迹才是硬汉子，如果甘于现状，一个没有双臂的人，没有人会看得起，只有加倍努力，有所成就，人们才会刮目相看。在1978年和志刚参加云南省残疾人运动会后一段相当长的时间里，和文铎几乎每个月都要找到我倾吐内心一种渴望，对儿子的深情和培训计划。我佩服一位纳西父亲的博大胸怀和雄心壮志。和文铎说，阿六七获得全省、全国冠军后，不能叫他停步，有机会叫他参加南亚的比赛，甚至将来让他进入世界残疾人奥运会，争夺冠军。所以天蒙蒙亮，他就催促着儿子起床训练，不管刮风下雨，他都陪伴着和志刚进行训练，他要求儿子每天要跑步8到10千米，脚上捆绑的沙袋逐步增加，一开始和志刚经常摔得伤痕累累，脚也肿起来，面对这种情况，和文铎不是同情而是鼓劲，让儿子闯关。

只要不懈奋斗，和文铎总相信儿子定会成才。对于书法，和文铎的要求也是很高的，总是要求也相信和志刚能创造出奇迹来。儿子失去双臂后，他说："一个孩子不读书怎么行，特别是一个残疾的孩子，知识更显得重要。"和志刚开始口衔毛笔练习写字，他要求儿子要效法古人，写干水池，练就基本功。同时他认为决不能停留在一般水平，会写字的人多的是，他要求儿子要不断提升，最终成长为一名具有独特风格的书法艺术家。这位父亲还支持儿子闯入市场，逆势而上，创造一片自己的天地。他还看好丽江这块民族文化的沃土，并征求我的意见，鼓励儿子回到丽江。他经常告诫儿子要吃大苦成大器、干大事。总之，和志刚的成功凝结着其父大山一样的大爱。

4．有爱才会有和谐。

在和志刚失去双臂的二十多年里，他感受到一种深深的爱。爱使他的心灵得到平衡，得到和谐；今天他获得成功后，要把爱奉献给更多的人，让社会充满爱，让世界充满爱。只有充满爱，社会才能和谐，世界才能和谐。2004年1月4日，在第十四届“中国十大杰出青年”颁奖大会上。中央电视台著名播音员李瑞英采访和志刚，“假如上帝重新给你一双手，你最想做的是什么”？和志刚用最真挚的语言脱口而出：“假如上帝还我一双手，我要拥抱所有爱我的人和我所爱的人！”这是和志刚心底流淌出来的语言，凝结着他人生的心血和感悟。此时此刻，他想到了他的父亲、母亲、妻子、朋友、乡亲和爱他的所有人，甚至想到了这个世界。和志刚说：如果不了解我没有双臂的人生，听了我的回答可能认为这个话是在“作秀”。当人们知道我20多年无臂生命里程后，可能会觉得我的话发自肺腑。我失去双臂的20年，有多少的亲情、友情让我感动一生。这让我从内心里对生命怀有深深的感恩，让我最想拥抱这个世界。这是诗一般的语言，生命即是诗，我没有手，但我此时产生拥抱世界的念头。

和志刚在人生旅途中所感受的爱，是他的一切，他要感恩爱，要传播爱。他深情的回忆：由于父母、老师和同学的关心爱护，我开始认识到了我自己，我写字还行，可能会独树一帜，成为口书书法家。没有同学的喜爱，没有老师的鼓励，我不会走到这一天。我们纳西族也喜欢这样一句话：天时地利人和。他还面对一个崭新的时代深情地说：“没有我们国家的改革开放、没有市场经济，和志刚不可能有今天。一个人是渺小的，只有放到整个社会、整个民族中来理解。所以我不能沾沾自喜，不敢自鸣得意。”几年来，和志刚在家乡、广州、深圳、上海、北京、昆明等城市作报告，与青年人见面。甚至他有个梦想，要走遍全国的每个角落，每个城市，走进所有学校和企业，与年轻人与同学进行更多的交流，他要把他的爱传达给每个人，让每个人把爱传遍整个世界！

华坪群众文化活动长盛不衰评析

华坪县群众文化活动为丽江市群众文化活动的一个典范、一个代表。城乡广大各族群众尽享精神文化生活。“歌舞升平”遍及基层乡镇和城镇社区，而且长盛不衰，成为一道亮丽的风景。

华坪县是丽江市处在滇川交界处的多民族聚居的一个县。境内有汉族、傈僳族、彝族、傣族、壮族、纳西族、苗族、回族等20多个民族，少数民族人口占总人口的32%，民族乡占全县乡镇总数的33%。

华坪县有着悠久的民族传统文化，民族语言、民族服饰、民族节日、民族歌舞、民间音乐、民族习俗多姿多彩，还有众多的历史文化遗存。以花傈僳、水田彝为代表的众多民族歌舞文化绚丽多彩，汉族的民歌小调独具特色，有情歌、劳作歌、婚嫁歌、唢呐乐曲，还有洞经、花灯、龙灯、狮灯，以传统戏剧表演的形式流传。除此之外，华坪历史上有民间群众文化的传统，这样就形成了丰厚的民族文化资源和传统群众文化的基础。

改革开放以来，华坪县加强群众文化活动场所建设，形成了以县文化单位为龙头，各乡镇文化站为纽带，社区和村级文化室为依托的三级文化网络体系。一是办好县文化馆，使其成为开展群众文化活动的龙头。由县文化馆牵头开展文化创作，文艺辅导，文艺骨干培训，组织大型活动，培养和发现文艺新秀。每年开办培训班多期。培训人数达千人次。1982年底，县文化馆被评为“云南省群众文化先进集体”，获得奖励。1991年县文化馆被授予“全国先进文化馆”称号。现已成为云南省一级文化馆。由于县委政府重视，县文化馆编制、人员、经费都得到保障，为全县开展群众文化奠定了良好基础。二是办好图书馆等县级文化活动场所。群众丰富多彩的文化活动要有好的活动场所，以华坪县城为中心的几项设施进一步得到加强和完善。建设了1200平方米的图书大楼，扩大了图书规模，完善了阅览设施，提高了服务功能。把经费列入县财政预算，每年定额分编入库图书1000册以上，每年无偿接待阅览人次在3万以上，书刊利用率在90%以上。新修建了3143平方米多功能群众文化活动中心，改建和新修建文化中心红卫广场，河东河滨花园广场，工会俱乐部及职工活动中心建设也得到加强。三是办好乡镇文化站和基层文化室。多数乡镇按照省文化厅提出的要求和标准建成了文化站，行政村建了文化室，还积极帮助创建发展文化户。通过以文化基础设施建设为载体，把文化建设与社会主义新农村建设结合起来，不断加大投入力度，多渠道筹措建设资金，华坪县群众文化活动基础设施建设形成一个多层次完善的体系。

华坪县群众文化活动，遍及城乡，十分活跃，长盛不衰，活动面一年比一年宽，层次一年比一年高，规模一年比一年大。其活动形式主要抓了几个结合。一是与民族节庆相结合。民族众多，各民族都有其传统节日，每逢重大节庆活动，县和有关乡镇都要组织开展各种文化体育活动。除了汉族和各民族共同的春节、国庆节等外，县里每年举办汉族的龙文化节，傈僳族的阔时节、龙神节，彝族的火把节、粑粑节，苗族的花山节，傣族泼水节等民族节日。在节日里群众文化活动热火朝天。二是与广场民族文化活动相结合。县城的文化中心广场和河滨花园广场是华坪群众文化活动的一个中心，成为一道亮丽的文化风景。每当夜幕降临，广场灯火通明，人潮如涌，环境优美，成为欢乐的海洋。有上百人的民族打跳、民族歌舞，还有交谊舞、健身舞等，有书画展、书画笔会、演讲比赛、才艺展示、卡拉OK大赛，还有象棋、扑克和体育比赛等，广场周围还有茶室和酒吧等配套服务设施。许多群众无不感慨地说：广场月月有文化活动，周周有安排，天天像过节，真是和谐盛世啊！三是与文化下乡和文艺调演相结合。县文化馆每年都组织文化下乡活动，帮助指导基层群众文化活动，同时培训群众文化活动骨干。文艺调演是华坪开展群众文化活动的重要举措。十多年来，成功举办全县农村农民文艺调演12届，举办企业文艺调演3届，中小学文艺汇演2届，推动和活跃了群众文化活动。四是与基层文化活动相结合。积极组织民族文化、广场文化、企业文化、社区文化、校园文化等活动的开展，使群众文化活动覆盖社会方方面面。华坪的群众文化活动，不仅是县城中心活跃，各乡镇、厂矿、社区、学校、

山区村寨等全县基层也到处呈现热热闹闹、喜气洋洋的景象，群众的参与竞争和创作表演欲望很强、积极性很高，华坪各族群众的乐天热心的精神使全县的“文化热”之火越烧越旺。

通达乡成为傈僳族群众文化活动的一面旗帜，对华坪县乃至丽江市的群众文化活动都产生了重大影响。全乡有傈僳族、傣、壮、白、纳西、汉等9个民族，其中傈僳族人口占全乡总人口的62%，是花傈僳文化特色浓郁的地方。其传统的花傈僳民族歌舞、民族服饰、民族手工艺、民族婚俗、民族节庆、民间医药、民间祭祀等文化底蕴深厚，源远流长。从20世纪70年代以来，在蔡应福为代表的民族民间文化艺人的带领下，挖掘整理傈僳族民间文化、民间歌舞、民间故事，组建三支傈僳族民间业余演出队，活跃群众文化生活。民间文化工作者蔡学珍历经20年心血建立了民族文化传承坊，在全乡开展民族文化传承、研究等工作。他们整理演出的花傈僳歌舞《赶猪调》等民间曲调走向全国、名扬海内外。2005年通达乡被文化部命名为“中国民间艺术之乡”，2009年通达乡再次被文化部和社会文化图书馆司授予“中国民间艺术之乡”的称号。另外石龙坝乡、温泉乡、荣将镇等河谷区水田彝族歌舞文化及民间文艺也十分活跃、亮丽多彩，与山上的花傈僳文化相映成趣。

改革开放以来，华坪县在开展群众文化活动中创造了许多经验和做法。他们从身边群众文化的具体实事抓起，正在一砖一瓦地构筑群众文化的大厦。

第一，得益于全县各级党委政府高度重视，有一批事业心强，懂文化的领导人才。华坪群众文化活动受到国家、省市文化部门的表彰，受到广大群众的欢迎，关键在于党委政府的领导、关心、扶持。自20世纪70年代以来，华坪县历届党委政府都十分重视群众文化活动，不断加强城乡文化基础设施建设，坚持每年都举办农民文艺汇演、职工文艺汇演等，逐步打造形成全县上下的“文化热”。在组织领导文化建设的过程中，华坪涌现出一批有高度事业心和责任感，深谙民族文化，懂得群众文化地位作用的领导人才。其中有我市原宣传文化战线的老领导和家修，多年从事华坪文化领导工作的周述才等，还有现在已调市委宣传部，市人大科、文、卫委员会，市文化局等单位的一些宣传文化的老领导，他们以高度的事业心和责任感，对民族文化的自觉意识，对华坪群众文化工作洒下辛劳的汗水。他们一般是文化工作的行家里手，与基层群众文化工作者心心相印，成为群众文化工作的重要推手。

第二，得益于有一批热心群众文化活动的骨干人才队伍。不断发现和培养鼓励文化骨干人才，充分发挥文化骨干人才的中坚作用和带动作用，这是华坪群众文化的一条重要经验。这样一批文化骨干人才队伍现已遍及城乡。这支骨干队伍虽不同层次、不同水平、不同特点、不同民族，但在群众文化活动中都能发挥独特的作用。他们热爱生活、热爱文化、乐于奉献、充满激情，有文化细胞，有文艺灵感，长期脚踏实地在民间开展民间文化的收集整理、传承弘扬、改编创作、表演展示等工作，尤其在广大山区农村，度过了多少人背马驮、风餐露宿、跋山涉水的艰辛日子。民间文化工作者蔡应福就是一个代表，他从小酷爱民族民间文化艺术，在数十年里，他一边行医、一边悉心钻研花傈僳传统文化；他收集整理和自创自编花傈僳音乐歌舞节目60多个，其中30多个获得全国和省、市、县的奖励。他创作改编的牧歌——放猪调、放羊调被誉为“中国民族民间歌舞中一流精品”，多次参加国际性民族文化演出活动并获奖。

第三，得益于典型引领和带动。通达傈僳族乡是“中国民间艺术之乡”，是引领华坪群众文化活动的一个典范。花傈僳歌舞服饰文化已成为一个品牌。华坪高度重视对这个典型的培育和扶持，充分发挥其对全县群众文化活动的引领和带动作用。这个典型成长于20世纪70年代，在蔡应福等民间艺人的带领下，对华坪花傈僳民间文化进行了系统地挖掘和整理，保护传承和再创作。其花傈僳歌舞《牧歌》、《苦歌》、《甜歌》等作品声名远播，得到各级政府文化部门的表彰奖励；几支民间文化演出队几十年来一直活跃在城乡，民族群众文化活动繁花似锦，给山区各族群众带来欢乐和力量；注重培养民族文化人才，先后培养出蔡学珍、王志芳、蔡洪英、王嫦英、丁文莲、陈才、蔡明高等一批知名傈僳族青年歌手和民间文化骨干人才；不断开展傈僳族民间文化的研讨，民间口传文学的收集及整理，还建立了“傈僳族文化传承坊”，民族文化的保护传承取得良好效果。

四是得益于形成了县乡村群众文化活动阵地和联动机制。群众文化活动要有阵地、要有载体。阵地建设是基础，联动机制是保障。县级群众文化活动场所是龙头，华坪县形成了县文化馆、图书馆、群艺馆、工人俱乐部、活动广场等为

中心的配套设施建设，乡镇建成了有一定规模和档次的文化站和活动场所，行政村、自然村、基层社区先后建立了文化室，还发展了一批文化活动户，这样从上到下为群众文化活动奠定了必要的条件和基础。在开展活动的过程中，上下形成联动的机制，以龙头带动乡村和基层社区，又以基层促进和提升全县的活动，相得益彰。广泛的群众文化活动的开展，保障和满足了各族群众对精神文化生活的需求。

作者与参加中央电视台“青歌赛”获银奖丽江歌手座谈（2008年5月）

玉水寨——着力打造民族文化旅游品牌评析

玉水寨是丽江著名的民族文化旅游品牌景区，对国内外广大游客产生了很大的吸引力。玉水寨以独特民族文化为魂，优美的自然生态为形，旅游业发展为平台，追求特色的文化、自然的生态、精品的理念，成为丽江文化旅游结合的一个成功典范。

玉水寨景区位于玉龙山南麓，在青山绿水的怀抱中，离城15千米，是一个民营企业的杰作。玉水寨于1997年春天开发建设，十多年来走出了一条成功的发展之路，取得了良好的经济、社会、生态效益。玉水寨占地208亩，周边则连着无尽的森林、草甸、湿地。2009年景区接待游客158万人次，总收入3962万元，实现税利1600万元，上缴税款558万元。2010年继续保持了增长的良好势头。

1997年春天，在纳西汉子和长红的带领下，在一片美丽的自然荒坡上，通过艰苦的创业和奋斗，重新描绘自然生态、民族文化和旅游发展相结合的新蓝图。在发展初期，从筑坝养虹鳟鱼、搞野外餐饮起步，只是供本地人节假日休闲、娱乐、垂钓、野餐的地方，主要靠两个餐厅和几个烧烤场来支撑。在这段艰苦创业的日子里，和长红在总结着点滴的经验，思索着未来的发展，也为后来的深度开发建设积累了“第一桶金”。

随着丽江大地震恢复重建的胜利完成，随着1997年12月4日丽江古城申报世界遗产的成功，也随着丽江旅游大潮的到来，玉水寨之路如何延伸？玉水寨的优势是什么？玉水寨旅游发展如何定位？打造成什么样的品牌？这是和长红反复思考的一个主题。思想的解放程度决定认识的高度。创新的思维决定创新的思路，而创新的思路决定一个企业的出路。和长红是勇于开拓创新的人，也是一位勇于探索实践的闯将。从根本上来讲，玉水寨的发展之路是解放思想，勇于开拓创新的

成果。把玉水寨打造成为全面展示纳西文化的景区，成为“东巴圣地”的思路也就是解放思想、开拓创新的结晶。当然也是长期思考、长期积累以及丽江旅游发展实践中逐步形成的。但当时以下几个方面的重要因素对形成这个思路产生了举足轻重的影响。

一是和长红是土生土长的丽江白沙人，从小深深扎根于白沙这片纳西族文化的沃土里，从小受到纳西文化的耳濡目染，对纳西文化的博大精深有着深切的理解，对纳西文化有着深厚的感情和悟性。玉水寨水源地圣水灵泉，纳西人称为“歌吉可”，是当地白沙村民千百年来祭祀自然神“署”的圣地，水源地两棵千年古树保护得相当完好，纳西村民对“歌吉可”依然有着敬畏之情。这个地方历史文化渊源很深。这个地方也是和长红熟悉的故土，也是他从小心目中的一块圣洁之地，神秘的文化之地。二是1997年12月4日，丽江古城被列入世界文化遗产名录，以丽江古城和东巴文化为代表的纳西文化受到国内外游客的青睐和喜爱，探寻古老的纳西文化成为游客的一种追求。1999年10月，丽江举办第一届国际东巴文化艺术节，在玉水寨举行了大型的祭祀活动，吸引了大批的中外游客，产生了巨大的震撼效果，彰显了纳西文化的独特魅力。三是丽江旅游产业的发展给文化产业的兴起带来广阔的空间和巨大的发展前景，民族文化产业显示出强大的生命力。比如大研纳西古乐队的古乐演奏在国内外产生了轰动效应，随着东巴宫等民族文化展演事业也获得成功，彰显了民族文化在旅游业中的巨大价值。四是东巴文化作为纳西族的古代文化，有着悠久的历史，在一些方面反映了人类童年时期的文化现象，有着博大精深的内涵，同时在文化旅游产业发展中显示出广阔的市场前景。东巴文化反映了人与自然、人与人、人与社会之间古朴的和合和谐理念。东巴各种仪式及活动又很古朴神秘，具有良好的看点和视觉效果。

根据现代旅游发展的趋势和旅游市场发展的需求，在上述基础上广泛听取各方意见，经过反复思考，反复论证，决定着力把玉水寨打造建设成为充分展示纳西文化的旅游品牌景区，并把塑造“东巴圣地”作为品牌景区建设的核心内容。发展思路和目标敲定后，为实现这个目标，在打造建设的具体工作中始终遵循了“打造自然景观同建设人文景观相结合，展示纳西族传统文化同保护传承纳西文化相结合，打造文化景观同培养民族文化人才相结合，建设精品旅游景区同培养高素质企业人才相结合”的发展路子。并实施了广大中外游客喜闻乐见，能产生良好视觉效果的一系列景观建设工程。这些文化景观工程的建设，较好地诠释了纳西文化多个方面的深刻内涵。这些景观其实就是玉水寨文化旅游取得成功的关键所在。

第一，祭祀场和自然神景观的建设。

进入玉水寨景区，首先映入眼帘的是由和志强省长亲自题写碑名的“世界遗产‘东巴古籍文献’纪念碑”。纪念碑高高耸立在玉水寨之南门口，建筑面积达437.20平方米，高17米，用青石和紫铜材料制造，体现了纳西族悠久的石雕工艺和白族的精湛制铜工艺。纪念碑顶上是展翅欲飞的大鹏金翅鸟，这神鸟是东巴经典中反复提到的智慧吉祥之鸟。这种神鸟既是人类与自然界关系的协调者，又是人类的保护使者。纪念碑的建立向世人展示了玉水寨保护传承弘扬东巴文化的意愿和追求。纪念碑于2005年建成完工。1998年在大东巴和开祥等人的指导下，在玉水寨水源地“歌吉可”恢复了祭自然神的圣地场所，并在附近修建了祭天场、祭风场和东巴法场，成为景区展示东巴文化的第一批基础性人文景观。2007年神泉口的自然神像放大重塑，一尊尊人与自然合一化身的自然神“署”展现在游客面前，使游客直观地体验到人与自然兄弟关系的文化理念。祭天、祭署、祭风是纳西族东巴三大祭祀活动，祈求人与自然、人与人、人与社会之间的和合和谐、蕴含着古朴而深刻的文化理念。

第二，象征纳西文化精髓的“和合院”景观建设。

2004年，全面展示纳西文化内涵的和合院建设全面完工。进入“和合院”，首先看到的是东巴文物博物馆。在这个馆里陈列着东巴经书、法器、木偶、石偶、东巴神路图、东巴艺术品，各地东巴的相关资料等文物展品。东巴壁画馆展示纳西族地区最大的壁画群。这些壁画体现了“创世”、“因果报应”、“迁徙”、“定居”、“战争”、“爱情”、“人与自然”等方面的主题。有许多是东巴经典史诗的画卷，气势恢弘、色彩斑斓。东巴绘画有着象形文字所具有的艺术特征，是古老的绘画艺术，在我国绘画艺术中独树一帜。在“和合院”的中心广场上，耸立着用石块垒积而成的天香炉，东巴们每天清晨都要点燃天香，向东巴诸神祈求平安和谐、祈求福泽。“和合院”的主体建筑是象征东巴文化的“玉

水缘”大殿建筑。玉水缘里供奉的是具有代表性的东巴神，这些与国内外宗教寺庙和宗教场所的神灵不一样，有着特殊的文化含意。这里塑有东巴始祖东巴什罗、纳西族保护神三朵、纳西族祖先崇忍利恩和他的三个妻子、三个儿子及自然神三兄弟。通过这些生动的神像，可一窥纳西文化的许多内容和内涵。这些神灵还有许多神话故事，这些故事视野广阔、哲理古朴、寓意深刻、充满和谐，故事引人入胜，给人以很大的享受和启迪。

第三，东巴文化传承基地景观建设。

玉水寨是目前现有东巴最集中、东巴活动最活跃的地方之一，已建成为东巴文化的传承基地。玉水寨现有的东巴已成为公司的员工，既有稳定的工作，同时以东巴村及和合院作为活动的场所。他们既是东巴文化的传承者、研究者，又是玉水寨东巴文化景点的管理者和宣传讲解者。每天都要为游客讲解东巴文化，书写东巴文的祝福吉祥语，书写平安符。传承基地还有两项重要工作：一项是依托东巴文化传承协会积极开展相关工作。东巴文化协会于2003年年底正式成立，是民间社会东巴的最大组织。协会由和长红董事长任会长，主要由玉水寨公司资助开展活动，每年还要举行一次重大的东巴法会。从2002年起恢复每年农历3月5日为东巴日。每年的东巴法会期间，各地的东巴和东巴文化的爱好者都要聚集在玉水寨，这里已成为新老东巴和各地东巴开展文化传习交流的一个重要平台。另一项工作是开展东巴文化的传承工作。1998年以来，聘请老东巴杨文吉、东巴文化专家和力民等为老师，开展东巴文化传承人培训活动。多年来前后共培养东巴学员38人，每期培训时间为4个月左右，也有较长时间在玉水寨学习提高的学员。为了搞好培训传承活动，玉水寨购进了《纳西东巴古籍译注全集》等资料图书，为培训学员提供全面服务，所培养的学员已成为丽江东巴文化传承和工作的骨干。

第四，体验纳西族民俗文化的“民俗院”景观的建设。

玉水寨纳西民俗院是一个恬静的田园生活画卷，可以较好地体验到纳西民俗文化生活。这里有着诗画般的田园、古老的木楞房、火塘、传统的生产生活用具，手推石磨、脚碓、兽皮用具、弓弩等，在民俗村里还有酿酒的院落，可以领略到各种古老的工艺和程序：粮食的浸泡、蒸煮、掺拌酒药、发酵、出酒、品酒等。纳西族在历史上喜欢喝“纳西甜酒”，泸沽湖畔把这种酒称为苏浬玛，这是纳西族民间的一种低度甜酒。在民俗村里还可以看到东巴纸的制作工艺，这种工艺历史悠久、源远流长、技艺独特。这种工艺与历史上东巴使用竹笔书写东巴字有联系，并相适应。走进民俗村使游客仿佛恍然进入纳西人静谧和谐的生活和精神的家园里。

第五，展示纳西族古老音乐舞蹈景观的建设。

音乐舞蹈是一个民族的心灵之声和艺术形式。玉水寨于1999年组建古乐队并建成了展演厅，2001年和2006年两次进行改建和扩建。进入玉水寨游客可以免费欣赏到纳西古乐和传统民间歌舞。这些古乐和歌舞原汁原味原始古朴，是一曲曲古老的田园牧歌和生命的乐章。白沙细乐被称为音乐的活化石，是纳西族传统音乐中的瑰宝。为了传承这一古老音乐，玉水寨聘请了这个音乐的传人和茂根、和仕华、和丽明等深入挖掘、传授技艺、讲解要领，并搜集和整理民间有代表性的音乐歌舞节目，组合成一台具有浓郁特色的传统文艺节目，为游客展演。2000年6月，专业摄制《白沙细乐》VCD光盘和磁带、公开发行，使白沙细乐得到抢救并广为传播。2001年11月，玉水寨又聘请了纳西族勒巴舞著名传承人李文先到玉水寨进行传承，玉水寨民族演艺队认真学习各种技法，从而使大型民间勒巴舞12套70多种跳法和技艺得到真传，各种模仿动物的造型和豪迈粗犷的风格得以继承。在美国大自然保护协会的支持下，玉水寨成为白沙细乐和勒巴舞的传承基地。

第六，生命之源、生命之绿——生态文化景观的建设。

水是玉水寨的灵气，绿是玉水寨的生命。所以玉水寨把自然生态文化景观的建设作为景区建设的基础。自然生态就是一种文化，是纳西文化的本质和根源所在。《东巴经·创世纪》中说："最初由天地交合，从上产生了好的声音，从下产生了好的气息。声和气相交，产生了三滴白色的露水，露水滴进大海之中，使黄色的海变成了美丽漂亮的蓝色的海。"纳西族认为水是万物之源，世间一切由水化育生成。绿是自然界生命的象征，纳西族东巴经中说，自然界的万事万物与人类一样，都是有生命的，各种绿色植物是人类的兄弟。爱护自然、呵护自然就是爱护、呵护自己的手足兄弟。从这样一个理念出发，在玉水寨的景区开发建设过程中，把塘坝的建设、水系的设计、河道的梳理融入民族文化的理念，使重重叠叠的瀑布、欢乐叮咚的泉水充满了灵气。还把景区植树种绿、培植四时鲜花作

为景区生命活力。这一切自然生态的建设其实体现了古老东巴文化的内涵。

玉水寨自1997年4月开发建设以来，经过十多年的艰苦创业和不懈努力，走上了一条文化、生态、旅游有机结合、互动发展的成功之路，已打造成为充分展示纳西民族文化的旅游品牌。特色文化成为这个景区的灵魂，成为景区核心竞争力因素。感受文化、体验文化、享受文化，使旅游彰显了无穷的魅力。十多年来玉水寨所积累的宝贵经验是值得认真加以总结的。

1．坚持用民族文化熔铸灵魂，打造品牌。

玉水寨的成功，首先得益于对独特民族文化有着深刻的认识和把握，着力打造文化品牌，把民族文化作为景区的灵魂和核心竞争力因素。十多年来，景区在建设发展进程中，始终按照民族文化和东巴文化圣地这个目标定位，精心筹划、认真打造、建设精品，让中外游客在这里领略到与其他地方不同的文化特色和民族风情。正是这种文化的差异性、景观的独特性吸引着国内外游客。着力打造品牌又是玉水寨的成功之道。和长红认为，在社会主义市场经济的条件下，企业的生存发展之道在于品牌建设，发挥品牌效应。而品牌的建设除了扎扎实实做好基础和企业管理外，还必须运用现代媒体等有效途径塑造品牌形象，进行宣传推介，提高广大消费者对品牌的认可度、支持度和影响力。

2．坚持打造有感染力的生动形象文化景观。

怎样打造具有民族文化特色的文化品牌？玉水寨在总结发展文化旅游的实践中认为，关键是要让广大游客实实在在触摸到文化、感受到文化、体验到文化，而不是简单的说教，更不能简单的满足于宣传。文化景观也必须生动形象，产生视角的感染力和冲击力。在民族文化景观建设中，玉水寨精心策划、精心设计、精心打造和建设，在工艺上精益求精，所以许多景点拥有很高的民族艺术性，工艺也很精湛。比如大自然神“署”和各领域的“小署”，制作工艺精湛，形象生动，栩栩如生。民族文化的景观还要有利于游客的参与和交流，做到能亲身参与感受，这样其效果和作用就会大得多。在玉水寨的民俗村和古乐展演厅，不仅让游客目睹和感受独特民俗文化的实物，而且还能参与纳西族古老音乐舞蹈打跳等活动。

3. 坚持民族文化保护传承和开发利用两手抓。

玉水寨不仅注重民族文化的开发利用，而且更加重视民族文化的保护传承。他们认为，开发利用是一时的事，而保护传承才是长远之计，保护传承才能保存民族文化的根。公司董事长、总经理和长红认为，纳西民族传统文化，尤其是其中的东巴文化是我们国家的一份珍贵遗产，享有世界声誉，开发利用这一珍贵遗产使企业受益，所以保护传承这一文化遗产是企业的一份责任。一定要用毕生精力保护传承好这个珍贵的遗产，让先者安息，后者享福。由于有着高度的使命感和责任感，志存高远，目光远大，因而在十多年来采取了一系列行之有效的保护措施和保护行动。玉水寨成为保护、传承、培训、展示以及开展大型东巴文化活动的一个中心。2003年在玉水寨的扶持下成立了东巴文化传承协会，并由和长红担任会长，团结各地东巴开展了有组织的保护传承活动。2006年4月开始在玉龙县委、政府支持下，在玉龙县塔城署明建立了原生态纳西文化保护区，开展一系列保护传承活动，产生了积极的效果。

4. 坚持培育企业文化精神，重视企业人才培养。

企业文化是企业的精神支柱，企业的人才是企业的主心骨，企业的凝聚力和活力在于企业文化精神和一大批骨干人才。玉水寨走过13年的奋斗历程，在一片荒山荒坡上开拓创业，成为国家4A级景区、云南文明风景旅游区，成为经济、社会、生态效益显著的企业，这与和长红及玉水寨拓荒者和一批中坚骨干人才是分不开的。是企业的文化凝聚了人心，是企业的精神激励了职工，是企业的人才创造了财富。玉水寨在打造民族文化品牌的过程中，把优秀传统文化和时代精神有机结合起来，提炼出企业文化的核心理念，即“感恩、和谐、创新、发展、团结、诚信”。而且努力把这种理念和精神熔铸于企业员工的生活工作之中。为了提高员工的整体素质，企业舍得下本钱培训员工，引进先进管理系统和设备。除了开展短期的专业培训外，2006年，玉水寨与丽江师专签订了旅游管理函授大专班培训协议，学制3年，员工参加学习的费用全部由公司承担。经过几年的努力，使玉水寨形成了一支具有较高素质和比较稳定的员工队伍。

永胜县和韶山市毛氏渊源关系评析

湖南湘潭韶山因一代伟人毛泽东而闻名于世，而云南丽江永胜则与一代伟人毛泽东有着深厚的历史渊源关系。两地共同的始祖毛太华把他们联系在一起，两地血浓于水的亲情把他们联系在一起，两地共同的毛氏历史文化把他们联系在一起。如今，两地为了共同推动科学发展，又缔结为友好县市。

2009年11月17日，韶山市市长谢振华率团到永胜县考察访问，受到县委书记陈星元和四套班子的热情欢迎和接待。永胜县县长木崇根和韶山市市长谢振华共同签署了两地缔结为友好县市的协议。至此两地的交流合作得到进一步发展。永胜与韶山决心再续中断了近6个世纪，血浓于水的亲情关系，充分发挥毛氏文化的品牌优势，携手合作，推动经济社会全面发展。

毛泽东是中国历史上前无古人的民族英雄，新中国的主要缔造者。对毛泽东及其家族史的学术研究，在我们国家进入改革开放新时期后逐步活跃起来，开辟了许多新领域，也达到了新的高度。其中对毛泽东祖籍的研究，其祖先毛太华从云南丽江永胜到湖南湘潭韶山的史迹取得重大突破，正本清源，修正了谬误，同时也搞清了永胜毛氏和韶山毛氏的历史渊源关系。

《韶山毛氏族谱》在历史上就记载：“我族始祖太华公，元至正时人也，避乱由江西吉水龙城迁云南之澜沧卫，娶王氏生子八。明洪武十三年庚申，以军功官入楚省，携长子清一、四子清四与之偕行。解组时居湘乡北门外绯紫桥。十余年后，清一、清四两公卜居湘潭三十九都，今之七都七甲韶山家焉。”

历史上的澜沧卫是云南丽江永胜县，这本是无可辩驳的历史事实。但漫漫历史，悠悠之几百年岁月，世事多变，天灾人祸，宗祠被当作封建余孽被拆除。祖先墓碑被当作修筑潭坝、道路、桥梁的材料，保存或延续家谱族谱被视为“四旧”而禁忌。加上一些著书立说者不注重调查研究，因而把历史上的澜沧卫想当然的当作现今的云南澜沧拉祜族自治县，以致误传误导，在舆论界、学术界造成了很大的混乱。

永胜毛氏文化的研究，得到中央文献研究室、云南省委宣传部、湖南省委宣传部、丽江地县党委、韶山市委有关同志的关心和支持。20世纪90年代中期，云南和丽江永胜等本土学者舒家政、何守伦、廖开和先后发表文章提出永胜和韶山毛氏同源共祖的问题。舒家政1995年1月1日在《永胜报》上发表《毛泽东祖先在永胜留下后裔》一文，何守伦1995年在《玉龙山》第一期上发表《韶山毛氏与永胜毛氏同源同祖——毛泽东家世渊源》一文，廖开和1997年在云南《党史月刊》第二期上发表《毛泽东与云南一代伟人生死奇缘》一文。但要搞清楚这些问题以正视听仍需要大量史实和证据材料。应该说简良开同志和永胜县毛氏研究课题组做了大量艰苦细致的调查研究和具体复杂的考证工作，从而取得突破性的进展，从1995年开始经过8年的努力，在隆重纪念毛泽东诞辰110周年之际，由中共永胜县委汇编的《毛泽东祖先事——从永胜到韶山》一书问世了。澄清了史实——历史上的澜沧卫即今日的永胜，毛太华在永胜有后裔，永胜毛氏和韶山毛氏同源共祖。毛太华是永胜毛氏和韶山毛氏共同的始祖。

对于毛泽东祖先毛太华的身世经历，以及在云南丽江永胜留下后裔之事，毛泽东的女儿李讷也是十分关注的。1997年4月18日，李讷携爱人王景清及其一行12人，在丽江行署办公室副主任唐之鲁的陪同下，到永胜县寻根。李讷平易近人，了解情况很细致。对她提出的问题简良开同志作了一一回答和解释。李讷还看了有关文章和资料，弄清了史实真相。她说：你们确实下了不少的工夫，掌握着丰富的第一手资料，讲的脉络清晰，既实在又严谨，也很宝贵，工作是有成效的。使我对澜沧卫的历史及毛氏始祖在澜沧卫生活的情况，有了初步却又深刻的认识和了解，获益不小。永胜县委书记刘自林、县长和炳寿向李讷介绍了永胜发展变化的情况，并用程海螺旋藻系列产品招待李讷。李讷高兴地说：永胜人杰地灵、物产丰富、很有特色，的确是好地方。永胜与韶山、湘潭相似之处甚多，如地理环境、自然条件、人们的语言、生活习惯、传统风俗等，这不仅是巧合，而是有着天然内在的联系，是亲情的体现。李讷对永胜的实地考察对于韶山与永胜亲情

相连的延续也是重要的一件事情。

延续六百年血浓于水的亲情，更要着眼于今天的现实。铭记历史，不忘亲情，就要携手合作，共创美好的未来。

1. 澜沧卫——一个不能遗忘的地方。

2000年6月，经云南省委宣传部牵线搭桥，由简良开、陈世雄、毛唐诗、毛华诗、毛志能五位同志组成的永胜毛氏研究课题组赴湖南省考察，圆六百年亲情之梦。6月7日上午，湖南省委宣传部办公室主任唐贵平、文艺处处长周湘两位同志看了课题组带来的考证材料后明确指出："历史的澜沧卫就是现在的永胜县，这本来是简单明了的历史事实，只是前几年一些人不注重调查研究，以致误传误导，把事情搞复杂了。矫正误传，还史实以本来面貌，是我们责无旁贷的事。"历史上的澜沧卫是今天的永胜县，这对丽江纳西族来讲也是很熟悉的事。澜沧卫的称谓对丽江纳西人来讲并不陌生，永胜县的地名在纳西语中不叫永胜，而是叫"澜查厄"，而且自古至今都不变。这个叫法印证了历史上对永胜"澜沧卫"的称谓，只不过是纳西腔略有变化而已。历史上的"澜沧卫"设置于明洪武二十八年（1395年），这是当时明王朝推行"富兵亦农、屯兵实边"的政策措施，当时云南省有许多卫所的设置。当时留驻永胜的万余来自湖广、江西、江苏等内地的军士在这里实施屯位制。毛太华被招募入伍，此时已在这里娶妻生子。而澜沧县在民国三年（1914年）才有此县名，此前没有这个县名，至1995年改为澜沧拉祜族自治县，沿袭至今。毛太华在明代居住的地方，清代修的家谱族谱所说的澜沧卫显然是永胜县而不是澜沧县。明朝历史上实行屯位的澜沧卫，一个不该被遗忘的地方被一些人遗忘了。

2. 毛太华——连接永胜韶山毛氏的共同始祖。

经永胜县毛氏课题组研究考证，毛太华1366年后避乱离开江西吉州龙城故土，明洪武年初进入永胜，洪武十五年（1382年）明军进入北胜州后，毛太华应幕从军到程海之南屯戍，成为亦兵亦农的军士，后升为百户长，娶当地少数民族王氏为妻，程海凤羽毛家湾成为永胜毛氏发祥地。洪武二十八年明朝设置澜沧卫，次年修筑澜沧卫城，毛太华率本百户军士参加筑城工程，立下军功，赐封武德将军。毛太华与王氏生八子，在洪武三十三年庚辰（1400年），因军功，官入楚省，携妻王氏和长子清一、四子清四内迁，成为韶山毛氏始祖。留下的次子清二、三子清三等几个儿子在澜沧卫继承军户，成为一世祖。由此可见毛太华是永胜毛氏和韶山毛氏共同始祖，这在两地的族谱里都是共同认可的。而永胜对毛太华来讲是极为重要的地方。他在这里创立家业，在这里娶妻生子，在这里功成名就，在这里生活了三十多年，六十岁左右才回到湖南。他把最美好的青春年华奉献给了这片土地。从这个意义上讲，永胜也是韶山毛氏的发祥地。2000年6月，简良开等永胜毛氏课题组的同志们到湖南，带去考证的资料和史实，续上了中断六个世纪的血缘亲情，而且相互矫正补遗、相得益彰、达成共识。2001年底出的《韶山毛氏五修族谱》，将毛太华是韶山毛氏和永胜毛氏共同始祖这一史实载入了族谱。

3．毛氏文化——一个大的文化品牌。

历史的迷雾已拨开，永胜和韶山两地毛氏血浓于水的亲情已经续上。毛太华传奇一生，出生在江西吉水龙城，龙城为永胜和韶山毛氏的祖籍地。现在永胜和吉水之间的亲缘桥梁也已架起。共同打造和推出毛氏文化的品牌是一种责任，也是一大优势。改革开放以来，韶山大兴旅游业，大力推出毛泽东和毛氏文化品牌，吸引了国内外众多游客，已成为红色旅游之都。通过旅游业的发展和带动，经济长足发展，生态环境不断美化，精神文化生活大为提升，人民生活极大改善，应该说韶山人民靠毛氏文化品牌致富了。江西吉水也重视做毛氏文化品牌这篇文章，与当地的特色文化和旅游业结合起来，取得了明显的成效。他山之石，可以攻玉，韶山和江西吉水的经验是很值得学习借鉴的。就永胜县和丽江市而言，毛氏文化是一笔巨大的财富，大大增强了丽江民族文化的内涵。尤其对推进永胜旅游业的突破，将是一个重要的亮点。打造和推出永胜毛氏文化品牌要搞好几个结合：一是与建设毛氏文化旅游景区和实施重点文化工程项目相结合。建设完善提升永胜毛氏宗祠，澜沧卫历史遗迹展馆的建立，毛太华在永胜史实故事的收集整理，有关历史遗迹的搜集研究等，从而奠定永胜毛氏文化的深厚基础。二是与边屯文化研究相结合。永胜边屯文化是丽江文化中独特的现象。内地中原的汉文化与边地少数民族文化相融合，永胜的“夷娘汉老子”就是典型的中华民族文化相互融合的一个典范。三是与程海的保护开发相结合。程海是一个美丽的高原湖泊，是云南九大高原湖泊中独具特色的一个湖，盛产螺旋藻，这在全世界都是罕见的。四是与丽江民族文化品牌相结合。丽江民族文化旅游品牌已有很高的知名度，也有很高的品位。把永胜毛氏文化品牌融入到丽江民族文化旅游的大品牌中，相互结合才能相得益彰。同时通过丽江文化旅游品牌的带动，才能更好地打响永胜毛氏文化的品牌。

4．携手合作——共谋科学发展之道。

毛泽东的祖先毛太华把永胜、韶山、吉水三地的亲情之桥架起来了。永胜县和韶山市已缔结为友好县市，达成七方面的合作协议，相互之间学习访问也多了起来，这些都是良好开端。现在关键在于把亲情化为促进共同发展进步的实际效果。六百年前亲情血浓于水，六百年后携手合作共创美好明天。在经济、社会、文化迅猛发展的今天，开放合作才能发展，开放合作才能双赢。六百年前洪武调卫，从内地来的军士们带着先进的观念、先进技术来到边地，在边地“亦兵亦农”实施边屯。这对于边疆的开发，推动边疆经济社会发展起到重要的作用。今天，丽江人仍然应该虚心地向内地学习，向汉民族先进文化学习。湖南、江西都是内地较发达的地区，很值得我们借鉴和学习，同时通过多种形式的合作，才能共同进步。根据协议，双方本着“友好合作、平等互利、优势互补、共同发展”的原则，开展全方位、多层次、宽领域的合作交流。双方将建立稳定合作的机制，积极开辟两地旅游、文化产业等方面合作的有效途径，采取多种形式互帮互助，有效实现两地在资源、资金、技术、管理等方面的优势互补，促进两地在工业、农业、旅游、科技、文化、信息等领域的共同发展。合作关键在于落实措施、重在实效。我们相信，永胜、韶山、吉水的交流合作将结出丰硕的成果。

云大旅游文化学院建设发展评析

2002年9月29日，云南大学旅游文化学院揭牌仪式暨开学典礼在丽江古城之滨象山脚下隆重举行。云南省省长徐荣凯出席典礼并为学院揭牌。云大旅游文化学院是丽江有史以来的第一所本科学院。她的创办是丽江文化旅游崛起的必然，是培养高素质创新型应用人才，提升丽江旅游文化品位，打造文化旅游名市的战略决策和重大举措，具有深远的意义。

一

人才决定着一个地方的发展。丽江文化旅游的持续快速发展离不开高素质人才的支撑。2001年丽江地委行署主要领导和云南大学领导共同决定在丽江举办一所旅游文化的本科院校。丽江地县为这所本科学院的创办提供了土地等优惠条件，云南大学则在众多地州的竞争中选择了丽江，应该说这是一项高瞻远瞩的决策。创办这所本科学院是丽江重文重教的延续，是丽江文化旅游崛起的必然结果，也是提升丽江旅游文化品位的战略选择。

2001年11月4日，丽江地区和云南大学就筹建丽江旅游文化学院签订了合同书。丽江行署常务副专员和自兴，云南大学校长吴松分别在合同书上签字。双方认为，为促进丽江地区经济繁荣和社会进步，发展云南高等教育事业，加大高层次、高素质旅游管理人才的培训力度，加强丽江民族文化和旅游研究与创新，推动云南旅游大省和民族文化大省的建设，经双方协商，双方就在丽江建立云大旅游文化学院建设用地等事宜达成16个方面的协议条款。

2001年12月31日，云南大学丽江旅游文化学院奠基仪式正式举行。云南大学校长吴松，丽江地委书记欧阳坚，丽江人大工委主任杨国清，地委委员、行署常务副专员和自兴，地委委员、宣传部部长何金平，行署副专员张红苹，丽江县委书记杨廷仁，丽江县代县长和良辉等出席奠基仪式并剪彩。从而拉开了破土动工建设的序幕，并于2002年初正式开工建设，当年建设，当年建成一期工程，当年面向全国招收了旅游管理、计算机、英语、工商管理、会计学专业和民族预科等新生近700名。

经过8年的建设和发展，云大旅游文化学院已成为一所全日制的新型本科学院。2002年创办时就按新体制、新机制、新模式举办。2004年1月经国家教育部首批确认为独立学院。在实践中围绕“积极发展、规范管理、改革创新”的指导思想和原则，坚持独立学院的“民、独、优”三大重要特征，并结合实际，勇于探索、勇于创新、勇于开拓发展。学院建设不断完善，学院规模不断扩大，办学质量稳步提升，赢得了广大学生、家长及社会各界的广泛信任和好评。截至2009年底，在校生人数已突破10000人规模。本科生源覆盖全国30个省市、自治区，按规划2015年将达到15000人的在校生规模。学院成为云南省规模最大，并唯一达到国家教育部办学条件要求的独立学院，综合办学实力进入中国独立学院排行榜100强的前列。

二

云大文化旅游学院的建设发展引起了各个方面的关注，纵观学院有以下优势和特点：

第一，依托独特优质的教育教学资源。

旅游文化学院所在地丽江市是拥有世界文化遗产、世界自然遗产、世界记忆遗产的城市，有着世界级的丰富多彩、独树一帜的民族文化和旅游资源。学院还依托云南大学的优质教育教学资源。加上学院结合优秀资源制定了“把旅游管理建成品牌专业、把外语建成重点专业、把艺术设计办成特色专业”的建设方针，同时在民族文化方面仍具有很大潜力，从而形成鲜明的办学特色优势，实践也证明取得了突出的成绩。

第二，有着优美的办学环境，完善的办学条件。

丽江有着优美的自然生态环境，优越的地理气候条件，四季如春、四时鲜花；还有着绚丽多彩的民族文化和民俗风情，民族团结、民风淳朴、社会和谐。学院已建成园林式校园，绿化和水域面积在70%以上。学院建筑别具一格，有着浓郁的丽江纳西族民居建筑风格，以青瓦白墙为主色调，与人民大会堂一道获得“建国60周年建筑创作大奖”，是云南唯一获得此项殊荣的建筑。传统与现代完美融合，园林式校园与千年古城形成呼应，优美的学院环境与先进的教学设施相得益彰，为学生提供了良好的学习条件和舒适的生活环境。校园占地800亩，新征400亩土地正在规划建设中。目前校园建设的两期工程已完工，校舍面积25万平方米。拥有一流的图书馆，藏书70万册，阅览室、图书室8个，教育仪器设备总值达4000万元。教育配套设施完善，拥有学生活动中心、实验室、电教中心、网络中心、多功能报告厅、语音室、学生公寓、留学生公寓、外教公寓及各种体育场所，云南高校中唯一占地1.2万平方米的高尔夫球练习场，还有综合信息平台和多功能信息化教学平台，全面实现了“校园一卡通”。

第三，师资力量雄厚，教学质量保证。

学院设置有7个系（部）、17个专业包括26个方向。2010年根据市场需要，增设金融学、财务管理、信息管理与信息系统4个新专业。

教师队伍是立校之本，是教育教学的基础和关键。学院教师总量已近500人，其中绝大多数为本院专任教师，自有教师占到全院教师的70%以上，具有高职职称和硕士以上学历的占到教师总数的三分之一左右。除了多渠道选聘具有教学和管理经验的退休教师外，还招聘了一批年轻有为的优秀人才。还有一批来自美国、英国、日本、澳大利亚等国家的外教。学院坚持教师培训制度，制定相关政策、稳定教师队伍，提高教师水平。近年来学院教学成果丰硕，在英语四、六级考试和英语专业四、八级考试，全国导游证书考试通过率，计算机和软件考试通过率，按时毕业率，学位证书获取率、就业率等方面取得良好成绩，在全国高校组织的有关竞赛中取得好名次。

第四，加强管理、建设名校。

学校坚持“安全稳定是前提、教学工作是中心、教学质量是生命、科学管理是关键、改革创新是动力、党建和思想政治工作是保障”的治校方略，以把学院建设成“云南独立学院的排头兵，全国一流的独立学院”和培养“具有创新能力和高素质应用型人才”为目标，加强管理、狠抓教风学风、结合实践、建设名校。学院实施董事会领导下的院长负责制，确立了依法办学、民主管理、专家治校、教授治学的格局。进一步理顺管理关系，形成了多级管理、精简高效、运转协调、规范灵活的管理体制。深化教学改革，狠抓教风、学风和治风建设，加强筹备检查、注重建章立制，全院建立出台100多项规章制度，涵盖了行政管理、教学管理、学生管理、后勤保障等方面，做到了有章可循、规范有序。同时凭借丽江在国内外的知名度和文化旅游的品牌优势，加强对外合作交流，积极参加中美人才培训计划项目，选送教师到国外培训进修，不断提升学院的知名度和影响力。决心把学院建设成一流的独立学院和名校。

三

云大旅游文化学院的创办、建设和发展是丽江发展进程中的一件大事，它的重要意义和影响将随着丽江的跨越发展和社会进步进一步显现出来。

1. 丽江文化旅游崛起的有力支撑。

以发展教育为基石，尊师重教是丽江民族文化的优良传统。发展高等教育事业、创办第一所本科院校对丽江而言有着特殊的意义，在新时期走出了具有文化象征意义的重要一步。回顾近代史，丽江虽然处在边疆少数民族聚居地区，但在尊师重教、发展教育上，一百多年来始终走在云南的最前列。1904年，即在清朝光绪年间，丽江就开始筹办“丽江府中学堂”，1905年正式开学，这是云南最早的中学堂，就全国而言也是最早的西式中学堂之一。建中学堂的时间早于昆明。我们说丽江民族历史文化内涵深厚，这与尊师重教无疑是有联系的。改革开放以来，高等教育蓬勃发展，有着优良传统的丽江其实已经落伍了。不要说省城昆明，就云南省许多州市发展高等教育的步伐也大大超过了丽江。这个现实很值得丽江深思，应该增强一种紧迫感啊！尤其在改革开放以来，丽江逐步成为国内外著名的文化旅游胜地，知名度大大提升，进入新世纪，创办这样一所本科学院，正逢其时，也是明智之举。搞文化旅游关键在人才，关键在于提升文化内涵。学院的发展为丽江云南乃至全国培养文化旅游人才，这是一项基础性的工程，也是一个地方发展的百年大计。丽江发展高等教育、兴办大学，这是与丽江历史文化底蕴，与三个世界遗产，与未来发展相匹配的决策。2010年市委市政府又提出建设云南第二大学城的奋斗目标，应该说是高瞻远瞩的思路和决策。在丽江云大旅游文化学院加快发展的同时，以极大的气魄尽快搞好云南第二大学城的建设，这是富有远见、惠及子孙后代的一件大事。

2．“天雨流芳”的一方风水宝地。

“天雨流芳”一语双关，就纳西语的含意是说：“去读书吧！”纳西族自古就重视读书学习，提倡学习汉文化，视读书学习为人生的目标和追求。“天雨流芳”就汉语而言，那是说明丽江是得到上天特别恩惠和润泽的地方，也是读书学习的一方胜地。从这个意义上讲，引申“天雨流芳”是十分贴切的，丽江具有创办大学的天然条件，是让莘莘学子读书学习的一块宝地。这个就应了“ 天时地利人和”这句话。首先丽江有着深厚的历史文化底蕴，被中国现代著名学者们誉为研究学问学术的一块圣地、民族文化的沃土，多种文化交汇融合的走廊。这样一个地方应该有一批大学相匹配。其次，丽江有着全国一流的优良的自然生态环境，是我国长江上游重要的生态屏障，青山绿水，蓝天白云，小桥流水，是读书学习的好地方。三是有着优越的地理气候条件，丽江四季如春，夏无酷暑，冬无严寒，是适合人类居住、学习、生活的好地方。四是丽江多个民族团结和谐、多种文化绚丽多彩。这是一个人与自然、人与人、各兄弟民族之间和谐与共的地方，集中体现了一种和谐的文化精神。丽江特别适合广大学子们读书学习、埋头做学问，是大学生存发展的理想之地。云大旅游文化学院将受惠于这些特色和优势，加上精心设计和建设的风景如画的校园和相应的设施，这个学院将根深叶茂、人才辈出。

3．熔铸于丽江特色文化和优势品牌之中。

立足丽江、面向世界，这是云大旅游文化学院的必由之路。立足于丽江，扎根于丽江，这是学院的根基。没有这个根基就没有特色，没有优势，也就没有核心的竞争力。怎样立足于丽江，扎根于丽江呢？关键是使学院熔铸于丽江历史文化沃土之中，依托于她的品牌优势和在国内外的知名度，这是个无价之宝，可

以带来许多效应。要善于利用和发挥这些优势，加强与国内外的合作与交流，打造有特色的学科、推出自身的品牌、形成学校独特的竞争优势。面向世界才能开阔眼界，紧跟时代潮流，也才能看到天外有天。今天的世界日新月异，新知识层出不穷，面向世界就是善于学习先进的理念、先进的知识、先进的方法、与时俱进，紧跟时代的步伐。丽江通过改革开放和多年的发展，从对外开放的末端走向前沿，成为一座国际性开放城市，很有利于学院对外的开放和交流，成为面向世界的一个优势平台。学院要通过这个平台加大与国内外大学的交流与合作，借助海内外大学、科研机构、学术团体的力量，提升自身的水平，打造自身优势。

4. 要以教学质量和创新型人才取胜。

教书育人关键在质量，出路在人才。教学质量是学校的生命，多出创新型人才是学校生存之本。多年来学院明确提出了“培养具有创新能力的高素质应用型人才”的目标。为了实现这一目标，学院牢固树立教学工作的中心地位，把教学质量作为一把手工程来抓，并由院长主抓这项工作。围绕这一目标，不断深化教学改革、落实改革措施、制定人才培养方案。重点加强培养创新意识实践能力，包括动手能力、应用能力，增加实践环节的学时学分，加大设置技能与创新课程，加大实习基地建设，学院除在丽江外，还在北京、上海、深圳、杭州、厦门、广州、昆明等地建立了二十多个实习基地。同时加强教学质量的监督检查。这些措施的落实办法大大提升了教学的质量。学院创办的时间短，又是民办学院，但通过深化改革，倡导创新思维，注重实践效果，培养了一批创新型人才，这是难能可贵的。比如通过英语等教学改革，英语四、六级通过率大幅提升，外语专业各类等级考试通过率位于全省同类学院的第一，外语专业学生在全国比赛中折桂。在“2010全国大学生英语竞赛”中，有10名同学参加了比赛，在6名非英语专业学生中，2名同学获得全国特等奖，4名同学获得全国一等奖；4名英语专业学生均获得一等奖。在“中国青年美术设计双年展”中，学院有100多件作品入围，并获得多个“二等奖”和“三等奖”；在第四届云南高校学术科技节中，四项参赛作品全部获奖。学院多年来所形成的“深化改革、提倡创新、狠抓质量、培养人才”，这是一条好思路、好经验，也是一个重要的奋斗目标，必须长期坚持、不懈努力，这样才能大见成效。

丽江老君山国家公园建设评析

云南是我国最早启动国家公园建设的省份，丽江则是云南最早探索国家公园建设的一个地区。老君山国家公园将是最具有中国特色并全面参照国际标准建设的中国第一批国家公园之一。

国家公园建设是云南对外开放，开展国际合作的重要成果。1999年初，云南省人民政府与美国大自然保护协会签订《滇西北地区保护与发展行动计划》的合作协议。这一年，美国大自然保护协会（TNC）开始进驻中国，在云南建立了办公室，并把滇西北地区作为其实践宗旨“保护重要的陆地和水域，使其具有全球生物多样性代表意义的动物、植物和自然群落得以永续生存繁衍”的案例地。作为美国大自然保护协会中国部的创始人之一的牛红卫女士，是一位土生土长在丽江古城的纳西族女性，她回到家乡丽江，开始了大自然保护协会中国部的生物多样性保护行动，并选择丽江的老君山、拉市海流域作为生物多样性保护的示范点。通过深入调查研究，同时借助国际的经验，牛红卫和她的团队于1999年提出构建“滇西北大河流域国家公园”的蓝图。他们与云南省人民政府以及地县政府通力合作，并推出了一系列研究成果，并积极推动老君山等云南省国家公园建设项目。

为了合理地对老君山自然和人文资源进行有效保护和开发利用，不断提高老君山区域各族群众的生产生活水平，由云南省人民政府研究室和美国大自然保护协会牵头，丽江积极开展老君山保护和可持续利用模式的研究，并推进老君山国家公园建设，在2005年形成《老君山国家公园建设方案》的基础上，进一步完成了《老君山国家公园旅游系列专题报告》、《老君山国家公园建设文化内涵构想》和《老君山国家公园生物与生态系统价值》等3项专题研究，为老君山国家公园总体规划奠定了基础。2006年省人民政府在丽江召开了滇西北旅游现场办公

会议，秦光荣副省长代表省人民政府提出建设滇西北国家公园系列景点的意见，2007年和2008年云南省《政府工作报告》正式提出“探索建立国家公园新型生态保护模式”的思路。

对老君山资源的保护和开发，丽江地县政府从20世纪80年代就开始着手工作，而且在不断深入、不断发展，尤其在省人民政府的直接领导下，在省政府研究室和美国大自然保护协会的指导下，不断探索新的国家公园建设模式。从1988年开始，丽江纳西族自治县人民政府就决定禁伐老君山片区森林，实行封山育林。1996年地县政府组织各方面专家对老君山区域的资源状况作了综合考察，编制完成了《丽江老君山风景区资源调查评价报告》。1998年，云南省人民政府批准《老君山景区开发总体规划》。从1988年开始还建立了三江并流老君山景区保护管理机构。

老君山国家公园建设历经了不断探索、不断总结、不断提升的过程。经过十多年的艰苦努力，2008年初完成了《丽江老君山国家公园总体规划》的编制工作，同年3月省政府研究室和丽江市人民政府共同组织完成了《丽江老君山国家公园总体规划》专家评审工作。2009年2月5日省人民政府批复同意总体规划。2009年8月12日，刘平副省长召开了推进老君山国家公园专题汇报会议，专题研究老君山国家公园建设工作。省人民政府同意将国家公园建设重点调整到九十九龙潭景区，同时兼顾带动黎明片区的提升改造，调整后的规划将更加科学合理，切合老君山国家公园建设的实际情况。

丽江老君山因其独特的生物多样性和民族文化多样性而闻名于世。老君山是国家三江并流风景名胜区的重要组成部分，是三江并流世界自然遗产的重点展示示范区，是国家的地质公园。老君山被誉为“滇省众山之祖”。这个区域地处全球生物多样性最为丰富的热点地区之一，是中国三大植物物种起源和分化的中心之一，也是高山类地貌类型和演化过程突出代表地区之一。景区有“中国第一、世界一流的丹霞地貌区——黎明”；有“仙山瑶池、杜鹃王国——九十九龙潭”；有“横断山脉植物基因库——新主天然植物园”；有“滇金丝猴重要栖息地——利苴自然保护区”。这里被称为“十里不同天、一山不同族”。众多的少数民族和绚丽多彩的民族风情是这一区域的一大特色。千百年来，这些民族与老君山同生死、共命运，老君山哺育了各民族，各民族又是老君山的守护者。民族文化的多样性和生物多样性在这里相辅相成。

老君山国家公园规划面积共1085平方千米。区域涉及玉龙纳西族自治县石鼓、黎明、九河、鲁甸等乡镇。规划范围西至玉龙纳西族自治县与兰坪边界，北至黎明北界（包括美乐在内），南至老君山麓玉龙县与剑川边界，东至桃花石鼓一带。规划将老君山国家公园分为特别保护区、一般控制区、游憩活动区、公园服务区、传统利用区等5个功能区，外围设控制地带。老君山国家公园又细分为东部的石鼓旅游小镇、南部的九十九龙潭、西部的大羊场、北部的黎明和中部的金丝厂5个片区。

规划区不具备一次性完成开发建设的条件，所以省政府提出了重点突破、保护为先、分步开发、加快建设的原则。规划按两期实施，至2020年全面完成。第一期从2009年开始至2013年完成，其项目总投资约4亿元（不含基础性的接待设施），重点开发九十九龙潭高山生态旅游片区，形成九十九龙潭片区与其他片区的交通连接环线；提升改造黎明丹霞地貌旅游区，开通黎关至大羊厂线路等。要求在2013年基本建成老君山国家公园。

建设符合本国实际、本地区实际的国家公园是一个全新的课题，是一个全面的创新。在充分借鉴国外经验的同时，我们必须立足实际，勇于开拓创新，要有创新的思维、创新的做法，最终形成创新的模式。

1. 国家公园是世界性的全人类自然文化保护的一种理念和模式。

国家为了保护一个或多个典型生态系统的完整性，为生态旅游、科学研究和环境教育提供场所，而划定的需要特殊保护的自然保护区域。它既不是严格的自然保护区，也不同于一般的旅游景区。国家公园的理念是把保护和适度开发结合起来，既坚持生态环境、自然资源保护的原则，又重点开展适度旅游开发，因此作为基本策略。通过对较小范围的适度开发实现大范围的有效保护，既排除与保护目标相抵触的开发利用方式，达到保护生态系统完整性目的，又为公众提供旅游、科研、教育、娱乐的机会和场所，是一种能够合理处理生态环境保护与资源开发利用关系的行之有效的保护管理模式。其主要作用是景观资源、人文资源的保存与保护，资源环境的考察与研究，旅游业的可持续发展。这是一个积极有效的保护模式，体现人类与自然环境相互依存的和谐关系。也是保护与发展双赢的

一种理念和模式。“国家公园”的概念源于美国，是最早设立国家公园的国家。1872年美国国会批准设立世界第一个国家公园，即黄石国家公园。自此以后，全世界一百多个国家设立了3800多个风情各异、规模不等的国家公园。从以上的分析可以看出，国家公园建设是贯彻落实科学发展的好模式。这个模式有利于保护与开发的和谐统一；有利于生态建设和环保工作的开展；有利于旅游业的二次创业和提升；有利于民族文化的保护与挖掘。

2. 老君山国家公园建设是实现保护与发展双赢的一个积极创新和探索。

实现老君山生物多样性保护和开发利用的双赢是丽江当地党委政府和各族干部群众关心的一个重大问题。尤其是老君山区域生物多样性的特殊地位以及国际影响，对这个区域的保护不仅成为国家的一件大事，乃至成为世界关注的一件大事。对老君山生物多样性保护和开发自20世纪80年代以来经历3个阶段。一是高度重视、积极采取保护措施的阶段。老君山区域的生物多样性和原始森林的保护引起国内外的关注，改革开放初期，木材市场放开，对老君山森林的乱砍滥伐引起党委政府的高度重视，所以从1988年开始，当时的丽江地区行署及丽江纳西族自治县人民政府就着手研究保护生态的问题，并率先在全省立法，下达限伐、禁伐令保护森林资源，同时打击盗伐森林的违法犯罪行为，虽几经反复，但决心从未动摇。二是与美国大自然保护协会合作，深入调研探索全新的保护开发模式，即国家公园建设模式。1998年6月10日至7月11日，行署专员和段琪应美国大自然保护协会邀请前往美国，重点考察了美国黄石国家公园、科罗拉多大峡谷国家公园的建设和保护管理情况，就建立滇西北大河国家公园及建设的有关事宜交换意见。1999年4月13日至15日，“滇西北地区保护和发展规划（含国家公园）研讨会”在丽江召开，受到国家计委、省人民政府及美国大自然保护协会的高度重视。三是就建立老君山国家公园做了许多基础性的工作。经过十多年的探索积累，形成了好的指导思想和方案。

怎样使千百年来居住在老君山区域的各族群众脱贫致富，这是双赢的关键所在。生活在这个区域的各族人民是保护的主体，怎样充分调动他们保护的积极性、创造性，这是探索和建设国家公园模式的出发点和立足点。所以通过科学合理的开发，使各族群众得到实实在在的利益，这是实现保护开发双赢的关键和必然选择。而国家公园模式的优势在于能够把两者较好的统一，在多年的探索实践中干部群众统一了认识，坚定了信心。

3．民族文化的多样性是不可多得的一个亮点。

老君山国家公园最具特色的亮点是与生物多样性相对应的民族文化多样性。这一大特色是其他任何地方所不具备的优势和亮点。而且千百年来各民族之间的关系是同胞兄弟亲密无间。于是老君山区域的生物多样性、地质多样性以及民族文化的多样性，凸显人与自然、人与社会、人与人之间的和谐理念，使整个区域形成了“和谐世界”。

在老君山区域内：纳西族、傈僳族、白族、普米族、彝族、苗族、藏族等7个少数民族依山傍水而居，在历史发展的长河中，各民族与老君山相依相伴、共生共荣。他们为了适应自然环境的多样性，创造了各具特色的民族文化，成为国内外罕见的多民族、多服饰、多语言、多文字、多节庆、多种宗教信仰、多种生产生活方式、多个风俗习惯和谐并存的汇聚区。同时在漫长的历史发展进程中，各个不同民族文化之间不断交流与吸纳，不断碰撞与融合，形成了多民族交叉杂居，多元文化交融互动的格局，成为中国乃至世界民族文化多元性最突出，历史文化遗迹极为丰厚的一个地区。

保护民族文化多样性，传承弘扬和谐文化优良传统与保护生物多样性同等重要。在建设老君山国家公园过程中，保护民族文化多样性是一个重要的课题，也是老君山国家公园建设的历史文化价值所在。

4．凝聚各方智慧和力量，高起点建设高水准示范性的国家公园。

建设具有国际标准又独具本地特点，在全国全省具有示范性作用的国家公园是一项光荣而艰巨的任务，也是一项前无古人的事业。工作千头万绪，要做的事情很多，但始终要坚持正确的理念、优良的作风、求真务实的精神。通过不懈努力奋斗，向各族群众交上一份满意的答卷。

第一，坚持不断探索创新的精神。建设老君山国家公园是探索创新的结果，想要建成高水准的国家公园在实践中必须坚持这一精神。创新精神要求我们不断解放思想、与时俱进，要求我们不断解决新问题、总结新经验。在实践中不断探索创新，就要树立起创新的思维、创新的思路、实行创新的举措，才会取得创新的成果。

第二，坚持保护优先的方针。生物多样性是人类赖以生存的基础。老君山生物多样性的保护对中国乃至世界都具有特殊的意义。坚持保护优先的方针关键在于增强忧患意识、责任意识，自觉肩负起社会的责任、历史的责任。要自觉增强保护意识、保护观念、保护素养；坚持在发展中解决环境问题，坚持通过发展使群众得到实惠，发挥各族群众在保护中的主体作用。

第三，坚持“生态发展与人文结合”的开发理念。老君山的开发其魅力在于生态与人文的结合，发挥生态人文共同的效应。生态与人文要相辅相成、相得益彰。老君山旅游产业的发展，生态是她的载体、形态，而文化则是她的灵魂，她的内涵。两者的结合将大大增强旅游产业的核心竞争力。通过国家公园这个平台，向国内外游客展示千姿百态、动人心魄的民族文化魅力，有利于保护和弘扬优秀民族文化。

第四，要充分借鉴国内外先进经验。建设国家公园是国际上通行的做法，是国外保护生态的一种好的模式，有成熟的经验和做法。而在生态保护建设方面，国内外有许多好的经验。所以虚心学习和吸纳国内外先进的经验和做法，应用于国家公园的建设，这是一条重要的指导原则。十多年来，丽江和美国大自然保护协会通力合作，在国家公园建设的诸多方面得到他们的支持和帮助，丽江要充分发挥这个优势，学习和借鉴他们一些成熟的经验和做法，为我所用。在借鉴国内外先进经验的基础上，还要因地制宜、结合实际、勇于探索，形成自己的特点、创造自己的模式走出自己的路子。

第五，充分发挥法制的保障作用。老君山国家公园的开发建设、保护管理必须要有法制作保障，而且要有配套的政策措施。尽早起草制定《丽江老君山国家公园保护管理条例》、《老君山国家公园管理办法》，建立相应政策法规体系，这是一项重要的基础性工作，应该得到相关部门的帮助和支持。

第六，多渠道筹集保护建设资金。2008年12月，丽江市人民政府和云南省旅游产业集团公司签订了合作开发建设老君山国家公园的协议。在此基础上，还要多方筹集资金，尤其要全力争取国家和省的扶持资金，包括争取国际生态保护建设方面的资金。

创建国家园林城市评析

创建国家园林城市是丽江不懈的追求，在2008年成功申报省级园林城市的基础上，决心用3年时间，到2011年实现国家级园林城市的目标。创建国家级园林城市是丽江建设国际精品旅游城市的重大举措，是造福百姓，提高人民生活质量的需要，也是丽江建设休闲度假天堂、绿色家园、幸福家园、精神家园的基础性工程。

丽江自古以来就是一个生态环境十分优美秀丽的地方。丽江古城千百年来就在青山绿水的怀抱之中。城外青山环绕、田园簇拥，城内家家流水、户户垂柳、溪流潺潺、杨柳依依，古城无处不飞花，形成了小桥流水人家的诗情画意，是人与自然和谐统一的典范。到21世纪初，随着丽江撤地设市获得成功，城市化进程突飞猛进，城市建设速度加快，城市面貌发生着日新月异的变化。这个时候城市绿化和生态环境建设成为世人关注的一个重大问题，城市街道和住宅小区绿化曾一度落后，与丽江旅游城市的地位和周边良好的生态环境不相匹配，当年省委“三讲”巡视组曾指出这个问题。根据这些情况，市委市政府及时提出建设生态文化旅游名市，建设山水园林城市的目标，并积极开展创建省级和国家级园林城市的工作。先后实施完成了世界遗产公园，黑龙潭公园扩建工程，玉河广场、白龙文化广场、鱼米河、昌洛河、玉河走廊等城市重点绿化工程，并按照“拆墙透绿、拆临还绿、拆违建绿、拆旧添绿”的原则，加大城市绿化建设步伐，并于2008年建成省级园林城市。在此基础上，下定决心，加大工作力度，明确任务和措施，提出了通过三年努力，到2011年建成国家级园林城市的目标任务。

丽江市创建国家园林城市绿化建设方案的出台标志着创建工作进入实质性的阶段，也是创建工作更加科学规范的标志。2008年7月24日，市长王君正主持召开

了丽江市创建园林城市工作领导小组扩大会议。市直相关部门、古城区、玉龙县主要领导参加会议，会议明确了深入开展丽江城市绿化建设和创建国家园林城市的指导思想、目标任务、方法原则、职责要求，保障措施。2008年8月14日市人民政府办公室印发了这个方案，要求认真贯彻落实这个方案。方案强调要坚持科学发展观和以人为本的理念，以促进城市可持续发展为中心，按照国家级园林城市标准要求，政府主导、突出重点、全民参与、多方配合、注重实效的原则和思路，充分利用丽江城市面山、水系等自然资源，进一步加强丽江城市生态环境建设，努力建成总量适宜、分布合理、植物多样、景观优美的城市绿地系统。

创建园林城市绿化方案还要求按照点面结合、工程带动、全民参与的原则，大力推进社会绿化和单位庭院美化、小区绿化、大力提高城市中心区绿化水平，提高城市道路，河道绿化标准，加大拆墙透绿工作力度，积极推进郊区绿化，加快城市大环境绿化建设。着重实施好6个绿化公园、14个绿化小广场、2个游客集散中心、3块居民休闲绿地、丽江火车站广场、11条道路绿化改造、3条河滨走廊绿化带、2条防护林带、1条绿化景观带等绿化建设项目。力争通过3年的努力，使丽江城市建成区绿地率达到35%以上，绿化覆盖率达到40%以上，城市人均公园绿地面积超过30平方米。从组织领导、管理制度、景观保护、绿化建设、园林建设、生态环境、市政设施等7个方面达到国家园林城市标准，力争在2011年内完成申报国家级园林城市工作。建设6个绿化公园：即清溪公园、中济公园、狮子山公园、文笔体育公园、祥和公园、丽月湖公园。建设两个游客集散中心：即黑龙潭口游客集散中心，古城东北部游客集散中心。建成集停车、游客服务、园林绿化为一体的场所。建设3块居民休闲绿地：即在东界河片区、北郊片区、香格里拉大道等地，利用原有空地、拆迁少量居民户，建成集群众休闲娱乐和城市绿化功能于一体的居民休闲绿地。建设丽江火车站客运广场：丽江火车站将是滇西北最大的客运火车站，在火车客运站前建成一个集乘客集散和城市绿化功能于一体的绿化广场。建设14个绿化小广场和实施城市11条道路改造项目，使城市干道绿地率达25%以上，次干道绿地率达20%以上。建设3条河滨走廊绿化带：即漾弓江两岸河滨绿化带、清溪河环境绿化带、鱼米河南段环境绿化带。结合河道两侧开发建设及环境整治搞好3个河滨绿化带建设。建设两条防护林带：即建设丽大路防护林带、白沙防护林带。建设1条绿化景观带：即从香江路与香格里拉交叉环岛至束河景观带。配合这些项目的建设，继续开展好园林单位、园林小区建设工作，实施城中村绿化提升工程、苗木基地扶持建设工程，进一步完善绿化法制建设等项工作和配套措施。丽江对创园工作采取了前所未有的工作力度和举措，2009年以来创园工作取得突破性进展。

创建国家园林城市是综合性系统工程，通过创建园林城市要提高整个城市建设、管理、绿化、美化水平，提高城市的文化含量。所以市委书记王君正一开始就鲜明地提出了创园要做到四个结合的要求。一是创建园林城市与生态文明建设结合起来。人类发展进步的程度越高就越重视生态文明的建设，生态文明是人类进步的重要标志。丽江在生态文明方面有着优良的传统和民族文化特色，是宝贵的精神财富，要充分发挥特殊的优势，不断提升生态文明的整体水平。二是创建园林城市与创建丽江特色城市结合起来。走特色城市建设之路，把传统和现代融合在一起。一个城市的影响力不在于它有多奢华，而在于传统和现代文明的和谐共生。丽江要进一步保持民族传统、民族文化、民族建筑的格调和风格。三是创建园林城市与城市基础设施的建设改造结合起来。创建园林城市本身就是最大的基础，城市功能的建设是多方面的，要不断完善和提升城市的功能，通过园林城市建设要全面带动城市方方面面的建设，使丽江成为功能配套完善、人性化的，方便群众生活的国家园林城市。四是创建国家园林城市要与提升城市管理水平结合起来。城市的管理要着眼于老百姓的幸福和安居乐居，所以城市管理要做到精细化、人性化，方便人民群众，通过创园，提高城市的管理水平，让人民群众得到实惠，让人民群众充分享受创园的成果。

加强城市生态绿化建设是一个永恒的课题，城市必须承担起绿色责任。丽江作为一个知名的旅游城市，实现国家园林城市的目标则是基础性的工作，所以2011年3月13日，市长和良辉在调研创园工作时强调，要在保证质量的基础上加快进度，全力以赴坚决打赢创建国家园林城市攻坚战，保证如期完成各项建设任务，成功申报国家园林城市。在创建国家园林城市的进程中，丽江以只争朝夕的精神，以极大的气魄推进各项工作，积累了宝贵的经验。首先是高度重视，把它作为一把手工程，市委书记、市长、区委书记、区县长负总责，亲自抓落实。二是严格目标管理责任制，明确目标任务和完成时间，把责任落实到市直单位和区县各部门。三是建立政府主导、市场运作、多方投入、社会参与的融资体制，积极拓宽资金来源渠道。四是广泛宣传发动，营造良好的社会氛围，形成强大舆论和浩大声势。五是鼓励全民参与，全民义务植树。开展“爱绿、种绿、护绿人人有责，爱我丽江从我做起，绿化家园”的活动。六是积极开展园林单位、园林小区、园林庭院建设评选活动。从而为实现创园目标奠定坚实基础。

通过创建国家园林城市的活动，坚持以人为本，搞好丽江生态文明建设，努力把丽江建设成为绿色家园、和谐家园、幸福家园、人类精神家园，这才是我们追求的根本目标。从这个意义上讲，创园只是一个手段，或者说是阶段性的目标任务。但创园的意义重大，创园是丽江绿色发展的基础性、标志性的工程，是丽江加强生态建设的一座里程碑。通过创建国家园林城市我们可以得到许多有益的启示：

1. 丽江要成为绿色家园、生态家园、和谐温馨的精神家园。

丽江的创园工作，城市绿化和园林建设要有一个很高的起点、很高的目标要求，而且要不懈为之奋斗。绿色家园、生态家园、和谐温馨家园是由丽江城市的定位，民族生态文化传统和周边良好的生态环境等条件所决定的。国际精品旅游城市的目标定位是很高的要求、很高的境界，那么生态绿化美化的建设也就意味着要成为世界的精品。人与自然和谐统一，爱绿、植绿、护绿，自觉保护生态环境是丽江民族文化的优秀传统，也是民族文化的精髓，所以传承优秀民族文化，就要体现在城市生态绿化建设上，要做出一个示范来。丽江坝子和周边自古以来就保持着良好生态环境、森林茂密、青山绿水、田园村庄，构成一幅图画。所以丽江通过创园工作，使城市绿化生态建设达到很高的水平，让城市与周边良好生态融为一体，丽江要成为名副其实和谐温馨的绿色家园。

2. 深扎优秀民族生态文化之根。

搞好创园工作，搞好生态绿化建设，还要夯实一个基础，扎好优秀传统之根，根深才能叶茂，这是治本之策。丽江始终保持着青山绿水，有一个良好的生态环境，这与良好的生态文化传统分不开，与祖先们一代传一代保护生态环境分不开。东巴经典中人与自然是手足兄弟的理念，感恩自然、敬畏自然、保护自然、补偿自然的文化传统使我们受益匪浅，但今天这个传统受到很大的冲击，这些传统逐渐被遗忘，所以创建园林城市的过程中要做到思想先行，尤其要做好宣传教育的工作，传承民族优秀生态文化精神，深扎这个文化之根，从而增强各民族群众绿化生态建设的积极性、主动性，为生态建设提供长久的根本保障。

3. 园林绿化要有自己的特色。

国家园林城市建设要有许多共同的要求，许多指标，是硬指标，需要达标，这是毫无疑问的。但创建园林城市，关键在于她的特色，这是城市的魅力所在。所以突出特色，彰显魅力，要成为我们工作的着力点。丽江城市园林特色要体现在多个方面。一个是传承丽江古城的文脉传统，人与自然高度和谐统一的理念也要体现到整个城市绿化生态建设之中。再一个是把优秀的传统和现代园林建设理念结合起来，既传承好的传统，又做到有新的创新。同时要做到几个方面的统一：新城与古城之间的和谐统一，做到文脉相连、风格相连、自然相连；城市与周边田园村庄相统一，做到城在田园中，田园风光又在城市中，多留住周边田园和村庄；要保持小桥流水的特色，保持本地树种的特色，保持注重庭院美化绿化的特色，更要保持爱绿、种绿、护绿的特色。

4. 市区绿化要与周边生态环境保护建设融为一体。

丽江城市绿化建设要有新视野，城市绿化不能仅仅局限城区的街道和机关企事业单位，而应统筹考虑，把郊区和周边生态环境的建设一并纳入加以高度重视。一是市区的街道、社区、小区、庭院绿化要与公园、小广场、休闲场所、河道水系绿化相结合，使市区绿化建设达到较高的水平，使市民幸福指数得到较高的提升。二是城市郊区和周边的田园、湿地、水面、滩涂、生态和村庄要尽量的保持原来的风貌，留住原生态民族文化之根。三是城市周边面山和生态环境要保护好，留住城市周边良好的原生态屏障。绝不允许乱砍、乱挖、乱采，这样市区的生态环境才能从根本上得到保护。

5. 绿色要成为一种生活方式，要做到全民爱绿、种绿、护绿。

城市绿化生态建设是一个系统工程，要广泛动员，全民参与，城市绿化大家受益，人人有责。一定要营造全民参与绿化、全民建设生态环境的氛围。实行激励机制、鼓励先进、鞭策后进，掀起植绿、爱绿、护绿、兴绿的社会风气，增强

法律意识、社会责任意识、搞好义务植树活动，鼓励机关、社会团体、企事业单位、学校、部队搞好植树造林、绿化美化环境。绿化美化环境要成为一种生活理念和生活方式。

王志到丽江文化研究会看望作者

丽江红色旅游发展评析

丽江红色旅游资源独具特色，在全国红色旅游中占有重要一席之地。丽江是全国十二条红色精品旅游线之一，也是全国一百个红色旅游经典景区之一。红色旅游成为丽江旅游的又一大亮点。把丽江红色旅游做大、做精、做强，这是丽江文化旅游产业持续发展和提升的必然选择。

一　抢渡金沙江天堑——战略转移的伟大胜利

红军长征是中国革命的壮丽史诗和光辉篇章。红军长征过丽江时间虽然短暂，但意义深远，影响巨大。1936年4月24日至28日红军长征过丽江。红二、六军团在丽江石鼓至巨甸140华里地段，从6个主要渡口抢渡金沙江天堑，这是关系到红军存亡的重大事件，是红二、六军团战略转移中最关键的一环，是红二方面军在长征中取得的具有决定意义的胜利。红二、六军团胜利抢渡金沙江，彻底粉碎了蒋介石妄图通过南北夹击，歼灭红军于金沙江的计划。然后继续北上与红四方面军会合，为红军三大主力胜利完成长征和会师起到了重要的作用。

1935年11月，红二、六军团在贺龙、任弼时、关向应、萧克、王震等的率领下开始长征。1936年3月进入云南，取得宣威之战的胜利。在接到红军总部“北渡金沙江，与红四方面军会合”电令后，决定放弃在滇黔建立新苏区的计划，开始了抢渡金沙江为目标的战略行动。由于敌我力量悬殊，军情发生急剧变化，红二、六军团指挥部当机立断，放弃经普渡河西进元谋龙街渡口，北渡金沙江的计划，分兵两路向滇西急进，大军势如破竹，历时13天攻克9座县城，于4月23日会师于鹤庆县。4月24日红二、六军团兵分两路，总指挥贺龙、政委任弼时率二军团为右路，从鹤庆到丽江县城再到石鼓；副总指挥、军团长萧克、政委王震率六军团，从鹤庆取捷径丽江九河直奔石鼓。红二、六军团从4月25日下午起到28日傍晚止，历时四天三夜抢渡过了金沙江。从石鼓至巨甸在140华里的地段上，分别从海罗塘、木瓜寨、木取独、格子、士可、巨甸等6个渡口渡江。仅用7条木船、几十条木筏、28名船工，夜以继日，胜利完成了18000名红军健儿的渡江任务，粉碎了敌人的围追堵截，彻底摆脱了10余万敌军追兵。4月30日，红二、六军团到达中甸县城，在此进行修整。红军总部来电祝贺，电文说："金沙江既渡，会合有期，捷报传来，全军欢跃，谨向横扫湘黔滇万里转战的我红二、六军团致以热烈的祝贺和革命军礼"，红二、六军团上下一片欢腾。5月5日，红二、六军团兵分两路继续北进，经德荣、巴塘、乡城、稻城、理塘，于1936年6月底至甘孜，7月1日，红二、六军团与红四方面军胜利会师。翌日，朱德总司令正式宣布红二、六军团组成中国工农红军第二方面军的命令。之后与红四方面军并肩挥师北上，走出茫茫的草地，终于在1936年10月20日与中央红军会师于甘肃会宁，胜利完成了举世闻名的二万五千里长征，实现了红军北上抗日的伟大战略转移。

二　红军长征过丽江——留下千古佳话、播下革命火种

红二、六军团长征过丽江，18000名红军健儿的足迹经过了七河、金山、丽江古城、黄山、拉市、太安、九河、石鼓、金庄、龙蟠、巨甸等11个乡镇，110个村寨，行程350余里，在石鼓至巨甸140华里的地界上经6个渡口抢渡金沙江天堑。红军长征过丽江时间虽短，但留下了革命火种和千古佳话，是红军长征史上的光辉篇章，具有很好的红色旅游的开发价值和意义。

红军长征过丽江，纳西族民众打着三角旗，成群结队欢迎红军是长征史上的一段佳话。1936年4月24日，得知红军要从鹤庆到丽江，丽江纳西族等一大批群众聚集到古城四方街，他们决定前往欢迎"义军"。欢迎队伍挥动着三角形的小彩旗，成群结队从四方街出发，多数群众来到玉龙锁脉寺，一部分人则来到离城10余里的东元桥边，彩旗上写着"欢迎义军"的字样，热情地迎候红军。中午，红军先头部队来到东元桥，见到欢迎的少数民族群众，十分感动。亲切地向群众

说：“我们是工农红军，我们是工农红军！”红军从蛇山到东元桥至古城，一路受到当地纳西族民众的热情欢迎，当地老百姓还按照纳西族传统民俗礼节，在东元桥边摆上香案，祈求丽江平安，欢迎红军的到来。红军在民众的热情欢迎中进入到古城，给红军留下了深刻的印象。

红军长征过丽江，在古城留下有纪念意义的遗址。红军在丽江古城的活动传为佳话，在古城群众中流传至今。红二军团指挥部设在新华街科贡坊和庚吉家中，和是丽江有名的晚清进士。和家前、中、后三个院，中院为花园，后院为书房，红军将领住在书房里，旧址至今保存完好，1988年4月已被丽江县人民政府公布为县级文物保护单位。在丽江古城狮子山翠文段，当年贺龙总指挥部旧址仍然保存完整。红军在丽江古城打开牢房，请来铁匠，一口气砸开7副镣铐，释放了关在牢里的48个农民，并发放给他们衣物和银钱。这些人感受到红军的温暖，有的自告奋勇给红军当向导，有的跟随红军到石鼓江边帮助渡江。红军纪律严明，买卖公平，对人和气，爱护古城一草一木，给古城老百姓留下了深刻的印象。古城的纳西人也自发行动起来，妇女们帮着红军做饭、洗衣服，男人们帮着红军筹款、兑换银元，裁缝们帮着缝缝补补，红军的行动感动了丽江民众，丽江纳西族14名青年踊跃参加了红军。

玉龙县太安乡红麦村是红军长征经过的村庄。这个地方是山间小盆地，被称为堂郎坝。这里住着的堂郎人，是彝族的一个支系。当年村民们热情欢迎红军的到来，热情帮助红军队伍，收留和照顾红军伤员，为红军烈士掩埋遗体，修建红军烈士墓。还留下了一段红军与少数民族关系的传奇佳话。红军到来之前，堂郎坝干旱严重，眼看麦子等小春作物歉收已成定局，老百姓忧心忡忡。红军来到堂郎坝后，天降甘露，连续下了几场透雨，久旱枯萎的麦苗受到甘露滋润，茁壮成长，出乎意料地获得大丰收。村民坚信，这是红军带来的好运和福气，为了纪念红军，于是把堂郎村改名为红麦村。

红军在丽江播下了革命的火种，给丽江留下了革命的理想，也推动了丽江革命的斗争。丽江成为云南红色革命老区，这与红军长征过丽江有着深深的联系。1938年11月，在张连科、张志友等人的领导下，金沙江两岸爆发了“黄军起义”，队伍发展到2000多人，一直坚持半年多才被镇压下去。1947年5月开始，丽

江专区各县陆续建立党组织和革命武装。1948年8月中共丽江支部成立，1949年3月，丁忘平在华坪领导起义，1949年5月1日，中共丽江县委组织1.5万人在地区中学集会，进行反蒋示威游行。1949年7月1日，丽江宣告和平解放。丽江是云南地下党和滇桂黔边纵七支队活动的主要区域，是以剑川、丽江、鹤庆为中心的滇西北解放区的主要组成部分，至今保留了开南研习所革命旧址等丰富的红色旅游资源。丽江的革命斗争和滇西北解放区的开辟，对滇康藏交汇区域的解放和人民解放军进军康藏地区有重要的战略意义。丽江的革命斗争缘于红军播下的革命火种，是红军长征精神在边疆民族地区开花结果的例证。

三　红色景区建设——成绩斐然

红军精神代代传，丽江明天更美好。为了永远铭记红军长征的光辉业绩，经云南省人民政府批准，中共丽江纳西族自治县委、县人民政府于1977年在金沙江畔的石鼓建立了中国工农红军第二方面军长征渡江纪念碑。正面刻着“中国工农红军第二方面军长征渡江纪念碑”，碑文在2008年再度重修时由萧克将军亲笔题写。背面有“英勇红军万岁”，是毛泽东的手迹。基座上正面刻着毛泽东手迹的《长征》诗。1983年，石鼓红军长征渡江纪念碑被列入云南省重点文物保护单位。1984年1月，萧克将军重返石鼓时。为5个渡口标志碑亲笔题字，并于1985年又分别修建了木瓜寨、木取独、格子、士可、巨甸5个渡口标志碑。1989年修建了文物陈列室，1997年4月被列为省级爱国主义教育基地。1999年增建了采用著名艺术家“金沙水暖”为主题的红军渡江铜像。随着红色旅游景区建设提上重要议事日程，为了搞好红军长征过丽江纪念馆的建设，2006年中宣部决定给予400万元的资助，支持纪念馆工程的建设。2007年11月，根据红色旅游景区建设的要求，在中宣部的关怀下，在省委宣传部的指导下，丽江市和玉龙县委宣传部组织实施了纪念馆的扩建项目。项目包括新建一个纪念馆，一个渡江纪念碑、一个红军亭、一个红军长廊、一座标志门、一组雕塑，以及一本书、一本画册、一部宣传片、一个展览等“十个一”工程。2008年年底扩建工程和布展工作全面完成。

红军长征纪念馆修葺一新，展览得到全面充实。展览以文字、图片、史料为主，同时配有部分文物展品，系统展示红军一、二、四方面军及红二十五军长征历程，又重点突出"红二方面军长征"及红军过丽江的历史。展览分成三个展室及室外四个部分：第一展室综述红军长征过丽江的情况，这个展室的实物以有关红军长征的图书资料为主；第二展室重点介绍红二方面军长征史实；第三展室介绍红军长征过丽江的情况及红军部分将领简介，这个展室展出了红军长征过丽江遗留的许多珍贵实物；第四是在室外及长廊展示了长征诗词、书画等。

通过多年的努力，丽江红军长征纪念馆和红色旅游景区的建设取得长足的进展，已彰显出它的特色，已成为重要的爱国主义教育基地和红色旅游经典景区。

四　搞好结合、推动产业——做好红色旅游这篇大文章

丽江红色旅游有着广阔的前景，还有许多开拓和发展的空间。红色文化是丽江文化的重要组成部分，红色旅游是丽江旅游的亮点之一。大力拓展红色旅游景区的建设，充分运用红色旅游资源这笔珍贵遗产，推进革命老区经济社会发展，应该成为提升和发展丽江文化旅游业的重要思路和举措。

1．丽江红色旅游有着独特的魅力和地位。

对丽江红色旅游有个充分的认识和准确定位的问题，这是发展丽江红色旅游的前提和基础。在红二方面军长征的壮丽史诗中，18000名红军健儿在丽江石鼓抢渡金沙江天堑是战略转移中具有决定意义的胜利，是具有伟大意义的壮举，是红军长征中的光辉篇章。所以丽江石鼓成为全国最重要的红色经典景区之一，滇西北被纳入全国重要的红色旅游线路之一，引起了国家的高度重视。改革开放以来，参加长征的许多重要将领，比如萧克、王新亭、周球宝（周仁杰）、张铚秀等回到丽江，重访石鼓等渡口，回忆当年抢渡金沙江的这一段亲身经历，无不感慨万千。除了红二、六军团抢渡金沙江天堑的重大战略意义外，红军长征过丽江与其他许多地方所不同的是，这是一个纳西族聚居的边疆少数民族地区，出现过纳西族民众成群结队欢迎红军的场面，这是红军长征史上具有传奇色彩的光辉篇章。加上丽江有着深厚的历史文化底蕴，多姿多彩的民族风情，壮丽的自然景观，还享有三个世界遗产，给红色旅游奠定了深厚的基础。丽江红色旅游大有文

章可做，尤其要做好打造特色品牌与深厚资源相结合的这篇文章。

2．丽江红色旅游重在拓展和建设。

丽江红色旅游处在起步阶段，只能说有了一个良好的开端，决不可盲目满足现状。要把红色旅游纳入整体文化旅游产业发展的大格局之中，关键在于进一步搞好红色旅游景区的拓展和建设，提升景区品质和文化内涵，与丽江丰富旅游资源有机结合。首先要深入挖掘丽江红色旅游历史、史料、文物。红二、六军团抢渡金沙江的壮举，新中国成立后在各类报刊上有许多回忆文章和史料，现在展馆收集的资料还不齐全，民间对当年红军长征过丽江有许多传说、故事，散落在民间也还有一些史料，这些东西要继续收集、整理，红军文物也要继续挖掘征集。其次要拓展和提升红色旅游景区建设的规模档次。现在石鼓红色景区建设规模比较小，与历史事件和重大意义不相匹配，要继续扩建和提升。比如："贺龙敲石鼓，响声震江南"，"纳西民众东元桥欢迎红军"等都是红色景区建设的好题材，要采用铜雕或石雕等形式进行创意建设。石鼓至巨甸6个渡口的建设可与金沙江沿线风光相结合，建设成各具特色的景点，然后扩张成一条金沙江红色旅游线路。再次，红二军团丽江古城指挥部旧址在保护的基础上，要开辟为展馆。红军到达丽江古城的当晚，指挥部在这里召开过师以上干部会议，部署抢渡金沙江，发布三项紧急政治动员令，在全军传达，对抢渡金沙江天堑，执行民族政策都产生了重要影响，要继续收集史料搞好建设。另外，丽江红色老区的一些景点建设也要纳入统筹考虑，比如红麦村的红军坟、开南研习所等旧址。总之，可形成以石鼓和丽江古城两地为中心的红色景区建设格局。

3．红色旅游要与其他旅游资源相结合，发挥整体综合效益。

丽江的红色旅游景区建设不能孤立进行，必须要和丽江巨大的旅游资源优势相结合，使其锦上添花、相得益彰。石鼓红色旅游景区是一个中心，这个景区的建设要与老君山国家公园建设相结合，要与石鼓深厚的历史文化底蕴及人文资源和景观相结合，还要与石鼓如诗如画的绿色自然生态景观相结合，与此同时红军长征线路还要与有悠久历史的茶马古道线路相结合，做到互为补充，这样就会大大提升旅游的广度和品位，从而让广大游客体验多种文化，品赏多种不同景观，满足不同爱好、不同层次游客的需求，从而充分发挥旅游资源的综合整体效益。

4. 红色旅游要造福革命老区百姓。

丽江是解放战争时期的革命老区。红色旅游的发展要和革命老区的建设结合起来，通过培植壮大产业，推动经济社会全面发展，造福丽江各族群众，尤其要更好地造福革命老区百姓。

丽江有民主革命时期的斗争历史，还有边纵地下党和革命老区的一份珍贵遗产，这是红军长征在丽江播下革命火种，生根发芽结下的丰硕成果。丽江民主革命时期的光辉业绩也是红色旅游的重要组成部分，有些地方可以打造成红色旅游的景点，比如开南研习所旧址、红麦村红军坟墓，还有众多的革命文物和革命史迹。一定要通过认真策划，纳入红色旅游总体规划，逐步加以开发建设。尤其要让比较困难的老区群众参与红色旅游，尽快使其脱贫致富。

作者在石鼓“红军长征过丽江纪念馆”调研（2009年4月2日）

程海保护发展与边屯文化示范基地建设评析

随着云南省人民政府程海水污染防治现场办公会的召开，新一轮程海水污染综合防治工作全面启动。与此同时，这次会议把程海的保护发展与边屯文化示范基地建设相结合，把永胜程海边屯文化提到全省文化建设的高度。所以这次会议不仅将推动程海生态环境保护达到一个新的水平，而且必将推动边屯文化品牌的打造和建设，将极大地推进丽江和永胜文化旅游产业的更大发展。

一　程海保护发展和边屯文化研究开发迎来历史性机遇

2010年8月21日至22日，云南省人民政府程海水污染防治现场办公会议和工作会议召开，程海迎来保护发展的一次重大机遇，同时也给永胜县乃至丽江全市带来经济社会文化大发展的一次千载难逢的历史性机遇。

8月21日，参加现场办公会的秦光荣省长、和段琪副省长、云南省九大高原湖泊督导组牛绍尧组长、省政府丁绍祥秘书长、省级部门的相关领导，以及丽江市委书记王君正、和良辉市长等同志风尘仆仆，从丽江赶往永胜程海。这次现场办公会议的一个特点，不是安排部署工作，而是工作的正式启动。11点钟在永胜程海镇涓米村举行了程海流域农村环境综合治理启动仪式，从而揭开了省政府现场办公会议的序幕，开启了新一轮大规模的保护治理活动。紧接着与会领导及人员赶到程海湖畔的施普瑞公司，虽然时间已到了下午1点钟，但仍按计划举行了绿A生物产业园区废水循环使用工程启动仪式。在现场办公会上，秦光荣省长强调，要采取坚决果断的措施，保护好程海湖，要深入实施入湖河道综合治理、农业面源污染防治、面山林业生态恢复、村落环境综合治理、环湖生态路建设和云南绿A生物产业园建设六大工程；突出截断污染、恢复生态、科学管理、绿色发展四个重点。争取用三至五年时间，使程海水质达到Ⅱ类标准，让程海这湖水更清，程海这张名片更亮，程海这片土地更富。

21日下午，秦光荣省长等领导同志到程海湖畔的边屯文化示范村——凤羽毛家湾进行调研，作了关于“把永胜建设成为云南边屯文化的示范基地，在永胜程海建设云南省边屯文化博物馆，将程海湖的生态环境保护与边屯文化研究建设相结合进行总体开发”的重要指示。

8月22日，省政府程海水污染防治工作会议在丽江举行。和段琪副省长、牛绍尧组长作了讲话，王君正书记作了表态发言。会议要求，深入贯彻秦光荣省长在永胜现场办公会议上的讲话精神，进一步加强防治工作力度，以保护促进发展，以发展推动保护，推进程海区域经济社会可持续发展。

这次现场办公会议以及一系列重大决策措施是程海保护发展的里程碑，所做出的重大决策，给永胜和丽江的全面发展带来千载难逢的一次机遇。第一，省人民政府把程海保护发展作为贯彻落实“生态立省、环境优先”战略的重要举措，放到全省发展的高度采取强有力的措施，对永胜县对丽江市是有力的带动。第二，突出四项工作重点，实施六项工程，措施有力，还投入亿元以上的巨资，提供了有力的资金支撑。第三，把程海的保护与发展相结合，着眼于沿湖广大群众致富，提出综合整治螺旋藻产业，把产业做大、做强、做精，打造百亿元产值的优势品牌产业。第四，提出把“永胜建设成为云南边屯文化示范基地，在程海建设云南省边屯文化博物馆，重视生态保护与文化产业发展相结合”。第五，提出要重视发展湖泊高端旅游休闲产业，着力推出鸡足山—永胜程海—宁蒗泸沽湖—丽江旅游线路。第六，2010年12月26日，红A获国家批准暨1亿粒红A、20亿粒绿A生产线开工仪式在程海隆重举行，螺旋藻产业发展取得实质性进展。与此同时，云南省边屯文化博物馆开工奠基仪式在凤羽毛家湾隆重举行，边屯文化示范基地建设取得突破。这些举措对永胜县以及丽江市的带动作用，它的意义和影响都将是非常巨大的。

二　呵护母亲湖，让程海更好地造福广大老百姓

程海的保护发展一定要做到双赢，程海湖的环境保护与边屯文化研究建设也要两手抓，这是这次现场办公会议的一大亮点，也是会议的一个重要指导思想。而对程海母亲湖的认识和呵护是一个重要的前提。秦光荣省长说："程海是一个宝库，兼有水产养殖、农业灌溉和调节气候三大功能，从长远看，还有休闲旅游的广阔前景。"他还指出，在抓好环境保护治理的同时，必须科学规划和开发利用湖泊资源，让这湖清水更好地造福广大群众，实现经济发展与环境治理的双赢。

程海湖是云南省九大高原湖泊之一，位于永胜县中部，湖水面积74.6平方千米，流域面积318.5平方千米，最大水深35.1米，平均水深25.7米，蓄水量19.8亿立方米。程海有以下一些特点：一是湖内生物物种丰富，现有鱼类25种，年产鱼1500吨以上；有藻类植物126种，底栖动物37种，浮游动物10余种，有鸟类和禽类40多种，是鱼类、水禽、迁徙候鸟及其他野生动物重要的栖息地。二是程海为全世界能天然生长螺旋藻的三大湖泊之一，是一个聚宝盆，是全国绿色保健品螺旋藻的养殖加工的天然基地。三是光热条件良好的高原湖泊，有着休闲度假的优越条件。四是程海湖周边有着独特的毛氏文化，是边屯文化中的精品和亮点。所以程海不仅有特殊的生态和水体的优势，还有着历史人文的优势。根据对程海特点的分析，笔者认为程海的保护既要重视对自然生态环境的保护，也要重视对文化生态环境的保护；程海的发展不仅要重视程海生物资源的开发利用，比如整合和提升螺旋藻产业，还要重视程海周边人文资源的开发利用，边屯文化是一大亮点，所以尤其要通过旅游产业的综合带动效应，使程海发挥更大更好的作用。

程海保护治理要突出四个重点，实施六大工程，所需资金的保障，在这次会议上都已经明确，关键在于措施的落实，关键在于真抓实干。保护程海就是保护母亲湖，保护程海就是保护周边人民群众生存发展的基础，统一上下的认识是保护的前提。广大群众是程海保护的主体，所以必须增强人民群众的保护意识，增强主人翁的责任感。程海水污染防治的关键在周边村民，难点在改变村民的生活习惯。发挥广大群众保护的主体性、积极性还要与广大群众的切身利益相联系，让广大群众从保护和防治中得到实惠。

当前，程海镇农民人均纯收入仅2540元，湖周群众的生活水平还比较低。所以，省政府现场办公会强调，要在抓环境保护治理的同时，必须科学规划和开发利用好湖泊资源，让程海更多地造福广大群众，实现经济发展与环境治理的“双赢”。根据程海流域光热充足、物产丰富，但雨水和水资源不足的特点，要坚持走节水农业、生态农业发展路子，提高农业经济效益。程海水产养殖条件优越，白条鱼、白鲢鱼、鲤鱼等土著鱼种有很高的经济价值，加上湖里有大量天然鱼饵资源，发展水产养殖潜力巨大，这样既可控制内源污染净化程海湖的水质，又可以增加湖周农民收入，提高群众生活水平。天然螺旋藻是程海的最大优势，把螺旋藻产业做大、做强，使之成为湖周群众脱贫致富的百亿元关键性产业，这将产生深远的影响。从长远看，程海文化旅游产业发展很有潜力，要提上重要议事日程，认真筹划，改善基础、打造品牌、联动周边，乘势而上。

三　突出永胜边屯文化特色，让程海更有魅力

程海哺育了流域的各族人民，也孕育了独特的边屯文化，而文化则是程海之魂，程海因此而更加美丽。彰显边屯文化特色是程海保护发展的应有之义，也应是一大工作重点。

程海流域是明代澜沧卫边屯的重要区域。边屯文化实质是历史上中原汉族到祖国边疆地带屯田形成的一种文化，也是中原汉族与边地少数民族融合形成的文化，这也是云南汉文化的特色和精髓。这种文化虽然以中原文化为根基，但又融入了少数民族文化，是一种独具特色的文化现象。而永胜的边屯文化则是极具个性特色的典型代表。洪武调卫600多年来形成的永胜边屯文化，逐步形成了以中原汉文化为主体但与当地多个少数民族广泛结合，融汇了当地和周边各少数民族文化，“夷娘汉老子”就是融汇融合的生动体现；这个文化还依托了当时的土司文化，又具有屯田制的历史文化特色，加上毛氏文化，因而在边屯文化中有许多独特之处和突出的亮点，从而形成了永胜边屯文化的优势。

在省政府程海水污染防治现场会议期间，秦光荣省长到湖畔边屯文化示范村进行调研，提出把永胜建设成云南省边屯文化示范基地等一系列要求，市委书记王君正专门召开专题会议作出了搞好落实的部署安排。怎样搞好永胜边屯文化的开发建设？首先要形成一个好的思路，好的规划；同时一定要抓住机遇、抢占先机、狠抓落实、突出亮点，着力搞好边屯文化示范基地和云南省边屯博物馆等重点项目建设，配套研究机构，加强民间研究组织；还要进行文化产业开发，紧紧结合旅游产业的发展，努力把永胜边屯文化打造建设成为丽江文化旅游又一亮丽品牌。品牌的建设和推出关键在于特色，关键在于推出精品、突出亮点。

这几年永胜通过对毛氏文化的研究，推动了对整个边屯文化的研究，并且是很有成效的。但这只能说有了一个良好的开端，研究是长期的任务。边屯文化是我省普遍存在的现象，是一个大文化，历史渊源很深，涉及的内容和范围很宽，要研究的东西也很多，所以决不能满足现状，应该把过去取得的成绩作为一个新的起点。另外结合永胜边屯文化的实际，要集中研究一些重大的有影响的课题，推出精品、突出亮点，从而打造和建设边屯文化品牌。

一是突出毛氏文化。毛泽东祖先毛太华在元末明初进入永胜后，因朝廷于明洪武二十八年（1395年）在北胜州设置澜沧卫投军参加军屯，在永胜留下后裔形成独特的毛氏文化。毛氏文化是永胜边屯文化中最突出的精品和亮点，影响力很大，可起到龙头的效应和带动作用。毛太华是永胜毛氏和韶山毛氏共同的始祖，而且在永胜成家立业，娶妻生子打下基业，有着重要的地位。现在永胜毛家湾还保存有许多历史古籍和出土文物，这方面的研究论证还要深入，内容还要充实丰富，同时还要集中宣传和推出。

二是突出他留文化。他留文化既是具有浓郁民族风情特色的灿烂民族文化，同时又融汇了汉文化，戍边屯军特征突出，是为边屯文化的一个见证。他留城堡遗址及他留坟山已列入国家级重点文物保护单位，加上他留人独特的婚姻恋爱奇异风情，将产生很大的视觉冲击力和影响力。

三是突出古村落、古迹遗址。通过第三次文物普查，程海附近清水古村落发现明清时期的书院、寺庙、宗祠、民居建筑群，还有期纳的何家大院、斋姑娘院落等，这些古村落古迹是边屯文化的文物，又在程海流域，很有研究开发价值。

在永胜县城附近还有国家级的红石崖地震遗址，灵源箐石刻观音像等古迹，通过整合资源可作为一个亮点推出。

四是突出程海湖周边的湖光山色、田园风光。程海湖的自然风光、人文风情及光热资源都很独特，可成为天然浴场和休闲的乐园。美丽的湖光山色、渔歌晚唱、海鸟飞翔、奇异海藻等都是优美的景致，可引人入胜。

五是要用旅游带动边屯文化产业的发展。丽江旅游已成为国内外知名的大品牌，边屯文化的研究、成果的转变、基地的建设、产业的发展都离不开丽江旅游这个大平台，离不开旅游业的带动。要通过旅游带来的人气开拓市场，边屯文化才能鲜活起来，产生更大的效益，造福广大群众。永胜的旅游处在蓄势待发的阶段，现在各种条件正得到改善，这次现场办公会将起到催化剂的作用。通过发挥丽江旅游这个大平台的作用，程海的保护发展，边屯文化产业的开发建设将开创一个新局面。

丽江文化研究会、纳西文化研究会举行新春联谊文化交流座谈会（2009年）

玉龙本草及和士秀诊所评析

在丽江玉龙雪山脚下的白沙古镇三元村，古镇北端的溪流边上，绿树掩映中，一处纳西农家小院门口挂着用东巴文、汉文、英文书写的“丽江玉龙雪山本草诊所”招牌。诊所的主人是丽江一位奇人，享誉海内外的本草医生和士秀老先生。随着改革开放的春风吹遍大江南北，这个诊所也应运而生，于1985年4月7日开业，至今已二十多年了。这个诊所及和士秀医生随着岁月的流逝，名声不断鹊起，已走向世界。

和士秀医生生于1924年中秋节（甲子年），现在已经八十多岁了。他穿着普通的白大褂，面颊飘逸着雪白的银须，一副仙风道骨、慈眉善目、与世无争的神韵，他身体硬朗、头脑清晰、步伐稳健，仍然为病人忙碌着。他的儿子和述龙是中西结合主治医生，儿媳李月琴、女儿和述英都在诊所行医，孙子和德寿从北京中医药大学毕业后回到诊所工作，这些晚辈们成为和士秀的助手和诊所的继承者。和士秀能讲英语、德语、日语，还能用韩语、日语看病。二十多年间，和士秀医生为全国各省市及一百多个国家的病人看过病，十多万海内外病人服用过诊所的中草药，并有成百上千的人写来感谢信。和士秀医生用玉龙雪山本草治病并治愈了许多疑难杂症。美国白血病患者布莱尔服用草药十多年来收到良好效果，病情缓减十多年，一直到现在这个病人还活着，梅奥医院提供了完整的医疗档案。其中美国梅奥医院医生说：“布莱尔，他从来不用化疗，是用中草药治好的，他的病情缓减了。”一个日本的白血病患者给和士秀医生寄来感谢信，说吃了老先生寄来的中草药后，低烧温热的症状消除了。西方国家许多知名的官员、医生、学者、作家、记者、游客都到这个诊所看过病，英国前驻华大使唐纳德和夫人，加拿大驻华大使欧尔·拉克一行，联合国教科文组织专家、医学博士等名人光顾过这个诊所。1988年秋天，英国女皇的一个堂妹慕名来到丽江，到雪山脚下的这个小诊所，她带回了足够的雪山草药，治好了她的病，她写来了热情洋溢的感谢信，还邮赠一本《牛津英汉双解大辞典》。1990年3月底，香港影星鲍浩芹在丽江突发胃病，经和士秀推拿治疗而愈，鲍浩芹写下了“慕名而来、名不虚传”八个大字。

和士秀老人不仅有高超的医术，更有高尚的医德，他有宽广的胸怀和博爱之心，他一贯主张为群众免费治病，“有医无类”。他坚持“仁医仁术”二者不可分开。他说最大的幸福是治病救人，最大的快乐是治好病人。他“言疾不言利”，对患者不分贵贱、不分国籍、不分民族都能一视同仁，他身怀绝技却身居玉龙山下的农家小庭院，他闻名于世却自甘清贫，他愿意永远守护着玉龙雪山。他说：“这里的草药取之不尽、用之不竭，自己去采集，自己加工研磨，几乎没有什么成本。”因此找他看病的人，给不给钱、给多少钱全凭患者自觉自愿。和士秀的传奇传到海内外，声名远播，被众多的海内外新闻媒体和民间社会人士称为“玉龙雪山的神医”、“玉龙雪山下的白求恩”、“当代李时珍”、“现代神农氏”、“纳西仁医”、“纳西布医使者”，等等。

一个纳西农家小院里的本草诊所，一位银须飘逸的草药医生声名远播，惊动了万里之外的西方国家。他们感到惊奇，感到不可思议。于是全世界一百多家新闻媒体用三十多种语言文字报道了神奇诊所和神医和士秀的事迹。在美国召开的第23届国际医学学术交流大会邀请他参加。早在1986年3月，美国《时代》杂志刊登了英国作家布鲁斯·查德维的《洛克的世界》介绍了诊所及和士秀的情况，文章发表后被多次转载，并译成法、德、意等文字，广泛介绍到西方各国。英国剑桥大学生物学博士马丁·威廉教授1989年、1990年分别在英国《独立报》、《波士顿环球报》、《林格尔》和美国《无畏》等报纸杂志上发表文章，介绍了这个诊所。1992年冰岛的《FARVTS》杂志还以老人头像做封面。1995年剑桥大学国际名人传记中心将和医生入选《世界成功者之路》、《国际知识分子名人录》。国内主流媒体，包括《人民日报》、中央电视台、《云南日报》等先后也作了报道。

和士秀新中国成立前就读于当时的南京外国语专科学院。1949年5月起在第

二野战军司令部二处工作，是柴成文的老部下。1953年因一场久治不愈的大病，组织上决定让他回老家养病。于是他回到了玉龙山的怀抱。面对病痛的百般折磨，他没有倒下，是玉龙雪山给了他勇气和力量。他以纳西人特有的坚毅，捧起古今医书，学习和研究起医药学理论。他走到民间，走访和收集了一千多个中草药方；他向往玉龙雪山，相信这座大雪山珍藏着治疗种种疫病的神奇草药。他跋山涉水、风餐露宿、踏遍玉龙雪山各个角落，尝遍百草，百辨药性。千草万木成为他研究的对象，从中发现了两千多种草药，成为“当代的神农氏”。他不仅治好了自己的病而且自学成才，成为有名的中草药郎中，走上了治病救人的从医之路。“文革”期间，治病救人的和医生反被诬为“特务”而被批斗，但他不改初衷，坚持研究中草药，坚持义务为群众治病。他不仅能治疗一般疾病，而且善于治疗一些疑难杂症。10年动乱结束后和士秀受聘在地区一中、地区财校教授英语，同时在丽江古城开了医疗室治病救人。1985年他决心回到家乡，重新回到玉龙山的怀抱。几十年来，他对玉龙雪山本草的探索，对中西医理论的研究，实践经验的积累，而且对国内外疑难病患者的治疗，使他的医术日臻完善和成熟，他精湛的医术，高尚的医德受到国内外患者和社会的信任和尊重。

1. 代表优秀传统文化精神的布衣使者。

随着丽江旅游业的兴起，成千上万国外的游客和来访者，以及国内外各地患者来到玉龙山下的白沙三元村，来到这普通的农家庭院小诊所，或看病、或慕名而来、或拜访诊所的主人。也有带着怀疑的态度前来探个虚实，绝大多数的来访者都满意而归。诊所成为一个窗口、一道风景。和士秀医师也成为一位民间的布衣使者。对来自世界各地的旅游者、探访者而言，和士秀代表了国家的一个形象。难能可贵的是在他身上体现了一种可贵的传统文化精神。诊所自开业以来始终坚持为群众免费治病，为国内外患者服务。“有医无类”、“仁医仁术”是诊所的理念和宗旨，在外国人眼里，和医生是博爱的象征，是中国传统文化精神的代表。和医生重视中国传统文化和道德精神，他追求仁医仁术流芳百世，堂堂正正做人；他胸怀天下，常讲踏踏实实治学，计利当计天下利，求名但求万世名，在社会中树立了修身立命的楷模。和士秀医师及其儿子和述龙医师都能讲流利的英语，甚至可以讲几个国家的语言，他们从容地同国内外患者沟通。他们的医术医德和高尚情操为丽江乃至国家树立起高大的民间布衣使者的形象。

2. 岁月证明他们的真诚。

玉龙本草诊所及和士秀赢得患者和社会的信任，也是经历了一个过程。岁月和事实才能证明一个人的真诚，一个人的真伪。对诊所及和医生来讲，有两点是人们最为关注的，一是医术真的高明吗？二是免费治病是真的吗？1985年4月诊所开业前后，我当时是地委白沙乡工作队的负责人，支持过诊所的开张。当时和医生还不被人们理解，有人暗地里嘀咕，一些患者也心存疑虑，这是不可避免的。岁月是最有说服力的老人，事实最能证明一个人的真伪。“爱心无价，真情永恒”，1996年2月3日，丽江发生了大地震，和士秀及儿子和述龙（中西医结合主治医师），儿媳（西医）等冒着余震的危险奋力抢救伤员，救治伤病员2000多人，还熬了一锅锅预防流行病的汤药给3000多人服用。开业以来，诊所免费治疗4万多人次。有的外国人不相信，就干脆写信索药进行试验，诊所立即寄药，叫病人服用，而不言钱。事实胜于雄辩，岁月证明了一个人的真诚。和医生高超的医术和玉龙本草的药效得到了证实。玉龙山本草神医的名声在实践中名扬海内外。

3. 玉龙雪山是医药的宝库。

玉龙雪山是一座神奇的山，是有着生物多样性的一座雪山，从一千多米的海拔到5596米的高峰，从金沙江畔亚热带到高海拔寒带，中国药典里的植物药绝大多数在这里都找得到，总体植物超过13000多种。和医生说：玉龙雪山是植物药的宝库，身在玉龙雪山不愁没有药，他对玉龙山爱得很深。多年来和士秀考虑着如何有效保护和利用玉龙雪山药用植物资源问题。为此，他开辟了三亩多的“百草园”，种上了上百种的中草药。他说：“目的是通过自己栽培一些药用植物，对其生长条件和情况进行研究，获得第一手资料后，再扩大面积推广。”同时他还说：“玉龙雪山是一个丰富的中草药宝库，只要用科学方法采集，其资源是取之不尽的，但现在一些人受到利益驱动，进行乱采乱挖，使植物资源受到一定程度的破坏。”所以在丽江县政协会议上提出了《为了保护、研究和发展雪山本草资源，建立“百草园”和“雪山本草研究所”》的议案。他经常说：“即使有丰富的药用植物资源，也要增强自然环境保护意识，要呼吁全社会共同努力，让青山、绿水、白雪常在，使药用植物资源永续利用。”在中央电视台报道诊所的专题片《玉龙雪山·药》和美国、德国报道的《和医生和他的植物王国》等文章中，他都强调了这样的观点，坦露了一位老人的殷殷期望。

4. 中草药的神奇力量。

和士秀坚持认为，中草药是祖国宝贵的民族医药遗产，保护、研究和发展中医药和民族医药大有可为。同时和医生的诊所还坚持中西医结合，他的儿子和述龙就是中西医结合的主治医师，所以他不排斥西医西药，但是他认为对民族医药学要更加重视，其潜力大得很。和医生用玉龙雪山的草药治好了成千上万的国内外患者，甚至治愈了一批疑难杂症，他收到许许多多的感谢信。他对传统中草药医学事业作出了重要的贡献。有许多医生和医学专家对这些中草药发出了感慨。来自美国的卫丽博士在诊所学习一段时间后回国撰写了《神圣医疗——协调阴阳、调理气血、照顾整体、综合治疗、中西结合》的论文，专门介绍治病的原理和玉龙雪山中草药。美国梅奥医院请诊所治疗白血病人，梅奥医院来信说，对和医生的本草药理和作用十分惊奇，梅奥医院评价他的草药能治愈白血病。和医生说："生命与疾病共存，除了药物治疗外，必须适当地进行协调，乐观是最好的药。不吸烟、不喝酒，简单的食品、朴素的生活，但主要是乐观。我今年86岁，身心健康，求医者不断，门庭若市，深受患者的爱戴、信任和尊重，感到无限的快乐和幸福，自当鞠躬尽瘁。""现在诊所的成员在整理《玉龙雪山本草》一书，这是我一生的结晶，要对祖国医药学作点贡献！"这是和士秀先生晚年的一大心愿。

作者看望和士秀先生（2011年7月）

玉龙纳西族自治县五十华诞评析

4月10日对于纳西人和玉龙各族人民来讲是最值得永远铭记的日子。50年前的这一天——1961年4月10日，中国唯一的纳西族自治县诞生了！五十年风雨历程，五十年沧桑巨变，各族人民迎来了这个美好喜庆的节日。

一

四月的丽江春风浩荡、春雨潇潇、风景如画。沐浴着春风春雨，玉璧金川犹如一幅美丽画卷展开新的容颜。金沙欢笑、玉龙起舞，在这美好季节里，4月10日，玉龙纳西族自治县各族人民载歌载舞共同庆祝五十岁的生日。

这是一次隆重而高规格的庆典，十届全国人大副委员长热地发表讲话，全国人大民族委员会、国家民族事务委员会，省委、省人大、省政府、省政协发来贺电。全国政协民族和宗教委员会副主任赵金铎，中国文联、中国作协副主席丹增；省人大常委会副主任杨建甲、省政协副主席白成亮；全国人大民委、国家民委祝贺团团长、国家民委办公厅副主任魏国雄、省祝贺团团长、省民委副主任李向林；市委书记王君正、市长和良辉等领导出席会议。热地副委员长和众多党政军领导出席庆典，副委员长发表热情真诚的讲话，这在全国各地自治县成立的庆典上都是很罕见的。这次庆典也是各地纳西族同胞的一次大聚会，包括四川、西藏、北京、昆明等地的代表到会祝贺；各地纳西学会的代表，省地市历届纳西族老领导，纳西族在全国各地知名人士和专家学者到会者众多。数万各族群众参加庆典活动，群众游演活动民族风情浓郁、异彩纷呈、规模宏大。这一次庆典有一台高水平的晚会，众多名家、明星汇聚，火把灯光扮靓大会场，星光灿烂、欢歌

笑语和年轻人的激情让广场成为欢乐的海洋、歌舞的海洋。央视著名节目主持人董卿、本地纳西语节目主持人和占祥联袂主持“魅力丽江、腾飞玉龙”大型晚会，著名歌手谭晶、孙悦、沙宝亮、杨帆以及本土纳西族歌手和秋香、和秋实、和文军、肖煜光等登台献艺，把庆祝活动推向高潮。

50年来，特别是改革开放以来，在党的民族政策的光辉照耀下，自治县委政府带领各族人民团结一心、开拓进取，艰苦奋斗，取得了经济建设和社会事业发展的辉煌成就，一条玉龙腾空而起。

刚刚过去的2010年，全县国民生产总值达22.34亿元，是1961年自治县建县之初4655万元的48倍；农业总产值10.8亿元，是建县之初2077万元的52倍；工业总产值达6.48亿元，是建县之初483万元的134倍；以旅游业为代表的第三产业异军突起，2010年总产值达50.74亿元。全县各族人民群众生活水平得到极大改善，城乡面貌发生很大变化，到处是一派欣欣向荣、生机蓬勃的景象。十届全国人大副委员长热地在讲话中高度评价说：“玉龙纳西族自治县是全国唯一的纳西族自治县，作为原丽江纳西族自治县的传承和延续，自1961年实施民族区域自治制度50年来，在党中央、国务院的亲切关怀下，在云南省委、省政府和丽江市委、市政府的正确领导下，玉龙纳西族自治县广大各族干部群众团结奋斗、艰苦创业、共同抗击地震等各种自然灾害，经济社会面貌发生了翻天覆地的变化，走过了波澜壮阔的伟大历程。”

二

玉龙县是我亲爱的故乡，在亲爱的故乡迎来五十华诞之际，心潮澎湃、思绪万千。1961年4月10日是自治县成立的日子，当时国家正处在三年困难时期，为了渡过难关，国家采取了许多行之有效的措施，其中包括认真落实民族政策，政策上比较宽松。正是在这样的背景下，1958年9月24日国务院全体会议第八十次会议通过的关于“准予成立丽江纳西族自治县”的决议得以落实。我当时是丽江第一中学初52班的学生，前一天我们得到通知，全校师生要参加丽江纳西族自治县成立的庆典。4月10日，风和日丽、天空湛蓝，丽江一中师生队伍浩浩荡荡排着队伍来到专区大礼堂广场，召开的万人大会当时是盛况空前的群众大会，有国家民委祝贺团和省祝贺团到会祝贺，丽江地委行署领导讲话，刚刚当选的第一任自治县县长木成斌讲话，给我留下了深刻的印象。这一天丽江纳西族自治县正式宣告成立，这是党的民族区域自治政策的具体成果，我和同学们欢欣鼓舞，衷心拥护党的民族政策。1965年我高中毕业考入军队院校，离开了家乡，但无时无刻不思念着故乡，随时从不同的渠道打听着家乡的变化。1971年自治县成立10周年的时候，国家正处在“文革”时期，党的民族政策遭到严重破坏，也就没有举行什么庆典。

1981年4月10日，自治县迎来20岁的生日，由于党的十一届三中全会已经召开，国家开始实行改革开放政策，自治县百废待兴，迎来了无限的生机。这一天举行了“庆祝丽江纳西族自治县成立二十周年暨农业先进代表颁奖大会”。这一年的10月我从部队转业到家乡工作。1991年4月10日，中共丽江县委、县人民政府在民主广场[①]隆重举行庆祝丽江纳西族自治县成立30周年大会和庆祝活动。我作为丽江地委委员、地区纪委书记参加了这一活动。国家科委副主任周平，全国人大民委调研员李琪等到会。国家民委法政司副司长杨一星为全国人大民委、国家民委祝贺团团长，她是一位纳西族的妇女领导干部，发表了热情洋溢的讲话，县委书记和兴典代表自治县讲话。云南省省长和志强、副省长金人庆发来贺电。

2001年4月10日，丽江纳西族自治县迎来40岁生日，在民主广场隆重举行了庆典活动，我作为丽江地区人大工委主任参加了这一庆典。庆祝大会由丽江纳西族自治县人大主任和世华主持，丽江纳西族自治县县长杨廷仁讲话。全国政协常委、原云南省省长和志强、国务院新闻办副主任杨正泉、副省长梁公卿、省政协副主任和占钧、地委书记段增庆等参加大会。国家民委祝贺团团长、国家民委办

---

①民主广场：又称为体育场，位于狮子山西侧解放纪念碑脚下。纳西语称“坞古波”，历史上曾是死刑犯行刑的空旷山冈，新中国成立前已辟为骡马物资交流会场所。1949年7月1日丽江解放的万人群众大会在这里举行，黄平、和万宝讲话，杨尚志骑马检阅到会部队，并正式宣布丽江和平解放。从1949年丽江解放到2010年期间，许多重大政治文化大型活动和庆典在这里举行，也是丽江大型的体育活动场所。2010年在北郊新建市体育场馆，民主广场被辟为住宅小区。

公厅主任王全利、省祝贺团团长、省民委副主任木桢，丽江地委书记段增庆等讲话。大会宣读丽江纳西族自治县人大常委会授予刘承玮先生、李祖康先生荣誉公民的决定，并颁发了证书。庆祝大会结束后，二炮文工团和丽江文艺工作者共同演出大型文艺节目——《情满丽江》。现在我虽然从工作岗位上退下来了，但仍应邀参加了五十年的庆典活动。

三

50年在历史的长河中只是一瞬间，但带给了人们无限的情思、无限的遐想，无限的启迪。故乡在不断前进，下一个10年、下一个50年将谱写更加辉煌灿烂的篇章。

1. 跨越发展、玉龙腾飞正当时。

今年是实施“十二五”规划的开局之年，玉龙县虽然面临着许多挑战，困难和问题不少，但机遇大于挑战，玉龙纳西族自治县面临着难得的历史性机遇：国家正在实施新一轮的西部大开发，国家对西部地区扶持政策、资金、技术、项目、措施更加到位，玉龙县将得到更多的实惠；在西南面向东南亚、南亚“桥头堡”建设战略中，丽江市和玉龙县作为历史上茶马古道上的重要枢纽和重镇，今天正成为重要的门户；在金沙江中游水电开发中，玉龙县是主要的开发区域和重点，将成为主要的受益者；金沙江流域特色优质烟基地建设为玉龙县农村提供了致富的产业；丽江旅游业二次创业和提质增效也为玉龙县带来了新的机遇和新的天地。总之，根据玉龙县的优势和当前的机遇，玉龙县承前启后，继往开来，提出了新的理念和举措。在“十二五”期间将坚持以县城建设为载体作为经济增长点的核心，带动全县中部、西部、东部三个片区的发展；加快推进农业产业化、新型工业化、城镇化和教育现代化，着力打造和建设生态产业基地，清洁能源基地、精品旅游胜地和纳西文化产业基地；在县城开发上、新型工业化发展上、烤烟等优势产业发展上，民族教育和民族文化发展上要有个大的突破，开创玉龙建设的新局面。总之，“十二五”和以后一段时期，玉龙将是继续跨越发展的时期，玉龙腾飞正当时，玉龙之星正冉冉升起！

2．保护传承珍贵民族文化遗产是义不容辞的历史责任。

玉龙县是全国唯一的纳西族自治县，是纳西文化的重要载体，对纳西文化的保护传承发展负有特殊的历史责任。纳西族虽然只是30万人的弱小民族，但却创造了国内外知名的大文化。这个大文化以三个世界遗产为主要代表，有很高的历史文化价值，纳西学正成为走向世界的一门显学。保护、传承、弘扬、发展纳西文化首先是玉龙纳西族自治县的神圣使命。自治县离开了这一母体文化就失去了灵魂，失去了生存发展的根基。保持民族的特质，保护传承发展纳西文化要做的事情很多，但以下几点则是最为重要的基础性工作：首先要保持民族的语言、文字、服饰、民俗、艺术等文化特征，失去了这些特色就失去了民族的特质。其中民族语言文字是基础，要做到代代相传，要扎根本民族文化沃土就要掌握好本民族语言文字，失去语言文字就失去了根基。其次是着力搞好东巴文化的保护研究和传承。保护传承东巴文化任务相当繁重，当前玉龙县许多山区村寨保存有东巴生态文化的基础，要建设好若干个东巴生态文化的保护示范基地。再次是纳西文化要根据新形势、新情况，做到与时俱进不断有所发展和进步。另外要建设好玉龙新城，纳西族智慧的先民们建造了世界遗产丽江古城，玉龙新城将来也要争取成为一个文化遗产，要做到源于古城，但有所创新，广纳当今先进文化艺术，又高于古城。今天我们一定要把纳西文化融入到先进文化和多元文化之中，不断学习、不断吸收、不断创新，这样才能使其显示出强大的生命力。

3．继续推进民族立法，结合实际行使好民族自治的权力。

民族区域自治是我们党用马列主义解决民族问题的基本方针，是国家一项基本政治制度。民族地方的人民代表大会有权依照当地民族的政治、经济和文化特点，制定自治条例和单行条例。这是国家宪法法律的规定，也是国家保证民族区域自治地方行使自治权的法制保障。原丽江纳西族自治县和玉龙纳西族自治县根据党的方针和国家法律规定，先后制定了自治条例和6个单行条例，较好地行使了民族区域自治权利，促进了经济社会文化的发展。《玉龙纳西自治县条例》2005年3月21日经玉龙县第十三届人民代表大会第三次会议通过，2005年5月27日云南省第十届人大常委会第十六次会议批准施行。自治条例共八章五十九条，是以原丽江纳西族自治县条例为基础，通过修改，进一步体现了自治机关在处理经济社

会事务过程中的自治权力，切实维护民族区域自治的合法权益，促进自治区域内资源的合理开发利用，促进自治县经济和社会事业协调健康发展。对实行自治县津贴、民族传统“三朵节”、县庆纪念日和民族团结月条例都作了规定，各族干部群众认为这是保障宪法法律在本县民族自治区域付诸实施，管理民族内部事务的综合性地方法规。丽江古城保护条例和东巴文化保护条例在原单行条例的基础上上升为云南省的条例。对玉龙雪山保护、对拉市海湿地保护制定了管理条例，收到了良好效果。现在正制定水资源和矿产资源保护管理条例，这些都是一些好的做法和经验。甚至走在全省全国的前列，比如保护丽江古城的条例是全国最早保护管理文化遗产的条例。现在要进一步做好条例充实修改提升的工作，还要做好条例监督和执法的工作。

4. 打造和建设旅游天堂和精神家园。

玉龙县被国家确定为首批中国旅游强县，也是云南唯一入选的一个县，这充分体现了国家的重视和自身的优越条件。玉龙县旅游资源十分富集，且多姿多彩、品位极高，有许多精品和绝品，包括三个世界遗产、玉龙雪山、长江第一湾、虎跳峡、宝山石头城、白沙文化圈等，这些都是得天独厚的特色优势。搞好中国旅游强县的建设，当前重点是要把玉龙县打造成休闲旅游的天堂和游客向往的精神家园，这是很高的目标和要求，但玉龙县有这个基础和条件达到这个目标。这就要求搞好几个片区的建设。一是以古城相对应的玉龙新县城为主，包括文笔海、文笔山这个中心片区；另一个是拉市海湿地乡村休闲度假村片区；再一个是金沙江沿线的东巴文化和生态乡村旅游片区；此外还有九十九龙潭，以黎明黎光等为代表的高端生态旅游区；白沙、宝山石头城、红色旅游景点等文化旅游区，且还要不断提升景区品位。通过玉龙县自然生态的优势、民族文化的优势以及和谐文化的独特内涵，把玉龙县打造成心灵栖息地，打造成人人向往的舒心闲适的精神家园。

参考文献

《纳西东巴古籍译注全集》，1至10卷，东巴文化研究所编译，云南人民出版社，1999年版。

《丽江地区志》，云南民族出版社，2000年版。

《十年一瞬间》丛书，李群育主编，云南人民出版社，2006年版。

《联合国教科文组织亚太地区文化遗产管理第五届年会纪实》，云南民族出版社，2003年9月版。

《丽江年鉴》，丽江市地方志办公室编，云南民族出版社。

《丽江市纪念改革开放30周年丛书》，中共丽江市委宣传部编，云南美术出版社，2009年版。

《丽江纳西族自治县志》，云南人民出版社，2001年版。

《纳西族史》，郭大烈、和志武著，四川民族出版社，1999年版。

《世界的记忆　人类的遗产》，杨树高主编，香港文汇出版社，2004年版。

《新编丽江风物志》，李群育主编，云南人民出版社，2001年版。

《方国瑜文集》，林超民编，云南教育出版社，2003年版。

《云南简史》，马曜主编，云南人民出版社，2009年版。

《纳西学丛书》，白庚胜、和自兴主编，民族出版社，2010年版。

后 记

在庆祝中国共产党建党九十周年之际，我的这本小书即将付印出版了。我把这本小书作为献给党的九十岁生日的一点心意。丽江文化旅游崛起的过程，从一个侧面反映了在党的领导下，改革开放以来丽江发生的巨变和各族人民得到的实惠以及他们心灵的感受。抚今想昔、展望未来，国家的富强，人民的富裕，中华民族的振兴让我们为伟大的党感到自豪。

这本书前后用了三年多的时间，是我退休后付出心血的一点成果。说实话，如果没有各方的帮助和支持，没有朋友们热情的鼓励和指点，我是不可能做成这件事情的。怀着对丽江一片深情和对文化旅游发展的关爱，徐荣凯老省长百忙之中为本书写序，丽江市原市委书记和自兴热诚地鼓励和支持这本书的写作，木荣相老专员回忆和讲述了当年许多鲜为人知的细节；王君正、和良辉等领导给予热情的支持；我市宣传、古城管理、旅游、文化、统计、档案、东巴文化研究院、东巴文化博物馆、“非遗”中心等部门提供了翔实的资料和数据；丽江文化研究会、纳西文化研究会的和家修、陈嘉勋、李群育、和仕勇、和经雁、杨树高、和红阳等为本书写作提出了许多真知灼见，李群育同志还帮助做了审阅和修改的工作；徐晴、杨志坚、董振汉、和文根、陈显国、张鲲等提供了具体帮助；研究会办公室和卫芳、王秀萍及李云涛做了大量打印、校对等工作，并付出辛勤劳动；和凤伟为本书出版做了文字校阅等具体实事；木琛书写了东巴象形文字的书名；赵世红、李丽川、华模、李灼伟、蒋亚龙、李国榛、木成君、和尚光、石绍雄、周利明、陈国云等为本书提供了照片资料。在此一并致以谢意。

由于水平有限，难免有错误和疏漏之处，敬请读者批评指正。

杨国清

2011年6月6日于丽江